KB046175

부동산 상식과 매매를 성공적으로 끝낼 수 있는!

부동산 지식 · 매매 확실히 해결하기

편저 : 김 종 석

법문 북스

머리말

'부동산'이라는 용어가 우리나라에서 공식적으로 처음 사용된 것은 1912년 3월에 공포된 「조선부동산증명령」과 「부동산등기령」에서 부터입니다. 그 이전에는 '토지와 가옥'이라는 용어가 일반적으로 사용되다가, 그 뒤 경술국치를 계기로 일본인들이 제정한 법과 규칙에서 '부동산'이라는 용어가 널리 사용되면서 점차 이 용어가 우리나라에 정착되기 시작하였습니다.

자본주의사회에서는 공동생활을 영위하면서 많은 거래를 하고 있습니다. 특히 빈번하게 거래를 하는 것으로는 주택 및 토지 즉, 부동산에 대한 매매가 상당한 비중을 차지하고 있습니다. 부동산 매매는 토지와 그 정착물을 매도인과 매수인이 그 소유권의 변동을 목적으로 하는 매매계약을 체결·이행하고 소유권이전등기를 행하는 등 많은 절차와 규제가 법으로 까다롭게 규정되어 있습니다.

이 책에서는 복잡하고 규제가 다양한 부동산 매매계약을 체결하면서 부동산을 선정하는 방법, 부동산 중개업체의 선정, 부동산 구입자금 준비에서부터 매매 계약시 부동산 권리 확인, 매매계약서 작성 및 매매대금 준비 등의 유의사항에 대한 자세한 절차를 관련 서식과 함께 상담사례들을 알기 쉽게 풀이하여 체계적으로 정리하였습니다. 이 외에도 매매계약을 체결 후 소유권이전등기, 전입신고 및 자동차 주소지 변경 등 각종 신고와 각종 세금 납부에 대한 절차를 자세하게 수록하였습니다.

이러한 자료들은 대법원의 최신 판결례, 법제처의 생활법령, 대한법률구조공단의 상담사례 및 서식 등을 참고하였으며, 이를 종합적으로 정리·분석하여 일목요연하게 편집하였습니다. 여기에 수록된 상담사례 및 서식들은 개인의 법률문제 해결에 도움을 주고자 게재하였으며, 개개의 문제에서 발생하는 구체적 사안은 동일하지는 않을 수 있으므로 참고자료로 활용하시기 바랍니다.

이 책이 부동산을 매수하거나 매도하려는 분들과 이들에게 조언을 하고자 하는 실무자에게 큰 도움이 되리라 믿으며, 열악한 출판시장임에도 불구하고 흔쾌히 출간에 응해 주신 법문북스 김현호 대표에게 감사를 드립니다.

2019. 6.

편저자 드림

목 차

제1장 부동산이란 무엇입니까?

제1절 부동산의 개요

제2절 부동산 매매계약은 어떤 절차로 하나요?

제2장 부동산 거래에는 어떤 규제가 있나요?

제1절 토지거래 및 이용에 관한 규제

제2절 주택거래 및 이용에 관한 규제

제3절 개발이익 및 재건축초과이익의 환수

제4절 부동산 매매 관련 법제

제3장 부동산 매매계약 전 준비해야 할 사항 들

제1절 부동산 선정하기

제2절 부동산 중개업체 선정하기

제4장 부동산 매매계약은 어떻게 체결하나요?

제1절 부동산 권리관계 등 확인하기

제2절 부동산 계약하기

제5장 부동산 매매계약을 한 후 처리할 사항은?

제1절 소유권이전등기하기

제2절 각종 사항 신고하기

제3절 각종 세금 납부하기

제1관 매도인이 부담하는 세금

제2관 매수인이 부담하는 세금

제6장 부동산 매매계약은 해제할 수 없나요?

부록 : 관련법령

제1장

부동산이란 무엇입니까?

제1장 부동산이란 무엇입니까?

제1절 부동산의 개요

1. 부동산의 개념 및 종류

1-1. 부동산의 개념

① "부동산"이란 토지와 그 정착물을 말합니다(민법 제99조제1항).

② "정착물"이란 토지에 부착하여 그 부착된 상태대로 계속적으로 사용되는 사회통념상 그 성질이 되는 물건을 말합니다.

1-2. 부동산의 종류

① 부동산은 토지와 토지정착물로 나뉘고 토지정착물에는 건물, 등기한 입목, 명인방법을 갖춘 수목의 집단, 명인방법을 갖춘 미분리 과실, 농작물 등이 있습니다.

② 부동산 매매의 주된 대상이 되는 부동산은 토지와 건물이므로, 이하에서는 토지와 건물의 매매를 중심으로 설명합니다.

2. 토지의 개념 및 종류

2-1. 토지의 개념

"토지"란 일정범위의 지면 또는 지표와 정당한 이익이 있는 범위 내에서의 그 공중·지하를 포함하는 것을 말합니다(민법 제212조).

2-2. 토지의 종류

토지의 주된 용도에 따라 구분된 토지의 종류는 다음과 같습니다(공간정보의 구축 및 관리 등에 관한 법률 제67조제1항 및 동법 시행령 제58조).

① 전

물을 상시적으로 이용하지 않고 곡물·원예작물(과수류 제외)·약초·뽕나무·닥나무·묘목·관상수 등의 식물을 주로 재배하는 토지와 식용(食用)으로 죽순을 재배하는 토지

② 답

물을 상시적으로 직접 이용하여 벼·연(蓮)·미나리·왕골 등의 식물을 주로 재배하는 토지

③ 과수원

사과·배·밤·호두·귤나무 등 과수류를 집단적으로 재배하는 토지와 이에 접속된 저장고 등 부속시설물의 부지(다만, 주거용 건축물의 부지는 '대'로 함)

④ 목장용지

- 축산업 및 낙농업을 하기 위하여 초지를 조성한 토지
- 가축을 사육하는 축사 등의 부지
- 위의 토지와 접속된 부속시설물의 부지(다만, 주거용 건축물의 부지는 "대"로 함)

⑤ 임야

산림 및 원야(原野)를 이루고 있는 수림지(樹林地)·죽림지·암석지·자갈땅·모래땅·습지·황무지 등의 토지

⑥ 광천지

지하에서 온수·약수·석유류 등이 용출되는 용출구(湧出口)와 그 유지(維持)에 사용되는 부지(다만, 온수·약수·석유류 등을 일정한 장소로 운송하는 송수관·송유관 및 저장시설의 부지는 제외)

⑦ 염전

바닷물을 끌어들여 소금을 채취하기 위하여 조성된 토지와 이에 접속된 제염장(製鹽場) 등 부속시설물의 부지(다만, 천일제염 방식으로 하지 않고 동력으로 바닷물을 끌어들여 소금을 제조하는 공장시설물의 부지는 제외)

⑧ 대(垈)

- 영구적 건축물 중 주거·사무실·점포와 박물관·극장·미술관 등 문화시설과 이에 접속된 정원 및 부속시설물의 부지
- 국토의 계획 및 이용에 관한 법률 등 관계 법령에 따른 택지조성공사가 준공된 토지

⑨ 공장용지

- 제조업을 하고 있는 공장시설물의 부지

- 산업집적활성화 및 공장설립에 관한 법률 등 관계 법령에 따른 공장부지 조성공사가 준공된 토지
- 위의 토지와 같은 구역에 있는 의료시설 등 부속시설물의 부지

⑩ 학교용지

학교의 교사(校舍)와 이에 접속된 체육장 등 부속시설물의 부지

⑪ 주차장

자동차 등의 주차에 필요한 독립적인 시설을 갖춘 부지와 주차전용 건축물 및 이에 접속된 부속시설물의 부지. 다만, 노상주차장 및 부설주차장(시설물의 부지 인근에 설치된 부설주차장 제외), 자동차 등의 판매 목적으로 설치된 물류장 및 야외전시장 제외

⑫ 주유소용지

- 석유·석유제품 또는 액화석유가스 등의 판매를 위하여 일정한 설비를 갖춘 시설물의 부지
- 저유소(貯油所) 및 원유저장소의 부지와 이에 접속된 부속시설물의 부지
  다만, 자동차·선박·기차 등의 제작 또는 정비공장 안에 설치된 급유·송유시설 등의 부지는 제외

⑬ 창고용지

물건 등을 보관하거나 저장하기 위하여 독립적으로 설치된 보관시설물의 부지와 이에 접속된 부속시설물의 부지

⑭ 도로

- 일반 공중(公衆)의 교통 운수를 위하여 보행이나 차량운행에 필요한 일정한 설비 또는 형태를 갖추어 이용되는 토지
- 도로법 등 관계 법령에 따라 도로로 개설된 토지
- 고속도로의 휴게소 부지
- 2필지 이상에 진입하는 통로로 이용되는 토지. 다만, 아파트·공장 등 단일 용도의 일정한 단지 안에 설치된 통로 등은 제외

⑮ 철도용지

교통 운수를 위해 일정한 궤도 등의 설비와 형태를 갖추어 이용되는 토지와 이에 접속된 역사(驛舍)·차고·발전시설 및 공작창(工作廠) 등 부속시설물의 부지

⑯ 제방

조수·자연유수(自然流水)·모래·바람 등을 막기 위하여 설치된 방조제·방수제·방사제·방파제 등의 부지

⑰ 하천

자연의 유수(流水)가 있거나 있을 것으로 예상되는 토지

⑱ 구거(溝渠)

용수(用水) 또는 배수(排水)를 위하여 일정한 형태를 갖춘 인공적인 수로·둑 및 그 부속시설물의 부지와 자연의 유수(流水)가 있거나 있을 것으로 예상되는 소규모 수로부지

⑲ 유지(溜池)

물이 고이거나 상시적으로 물을 저장하고 있는 댐·저수지·소류지(沼溜地)·호수·연못 등의 토지와 연·왕골 등이 자생하는 배수가 잘 되지 않는 토지

⑳ 양어장

육상에 인공으로 조성된 수산생물의 번식 또는 양식을 위한 시설을 갖춘 부지와 이에 접속된 부속시설물의 부지

㉑ 수도용지

물을 정수하여 공급하기 위한 취수·저수·도수(導水)·정수·송수 및 배수 시설의 부지 및 이에 접속된 부속시설물의 부지

㉒ 공원

일반 공중의 보건·휴양 및 정서생활에 이용하기 위한 시설을 갖춘 토지로서 공원 또는 녹지로 결정·고시된 토지

㉓ 체육용지

국민의 건강증진 등을 위한 체육활동에 적합한 시설과 형태를 갖춘 종합운동장·실내체육관·야구장·골프장·스키장·승마장·경륜장 등 체육시설의 토지와 이에 접속된 부속시설물의 부지(다만, 체육시설로서의 영속성과 독립성이 미흡한 정구장·골프연습장·실내수영장 및 체육도장, 유수(流水)를 이용한 요트장 및 카누장, 산림 안의 야영장 등의 토지 제외)

㉔ 유원지

일반 공중의 위락·휴양 등에 적합한 시설물을 종합적으로 갖춘 수영장·유선장

(遊船場)·낚시터·어린이놀이터·동물원·식물원·민속촌·경마장 등의 토지와 이에 접속된 부속시설물의 부지. 다만, 이들 시설과의 거리 등으로 보아 독립적인 것으로 인정되는 숙식시설 및 유기장(遊技場)의 부지와 하천·구거 또는 유지[공유(公有)인 것으로 한정]로 분류되는 것 제외

㉕ 종교용지

일반 공중의 종교의식을 위하여 예배·법요·설교·제사 등을 하기 위한 교회·사찰·향교 등 건축물의 부지와 이에 접속된 부속시설물의 부지

㉖ 사적지

문화재로 지정된 역사적인 유적·고적·기념물 등을 보존하기 위하여 구획된 토지(다만, 학교용지·공원·종교용지 등 다른 지목으로 된 토지에 있는 유적·고적·기념물 등을 보호하기 위하여 구획된 토지 제외)

㉗ 묘지

사람의 시체나 유골이 매장된 토지, 묘지공원으로 결정·고시된 토지 및 봉안시설과 이에 접속된 부속시설물의 부지(다만, 묘지의 관리를 위한 건축물의 부지는 '대'로 함)

㉘ 잡종지

– 갈대밭, 실외에 물건을 쌓아두는 곳, 돌을 캐내는 곳, 흙을 파내는 곳, 야외시장, 비행장, 공동우물
– 영구적 건축물 중 변전소, 송신소, 수신소, 송유시설, 도축장, 자동차운전학원, 쓰레기 및 오물처리장 등의 부지
– 다른 지목에 속하지 않는 토지. 다만, 원상회복을 조건으로 돌을 캐내는 곳 또는 흙을 파내는 곳으로 허가된 토지는 제외

3. 건물의 개념 및 종류

3-1. 건물의 개념

“건물(건축물)”이란 토지에 정착(定着)하는 공작물 중 지붕과 기둥 또는 벽이 있는 것과 이에 딸린 시설물을 말합니다(건축법 제2조제1항제2호).

3-2. 건물의 종류

용도에 따른 건물(건축물)의 종류는 다음과 같습니다(건축법 제2조제1항제2호, 제2항 및 동법 시행령 제3조의5, 별표 1).

① 단독주택

- 단독주택
- 다중주택
- 다가구주택
- 공관(公館)

② 공동주택

- 아파트
- 연립주택
- 다세대주택
- 기숙사

③ 제1종 근린생활시설

- 식품·잡화·의류·완구·서적·건축자재·의약품·의료기기 등 일용품을 판매하는 소매점(1,000㎡ 미만인 것)
- 휴게음식점 또는 제과점(300㎡ 미만인 것)
- 이용원, 미용원, 목욕장 및 세탁소(공장에 부설된 것과 대기환경보전법, 물환경보전법 또는 소음·진동관리법에 따른 배출시설의 설치허가 또는 신고의 대상이 되는 것 제외)
- 의원·치과의원·한의원·침술원·접골원, 조산원, 산후조리원 및 안마원
- 탁구장 및 체육도장(500㎡ 미만인 것)

- 지역자치센터, 파출소, 지구대, 소방서, 우체국, 방송국, 보건소, 공공도서관, 건강보험공단 사무소 등 공공업무시설(1,000㎡ 미만인 것)
- 마을회관, 마을공동작업소, 마을공동구판장, 공중화장실, 대피소, 지역아동센터 등 주민이 공동으로 이용하는 시설
- 변전소, 도시가스배관시설, 양수장, 정수장 등 주민의 생활에 필요한 에너지 공급이나 급수·배수와 관련된 시설
- 금융업소, 사무소, 부동산중개사무소, 결혼상담소 등 소개업소, 출판사 등 일반업무시설(30㎡ 미만인 것)

④ 제2종 근린생활시설

- 공연장(극장, 영화관, 연예장, 음악당, 서커스장, 비디오물감상실, 비디오 물소극장, 그 밖에 이와 비슷한 것을 말함)(500㎡ 미만인 것)
- 종교집회장[교회, 성당, 사찰, 기도원, 수도원, 수녀원, 제실(際室), 사당, 그 밖에 이와 비슷한 것](500㎡ 미만인 것)
- 자동차영업소(1,000㎡ 미만인 것)
- 서점(제1종 근린생활시설에 해당하지 않는 것)
- 총포판매소
- 사진관, 표구점
- 청소년게임제공업소, 복합유통게임제공업소, 인터넷컴퓨터게임시설제공업소, 그 밖에 이와 비슷한 게임 관련 시설(500㎡ 미만인 것)
- 휴게음식점, 제과점 등 음료·차·음식·빵·떡·과자 등을 조리하거나 제조하여 판매하는 시설(300㎡ 이상인 것)
- 일반음식점
- 장의사, 동물병원, 동물미용실, 그 밖에 이와 유사한 것
- 학원(자동차학원 및 무도학원은 제외함), 교습소(자동차 교습 및 무도 교습을 위한 시설은 제외함), 직업훈련소(운전·정비 관련 직업훈련소는 제외함)(500㎡ 미만인 것)
- 독서실, 기원
- 테니스장, 체력단련장, 에어로빅장, 볼링장, 당구장, 실내낚시터, 골프연습장,

놀이형 시설(그 밖의 유언시설업의 시설을 말함) 등 주민의 체육활동을 위한 시설(500㎡ 미만인 것)

- 금융업소, 사무소, 부동산중개사무소, 결혼상담소 등 소개업소, 출판사 등 일반업무시설(500㎡ 미만인 것 중 제1종 근린생활시설에 해당하지 않는 것)
- 다중생활시설(다중이용업 중 고시원업의 시설로서 독립된 주거의 형태를 갖추지 않은 것, 500㎡ 미만인 것)
- 제조업소, 수리점 등 물품의 제조·가공·수리 등을 위한 일정한 시설(500㎡ 미만인 것)
- 단란주점(150㎡ 미만인 것)
- 안마시술소 및 노래연습장

⑤ 문화 및 집회시설

- 공연장(제2종 근린생활시설에 해당하지 않는 것)
- 집회장[예식장, 공회당, 회의장, 마권(馬券) 장외 발매소, 마권 전화투표소, 그 밖에 이와 비슷한 것을 말함](제2종 근린생활시설에 해당하지 않는 것)
- 관람장(경마장, 경륜장, 경정장, 자동차 경기장, 그 밖에 이와 비슷한 것과 체육관 및 운동장(1,000㎡ 미만인 것)
- 전시장(박물관, 미술관, 과학관, 문화관, 체험관, 기념관, 산업전시장, 박람회장, 그 밖에 이와 비슷한 것)
- 동·식물원(동물원, 식물원, 수족관, 그 밖에 이와 비슷한 것)

⑥ 종교시설

- 종교집회장(제2종 근린생활시설에 해당하지 않는 것)
- 종교집회장에 설치하는 봉안당(奉安堂)(제2종 근린생활시설에 해당하지 않는 것)

⑦ 판매시설

- 도매시장(농수산물도매시장, 농수산물공판장, 그 밖에 이와 비슷한 것을 말하며, 그 안 에 있는 근린생활시설 포함)
- 소매시장(대규모 점포, 그 밖에 이와 비슷한 것을 말하며, 그 안에 있는 근린생활시설 포함)

- 상점(그 안에 있는 근린생활시설 포함)으로서 일정한 요건을 갖춘 시설

⑧ 운수시설

- 여객자동차터미널
- 철도시설
- 공항시설
- 항만시설

⑨ 의료시설

- 병원(종합병원, 병원, 치과병원, 한방병원, 정신병원 및 요양병원)
- 격리병원(전염병원, 마약진료소, 그 밖에 이와 비슷한 것)

⑩ 교육연구시설(제2종 근린생활시설에 해당하는 것을 제외함)

- 학교(유치원, 초등학교, 중학교, 고등학교, 전문대학, 대학, 대학교, 그 밖에 이에 준하는 각종 학교)
- 교육원(연수원, 그 밖에 이와 비슷한 것을 포함함)
- 직업훈련소(운전 및 정비 관련 직업훈련소는 제외함)
- 학원(자동차학원 및 무도학원은 제외함)
- 연구소(연구소에 준하는 시험소와 계측계량소를 포함함)
- 도서관

⑪ 노유자시설

- 아동 관련 시설(어린이집, 아동복지시설, 그 밖에 이와 비슷한 것)(단독주택, 공동주택 및 제1종 근린생활시설에 해당하지 않는 것)
- 노인복지시설(단독주택과 공동주택에 해당하지 않는 것)
- 그 밖에 다른 용도로 분류되지 않는 사회복지시설 및 근로복지시설

⑫ 수련시설

- 생활권 수련시설(청소년수련관, 청소년문화의집, 청소년특화시설, 그 밖에 이와 비슷한 것)
- 자연권 수련시설(청소년수련원, 청소년야영장, 그 밖에 이와 비슷한 것)
- 유스호스텔

⑬ 운동시설

- 탁구장, 체육도장, 테니스장, 체력단련장, 에어로빅장, 볼링장, 당구장, 실내낚시터, 골프연습장, 놀이형 시설, 그 밖에 이와 비슷한 것(제1종 근린생활시설 및 제2종 근린생활시설에 해당하지 않는 것)
- 체육관(관람석이 없거나 바닥면적이 1,000㎡ 미만인 것)
- 운동장(육상장, 구기장, 볼링장, 수영장, 스케이트장, 롤러스케이트장, 승마장, 사격장, 궁도장, 골프장 등과 이에 딸린 건축물)(관람석이 없거나 바닥면적이 1,000㎡ 미만인 것)

⑭ 업무시설

- 공공업무시설(국가 또는 지방자치단체의 청사와 외국공관의 건축물)(제1종 근린생활시설에 해당하지 않는 것)
- 일반업무시설 : 다음 요건을 갖춘 업무시설

1) 금융업소, 사무소, 결혼상담소 등 소개업소, 출판사, 신문사, 그 밖에 이와 비슷한 것으로서 제1종 및 제2종 근린생활시설에 해당하지 않는 것

2) 오피스텔(업무를 주로 하며, 분양하거나 임대하는 구획 중 일부 구획에서 숙식을 할 수 있도록 한 건축물로서 국토교통부장관이 고시하는 기준에 적합한 것)

⑮ 숙박시설

- 일반숙박시설 및 생활숙박시설
- 관광숙박시설(관광호텔, 수상관광호텔, 한국전통호텔, 가족호텔, 호스텔, 소형호텔, 의료관광호텔 및 휴양 콘도미니엄)
- 다중생활시설(제2종 근린생활시설에 해당하지 않는 것)
- 위의 시설과 비슷한 것

⑯ 위락시설

- 단란주점(제2종 근린생활시설에 해당하지 않는 것)
- 유흥주점이나 그 밖에 이와 비슷한 것
- 유원시설업의 시설, 그 밖에 이와 비슷한 시설(제2종 근린생활시설과 운동시설에 해당하지 않는 것)
- 무도장, 무도학원

- 카지노영업소

⑰ 공장

물품의 제조·가공[염색·도장(塗裝)·표백·재봉·건조·인쇄 등 포함] 또는 수리에 계속적으로 이용되는 건축물로서 제1종 근린생활시설, 제2종 근린생활시설, 위험물저장 및 처리시설, 자동차 관련 시설, 분뇨 및 쓰레기처리시설 등으로 따로 분류되지 않는 것

⑱ 창고시설

- 창고(물품저장시설로서 일반창고와 냉장 및 냉동 창고 포함)
- 하역장
- 물류터미널
- 집배송 시설

⑲ 위험물 저장 및 처리 시설

설치 또는 영업의 허가를 받아야 하는 건축물로서 다음의 어느 하나에 해당하는 것. 다만, 자가난방, 자가발전, 그 밖에 이와 비슷한 목적으로 쓰는 저장시설은 제외함.

- 주유소(기계식 세차설비 포함) 및 석유 판매소
- 액화석유가스 충전소·판매소·저장소(기계식 세차설비 포함)
- 위험물 제조소·저장소·취급소
- 액화가스 취급소·판매소
- 유독물 보관·저장·판매시설
- 고압가스 충전소·판매소·저장소
- 도료류 판매소
- 도시가스 제조시설
- 화약류 저장소
- 그 밖에 위의 시설과 비슷한 것

⑳ 자동차 관련 시설(건설기계 관련 시설 포함)

- 주차장

- 세차장
- 폐차장
- 검사장
- 매매장
- 정비공장
- 운전학원 및 정비학원(운전 및 정비 관련 직업훈련시설 포함)
- 차고 및 주기장(駐機場)

㉑ 동물 및 식물 관련 시설

- 축사(양잠·양봉·양어시설 및 부화장 등을 포함한다)
- 가축시설[가축용 운동시설, 인공수정센터, 관리사(管理舍), 가축용 창고, 가축시장, 동물검역소, 실험동물 사육시설, 그 밖에 이와 비슷한 것]
- 도축장
- 도계장
- 작물 재배사
- 종묘배양시설
- 화초 및 분재 등의 온실
- 식물과 관련된 위의 시설과 비슷한 것(동·식물원 제외)

㉒ 자원순환 관련 시설

- 하수 등 처리시설
- 고물상
- 폐기물재활용시설
- 폐기물처리시설
- 폐기물감량화시설

㉓ 교정 및 군사 시설(제1종 근린생활시설에 해당하는 것을 제외함)

- 교정시설(보호감호소, 구치소 및 교도소)
- 갱생보호시설, 그 밖에 범죄자의 갱생·보육·교육·보건 등의 용도로 쓰는 시설
- 소년원 및 소년분류심사원

- 국방·군사시설

㉔ 방송통신시설(제1종 근린생활시설에 해당하는 것을 제외함)

- 방송국(방송프로그램 제작시설 및 송신·수신·중계시설 포함)
- 전신전화국
- 촬영소
- 통신용 시설
- 그 밖에 위의 시설과 비슷한 것

㉕ 발전시설

발전소(집단에너지 공급시설 포함)로 사용되는 건축물(제1종 근린생활시설에 해당하지 않는 것)

㉖ 묘지 관련 시설

- 화장시설
- 봉안당
- 묘지와 자연장지에 부수되는 건축물

㉗ 관광 휴게시설

- 야외음악당
- 야외극장
- 어린이회관
- 관망탑
- 휴게소
- 공원·유원지 또는 관광지에 부수되는 시설

㉘ 장례식장

장례식장(의료시설의 부수시설에 해당하는 것은 제외)

㉙ 야영장 시설

야영장(바닥면적 합계가 1,000㎡ 미만인 것)

제2절 부동산 매매계약은 어떤 절차로 하나요?

1. 부동산 매매계약의 개념

"부동산 매매계약"이란 매도인은 재산권을 상대방에게 이전하고 매수인은 그 대금을 지급하기로 하는 계약을 말합니다(민법 제563조).

2. 부동산 매매계약의 효력

계약의 당사자 사이에 특별한 약정이 없으면 매도인은 매수인에게 목적 부동산을 이전해야 하고, 이와 동시에 매수인은 매도인에게 그 대금을 지급해야 합니다(민법 제568조).

3. 부동산 매매예약

3-1. 부동산 매매예약의 개념

"부동산 매매예약"이란 당장 부동산 매매계약을 체결하는 것이 곤란한 경우 앞으로 매매계약을 체결할 것임을 확실하게 하기 위한 제도로써, 매도인과 매수인의 약정 등이 없으면 매매예약은 일방예약으로 추정됩니다(민법 제564조 참조).

3-2. 부동산 매매예약의 효력

① 매매의 일방예약은 매도인이나 매수인이 매매를 완결할 의사를 표시하는 때에 매매의 효력이 생깁니다(민법 제564조제1항).

② 매매예약을 표시해야 하는 기간을 정하지 않은 경우 예약자는 상당한 기간을 정해 매매완결 여부의 확답을 상대방에게 최고(상대방에게 일정한 행위를 하도록 통지하는 것)할 수 있습니다(민법 제564조제2항).

③ 매매예약의 완결권(매매의 일방예약에서 예약자의 상대방이 매매예약 완결의 의사표시를 하여 매매의 효력을 생기게 하는 권리)은 당사자 사이에 그 행사기간을 약정한 경우에는 그 기간 내에, 약정을 하지 않았으면 그 예약이 성립한 때로부터 10년 내에 이를 행사해야 하고, 그 기간이 지나면 예약 완결권은 소멸

합니다(대법원 2003. 1. 10. 선고 2000다26425 판결).

④ 예약자가 기간 내에 확답을 받지 못한 때에는 매매의 일방예약은 그 효력을 잃게 됩니다(민법 제564조제3항).

4. 부동산 매매절차

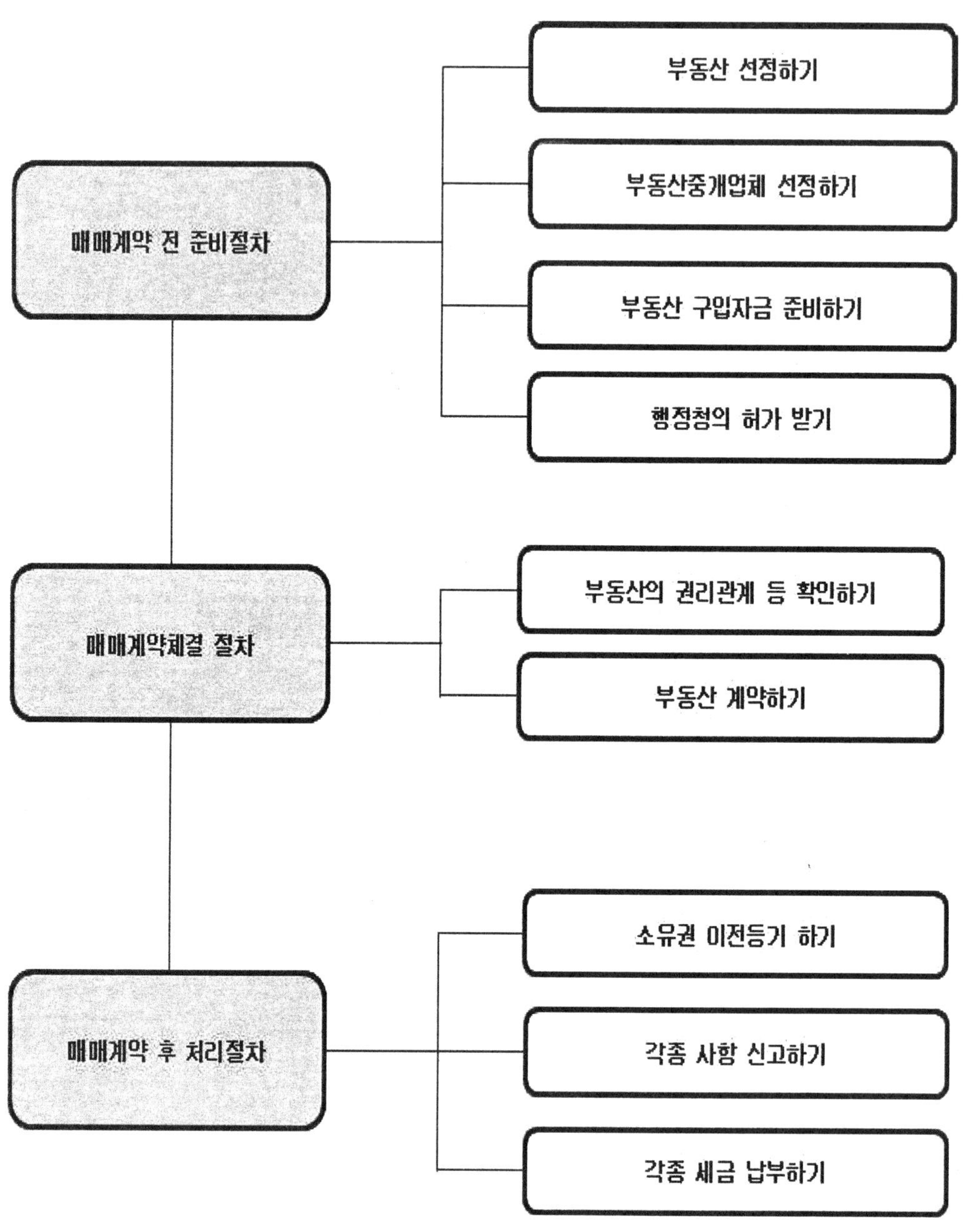
매매계약 전 준비절차
부동산 선정하기
부동산중개업체 선정하기
부동산 구입자금 준비하기
행정청의 허가 받기
매매계약체결 절차
부동산의 권리관계 등 확인하기
부동산 계약하기
매매계약 후 처리절차
소유권 이전등기 하기
각종 사항 신고하기
각종 세금 납부하기

4-1. 매매계약 전 준비절차

① 부동산 선정하기

매매계약의 목적물인 부동산의 시세 및 그 주변을 조사하여 부동산을 선정합니다.

② 부동산중개업체 선정하기

매매계약을 매도인과 매수인이 직접 체결하지 않고 부동산중개업체를 대리인으로 하여 체결하는 경우 부동산 중개수수료 등을 살펴보고 부동산중개업체를 선정하여 부동산중개계약을 체결합니다.

③ 부동산 구입자금 준비하기

부동산 구입자금이 부족한 경우 구입자금의 대출의 종류 및 대출기준을 살펴보고 본인에게 적절한 대출방식을 선택합니다.

④ 행정청의 허가 받기

일정한 경우에는 부동산 매매계약을 하기 전에 행정청의 허가를 받아야 합니다.

4-2. 매매계약체결 절차

① 부동산 권리관계 등 확인하기

부동산 매매계약을 체결하는 경우 매매당사자가 부동산 소유권자인지 또는 대리인이 대리권을 가지고 있는지 확인하고, 부동산등기부 등을 통해 부동산 권리관계를 확인합니다.

② 부동산 계약하기

매매계약체결 시 매매계약서를 작성하고 매매계약금을 교부합니다.

4-3. 매매계약 후 처리절차

① 소유권 이전등기 하기

부동산 매매계약 후 매도인과 매수인 사이의 소유권 변동을 위해서는 부동산등기부에 등기해야 합니다.

② 각종 사항 신고하기

부동산 매매계약을 체결한 후 부동산거래를 신고해야 하며, 매수한 주택으로 거주지를 이동하여 전입신고 및 자동차 주소지를 변경해야 합니다.

③ 각종 세금 납부하기

부동산 매매계약 후에 매도인은 양도소득세, 지방소득세, 농어촌특별세를, 매수인은 취득세, 인지세, 농어촌특별세, 지방교육세 등을 납부해야 합니다.

■ 부동산을 매수하려 하는데 그 절차가 어떻게 되나요?

Q. 부동산을 매수하려 하는데 그 절차가 어떻게 되나요?

A. 우선 매매계약의 목적물인 부동산의 시세 및 그 주변을 조사하여 부동산을 선정합니다. 부동산을 선정하여 부동산 매매계약을 체결하는 경우 매매당사자가 부동산 소유권자인지 또는 대리인이 대리권을 가지고 있는지 확인하고, 부동산등기부 등을 통해 부동산 권리관계를 확인합니다. 매매계약체결 시 매매계약서를 작성하고 매매계약금을 교부합니다. 부동산 매매계약 후 매도인과 매수인 사이의 소유권 변동을 위해서는 부동산등기부에 등기해야 합니다.

◇ 부동산 매매

"부동산의 매매"란 부동산의 매도인과 매수인이 그 소유권의 변동을 목적으로 하는 매매계약을 체결·이행하여 소유권이전등기를 하는 것을 말합니다.

◇ 부동산 매매 절차

① 매매계약 체결 전 준비절차

- 매매계약의 목적물인 부동산의 시세 및 그 주변을 조사하여 부동산을 선정합니다.
- 매매계약을 매도인과 매수인이 직접 체결하지 않고 부동산중개업체를 대리인으로 하여 체결하는 경우 부동산 중개수수료 등을 살펴보고 부동산중개업체를 선정하여 부동산중개계약을 체결합니다.
- 부동산 구입자금이 부족한 경우 구입자금의 대출의 종류 및 대출기준을 살펴보고 본인에게 적절한 대출방식을 선택합니다.
- 일정한 경우에는 부동산 매매계약을 하기 전에 행정청의 허가를 받아야 합니다.

② 매매계약체결 절차

- 부동산 매매계약을 체결하는 경우 매매당사자가 부동산 소유권자인지 또는 대리인이 대리권을 가지고 있는지 확인하고, 부동산등기부 등을 통해 부동산 권리관계를 확인합니다.
- 매매계약체결 시 매매계약서를 작성하고 매매계약금을 교부합니다.

③ 매매계약 후 처리절차

- 부동산 매매계약 후 매도인과 매수인 사이의 소유권 변동을 위해서는 부동산 등기부에 등기해야 합니다.
- 부동산 매매계약을 체결한 후 부동산거래를 신고해야 하며, 매수한 주택으로 거주지를 이동하여 전입신고 및 자동차 주소지를 변경해야 합니다.
- 부동산 매매계약 후에 매도인은 양도소득세, 지방소득세, 농어촌특별세를, 매수인은 취득세, 인지세, 농어촌특별세, 지방교육세 등을 납부해야 합니다.

(관련판례)

매매의 일방예약에서 예약자의 상대방이 매매예약 완결의 의사표시를 하여 매매의 효력을 생기게 하는 권리, 즉 매매예약의 완결권은 일종의 형성권으로서 당사자 사이에 그 행사기간을 약정한 때에는 그 기간 내에, 그러한 약정이 없는 때에는 그 예약이 성립한 때로부터 10년 내에 이를 행사하여야 하고, 그 기간을 지난 때에는 예약 완결권은 제척기간의 경과로 인하여 소멸한다(대법원 2003. 1. 10. 선고 2000다26425 판결).

■ **부동산 매매계약이 해제된 경우, 계약의 효력은 소급적으로 소멸되는 것인지요?**

Q. 매수인 甲과 매도인 乙은 乙소유의 부동산에 대하여 매매계약을 체결했습니다. 그런데 甲이 중도금을 지급하지 않아, 乙은 甲에게 甲의 중도금지급의무 불이행을 이유로 계약해제의 의사표시를 하였습니다. 위 매매계약이 해제된 경우, 계약의 효력은 소급적으로 소멸되는 것인지요?

A. '계약의 해제'란 채무불이행 등 일정한 사유가 있는 때에 당사자 일방의 의사표시에 의하여 유효하게 성립한 계약의 효력을 소급적으로 소멸시키는 것을 말합니다. 이에 반해 '계약의 해지'란 계속적 계약관계에서 당사자 일방의 의사표시에 의하여 유효하게 성립한 계약의 효력을 장래에 향하여 소멸시키는 것을 말합니다. 해제의 효과에 대하여는 민법 제548조에서 당사자 일방이 계약을 해제한 때에는 각 당사자는 그 상대방에 대하여

원상회복의 의무가 있다고 규정하고 있고, 해지의 효과에 대하여는 민법 제550조에서 당사자 일방이 계약을 해지한 때에는 계약은 장래에 대하여 그 효력을 잃는다고 규정하고 있습니다.

그러므로 위 사안에서 매도인 乙이 매수인 甲의 중도금지급의무 불이행을 이유로 계약을 해제한 경우, 위 해제의 효과로 甲과 乙 사이에서 체결된 A부동산에 관한 매매계약의 효력은 소급적으로 소멸하게 됩니다.

(관련판례)

부동산매매계약에서 매수인이 잔대금채무를 이행하더라도 매도인이 소유권이전등기의무를 이행하지 않을 것을 미리 명백히 표시하였고, 뿐만 아니라 그 부동산에 관하여 이미 제3자 앞으로 소유권이전등기가 경료되어 있지만 그 등기가 원인무효의 등기이어서 매도인이 다시 그 등기의 말소를 한 뒤 매수인에게 이전하여 줄 수 있으므로 매도인의 위 등기이전의무가 이행불능 상태에 빠졌다고 할 수 없으나, 그와 같은 등기가 현존하고 있는 이상 매수인의 입장에서는 자신의 잔대금채무를 이행하더라도 소유권이전등기를 이행받을 수 있을지 여부가 상당히 불안한 지위에 있다고 할 수밖에 없는 등 특별한 사정이 있는 경우, 매도인이 매수인의 잔대금 지급의무의 불이행을 이유로 계약을 해제하려면, 비록 매수인의 잔대금 지급의무가 선이행의무이고 매수인의 분할잔대금 지급의무의 불이행시 각 지급기일로부터 30일 이상 지체하였을 때에는 최고 없이 계약을 해제할 수 있다는 특약이 체결되어 있었다고 하더라도, 공평과 신의성실의 원칙상 부동산에 관한 소유권이전등기의 명의를 회복하여 이를 매수인에게 언제든지 현실적으로 이전하여 줄 수 있는 준비를 완료하고 그 뜻을 상대방에게 통지하여 그 수령을 최고한 다음에야, 비로소 계약을 해제할 수 있다(대법원 1995. 6. 29. 선고 94다22071 판결).

■ **계약금 중 일부만 지급된 경우 지급받은 금원의 배액을 상환하고 매매계약을 해제할 수 있는지요?**

Q. 甲은 乙로부터 아파트를 매매대금 11억원으로 하고, 계약금 1억 1,000만원 중 1,000만원은 계약 당일에 지급하고, 나머지 1억원은 다음 날 乙의 계좌로 송금하기로 하는 매매계약을 체결하였습니다. 乙은 계약금 중 1,000만원만 받은 상태에서 계약 다음날 마음이 바뀌어 위 매매계약을 해제를 원하였고, 은행계좌 폐쇄하면서 해제의 의사를 밝혔습니다. 이에 매수인인 甲은 나머지 계약금 1억원을 공탁하였고, 매도인인 乙도 같은 날 2,000만원을 해약금으로 하여 변제공탁하였습니다. 甲이 乙의 이행거절을 이유로 한 계약 해제에 따라 돌려받게 되는 해약금의 기준은 어떻게 되는지요?

A. 부동산의 매매 또는 임대차 등의 계약 체결을 하는 경우 통상적으로 전체 대금의 10% 정도를 계약 체결시 계약금으로 지급하는 것이 관행입니다. 그런데 계약의 해약금에 관하여 민법에서 매매의 당사자일방이 계약당시에 금전 기타 물건을 계약금, 보증금 등의 명목으로 상대방에게 교부한 때에는 당사자 사이에 다른 약정이 없는 한 당사자의 일방이 이행에 착수할 때까지 교부자는 이를 포기하고 수령자는 그 배액을 상환하여 매매계약을 해제할 수 있다고 규정하고 있습니다(민법 제565조 제1항).

그러므로 계약을 할 때 당사자 사이에 계약금을 주고받은 경우 당사자 사이에 다른 약정이 없는 한 당사자의 일방이 이행에 착수하기 전까지는 계약금을 교부한 측에서는 교부액을 포기함으로써, 계약금을 수력한 측에서는 그 배액을 상환함으로써 계약을 해제할 수 있을 것입니다.

甲의 경우 매도인이 '계약금 일부만 지급된 경우 지급받은 금원의 배액을 상환하고 매매계약을 해제할 수 있는지 여부'가 문제됩니다.

이러한 사안에서, 판례는 '실제 교부받은 계약금'의 배액만을 상환하여 매매계약을 해제할 수 있다면 이는 당사자가 일정한 금액을 계약금으로 정한 의사에 반하게 될 뿐 아니라, 교부받은 금원이 소액일 경우에는 사실상 계약을 자유로이 해제할 수 있어 계약의 구속력이 약화되는 결과가 되어 부당하기 때문에, 계약금 일부만 지급된 경우 수령자가 매매계약을 해제할 수 있다고 하더라도 해약금의 기준이 되는 금원은 '실제 교부받은 계약금'이 아니라 '약정 계약금'이라고 봄이 타당하므로, 매도인이 계약금의 일부로서 지급받은 금원의 배액을 상환하는 것으로는 매매계약을 해제할 수 없다고 하였습니다(대법원 2015. 4. 23. 선고 2014다231378 판결).
따라서 甲의 경우에 乙은 상대방의 이행 착수 시기인 중도금 지급 전까지는 계약금의 배액을 지급하고 매매계약을 해제할 수 있는바, 그 해약금의 기준이 되는 금원은 '실제 교부받은 일부 계약금' 1,000만원이 아니라 '약정 계약금 전부'인 1억 1,000만원이라고 보아야 할 것입니다.

(관련판례)

부동산매매계약에 있어서 매수인이 잔대금지급기일까지 그 대금을 지급하지 못하면 그 계약이 자동적으로 해제된다는 취지의 약정이 있더라도 특별한 사정이 없는 한 매수인의 잔대금지급의무와 매도인의 소유권이전등기의무는 동시이행의 관계에 있으므로 매도인이 잔대금지급기일에 소유권이전등기에 필요한 서류를 준비하여 매수인에게 알리는 등 이행의 제공을 하여 매수인으로 하여금 이행지체에 빠지게 하였을 때에 비로소 자동적으로 매매계약이 해제된다고 보아야 하고 매수인이 그 약정기한을 도과하였더라도 이행지체에 빠진 것이 아니라면 대금미지급으로 계약이 자동해제된 것으로 볼 수 없다(대법원 1994. 9. 9. 선고 94다8600 판결).

■ **계약금은 특약이 없는 경우에도 위약금의 성질을 가지는지요?**

Q. 甲이 乙에게 乙 소유의 부동산 매매 계약을 하면서, 계약서에 해제특약을 하였을 뿐 해약금 약정을 하지 않은 상태로 계약금을 지급하였습니다. 그 후 甲이 해제특약을 내세워 위 부동산 매매계약의 해제통지 및 계약금 반환을 요구하였는데 乙은 이미 지급받은 계약금을 위약금으로 당연히 귀속시킬 수 있는지요?

A. 유상계약을 체결함에 있어서 계약금이 수수된 경우 계약금은 해약금의 성질을 가지고 있어서, 이를 위약금으로 하기로 하는 특약이 없는 이상 계약이 당사자 일방의 귀책사유로 인하여 해제되었다 하더라도 상대방은 계약불이행으로 입은 실제 손해만을 배상받을 수 있을 뿐 계약금이 위약금으로서 상대방에게 당연히 귀속되는 것은 아니다(대법원 2006. 1. 27. 선고 2005다52078 판결, 대법원 1996.6.14.선고 95다54693판결 등 참조).
따라서 甲이 매매계약상의 특약에 근거하여 매매계약을 해제한다면서 계약금을 반환해달라는 의사를 명백히 표시하고, 그 후에도 계약금반환을 구하는 소를 제기한 사안에서, 甲의 해제통지는 매매계약의 특약에 따른 약정해제권을 행사하는 취지이지, 해약금약정에 기한 해제권 행사로 볼 수는 없습니다. 乙은 계약금을 위약금으로 하기로 하는 특약이 없는 경우라면 기지급된 계약금이 위약금의 성질을 당연히 가진다고 할 수 없습니다. 물론 대부분의 부동산 계약은 계약서상 '계약금은 위약금으로 한다'는 별도의 약정이 기재되어 있는 경우가 많으나, 혹시 매매계약이 해제될 경우를 대비하여 계약 당시에 계약서를 꼼꼼히 살펴보고 작성하여야 할 것입니다.

■ 계약해제로 인한 원상회복의 경우 금전반환에 적용되는 이자비율은 어떻게 되나요?

Q. 甲은 乙에게 토지를 5,500만원에 매도하는 계약을 체결하고, 그 계약금 및 중도금으로 4,500만원을 지급받고 토지는 인도하지 않았지만, 소유권이전등기를 해주었는데, 乙은 잔금지급기일이 지났음에도 불구하고 매매잔금 1,000만원을 지급하지 않고 있으므로 상당기간을 정하여 매매잔금이행을 청구하였으나 乙은 계속 미루기만 하고 매매잔금지급을 이행하지 않고 있습니다. 그러므로 甲은 그 계약을 해제하고 소유권이전등기말소청구소송을 제기하여 원상회복을 청구하려고 합니다. 이 경우 乙이 지급한 계약금 및 중도금 중 손해배상액예정으로 정해진 계약금을 공제한 잔액에 대해서는 이자도 반환하여야 한다고 하는데, 그 이자는 어떠한 비율로 정해지는지요?

A. 계약해제효과에 관하여 민법에서 당사자일방이 계약해제한 때에 각 당사자는 그 상대방에 대하여 원상회복의무가 있고, 다만, 제3자의 권리를 해하지 못하며, 이 경우 반환할 금전에는 그 받은 날로부터 이자를 더해야 한다고 정하고 있습니다(민법 제548조).
이에 관련된 판례를 보면, 법정해제권행사의 경우 당사자일방이 그 수령한 금전반환에 그 받은 때로부터 법정이자를 가산함을 요구하는 것은 민법 제548조 제2항이 정하는 것으로서, 이것은 원상회복범위에 속하는 것이며 일종의 부당이득반환이고 반환의무이행지체로 인한 것이 아니므로, 부동산매매계약이 해제된 경우 매도인의 매매대금반환의무와 매수인의 소유권이전등기말소등기 절차이행의무가 동시이행관계에 있는지와 관계없이 매도인이 반환해야 할 매매대금에 대해서는 그 받은 날로부터 민법에서 정한 법정이율인 연 5%의 비율에 의한 법정이자를 가산하여 지급해야 하고, 이러한 법리는 약정해제권행사의 경우라고 달라지는 것은 아니며(대법원 2000. 6. 9. 선고 2000다9123 판결) 또한, 이러한 이자반환은 원상회복의무범위에 속하는 것으로 일종의 부당이득반환의 성질을 가지는 것이지 반환의무이행지체로 인한 손해배상은 아니고, 소송촉진 등에 관한 특례법 제3조 제1항은 금전채무의 전부 또는 일부의 이행을 명하는 판결을 선고할 경우 금전채무불이행으로 인한 손해배상액산정기준이 되는 법정이율에 관한 특별규정이므로, 그 이자에는 소송촉진 등에 관한 특례법 제3조 제1항에 의한 이율을 적용할 수 없다고 하였습니다(대법원 2000. 6. 23. 선고 2000다16275, 16282 판결).

그러므로 위 사안에서 甲이 제기하는 소유권이전등기말소등기 절차이행청구 소송에서 乙이 甲에게 지급한 계약금 및 중도금 중 손해배상액예정으로 정해진 계약금을 공제한 잔액에 대해서 동시이행항변을 할 경우 甲은 연 5%의 비율에 의한 이자를 가산하여 반환하면 될 것으로 보입니다.

참고로 원상회복의무이행으로 금전반환을 청구하는 소송이 제기된 경우 채무자는 그 소장을 송달받은 다음날부터는 반환의무이행지체로 인한 지체책임을 지게 되므로, 그처럼 원상회복의무이행으로 금전반환을 명하는 판결을 선고할 경우에는 금전채무불이행으로 인한 손해배상액산정기준이 되는 법정이율에 관한 특별규정인 소송촉진 등에 관한 특례법 제3조 제1항에 의한 이율이 적용될 것입니다(대법원 2003. 7. 22. 선고 2001다76298 판결).

■ **다운계약서임을 이유로 매매계약을 해제할 수 있는지요?**

Q. 甲과 乙은 아파트 매매계약을 체결하면서 실거래가가 15억임에도 계약서에 10억만 쓰기로 약정하고 계약금을 주고받았습니다. 그런데 매수인인 甲은 아파트를 너무 비싸게 산 것 아닌가하는 생각에 잠을 이루지 못하다가, 이와 같은 다운계약서는 법위반이므로, 이를 이유로 매매계약 해제를 주장하고자 합니다. 다운계약서임을 이유로 매매계약을 해제할 수 있는지요.

A. 계약해제라 함은 당사자 일방의 채무불이행을 이유로 유효하게 성립된 계약의 효력을 당사자 일방의 의사표시에 의하여 그 계약이 처음부터 존재하지 아니한 것과 같은 상태로 회복시키는 것을 말합니다. 甲과 乙은 이 사건 매매계약 당시 실제 거래 가격보다 낮은 가액을 매매대금으로 기재한 매매계약서를 작성하였는데 과연 계약 당사자들에게 매매 계약이나 다른 법규에 의하여 실제 거래가격에 의한 매매계약서를 작성할 의무가 있는지가 이 사건의 쟁점입니다.

그런데 매매는 일방 당사자가 어떤 재산권을 상대방에게 이전할 것을 약정하고, 상대방은 이에 대하여 대금을 지급할 것으로 약정함으로써 성립하는 것으로 당사자의 의사표시의 합치만으로 성립하고 특별한 방식을 요하지 아니하며 계약서는 계약의 성립 사실을 증명하는 하나의 방법에 불과한 것이므로, 매매계약의 효력으로서 매도인은 매수인에게 재산권이전의무를 부담하고 매수인은 대금지급의무가 발생할 뿐 매매계약 당사자에게 매매계약의 효력으로서 어떤 계약서 작성의무가 발생한다고 볼 수 없습니다.

부동산 거래신고 등에 관한 법률을 종합적으로 살펴보면, 거래당사자에게 부과한 의무는 실제 거래가격 신고의무이지 실제 거래가격 계약서 작성의무는 아니며, 법 규정들에 의거하여 乙에게 어떤 계약서 작성의무가 있다고 보기도 어렵습니다. 부동산 거래의 투명성 확보와 실거래 가격 확보를 통한 부동산 투기 방지 및 공평과세라는 입법 목적에 따라 위 법은 거래당사자에게 실제 거래가격을 신고하도록 의무를 부과하고 있는 점과 분쟁의 방지라는 공익상 견지에서 매매계약의 당사자는 계약서를 작성하는 경우 실제 거래가격을 매매대금으로 기재한 계약서를 작성하는 것이 바람직함은 이의가 있을 수 없다고 보입니다. 그러나 甲이 주장하는 실거래가 계약서 작성의무라는 것은 법적 근거가 없어 이를 인정할 수 없는 것이므로, 乙에게 매매계약의 효력으로서 실거래가 매매계약서 작성의무가 있음을 전제로 한 甲의 매매계약 해제 주장은 이유가 없다고 보입니다.

5. 세금납부

5-1. 양도소득세

"양도소득세"란 자산에 대한 등기 또는 등록에 관계없이 매도, 교환, 법인에 대한 현물출자 등으로 인해 그 자산이 유상으로 이전되는 경우 부과되는 세금을 말하며 구체적인 내용은 다음과 같습니다(소득세법 제88조, 제92조제2항, 제93조, 제98조, 제103조제1항, 제104조, 동법 시행령 제162조 및 국세기본법 제47조의2제1항 본문).

구분	내용
과세기준일	• 해당 자산의 대금을 청산(잔금을 완불)한 날
과세표준	• 양도소득금액에서 양도소득 기본공제(연간 250만원)를 한 금액 - 양도소득금액 = 양도차익-장기보유특별공제액(양도차익 × 장기보유특별공제율) - 양도차익 = 양도가액(실지거래가액)-(취득가액 + 그 밖의 필요경비)
세율	양도소득세는 양도소득과세표준에 다음의 세율을 적용하여 계산함 - 토지 및 건물의 양도 또는 부동산에 관한 권리의 양도로 발생하는 소득: 「소득세법」 제55조제1항에 따른 세율 - 보유기간이 1년 이상 2년 미만인 것: 양도소득 과세표준의 40% - 보유기간이 1년 미만인 것: 양도소득 과세표준의 50%(주택 및 조합원 입주권의 경우에는 40%) - 비사업용 토지 ① 1천200만원 이하 : 16% ② 1천200만원 초과 4천600만원 이하 : 192만원 + (1천200만원 초과액 X 25%) ③ 4천600만원 초과 8천800만원 이하 : 1천42만원 + (4천600만원 초과액 X 34%) ④ 8천800만원 초과 1억5천만원 이하 : 2천470만원 + (8천800만원 초과액 X 45%) ⑤ 1억5천만원 초과 5억원 이하 : 5천260만원 + (1억5천만원 초과액 X 48%) ⑥ 5억원 초과 : 2억2천60만원 + (5억원 초과액 X 50%) - 미등기양도자산: 양도소득 과세표준의 70%
가산세	• 납세의무자가 법정신고기한까지 예정신고 및 중간신고를 포함하여 세법에 따른 국세의 과세표준 신고를 하지 않은 경우: 양도소득세액의 20%

5-2. 종합부동산세

"종합부동산세"란 과세기준일 현재 전국의 주택 및 토지를 유형별로 구분하여 인별로 합산한 결과, 그 공시가격 합계액이 과세기준금액을 초과하는 경우 그 초과분에 대하여 과세되는 세금을 말하고 구체적인 내용은 다음과 같습니다(종합부동산세법 제3조, 제7조, 제8조, 제9조, 제12조, 제13조, 제14조 및 동법 시행령 제2조의4 제1항).

구분	내용
과세기준일	• 매년 6월 1일
납부의무자	• 주택에 대한 납부의무자 : 과세기준일 현재 주택분 재산세의 납세의무자로서 국내에 있는 재산세 과세대상인 주택의 공시가격을 합산한 금액이 6억원을 초과하는 자 • 토지에 대한 납무의무자 : 과세기준일 현재 토지분 재산세의 납세의무자로서 다음에 해당하는 자 - 종합합산과세대상인 경우 : 국내에 소재하는 해당 과세대상토지의 공시가격을 합한 금액이 5억원을 초과하는 자 - 별도합산과세대상인 경우 : 국내에 소재하는 해당 과세대상토지의 공시가격을 합한 금액이 80억원을 초과하는 자
납세지	• 종합부동산세의 납세의무자가 개인 또는 법인으로 보지 않는 단체인 경우 : 거주자의 주소지 또는 비거주자의 국내사업장의 소재지(국내사업장이 없는 경우 국내원천소득이 발생하는 장소) • 종합부동산세의 납세의무자가 법인 또는 법인으로 보는 단체인 경우 : - 내국법인의 납세지 : 법인의 등기부에 따른 본점이나 주사무소의 소재지 - 외국법인의 납세지 : 국내사업장의 소재지 • 종합부동산세의 납세의무자가 비거주자인 개인 또는 외국법인으로서 국내사업장이 없고 국내원천소득이 발생하지 않는 주택 및 토지를 소유한 경우 : 그 주택 또는 토지의 소재지(주택 또는 토지가 둘 이상인 경우에는 공시가격이 가장 높은 주택 또는 토지의 소재지)
과세표준	• 주택에 대한 과세표준 : (납세의무자별로 주택의 공시가격을 합산한 금액-6억원) × 80%(공정시장가액비율)을 곱한 금액(다만, 과세기준일 현재 세대원 중 1명이 해당 주택을 단독으로 소유한 경우로서 세대원 중 1명만이 주택분 재산세 과세대상인 1주택만을 소유한 1세대 1주택자의 경우에는 그 합산한 금액에서 9억원을 공제한 금액의 80%에 해당하는 금액) • 토지에 대한 과세표준 : - 종합합산과세대상인 토지의 경우 : (납세의무자별로 해당 과세대상토지의

	공시가격을 합산한 금액 - 5억원) × 80%(공정시장가액비율)을 곱한 금액 - 별도합산과세대상인 토지의 경우 : (납세의무자별로 해당 과세대상토지의 공시가격을 합산한 금액 - 80억원) × 80%(공정시장가액비율)을 곱한 금액
세율	• 주택분 종합부동산세액은 주택에 대한 과세표준에 다음의 세율을 적용하여 계산한 금액으로 함 - 과세표준이 6억원 이하 : 0.5% - 과세표준이 6억원 초과 12억 이하 : 300만원 + (6억원을 초과하는 금액의 0.75%) - 과세표준이 12억원 초과 50억 이하 : 750만원 + (12억원을 초과하는 금액의 1%) - 과세표준이 50억원 초과 94억 이하 : 4,550만원 + (50억원을 초과하는 금액의 1.5%) - 과세표준이 94억원 초과 : 1억1천150만원 + (94억원을 초과하는 금액의 2%) • 토지분 종합부동산세액은 종합합산과세대상인 토지에 대한 과세표준에 다음의 세율을 적용하여 계산한 금액으로 함 - 과세표준이 15억원 이하 : 0.75% - 과세표준이 15억원 초과 45억 이하 : 1,125만원 + (15억원을 초과하는 금액의 1.5%) - 과세표준이 45억원 초과 : 5,625만원 + (45억원을 초과하는 금액의 2%) 토지분 별도합산세액은 별도합산과세대상인 토지에 대한 과세표준에 다음의 세율을 적용하여 계산한 금액으로 함 - 과세표준이 200억원 이하 : 0.5% - 과세표준이 200억원 초과 400억 이하 : 1억원 + (200억원을 초과하는 금액의 0.6%) - 과세표준이 400억원 초과 : 2억2천만원 + (400억원을 초과하는 금액의 0.7%)
세대1 주택자 세액공제	• 만 60세 이상인 1세대 1주택자의 공제액은 산출세액에 다음의 연령별 공제율을 적용한 금액으로 함 - 만 60세 이상 만 65세 미만 : 10% - 만 65세 이상 만 70세 미만 : 20% - 만 70세 이상 : 30% • 5년 이상 보유한 1세대 1주택자의 공제액은 산출세액에 다음의 보유기간별 공제율을 적용한 금액으로 함 - 5년 이상 10년 미만 : 20% - 10년 이상 : 40%

5-3. 취득세

"취득세"란 부동산의 매매, 교환, 상속, 증여, 기부, 법인에 대한 현물출자, 건축, 개수(改修), 공유수면의 매립, 간척에 의한 토지의 조성 등과 그 밖에 이와 유사한 취득으로서 원시취득, 승계취득 또는 유상·무상의 모든 취득에 대해 부과되는 세금을 말하며 그 구체적인 내용은 다음과 같습니다(지방세법 제6조제1호, 제7조, 제8조, 제10조, 제11조 및 동법 시행령 제22조).

구분	내용
납세의무자	• 부동산을 취득한 자 - 관계 법령에 따른 등기·등록 등을 하지 않은 경우라도 사실상 취득하면 각각 취득한 것으로 보고 해당 취득 부동산의 소유자 또는 양수인이 취득자가 됨 - 주택조합과 주택재건축조합이 해당 조합원용으로 취득하는 조합주택용 부동산(공동주택과 부대시설·복리시설 및 그 부속토지)은 그 조합원이 취득자가 됨
납세지	• 부동산 소재지
과세표준	• 취득 당시의 가액으로 취득자가 신고한 가액 • 건축물을 건축(신축과 재축은 제외함)하거나 개수한 경우 또는 토지의 지목을 사실상 변경한 경우에는 그로 인하여 증가한 가액
세율	• 부동산에 대한 취득세는 과세표준에 다음의 표준세율을 적용하여 계산한 금액으로 함 - 상속으로 인한 취득 가. 농지: 2.3% 나. 농지 외의 것: 2.8% - 무상취득: 3.5%. (다만, 「지방세법 시행령」 제22조에 따른 비영리사업자의 취득은 2.8%) - 원시취득: 2.8% - 공유물의 분할 또는 부동산의 공유권 해소를 위한 지분이전으로 인한 취득(등기부등본상 본인 지분을 초과하는 부분의 경우에는 제외함): 2.3% - 합유물 및 총유물의 분할로 인한 취득: 2.3% - 그 밖의 원인으로 인한 취득 가. 농지: 3% 나. 농지 외의 것: 4%

	※ 나.에도 불구하고 유상거래를 원인으로 취득 당시의 가액이 6억원 이하로다음 요건에 해당하는 주택을 취득하는 경우에는 1%의 세율을, 6억원 초과 9억원 이하의주택을 취득하는 경우에는 2%의 세율을, 9억원 초과 주택을 취득하는 경우에는 3%의세율을 각각 적용[주택을 신축 또는 증축한 이후 해당 주거용 건축물의 소유자(배우자 및 직계존비속 포함)가 해당 주택의 부속토지를 취득하는 경우 제외] 1. 건축물대장·사용승인서·임시사용승인서 또는 부동산등기부에 주택[「건축법」(법률 제7696호로 개정되기 전의 것)에 따라 건축허가 또는 건축신고 없이 건축이 가능하였던 주택(법률 제7696호 건축법 일부개정법률 부칙 제3조에 따라 건축허가를 받거나 건축신고가 있는 것으로 보는 경우 포함)]으로 기재된 것 2. 건축물의 용도가 주거용(가정어린이집, 공동생활가정·지역아동센터 및 노인복지시설로서 주거용으로 사용되는 시설 제외하되, 「노인복지법」(법률 제13102호로 개정되기 전의 것)에 따른 분양형 노인복지주택은 포함)으로 사용하는 건축물과 그 부속토지일 것

5-4. 등록세

"등록세"란 재산권과 그 밖의 권리의 설정·변경 또는 소멸에 관한 사항을 공부에 등기하거나 등록하는 경우 부과되는 세금을 말하며 그 구체적인 내용은 다음과 같습니다(지방세법」 제24조, 제25조, 제27조 및 제28조).

구분	내용
납세의무자	• 등록을 하는 자(부동산 취득을 원인으로 이루어지는 등기는 제외함)
납세지	• 부동산 소재지
과세표준	• 등록 당시의 가액으로 등록자가 신고한 가액
세율	• 부동산에 대한 등록세는 과세표준에 다음의 표준세율을 적용하여 계산한 금액으로 함(산출한 세액이 그 밖의 등기 보다 적을 때에는 그 밖의 등기 또는 등록 세율 적용) - 소유권의 보존 등기 : 부동산 가액의 0.8% - 소유권의 이전 등기 가. 유상으로 인한 소유권 이전 등기 : 부동산 가액의 2%(다만, 「지방세법」 제11조제1항제8호에 따른 세율을 적용받는 주택의 경우 해당 주택의 취득세율에 100분의 50을 곱한 세율을 적용하여 산출한 금액) 나. 무상으로 인한 소유권 이전 등기 : 부동산 가액의 1.5% (다만, 상속으로 인한 소유권 이전 등기의 경우에는 부동산 가액의 0.8%) - 소유권 외의 물권과 임차권의 설정 및 이전 가. 지상권 : 부동산 가액의 0.2%(다만, 구분지상권의 경우에는 해당 토지의 지하 또는 지상 공간의 사용에 따른 건축물의 이용저해율(利用沮害率), 지하 부분의 이용저해율 및 그 밖의 이용저해율 등을 고려하여 행정안전부장관이 정하는 기준에 따라 시장·군수가 산정한 해당 토지 가액의 0.2%) 나. 저당권 : 채권금액의 0.2% 다. 지역권 : 요역지(要役地) 가액의 0.2% 라. 전세권 : 전세금액의 0.2% 마. 임차권 : 월 임대차금액의 0.2% - 경매신청·가압류·가처분 및 가등기 가. 경매신청·가압류·가처분: 채권금액의 0.2% 나. 가등기: 부동산 가액 또는 채권금액의 0.2% - 그 밖의 등기 : 건당 6천원

제2장

부동산 거래에는 어떤 규제가 있나요?

제2장 부동산 거래에는 어떤 규제가 있나요?

제1절 토지거래 및 이용에 관한 규제

1. 토지거래허가제

1-1. 토지거래계약에 관한 허가구역의 지정

국토교통부장관 또는 특별시장·광역시장·특별자치시장·도지사·특별자치도지사(이하 "시·도지사"라 함)는 토지의 투기적인 거래가 성행하거나 지가(地價)가 급격히 상승하는 지역, 그러한 우려가 있는 지역으로서 다음의 지역은 5년 이내의 기간을 정해 토지거래계약에 관한 허가구역으로 지정할 수 있습니다(부동산 거래신고 등에 관한 법률 제10조제1항 및 동법 시행령 제7조제1항).

지역	구분
- 국토의 계획 및 이용에 관한 법률에 따른 광역도시계획, 도시·군기본계획, 도시·군관리계획 등 토지이용계획이 새로 수립되거나 변경되는 지역 - 법령의 제정·개정 또는 폐지나 그에 따른 고시·공고로 인하여 토지이용에 대한 행위제한이 완화되거나 해제되는 지역 - 법령에 따른 개발사업이 진행 중이거나 예정되어 있는 지역과 그 인근지역 - 그 밖에 시·도지사가 투기우려가 있다고 인정하는 지역 또는 관계 행정기관의 장이 특별히 투기가 성행할 우려가 있다고 인정하여 국토교통부장관 또는 시·도지사에게 요청하는 지역	- 허가구역이 둘 이상의 시·도의 관할 구역에 걸쳐 있는 경우: 국토교통부장관이 지정 - 허가구역이 동일한 시·도 안의 일부지역인 경우: 시·도지사가 지정. 다만, 국가가 시행하는 개발사업 등에 따라 투기적인 거래가 성행하거나 지가가 급격히 상승하는 지역과 그러한 우려가 있는 지역 등의 경우에는 국토교통부장관이 지정

1-2. 토지거래계약에 관한 허가

① 허가구역에 있는 토지에 관한 소유권·지상권(소유권·지상권의 취득을 목적으로 하는 권리 포함)을 이전하거나 설정(대가를 받고 이전하거나 설정하는 경우만 해당)하는 계약(예약 포함, 이하 "토지거래계약"이라 함)을 체결하려는 당사자는 공동으로 그 토지의 소재지를 관할하는 시장·군수 또는 구청장에게 허가를 받

아야 합니다(부동산 거래신고 등에 관한 법률 제11조제1항 전단).

② 허가구역에 있는 토지거래계약을 체결하려는 당사자는 공동으로 다음의 서류를 첨부하여 그 토지를 관할하는 시장·군수 또는 구청장에게 제출해야 합니다(부동산 거래신고 등에 관한 법률 제11조제1항 전단, 동법 시행령 제8조제1항, 동법 시행규칙 제9조제1항 및 제2항).

③ 다음의 사항을 기재한 토지거래계약허가신청서(부동산 거래신고 등에 관한 법률 시행규칙 별지 제9호서식)

- 당사자의 성명 및 주소(법인인 경우에는 법인의 명칭 및 소재지와 대표자의 성명 및 주소)
- 토지의 지번·지목·면적·이용현황 및 권리설정현황
- 토지의 정착물인 건축물·공작물 및 입목 등에 관한 사항
- 이전 또는 설정하려는 권리의 종류
- 계약예정금액
- 토지의 이용에 관한 계획
- 토지를 취득(토지에 관한 소유권·지상권 또는 소유권·지상권의 취득을 목적으로 하는 권리를 이전하거나 설정하는 것을 말함)하는 데 필요한 자금 조달계획

[서식 예] 토지거래계약 허가 신청서

토지거래계약 허가 신청서

※ 뒤쪽의 유의사항·작성방법을 읽고 작성하시기 바라며, 색상이 어두운 란은 신청인이 작성하지 않습니다. (앞쪽)

접수번호	접수일시	처리기간 15일

매도인	①성명(법인명)	②주민등록번호(법인·외국인등록번호)
	③주소(법인소재지)	(휴대)전화번호
매수인	④성명(법인명)	⑤주민등록번호(법인·외국인등록번호)
	⑥주소(법인소재지)	(휴대)전화번호
⑦허가신청하는 권리	[ ] 소유권 [ ] 지상권	

토지에 관한 사항	번호	⑧ 소재지	⑨ 지 번	지 목		⑫면적(㎡)	⑬용도지역·용도지구	⑭이용 현황
				⑩법정	⑪현실			
	1 2 3							
	⑮권리설정현황							

토지의 정착물에 관한 사항	번호	⑯종 류	⑰ 정착물의 내용	이전 또는 설정에 관한 권리	
				⑱종 류	⑲내 용
	1 2 3				

이전 또는 설정하는 권리의 내용에 관한 사항	번호	⑳소유권의 이전 또는 설정의 형태	그 밖의 권리의 경우		㉓특기사항
			㉑존속기간	㉒지대(연액)	
	1 2 3				

계약예정금액에 관한 사항	번호	토 지				정 착 물		㉚예정금액합계(원)(㉗+㉙)
		㉔지목(현실)	㉕면적(㎡)	㉖단가(원/㎡)	㉗예정 금액(원)	㉘ 종류	㉙예정 금액(원)	
	1 2 3							
			계	평균	계		계	계

「부동산 거래신고 등에 관한 법률」 제11조제1항, 같은 법 시행령 제9조제1항 및 같은 법 시행규칙 제9조에 따라 위와 같이 허가를 신청합니다.

년 월 일

매도인 (서명 또는 인)

매수인 (서명 또는 인)

시장·군수·구청장 귀하

신청인 제출서류	1.「부동산 거래신고 등에 관한 법률 시행규칙」제11조제1항 각 호의 사항을 적은 토지이용계획서(「농지법」 제8조에 따라 농지취득자격증명을 발급받아야 하는 농지의 경우에는 같은 조 제2항에 따른 농업경영계획서를 말합니다) 2.「부동산 거래신고 등에 관한 법률 시행규칙」제9조제2항에 따른 별지 제10호서식의 토지취득자금조달계획서	수수료 없음

(뒤 쪽)

유의사항

1. 「부동산 거래신고 등에 관한 법률」 제11조제1항에 따른 허가를 받지 아니하고 체결한 토지거래계약은 그 효력을 발생하지 아니합니다.
2. 「부동산 거래신고 등에 관한 법률」 제11조제1항에 따라 허가 또는 변경허가를 받지 아니하고 토지거래계약을 체결하거나 거짓, 그 밖의 부정한 방법으로 토지거래계약허가를 받은 자는 2년 이하의 징역 또는 계약체결 당시의 개별공시지가에 따른 해당토지가격의 100분의 30에 상당하는 금액 이하의 벌금이 부과됩니다.
3. 「부동산 거래신고 등에 관한 법률」 제11조제1항에 따라 토지거래계약허가를 받아 취득한 토지를 허가받은 목적대로 이용하지 아니한 경우에는 토지 취득가액의 100분의 10의 범위 안에서 이행강제금이 부과됩니다.

※ 허가 신청사항이 많은 경우에는 다른 용지에 작성하여 간인 처리한 후 첨부할 수 있습니다.

작성방법

1. ①④란에는 법인인 경우는 법인의 명칭을 기재합니다.
2. ⑦란에는 해당하는 권리에 √표시합니다.
3. ⑩⑪란에는 전·답·대·잡종지·임야 등으로 기재합니다.
4. ⑰란에는 건축물 및 공작물의 경우에는 연면적·구조·사용년수 등을, 입목의 경우에는 수종·본수·수령 등을 기재합니다.
5. ⑱⑲란에는 권리가 이전 또는 설정되는 정착물의 종류와 내용을 기재합니다.
6. ⑳란에는 매매·교환 등의 등기원인의 구분에 따라 기재합니다.

처리절차

이 신청서는 아래와 같이 처리됩니다.

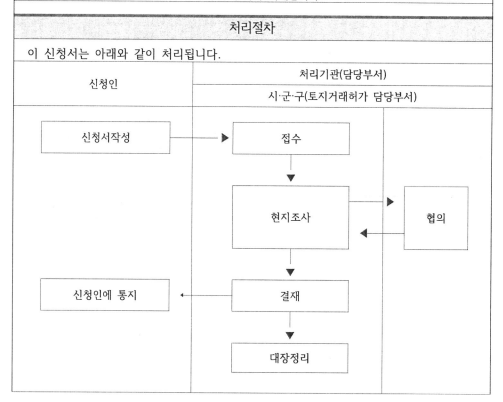

신청인	처리기관(담당부서) 시·군·구(토지거래허가 담당부서)	
신청서작성 →	접수	
	↓	
	현지조사 ⇄	협의
	↓	
신청인에 통지 ←	결재	
	↓	
	대장정리	

④ 토지이용계획서(농지취득자격증명을 발급받아야 하는 농지의 경우에는 농업경영계획서)

⑤ 토지취득자금조달계획서(부동산 거래신고 등에 관한 법률 시행규칙 별지 제10호서식)

[서식 예] 토지취득자금 조달계획서

<table>
<tr><th colspan="5">토지취득자금 조달계획서</th></tr>
<tr><td rowspan="2">제출인
(매수인)</td><td colspan="2">①성명(법인명)</td><td colspan="2">②생년월일(법인· 외국인등록번호)</td></tr>
<tr><td colspan="2">③주소(법인소재지)</td><td colspan="2">(휴대)전화번호</td></tr>
<tr><td rowspan="3">자기자금</td><td>④금융기관 예금액</td><td>원</td><td>⑤토지보상금</td><td>원</td></tr>
<tr><td>⑥부동산매도액</td><td>원</td><td>⑦주식·채권 매각대금</td><td>원</td></tr>
<tr><td>⑧현금 등 기타</td><td>원</td><td>⑨소계</td><td>원</td></tr>
<tr><td rowspan="2">차입금 등</td><td>⑩금융기관 대출액</td><td>원</td><td>⑪사채</td><td>원</td></tr>
<tr><td>⑫기타</td><td>원</td><td>⑬소계</td><td>원</td></tr>
<tr><td>⑭ 합계</td><td colspan="4">원</td></tr>
<tr><td colspan="5">「부동산 거래신고 등에 관한 법률」제11조제1항, 같은 법 시행령 제9조제1항 및 같은 법 시행규칙 제9조제2항제2호에 따라 위와 같이 토지취득자금 조달계획을 제출합니다.
년 월 일
제출인 (서명 또는 인)
시장·군수·구청장 귀하</td></tr>
<tr><th colspan="5">유의사항</th></tr>
<tr><td colspan="5">1. 본 계획서에는 토지의 취득에 소요되는 자금의 조달계획을 구분하여 기재합니다.
2. ④ ~ ⑧에는 자기자금을 종류별로 구분하여 중복되지 아니하게 기재합니다.
3. ⑤의 토지보상금은 공익사업의 시행으로 토지를 양도하거나 토지가 수용되어 지급받는 보상금을 말하며, 토지보상금을 지급받은 후 금융기관에 예탁하거나 현금으로 보유하고 있더라도 ⑤에 기재합니다.
4. ⑩ ~ ⑫에는 외부 차입금을 종류별로 구분하여 중복되지 아니하게 기재합니다.
5. ⑨에는 ④ ~ ⑧의 합계액을, ⑬에는 ⑩ ~ ⑫의 합계액을, ⑭에는 ⑨와 ⑬의 합계액을 각각 기재합니다.</td></tr>
</table>

⑥ 경제 및 지가의 동향과 거래단위면적 등을 종합적으로 고려하여 다음의 용도별 면적 이하의 토지에 대한 토지거래계약에 관해서는 허가가 필요하지 않습니다(부동산 거래신고 등에 관한 법률 제11조제2항 및 동법 시행령 제9조제1항).

구분	대상 지역	기준 면적
도시지역 내의 지역	주거지역	180㎡
	상업지역	200㎡
	공업지역	660㎡
	녹지지역	100㎡
	용도지역의 지정이 없는 구역	90㎡
도시지역 외의 지역	기타	250㎡
	농지	500㎡
	임야	1,000㎡

1-3. 토지거래계약의 불허

토지거래계약에 관한 허가신청이 다음에 해당하는 경우에는 허가를 받을 수 없습니다(부동산 거래신고 등에 관한 법률 제12조).

- 자기의 거주용 주택용지로 이용하려는 것이 아닌 경우
- 허가구역을 포함한 지역의 주민을 위한 복지시설 또는 편익시설로서 관할 시장·군수 또는 구청장이 확인한 시설의 설치에 이용하려는 것이 아닌 경우
- 허가구역에 거주하는 농업인·임업인·어업인 또는 규제 「부동산 거래신고 등에 관한 법률 시행령」 제10조제1항에 따른 자가 그 허가구역에서 농업·축산업·임업 또는 어업을 경영하기 위하여 필요한 것이 아닌 경우
- 공익사업을 위한 토지 등의 취득 및 보상에 관한 법률이나 그 밖의 법률에 따라 토지를 수용하거나 사용할 수 있는 사업을 시행하는 자가 그 사업을 시행하기 위하여 필요한 것이 아닌 경우
- 허가구역을 포함한 지역의 건전한 발전을 위하여 필요하고 관계 법률에 따라 지정된 지역·지구·구역 등의 지정목적에 적합하다고 인정되는 사업을 시행하는 자나 시행하려는 자가 그 사업에 이용하려는 것이 아닌 경우
- 허가구역의 지정 당시 그 구역이 속한 특별시·광역시·특별자치시·시(제주특별

자치도 설치 및 국제자유도시 조성을 위한 특별법에 따른 행정시 포함)·군 또는 인접한 특별시·광역시·특별자치시·시·군에서 사업을 시행하고 있는 자가 그 사업에 이용하려는 것인 경우나 그 자의 사업과 밀접한 관련이 있는 사업을 하는 자가 그 사업에 이용하려는 것이 아닌 경우

- 허가구역이 속한 특별시·광역시·특별자치시·시 또는 군에 거주하고 있는자의 일상생활과 통상적인 경제활동에 필요한 것 등으로서 부동산 거래신고 등에 관한 법률 시행령 제10조제2항의 용도에 이용하려는 것이 아닌 경우
- 도시·군계획이나 그 밖에 토지의 이용 및 관리에 관한 계획에 맞지 않는 경우
- 생태계의 보전과 주민의 건전한 생활환경 보호에 중대한 위해(危害)를 끼칠 우려가 있는 경우
- 그 면적이 그 토지의 이용목적으로 보아 적합하지 않다고 인정되는 경우

2. 토지이용규제(지역·지구 등의 신설 제한 등)

① 지역·지구 등의 개념

"지역·지구 등"이란 지역·지구·구역·권역·단지·도시·군계획시설 등 명칭에 관계없이 개발행위를 제한하거나 토지이용과 관련된 인가·허가 등을 받도록 하는 등 토지의 이용 및 보전에 관한 제한을 하는 일단(一團)의 토지(토지와 연접한 해수면으로서 토지와 같이 제한되는 경우에는 그 해수면 포함)를 말합니다(토지이용규제 기본법 제2조제1호).

② 지역·지구 등의 신설 제한 등

다음을 제외하고는 지역·지구 등을 신설할 수 없습니다(토지이용규제 기본법 제5조 및 별표).

- 토지이용규제 기본법 별표에 규정된 지역·지구 등
- 다른 법률의 위임에 따라 대통령령에 규정된 지역·지구 등으로서 「토지이 용규제 기본법 시행령」 별표에 따른 지역·지구 등
- 다른 법령의 위임에 따라 총리령, 부령 및 자치법규에 규정된 지역·지구 등으로서 국토교통부장관이 관보에 고시하는 지역·지구 등

③ 지역·지구 등의 지정

중앙행정기관의 장이나 지방자치단체의 장이 지역·지구 등을 지정(변경 및 해제 포함)하려면 다음의 경우를 제외하고 미리 주민의 의견을 들어야 합니다(토지이용규제 기본법 제8조제1항 및 동법 시행령 제6조제8항, 제9항).

- 따로 지정 절차 없이 법령이나 자치법규에 따라 지역·지구 등의 범위가 직접 지정되는 경우
- 다른 법령 또는 자치법규에 주민의 의견을 듣는 절차가 규정되어 있는 경우
- 국방상 기밀유지가 필요한 경우
- 문화재보호법에 따라 가지정문화재로 지정하는 경우
- 지역·지구 등의 면적을 축소하는 경우
- 지역·지구 등의 면적을 100분의 10 이내의 범위에서 확대하는 경우

④ 중앙행정기관의 장이 지역·지구 등을 지정하는 경우에는 지적(地籍)이 표시된 지형도에 지역·지구 등을 명시한 도면을 작성하여 관보에 고시하고, 지방자치단체의 장이 지역·지구 등을 지정하는 경우에는 지형도면을 작성하여 그 지방자치단체의 공보에 고시해야 합니다(토지이용규제 기본법 제8조제2항 본문).

3. 토지 지정지역 규제

3-1. 지정지역(투기지역)의 개념

“지정지역”이란 국토교통부장관이 전국의 부동산가격동향 및 해당 지역특성 등을 감안하여 해당지역의 부동산가격 상승이 지속될 가능성이 있거나 다른 지역으로 확산될 우려가 있다고 판단되어 지정요청(관계 중앙행정기관의 장이 국토교통부장관을 경유하여 요청하는 경우 포함)하는 경우로서 기획재정부장관이 부동산가격안정심의위원회의 심의를 거쳐 지정하는 지역을 말합니다(「소득세법」 제104조의2제1항 및 「소득세법 시행령」 제168조의3제1항 전단).

3-2. 토지 지정지역(투기지역)의 지정

① 다음의 지역은 토지지정지역(투기지역)으로 지정됩니다(소득세법 제104조의2제1항 및 동법 시행령 제168조의3제1항제2호, 제4호).

- 지정하는 날이 속하는 달의 직전월(이하 “직전월”이라 함)의 지가상승률이 전국소비자물가상승률의 30%보다 높은 지역 중 직전월부터 소급하여 2개월간의 월 평균 지가상승률이 전국지가상승률의 30%보다 높은 지역
- 직전월의 지가상승률이 전국소비자물가상승률의 30%보다 높은 지역 중 직전월부터 소급하여 1년간의 연평균 지가상승률이 직전월부터 소급하여 3년간의 연평균 전국지가상승률보다 높은 지역
- 택지개발지구, 행정중심복합도시건설사업 예정지역·주변지역 또는 그 밖에 대규모개발사업의 추진이 예정되는 지역 중 직전월의 지가상승률이 전국소비자물가상승률보다 높은 지역

② 토지 지정지역(투기지역) 지정 현황

2017년 8월 현재 토지 투기지역으로 지정된 곳은 없습니다[기획재정부 홈페이지(http://www.mosf.go.kr) 참조].

③ 토지지정지역의 지정효력

토지지정지역(투기지역)은 지정지역의 지정을 공고한 날부터 효력이 발생합니다(소득세법 시행령 제168조의3제6항).

3-3. 토지지정지역(투기지역)에 대한 중과세

지정지역 내에 있는 비사업용 토지 또는 부동산 가격이 급등하였거나 급등할 우려가 있어 부동산가격의 안정을 위해 정한 부동산을 양도한 경우에는 소득세법 제55조제1항에 따른 세율에 10%를 더한 세율을 적용합니다. 해당 부동산 보유기간이 2년 미만인 경우에는 소득세법 제55조제1항에 따른 세율에 10%를 더한 세율을 적용하여 계산한 양도소득 산출세액과 소득세법 제104조제1항제2호 또는 제3호의 세율을 적용하여 계산한 양도소득 산출세액 중 큰 세액을 양도소득 산출세액으로 합니다(소득세법 제104조제4항제3호 및 제4호).

4. 개발제한구역지정

4-1. 개발제한구역의 개념

"개발제한구역"이란 국토교통부장관이 도시의 무질서한 확산을 방지하고 도시주변의 자연환경을 보전하여 도시민의 건전한 생활환경을 확보하기 위하여 도시의 개발을 제한할 필요가 있거나 국방부장관의 요청이 있어 보안상 도시의 개발을 제한할 필요가 있다고 인정되어 지정한 구역을 말합니다(국토의 계획 및 이용에 관한 법률 제38조제1항 및 개발제한구역의 지정 및 관리에 관한 특별조치법 제3조제1항).

4-2. 개발제한구역의 지정

다음의 지역을 개발제한구역으로 지정합니다(개발제한구역의 지정 및 관리에 관한 특별조치법 제3조제1항 및 동법 시행령 제2조제1항).

- 도시가 무질서하게 확산되는 것 또는 서로 인접한 도시가 시가지로 연결되는 것을 방지하기 위하여 개발을 제한할 필요가 있는 지역
- 도시주변의 자연환경 및 생태계를 보전하고 도시민의 건전한 생활환경을 확보하기 위하여 개발을 제한할 필요가 있는 지역
- 국가보안상 개발을 제한할 필요가 있는 지역
- 도시의 정체성 확보 및 적정한 성장 관리를 위하여 개발을 제한할 필요가 있는 지역

5. 부동산거래 신고제도

5-1. 부동산거래 신고제도의 개념

"부동산거래 신고제도"란 실거래가격 보다 낮게 계약서를 작성하는 이중계약의 관행을 없애고 부동산 거래를 투명하게 하기 위해 다음에 해당하는 계약을 체결한 경우에는 실제 거래가격 등의 사항을 신고하게 하는 제도를 말합니다(부동산 거래신고 등에 관한 법률 제1조 및 제3조제1항).

1) 부동산의 매매계약

2) 택지개발촉진법, 주택법 등 대통령령으로 정하는 법률에 따른 부동산에 대한 공급계약

3) 위 2.에 따른 계약을 통하여 부동산을 공급받는 자로 선정된 지위의 매매계약

4) 도시 및 주거환경정비법 제48조에 따른 관리처분계획의 인가로 인하여 취득한 입주자로 선정된 지위의 매매계약

5-2. 부동산거래 신고의무

다음에 따라 부동산 거래를 신고하면 됩니다(부동산 거래신고 등에 관한 법률 제3조제1항 및 동법 시행령 제3조제1항).

구분	내용
신고주체	• 거래당사자(매수인 및 매도인) • 부동산 개업공인중개사가 거래계약서를 작성·교부하는 경우: 개업공인중개사
신고내용	• 매수인 및 매도인의 인적사항 • 계약일, 중도금 지급일 및 잔금 지급일 • 거래대상 부동산의 소재지·지번·지목(부동산을 취득할 수 있는 권리에 관한 계약의 경우에는 그 권리의 대상인 부동산) • 거래대상 부동산의 종류(부동산을 취득할 수 있는 권리에 관한 계약의 경우에는 그 권리의 종류) • 실제 거래가격 • 거래대상 주택의 취득에 필요한 자금의 조달계획[「주택법」 제63조에 따라 지정된 투기과열지구에 소재하는 주택(「주택법」 제2조제1호의 주택을 말함)으로서 실제 거래가격이 3억원 이상인 주택의 거래계약을 체결한 경우(거래당사자 중 매수인이 법 제3조제1항 단서에 따른 국가등인 경우는 제외)에만 해당]

	• 거래대상 주택에 매수자 본인이 입주할지 여부와 입주 예정 시기[「주택법」 제63조에 따라 지정된 투기과열지구에 소재하는 주택(주택법 제2조제1호의 주택을 말함)으로서 실제 거래가격이 3억원 이상인 주택의 거래계약을 체결한 경우(거래당사자 중 매수인이 법 제3조제1항 단서에 따른 국가등인 경우는 제외)에만 해당] 계약의 조건이나 기한이 있는 경우에는 그 조건 또는 기한 • 개업공인중개사가 거래계약서를 작성·교부한 경우 개업공인중개사의 인적사항 및 개설등록한 중개사무소의 상호·전화번호 및 소재지
신고기간	• 부동산거래계약 체결일로부터 60일 이내
신고방법	• 부동산거래계약 신고서에 서명 또는 날인(捺印)하여 부동산 소재지 관할 시장·군수·구청장에게 제출 • 국토교통부 부동산거래관리시스템을 통한 신고

[서식 예] 토지거래허가절차 이행청구의 소

소　　　장

원　고　○○○ (주민등록번호)
　　　　○○시 ○○구 ○○로 ○○(우편번호 ○○○-○○○)
　　　　전화.휴대폰번호:
　　　　팩스번호, 전자우편(e-mail)주소:
피　고　◇◇◇ (주민등록번호)
　　　　○○시 ○○구 ○○로 ○○(우편번호 ○○○-○○○)
　　　　전화.휴대폰번호:
　　　　팩스번호, 전자우편(e-mail)주소:

토지거래허가절차 이행청구의 소

청 구 취 지

1. 피고는 원고에게, 원고와 피고 사이에 20○○. ○. ○. 체결된 별지 목록 기재 토지의 매매계약에 관하여 토지거래허가 신청절차를 이행하라.
2. 소송비용은 피고의 부담으로 한다.

라는 판결을 구합니다.

청 구 원 인

1. 원고는 20○○. ○. ○. 피고로부터 토지거래허가구역 내에 있는 피고소유의 별지목록 기재 토지를 토지거래허가를 받을 것을 전제로 하여 매매대금 ○억 ○○○만원에 매수하기로 하는 토지매매계약을 체결하면서, 같은 날 계약금 ○○○만원을 지급하고 20○○. ○. ○○. 중도금 ○억 ○○만원을 지급하였으며, 20○○. ○○. ○○. 나머지 매매대금 ○억 ○○만원을 지급하였습니다.
2. 그러나 피고는 별지목록 기재 토지의 매매대금을 모두 수령한 뒤에도 계속 미루기만 하고 서울 ○○구청장에 대한 토지거래허가신청절차에 협력하지 않고 있습니다.
3. 그런데 토지거래허가구역 내의 토지에 관하여 관할관청의 허가 없이 체결

된 매매계약이라 하더라도 거래당사자 사이에는 계약이 효력이 있는 것으로 완성될 수 있도록 서로 협력할 의무가 있어 매매계약의 쌍방 당사자는 공동으로 관할관청의 허가를 신청할 의무가 있고, 이러한 의무에 위배하여 허가신청절차에 협력하지 않는 당사자에 대하여 상대방은 협력의무의 이행을 구할 수 있다고 할 것입니다.

4. 따라서 원고는 피고에 대하여 청구취지와 같은 판결을 구하기 위하여 이 사건 청구에 이른 것입니다.

입 증 방 법

1. 갑 제1호증 토지매매계약서
1. 갑 제2호증의 1 내지 3 각 영수증

첨 부 서 류

1. 위 입증방법 각 2통
1. 소장부본 1통
1. 송달료납부서 1통

20○○. ○. ○.

위 원고 ○ ○ ○ (서명 또는 날인)

○○지방법원 귀중

■ **토지거래 허가지역 내의 부동산 매매계약이 해제되는 경우, 계약금을 돌려받을 수 없는 것인지요?**

Q. 저는 1년 전 토지거래허가지역 내에 있는 甲의 부동산을 매매대금 2억원으로 하고, 계약금 2,000만원은 계약당일지급, 중도금 1억원은 15일 후, 잔대금은 30일 후 각 지급하기로 하는 매매계약을 체결하면서 토지거래허가신청은 중도금지급기일 이전에 쌍방이 협력하여 신청하기로 하였는데, 甲은 토지거래허가신청절차에 협력해주지 않고, 이를 지체하던 중 중도금지급기일이 경과한 후 1년이 지나서야 저에게 중도금이행지체를 이유로 계약을 해제하고 계약금은 돌려주지 않겠다고 통지해왔습니다. 저도 더 이상 위 토지를 취득하고 싶지 않으니 계약금을 돌려달라고 통지하였는데, 제가 계약금을 돌려받을 수 없는 것인지요?

A. 국토의 계획 및 이용에 관한 법률」에 따르면 국토교통부장관[허가구역이 둘 이상의 시·군(광역시의 관할 구역에 있는 군을 포함한다) 또는 구의 관할 구역에 걸쳐 있는 경우] 또는 시·도지사(허가구역이 동일한 시·군 또는 구 안의 일부지역인 경우)는 국토의 이용 및 관리에 관한 계획의 원활한 수립과 집행, 합리적인 토지 이용 등을 위하여 토지의 투기적인 거래가 성행하거나 지가가 급격히 상승하는 지역과 그러한 우려가 있는 지역으로서 대통령령으로 정하는 지역에 대해서는 5년 이내의 기간을 정하여 제118조 제1항에 따른 토지거래계약에 관한 허가구역으로 지정할 수 있고(같은 법 제117조 제1항), 허가구역에 있는 토지에 관한 소유권·지상권(소유권·지상권의 취득을 목적으로 하는 권리를 포함)을 이전하거나 설정(대가를 받고 이전하거나 설정하는 경우만 해당함)하는 계약(예약을 포함)을 체결하려는 당사자는 공동으로 대통령령으로 정하는 바에 따라 시장·군수 또는 구청장의 허가를 받아야 하고, 허가받은 사항을 변경하려는 경우에도 또한 같다고 규정하고 있습니다(같은 법 제118조 제1항).

그런데 판례를 보면, 국토의 계획 및 이용에 관한 법률상 토지거래계약허가구역 내 토지에 관하여 허가를 배제하거나 잠탈하는 내용으로 매매계약체결된 경우, 같은 법 제118조 제6항에 따라 그 계약은 체결된 때부터 확정적 무효이고, 이러한 허가의 배제·잠탈행위에는 토지거래허가가 필요한 계약을 허가가 필요하지 않은 것에 해당하도록 계약서를 허위작성 하는 행위뿐만 아니라, 정상적으로는 토지거래허가 받을 수 없는 계약을 허가받을 수 있도록 계약서를 허위작성 하는 행위도 포함된다고 하였습니다(대법원 2010. 6. 10. 선고 2009다96328 판결).

그리고 토지거래허가가 나지 아니한 상태에서 당해 토지에 관한 경매절차가 개시되어 제3자에게 소유권이 이전되었다면, 위 토지거래계약에 기한 소유권 이전의무는 특별한 사정이 없는 한 이행불능 상태에 이르렀다고 보아야 하고, 이로써 유동적 무효 상태에 있던 위 토지거래계약은 확정적으로 무효가 되며, 따라서 토지거래허가 없이 체결된 매매예약에 기하여 소유권이전청구권 보전을 위한 가등기가 경료되어 있는 상태에서 당해 토지가 제3자에게 낙찰되어 소유권이 이전된 경우에는 그 후 그 가등기에 기한 본등기까지 경료되었더라도 이는 효력이 없는 무효의 등기라 할 것이라고 하였습니다(대법원 2013. 2. 14. 선고 2012다89900 판결).

그러나 토지거래허가를 받을 것을 전제로 국토의 계획 및 이용에 관한 법률상 토지거래허가구역 내 토지에 관한 매매계약을 체결한 경우에 관한 판례를 보면, 국토의 계획 및 이용에 관한 법률상 토지거래허가구역 내 토지에 관한 매매계약은 관할관청으로부터 허가받기 전의 상태에서는 법률상 '미완성의 법률행위'로서 이른바 '유동적 무효상태'에 있어 그 계약내용에 따른 본래적 효력은 발생하지 아니하므로, 관할관청의 거래허가를 받아 매매계약이 소급하여 유효한 계약이 되기 전까지 양쪽당사자는 서로 소유권이전이나 대금지급과 관련하여 어떠한 내용의 이행청구를 할 수 없으며, 일방당사자는 상대방의 매매계약내용에 따른 채무불이행을 이유로 하여 계약을 해제할 수도 없고(대법원 2010. 5. 13. 선고 2009다92685 판결), 유동적 무효상태의 매매계약을 체결하고 그에 기초하여 임의로 지급한 계약금 등은 그 계약이 유동적 무효상태로 있는 한 그것을 부당이득으로서 반환청구 할 수 없으며(대법원 1996. 6. 28. 선고 95다54501 판결), 이러한 유동적 무효상태에서는 그 매수인이 매도인을 상대로 하여 권리이전 또는 설정에 관한 어떠한 이행청구도 허용하지 않는 취지에 비추어 볼 때 그 매매계약에 기초한 소유권이전등기청구권 또는 토지거래계약에 관한 허가를 받을 것을 조건으로 한 소유권이전등기청구권을 피보전권리로 한 부동산처분금지가처분신청도 허용되지 않는다고 하였습니다(대법원 2010. 8. 26. 자 2010마818 결정).

그리고 국토의 계획 및 이용에 관한 법률상의 토지거래허가를 받지 않아 거래계약이 유동적 무효상태에 있는 경우 그러한 유동적 무효상태의 계약은 관할관청의 불허가처분이 있을 때뿐만 아니라 당사자쌍방이 허가신청협력의무의 이행거절의사를 명백히 표시한 경우에는 계약의 유동적 무효상태가 더 이상 지속된다고 볼 수 없고 그 계약관계는 확정적으로 무효가 되고, 그것은 거래계약상 일방채무가 이행불능임이 명백하고 그 상대방이 거래계약의 존속을 더 이상 바라지 않고 있는 경우에도 마찬가지이며(대법원 2010. 8. 19. 선고 2010다31860, 31877 판결), 토지거래허가 전의 거래계약이 정지조건부 계약인 경우 그 정지조건이 토지거래허가를 받기 전에 이미 불성취로 확정되었다면, 장차 토지거래허가를 받더라도 그 거래계약의 효력이 발생될 여지는 없게 되었으므로, 그러한 경우에도 또한 허가 전 거래계약의 유동적 무효상태가 더 이상 지속된다고 볼 수 없어 확정적 무효가 되고(대법원 1998. 3. 27. 선고 97다36996 판결), 또한 토지거래허가지역 내 토지에 관한 매매계약은 당사자일방의 매매계약철회로 확정적 무효로 되는 것이 아니라, 당사자쌍방이 허가신청을 하지 아니하기로 의사표시를 명백히 한 때에 비로소 확정적 무효로 된다고 하였습니다(대법원 1995. 12. 26. 선고 93다59526 판결).

이처럼 유동적 무효상태의 계약이 불허가처분 등으로 확정적 무효가 되었을 경우에는 매수인은 그 매매계약에 기초하여 임의로 지급한 계약금을 부당이득으로 반환을 구할 수 있다 할 것이고(대법원 2008. 3. 13. 선고 2007다76603 판결), 유동적 무효상태의 매매계약을 체결할 당시 당사자 사이에 그 일방이 토지거래허가를 받기 위한 협력자체를 이행하지 아니하거나 허가신청에 이르기 전에 매매계약을 철회하는 경우 상대방에게 일정한 손해액을 배상하기로 하는 약정을 유효하게 할 수 있으며, 토지거래허가구역 내의 토지에 관한 매매계약을 체결함에 있어서 토지거래허가를 받을 수 없는 경우 이외에 당사자일방의 계약위반으로 인한 손해배상액의 약정에 있어서 계약위반이란 당사자일방이 그 협력의무를 이행하지 아니하거나 매매계약을 일방적으로 철회하여 그 매매계약이 확정적으로 무효가 되는 경우를 포함하는 것이라고 하였습니다(대법원 2008. 7. 10. 선고 2008다15377 판결).

또한, 토지거래허가신청이 불허가되었지만, 그 불허가취지가 미비된 요건보정을 명하는 데에 있고, 그러한 흠결된 요건을 보정하는 것이 객관적으로 불가능하지도 아니한 경우라면 그 불허가로 인하여 매매계약이 확정적으로 무효가 되는 것은 아니고, 토지거래허가를 전제로 매매계약을 체결한 당사자는 그 계약이 효력이 있는 것으로 완성될 수 있도록 서로 협력할 의무가 있으므로 공동으로 관할관청의 허가를 신청할 의무가 있고 따라서 일방당사자가 그러한 의무에 위배하여 허가신청절차에 협력하지 않을 경우 상대방은 그 협력의무이행을 소송으로써 청구할 수 있습니다(대법원 2010. 2. 11. 선고 2008다88795, 88801 판결).

따라서 위 사안의 경우 귀하가 甲에게 허가신청절차에 협력할 것을 요구하였으나, 甲은 이를 지체하고서 오히려 중도금미지급을 이유로 계약금몰수를 통지해왔고, 귀하도 계약금반환을 통지한 사실이 있으므로 쌍방이 허가신청협력의무의 이행거절의사를 명백히 표시하였다고 할 것이고, 이러한 경우에는 허가 전 거래계약관계 즉, 계약의 유동적 무효상태가 더 이상 지속한다고 볼 수는 없고, 그 계약관계는 확정적으로 무효라고 인정되는 상태에 이르렀다고 할 것인바, 귀하는 甲을 상대로 부당이득으로써 위 계약금의 반환을 청구할 수 있다고 할 것입니다.

■ 토지거래허가를 받지 않은 매수인이 부동산실명법상의 과징금 적용대상인지요?

Q. 甲은 시멘트저장시설을 신축하기위해 토지거래구역 내의 A토지(농지)를 乙로부터 매수하는 계약 체결하고 매매대금을 모두 지급하였으나, 농지매매증명을 받지 못해 나중에 지목변경을 하고 소유권이전등기를 할 생각으로 소유권이전등기는 물론 토지거래허가신청도 하지 않고 있는 상황입니다. 만약 위와 같은 상태로 있다가 잔금을 지급한 날로 부터 3년이 지나면 부동산 실권리자명의 등기에 관한 법률 제10조에서 정한 장기미등기자에 해당하여 과징금이 부과 될 수 있는 것인가요?

A. 부동산 실권리자명의 등기에 관한 법률 제10조 제1항에 의하면 부동산등기특별조치법 제2조 제1항 등의 적용을 받는 자가 대가관계에 있는 반대급부의 이행을 사실상 완료하는 등 소유권이전등기청구권을 행사할 수 있음에도 그로부터 3년 이내에 소유권이전등기를 신청하지 아니한 때에는 과징금을 부과하도록 하고 규정하고 있고, 한편 부동산등기 특별조치법 제2조 제1항은 부동산의 소유권이전을 내용으로 하는 계약을 체결한 자에 대하여 일정기간 내에 소유권이전등기를 신청하여야 하는 의무를 부과하면서도 그 계약이 취소·해제되거나 무효인 경우에는 그러하지 아니하는 것으로 규정하고 있습니다.

이러한 관련 법령의 규정 내용과 체계에 비추어 볼 때, 부동산의 소유권이전을 내용으로 하는 계약을 체결하였더라도 그 계약의 효력이 발생하지 않았거나 소급하여 소멸하였다면 부동산실명법 제10조 제1항이 정하는 과징금 부과대상에는 해당하지 않는다고 보아야 할 것입니다.

그런데 국토의 계획 및 이용에 관한 법률상의 토지거래허가구역 내 토지에 관한 거래계약은 관할 관청으로부터 허가받기 전까지는 물권적 효력은 물론 채권적 효력도 발생하지 않는 무효이며, 권리의 이전 또는 설정에 관한 어떠한 내용의 이행청구도 할 수 없습니다.(대법원 1991. 12. 24. 선고 90다12243 전원합의체 판결, 2000. 1. 28. 선고 99다40524 판결 등 참조)

따라서 토지거래허가구역 내에 있는 토지를 매수한 사람이 부동산실명법 제10조 제1항이 정하는 기간 내에 소유권이전등기를 신청하지 않았다고 하더라도, 토지거래허가를 받지 않은 이상 위 법조항에 따라 과징금이 부과될 수는 없다고 할 것입니다.(대법원 2009.10.15. 선고 2009두8090 판결 참조)

(관련판례)

부동산 실권리자 명의등기에 관한 법률 제2조, 제4조, 제11조, 제12조의 규정에 의하면, 위 법률 시행 이전에 위와 같은 계약명의신탁에 따라서 수탁자가 당사자가 되어 그 명의신탁 약정이 있다는 사실을 알지 못하는 소유자와 사이에서 부동산에 관한 매매계약을 체결한 후 그 매매계약에 기하여 당해 부동산의 소유권이전등기를 수탁자 명의로 경료한 다음 위 법률 시행 후 1년의 유예기간 내에 실명등기를 경료하지 아니한 경우에 있어서는, 그 소유권이전등기에 의한 당해 부동산에 관한 물권변동은 유효하지만 신탁자와 수탁자 사이의 명의신탁 약정은 무효이므로 수탁자는 전 소유자인 매도인뿐만 아니라 신탁자에 대한 관계에서도 유효하게 당해 부동산의 소유권을 취득한 것으로 보아야 할 것이고, 따라서 그 수탁자는 타인의 재물을 보관하는 자에 해당한다고 할 수 없다(대법원 2000. 3. 24. 선고 98도4347 판결 참조)(대법원 2006. 9. 8. 선고 2005도9733 판결).

제2절 주택거래 및 이용에 관한 규제

1. 주택지정지역규제

1-1. 지정지역(투기지역)의 개념

"지정지역"이란 국토교통부장관이 전국의 부동산가격동향 및 해당 지역특성 등을 감안하여 해당지역의 부동산가격 상승이 지속될 가능성이 있거나 다른 지역으로 확산될 우려가 있다고 판단되어 지정요청(관계 중앙행정기관의 장이 국토교통부장관을 경유하여 요청하는 경우 포함)하는 경우로서 기획재정부장관이 부동산가격안정심의위원회의 심의를 거쳐 지정하는 지역을 말합니다(소득세법 제104조의2제1항 및 동법 시행령 제168조의3제1항 전단).

1-2. 주택지정지역(투기지역)의 지정

① 다음의 지역은 주택지정지역(투기지역)으로 지정됩니다(소득세법 제104조의2제1항 및 동법 시행령 제168조의3제1항제1호, 제3호, 제4호).

- 지정하는 날이 속하는 달의 직전월(이하 "직전월"이라 함)의 주택매매가격상승률이 전국소비자물가상승률의 30%보다 높은 지역 중 직전월부터 소급하여 2개월간의 월평균 주택매매가격상승률이 전국주택매매가격상승률의 30%보다 높은 지역
- 직전월의 주택매매가격상승률이 전국소비자물가상승률의 30%보다 높은 지역 중 직전월부터 소급하여 1년간의 연평균 주택매매가격상승률이 직전 월부터 소급하여 3년간의 연평균 전국주택매매가격상승률보다 높은 지역
- 개발사업(개발부담금을 부과하지 않는 개발사업을 포함함) 및 주택재건축사업(이하 "개발사업 등"이라 함)이 진행 중인 지역(중앙행정기관의 장 또는 지방자치단체의 장이 그 개발사업 등을 발표한 경우를 포함함)으로서 직전월의 주택매매가격상승률이 전국소비자물가상승률의 30%보다 높은 지역
- 개발사업 등이 진행 중인 지역으로서 직전월의 주택매매가격상승률이 전국주택매매가격상승률의 30%보다 높은 지역
- 택지개발지구, 행정중심복합도시건설사업 예정지역·주변지역 또는 그 밖에 대

규모개발사업의 추진이 예정되는 지역 중 직전월의 주택매매가격상승률이 전국소비자물가상승률보다 높은 지역

② 주택지정지역(투기지역) 지정효력
주택지정지역(투기지역)은 지정지역의 지정을 공고한 날부터 효력이 발생합니다(소득세법 시행령 제168조의3제6항 및 제9항 본문).

1-3. 주택지정지역(투기지역)에 대한 중과세

지정지역 내에 있는 1세대 3주택 이상이거나 1세대가 주택과 조합원입주권을 3 이상 보유한 경우 또는 부동산 가격이 급등하였거나 급등할 우려가 있어 부동산가격의 안정을 위해 정한 부동산을 양도한 경우에는 「소득세법」 제55조제1항에 따른 세율에 10%를 더한 세율을 적용합니다. 해당 부동산 보유기간이 2년 미만인 경우에는 「소득세법」 제55조제1항에 따른 세율에 10%를 더한 세율을 적용하여 계산한 양도소득 산출세액과 「소득세법」 제104조제1항제2호 또는 제3호의 세율을 적용하여 계산한 양도소득 산출세액 중 큰 세액을 양도소득 산출세액으로 합니다(소득세법 제104조제4항제1호, 제2호 및 제4호).

2. 투기과열지구규제

2-1. 투기과열지구의 개념

"투기과열지구"란 해당 지역의 주택가격상승률이 물가상승률보다 현저히 높은 지역으로 그 지역의 청약경쟁률·주택가격·주택보급률 및 주택공급계획 등과 지역 주택시장 여건 등을 고려했을 때 주택에 대한 투기가 성행하고 있거나 성행할 우려가 있는 지역 중 국토교통부장관 또는 시·도지사가 주택가격의 안정을 위해 필요하다고 인정되는 경우 주택정책심의위원회(시·도지사의 경우에는 시·도 주택정책심의위원회)의 심의를 거쳐 지정하는 지역을 말합니다(주택법 제63조제1항).

2-2. 투기과열지구의 지정

① 다음의 지역을 투기과열지구로 지정할 수 있습니다(주택법 제41조제1항, 제2항 및 동법 시행규칙 제25조).

- 직전월(투기과열지구로 지정하는 날이 속하는 달의 바로 전 달을 말함)부터 소급하여 주택공급이 있었던 2개월 동안 해당 지역에서 공급되는 주택의 월평균 청약경쟁률이 모두 5대 1을 초과하였거나 국민주택규모 주택의 월평균 청약경쟁률이 모두 10대 1을 초과한 지역
- 주택의 분양계획이 지난달보다 30퍼센트 이상 감소하여 주택공급이 위축될 우려가 있는 지역
- 주택건설사업계획의 승인이나 건축허가 실적이 지난해보다 급격하게 감소하여 주택공급이 위축될 우려가 있는 지역
- 신도시 개발이나 주택의 전매행위 성행 등으로 투기 및 주거불안의 우려가 있는 곳 중 시·도별 주택보급률이 전국 평균 이하인 지역
- 신도시 개발이나 주택의 전매행위 성행 등으로 투기 및 주거불안의 우려가 있는 곳 중 시·도별 자가주택비율이 전국 평균 이하인 지역
- 신도시 개발이나 주택의 전매행위 성행 등으로 투기 및 주거불안의 우려가 있는 곳 중 해당 지역의 주택공급물량이 입주자저축 가입자 중 주택청약 제1순위자에 비하여 현저하게 적은 지역

② 투기과열지구 지정 현황(2018년 8월 현재)

서울특별시 전역(25개區), 경기도 과천시, 세종특별자치시(행정중심복합도시 건설예정지역), 경기도 성남시 분당구, 광명시, 하남시, 대구광역시 수성구(출처: 국토교통부 홈페이지)

3. 조정대상지역의 지정

① "조정대상지역"이란 다음의 어느 하나에 해당하는 지역의 경우 주택정책심의위원회(시·도지사의 경우에는 시·도 주택정책심의위원회)의 심의를 거쳐 지정하는 지역을 말합니다(주택법 제63조의2제1항 및 동법 시행규칙 제25조의2).

② 과열지역(주택가격, 청약경쟁률, 분양권 전매량 및 주택보급률 등을 고려하였을 때 주택 분양 등이 과열되어 있거나 과열될 우려가 있는 지역): 직전월(조정대상지역으로 지정하는 날이 속하는 달의 바로 전 달을 말함. 이하 같음)부터 소급하여 3개월간의 해당 지역 주택가격상승률이 해당 지역이 포함된 시·도 소비

자물가상승률의 1.3배를 초과한 지역으로서 다음 각 목의 어느 하나에 해당하는 지역을 말합니다.

– 직전월부터 소급하여 주택공급이 있었던 2개월 동안 해당 지역에서 공급되는 주택의 월평균 청약경쟁률이 모두 5대1을 초과하였거나 국민주택규모 주택의 월평균 청약경쟁률이 모두 10대 1을 초과한 지역

– 직전월부터 소급하여 3개월간의 분양권(주택의 입주자로 선정된 지위를 말함. 이하 같음) 전매거래량이 전년 동기 대비 30퍼센트 이상 증가한 지역

③ 위축지역(주택가격, 주택거래량, 미분양주택의 수 및 주택보급률 등을 고려하여 주택의 분양·매매 등 거래가 위축되어 있거나 위축될 우려가 있는 지역): 직전월부터 소급하여 6개월간의 평균 주택가격상승률이 마이너스 1.0퍼센트 이하인 지역으로서 다음 각 목의 어느 하나에 해당하는 지역을 말합니다.

– 직전월부터 소급하여 3개월 연속 주택매매거래량이 전년 동기 대비 20퍼센트 이상 감소한 지역

– 직전월부터 소급하여 3개월간의 평균 미분양주택(규제「주택법」 제15조제1항에 따른 사업계획승인을 받아 입주자를 모집을 하였으나 입주자가 선정되지 아니한 주택을 말함)의 수가 전년 동기 대비 2배 이상인 지역

– 시·도별 주택보급률 또는 자가주택비율이 전국 평균을 초과하는 지역 조정대상지역 지정 현황

④ 2018년 12월 현재 조정대상지역은 경기도 구리시, 안양시 동안구, 광교택지개발지구(수원시 영통구 이의동·원천동·하동·매탄동, 팔달구 우만동, 장안구 연무동, 용인시 수지구 상현동, 기흥구 영덕동 일원), 경기도 수원시 팔달구, 용인시 수지구·기흥구입니다(출처: 국토교통부 홈페이지).

4. 공공임대주택의 매각 제한(임대의무기간)

공공임대주택은 다음의 기간이 지나지 않으면 매각할 수 없습니다(공공주택 특별법 제50조의2제1항 및 동법 시행령 제54조제1항).

임대주택 종류	임대의무기간
영구임대주택	50년
국민임대주택	30년
행복주택	30년
장기전세주택	20년
위에 해당하지 않는 공공임대주택 중 임대 조건을 신고할 때 임대차 계약기간을 10년 이상으로 정하여 신고한 주택	10년
위에 해당하지 않는 공공임대주택	5년

제3절 개발이익 및 재건축초과이익의 환수

1. 개발이익환수

1-1. 개발이익의 개념

"개발이익"이란 개발사업의 시행이나 토지이용계획의 변경, 그 밖에 사회적·경제적 요인에 따라 정상지가(正常地價)상승분을 초과하여 개발사업을 시행하는 자(이하 "사업시행자"라 함)나 토지 소유자에게 귀속되는 토지 가액의 증가분을 말합니다(개발이익환수에 관한 법률 제2조제1호).

1-2. 개발이익의 환수

국가는 개발부담금 부과 대상 사업이 시행되는 지역에서 발생하는 개발이익은 개발부담금으로 징수해야 합니다(개발이익환수에 관한 법률 제3조, 제5조, 제6조, 제8조, 제11조, 제13조, 제18조 및 동법 시행령 제4조, 제5조).

구분	내용
대상 사업	1. 택지개발사업(주택단지 조성 사업 포함) 2. 산업단지개발사업 3. 관광단지조성사업(온천 개발사업 포함) 4. 도시개발사업, 지역개발사업 및도시환경정비사업 5. 교통시설 및 물류시설용지조성사업 6. 체육시설 부지조성사업(골프장 건설사업 및 경륜장·경정장 설치사업 포함) 7. 지목변경이 수반되는 사업으로서 개발이익환수에 관한 법률 시행령 별표 1로 정하는 사업 8. 위의 사업과 유사한 사업으로서 개발이익환수에 관한 법률 시행령 별표 1로 정하는 사업 등
납부 의무자	1. 위의 대상 사업의 사업시행자 2. 개발사업을 위탁하거나 도급한 경우에는 그 위탁이나 도급을 한 자 3. 타인이 소유하는 토지를 임차해 개발사업을 시행한 경우에는 그 토지의 소유자 4. 개발사업을 완료하기 전에 사업시행자의 지위나 위에 해당하는 자의 지위를 승계하는 경우에는 그 지위를 승계한 자 5. 다음의 조합이 해산하거나 조합의 재산으로 그 조합에 부과되거나 그 조합이 납부할 개발부담금·가산금 등에 충당하여도 부족한 경우

	- 주택조합 - 도시개발구역의 토지 소유자가 도시개발을 위해 설립한 조합 - 도시환경정비사업조합
부과기준	• 부과 종료 시점의 부과 대상 토지의 가액에서 다음의 금액을 뺀 금액 - 부과 개시 시점의 부과 대상 토지의 가액 - 부과 기간의 정상지가상승분 - 개발비용[순 공사비, 조사비, 설계비, 일반관리비 및 그 밖의 경비 + 납부 의무자가 국가나 지방자치단체에 공공시설이나 토지 등을 기부채납하였을 경우에는 그 가액 또는 납부 의무자가 부담금을 납부하였을 경우에는 그 금액+ 해당 토지의 개량비, 제세공과금, 보상비 및 그 밖에 「개발이익 환수에 관한 법률 시행령」 제12조에 따른 금액]
부담률	• 대상사업 1. ~ 6.의 경우 : 개발이익 × 20/100 • 대상사업 7. ~ 8. 의 경우 : 개발이익 × 25/100 · 개발제한구역에서 개발사업을 시행하는 경우로서 납부 의무자가 개발제한구역으로 지정될 당시부터 토지 소유자인 경우: 개발이익 × 20/100
납부	• 개발부담금의 납부 의무자는 부과일부터 6개월 이내에 개발부담금을 납부해야 함. • 현금 납부가 원칙이지만 해당 부과 대상 토지 및 그와 유사한 토지로 하는 납부(물납)도 가능함.

2. 재건축초과이익 환수

2-1. 재건축초과이익의 개념

“재건축초과이익”이란 재건축사업으로 정상주택가격상승분을 초과하여 다음의 어느 하나에 귀속되는 주택가액의 증가분으로서 재건축초과이익 환수에 관한 법률 제7조에 의하여 산정된 금액을 말합니다(재건축초과이익 환수에 관한 법률 제2조 제1호).

- 조합원(사업시행자가 신탁업자인 경우 위탁자)

2-2. 재건축초과이익의 환수

국토교통부장관은 재건축사업에서 발생되는 재건축초과이익을 재건축부담금으로 징수해야 합니다(재건축초과이익 환수에 관한 법률 제3조).

구분	근거조문	내용
대상 사업	재건축초과이익 환수에 관한 법률 제5조	• 정비기반시설은 양호하나 노후·불량건축물이 밀집한 지역에서 주거환경을 개선하기 위해 시행하는 주택재건축사업(도시 및 주거환경정비법 제2조제2호 다목)
납부 의무자	재건축초과이익 환수에 관한 법률 제6조	• 도시 및 주거환경정비법 제16조에 따라 설립된 조합
		• 다만, 종료시점 부과대상 주택을 공급받은 조합원(조합이 해산된 경우 또는 신탁이 종료된 경우는 부과종료 시점 당시의 조합원 또는 위탁자를 말함)이 다음의 어느 하나에 해당하는 경우 해당 재건축사업의 신탁재산 범위에서 납부함 1. 조합이 해산된 경우 2. 조합의 재산으로 그 조합에 부과되거나 그 조합이 납부할 재건축부담금·가산금 등에 충당하여도 부족한 경우 3. 신탁이 종료된 경우 4. 신탁업자가 해당 재건축사업의 신탁재산으로 납부할 재건축부담금·가산금 등에 충당하여도 부족한 경우
부과기준	재건축초과이익 환수에 관한 법률 제7조	• 종료시점의 부과대상 주택의 가격 총액(다만, 부과대상 주택 중 일반분양분의 종료시점 주택가액은 분양시점 분양가격의 총액)에서 다음의 금액을 뺀 금액 - 개시시점의 부과대상 주택의 가격 총액 - 부과기간의 동안의 개시시점 부과대상 주택의 정상주택가격상승분 총액 - 재건축초과이익 환수에 관한 법률 제11조의 규정에 의한 개발비용 등
재건축부담금	재건축초과이익 환수에 관한 법률 제12조	• 재건축초과이익 환수에 관한 법률 제12조에 따름
납부	재건축초과이익 환수에 관한 법률 제17조	• 재건축부담금의 납부의무자는 부과일부터 6개월 이내에 재건축부담금 납부

■ 토지거래허가구역에서 허가 없이 매매계약을 체결한 경우, 그 계약은 무효인가요?

Q. 뉴타운 건설 소식을 듣고 해당 지역의 토지를 매수하는 매매계약을 체결하였습니다. 그런데 알고 보니 뉴타운 건설에 따라 국토교통부에서 해당 지역에 대하여 토지거래허가구역으로 설정해 놓았더군요. 허가 없이 매매계약을 체결했으니 그 계약은 무효인가요?

A. 국토의 계획 및 이용에 관한 법률에 따르면 토지거래허가를 받지 않고 체결한 토지거래계약은 효력이 없다고 봅니다. 이에 대하여 판례는 허가를 받지 못한 매매 등의 거래행위의 효력은 무효이지만, 일단 허가를 받으면 그 계약은 소급해서 유효가 되고 이와 달리 불허가가 된 때에는 무효로 확정되므로 허가를 받기 전까지는 유동적 무효의 상태에 있다고 합니다. 따라서 질문의 경우 매수인과 매도인이 공동으로 시장·군수·구청장의 허가를 받으면 해당 매매계약은 처음부터 유효한 것이 됩니다.

◇ 토지거래허가제의 개념

"토지거래허가제"란 국토의 이용 및 관리에 관한 계획의 원활한 수립 및 집행, 합리적 토지이용 등을 위하여 토지의 투기적인 거래가 성행하거나 지가가 급격히 상승하는 지역과 그러한 우려가 있는 지역에 대해 5년 이내의 기간을 정하여 국토교통부장관 또는 특별시장·광역시장·특별자치시장·도지사·특별자치도지사가 토지거래계약에 대해 허가를 받도록 하는 제도를 말합니다.

◇ 토지거래계약에 관한 허가

① 허가구역 안에 있는 토지에 대해 토지거래계약을 체결하려는 당사자는 공동으로 시장·군수 또는 구청장의 허가를 받아야 합니다. 허가받은 사항을 변경하려는 경우에도 허가를 받아야 합니다.

② 토지거래허가를 받지 않고 체결한 토지거래계약은 효력이 발생하지 않습니다. 판례는 허가를 받지 못한 매매 등의 거래행위의 효력은 무효이지만, 일단 허가를 받으면 그 계약은 소급해서 유효가 되고 이와 달리 불허가가 된 때에는 무효로 확정되므로 허가를 받기 전까지는 유동적 무효의 상태에 있다고 합니다.

제4절 부동산 매매 관련 법제

1. 공인중개사법

1-1. 부동산 개업공인중개사의 개념

"부동산 개업공인중개사"란 다른 사람의 의뢰에 의해 일정한 보수를 받고 중개대상물에 대해 거래당사자간의 매매·교환·임대차 그 밖의 권리의 득실변경에 관한 행위를 알선하는 중개사무소의 개설등록을 한 사람을 말합니다(제2조제1호, 제3호 및 제4호).

1-2. 중개보수 및 실비 지불

① 중개의뢰인은 중개업무에 관해 부동산 개업공인중개사에게 소정의 중개보수를 지불해야 합니다(제32조제1항 본문).

② 중개의뢰인은 부동산 개업공인중개사가 중개대상물의 권리관계 등의 확인 또는 계약금 등의 반환채무이행 보장에 소요한 실비를 지불해야 합니다(제32조제2항).

1-3. 부동산 개업공인중개사의 손해배상책임

부동산 개업공인중개사의 고의 또는 과실로 인해 중개행위 중 중개의뢰인이 입은 재산상의 손해에 대해 배상해야 합니다(제30조제1항).

2. 부동산 거래신고 등에 관한 법률

2-1. 부동산거래 신고

실거래가격보다 낮게 계약서를 작성하는 이중계약의 관행을 없애고 부동산 거래를 투명하게 하기 위해 일정한 부동산 또는 부동산을 취득할 수 있는 권리의 매매계약을 체결한 경우 실제 거래가격 등의 사항을 신고해야 합니다(제3조제1항).

2-2. 토지거래계약에 관한 허가구역의 지정

국토교통부장관 또는 특별시장·광역시장·특별자치시장·도지사·특별자치도지사(이하,

"시·도지사"라 함)는 국토의 이용 및 관리에 관한 계획의 원활한 수립과 집행, 합리적인 토지 이용 등을 위하여 토지의 투기적인 거래가 성행하거나 지가(地價)가 급격히 상승하는 지역 및 그러한 우려가 있는 지역에 대하여 다음의 구분에 따라 5년 이내의 기간을 정하여 토지거래계약에 관한 허가구역으로 지정할 수 있습니다(제10조 및 시행령」 제7조).

- 허가구역이 둘 이상의 시·도의 관할 구역에 걸쳐 있는 경우: 국토교통부 장관이 지정
- 허가구역이 동일한 시·도 안의 일부지역인 경우: 시·도지사가 지정. 다만, 국가가 시행하는 개발사업 등에 따라 투기적인 거래가 성행하거나 지가가 급격히 상승하는 지역과 그러한 우려가 있는 지역은 국토교통부장관이 지정

2-3. 토지거래계약에 관한 허가

① 허가구역에 있는 토지에 관한 소유권·지상권(소유권·지상권의 취득을 목적으로 하는 권리 포함)을 이전하거나 설정(대가를 받고 이전하거나 설정하는 경우만 해당)하는 계약(예약 포함, 이하 "토지거래계약"이라 함)을 체결하려는 당사자는 공동으로 그 토지의 소재지를 관할하는 시장·군수 또는 구청장에게 허가를 받아야 합니다(제11조제1항 전단).

② 경제 및 지가의 동향과 거래단위면적 등을 종합적으로 고려하여 다음의 용도별 면적 이하의 토지에 대한 토지거래계약에 관해서는 허가가 필요하지 않습니다(제11조제2항 및 시행령 제9조제1항).

구분	대상 지역	기준 면적
도시지역 내의 지역	주거지역	180㎡
	상업지역	200㎡
	공업지역	660㎡
	녹지지역	100㎡
	용도지역의 지정이 없는 구역	90㎡
도시지역 외의 지역	기타	250㎡
	농지	500㎡
	임야	1,000㎡

3. 민법

① "부동산 매매계약"이란 매도인은 재산권을 상대방에게 이전하고 매수인은 그 대금을 지급하기로 하는 계약을 말합니다(제563조).

② 계약의 당사자 사이에 특별한 약정이 없으면 매도인은 매수인에게 매매의 목적이 된 부동산을 이전해야 하고 이와 동시에 매수인은 매도인에게 그 대금을 지급해야 합니다(제568조).

4. 부동산등기법

4-1. 부동산등기부의 확인

① 부동산등기부의 개념 및 구성

"부동산등기부"란 전산정보처리조직에 의해 입력·처리된 등기정보자료를 대법원규칙으로 정하는 바에 따라 편성한 것으로 토지등기부(土地登記簿)와 건물등기부(建物登記簿)가 있습니다(제2조제1호 및 제14조제1항).

② 부동산등기사항의 열람 및 발급

누구든지 수수료를 내면 등기기록 사항의 전부 또는 일부를 등기소에서 서면으로 또는 대법원 인터넷등기소를 통해 전자적 방법으로 열람 및 발급받을 수 있습니다(제19조제1항).

4-2. 부동산 소유권이전등기

부동산 매매계약이 체결된 경우 매도인은 매수인에게 부동산 소유권을 이전할 의무를 지게 됩니다(제23조제1항 참조).

5. 부동산 실권리자명의 등기에 관한 법률

5-1. 명의신탁의 개념

"명의신탁약정"이란 부동산에 관한 소유권을 보유한 자 또는 사실상 취득하거나 취득하려는 자(이하 "실권리자"라 함)가 타인과의 사이에서 대내적으로는 실권리자가 부동산에 관한 물권을 보유하거나 보유하기로 하고 그에 관한 등기(가등기 포함)는 그 타인의 명의로 하기로 하는 약정(위임·위탁매매의 형식에 의하거나 추인에 의한 경우 포함)을 말합니다(제2조제1호).

5-2. 명의신탁약정 및 등기의 효과

① 부동산에 관한 물권을 명의신탁약정에 따라 명의수탁자의 명의로 등기해서는 안 됩니다(제3조제1항).

② 명의신탁약정은 무효이므로 명의신탁약정에 따라 행해진 등기에 의한 부동산 물권변동은 무효가 됩니다(제4조제1항 및 제2항 본문).

6. 소득세법

6-1. 지정지역(투기지역)지정규제

국토교통부장관이 해당 지역의 부동산가격 상승이 지속될 가능성이 있거나 다른 지역으로 확산될 우려가 있다고 판단되어 지정 요청(관계 중앙행정기관의 장이 국토교통부장관을 경유하여 요청하는 경우 포함)하는 경우에 기획재정부장관이 부동산가격안정심의위원회의 심의를 거쳐 지정지역(투기지역)을 지정합니다(제104조의2 제1항 및 시행령 제168조의3제1항).

6-2. 양도소득세

"양도소득세"란 자산에 대한 등기 또는 등록에 관계없이 매도, 교환, 법인에 대한 현물출자 등으로 그 자산이 유상으로 이전되는 경우 부과되는 세금을 말하며, 매도인이 부동산을 매매한 경우 양도소득세를 납부해야 합니다(제88조제1항).

7. 주택법

국토교통부장관 또는 시·도지사는 주택가격의 안정을 위해 필요하다고 인정되는 경우 주택가격상승률이 물가상승률보다 현저히 높은 지역으로 그 지역의 청약경쟁률·주택가격·주택보급률 및 주택공급계획 등과 지역 주택시장 여건 등을 고려하였을 때 주택에 대한 투기가 성행하고 있거나 성행할 우려가 있는 지역을 주택정책심의

위원회(시·도지사의 경우에는 시·도 주택정책심의위원회)의 심의를 거쳐 투기과열지구로 지정합니다(제63조제1항 전단).

8. 지방세법(취득세)

"취득세"란 부동산의 매매, 교환, 상속, 증여, 기부, 법인에 대한 현물출자, 건축, 개수(改修), 공유수면의 매립, 간척에 의한 토지의 조성 등과 그 밖에 이와 유사한 취득으로서 원시취득(수용재결로 취득한 경우 등 과세대상이 이미 존재하는 상태에서 취득하는 경우 제외), 승계취득 또는 유상·무상의 모든 취득에 대해 부과되는 세금을 말하며, 매수인이 부동산을 매매한 경우 취득세를 납부해야 합니다(제6조제1호 및 제7조).

9. 토지이용규제 기본법

① 지역·지구 등의 신설 제한 등

"지역·지구 등"이란 지역·지구·구역·권역·단지·도시·군계획시설 등 명칭에 관계없이 개발행위를 제한하거나 토지이용과 관련된 인가·허가 등을 받도록 하는 등 토지의 이용 및 보전에 관한 제한을 하는 일단(一團)의 토지(토지와 연접한 해수면으로 토지와 같이 제한되는 경우에는 해수면 포함)를 말하며 일정한 경우를 제외하고는 지역·지구 등을 신설할 수 없습니다(제2조제1호 및 제5조).

② 토지이용계획확인서 확인

"토지이용계획확인서"란 지역·지구 등의 지정내용, 그 지역·지구 등 안에서의 행위제한 내용 및 토지거래계약에 관한 허가구역 등이 기재되어 토지의 이용 및 도시계획 시설 결정 여부 등을 알 수 있는 서류로서 토지이용계획확인서를 통해 해당 부동산의 용도지역·용도지구, 앞으로의 개발계획수립 여부 등을 확인할 수 있습니다(제10조).

제3장

부동산 매매계약 전 준비해야 할 사항들

제3장 부동산 매매계약 전 준비해야 할 사항 들

제1절 부동산 선정하기

1. 매물정보

1-1. 분양 정보

① 전국의 분양 정보

전국의 분양 정보에 대한 자세한 내용은 <온나라 부동산정보통합포털-분양가이드-분양정보>에서 확인하실 수 있습니다.

② 한국토지주택공사의 주택공급계획 정보

한국토지주택공사에서 분양하는 주택공급계획에 대한 자세한 정보는 <LH청약센터-분양정보-공급계획> 에서 확인하실 수 있습니다.

③ 한국토지주택공사의 분양단지 정보

한국토지주택공사에서 분양하는 단지에 대한 자세한 정보는 <LH청약센터-분양정보-분양주택> 에서 확인하실 수 있습니다.

1-2. 보금자리주택 정보(공공주택)

① 보금자리주택 분양 및 임대의 공급계획 정보

전국의 보금자리주택 분양 및 임대의 공급계획에 대한 자세한 내용은 <공공주택-분양/임대-공급계획>에서 확인하실 수 있습니다.

② 보금자리주택 분양 및 임대의 입주자 모집공고

전국의 보금자리주택 분양 및 임대의 입주자 모집공고에 대한 자세한 내용은 <공공주택-분양/임대-입주자모집공고>에서 확인하실 수 있습니다.

③ 대학생 보금자리주택 현황

전국의 대학생 보금자리주택 현황에 대한 자세한 내용은 <공공주택-분양/임대-대학생 보금자리주택>에서 확인하실 수 있습니다.

1-3. 전국의 경매 정보

전국의 경매물건에 대한 자세한 내용은 <대법원 법원경매정보>에서 확인하실 수 있습니다.

1-4. 부동산 중개업체 정보

전국의 부동산 중개업체에 대한 자세한 내용은 <온나라 부동산정보통합포털-정보조회-부동산중개사무소>에서 확인하실 수 있습니다.

2. 부동산 시세

1-1. 부동산 시세 및 실거래가 정보

전국의 아파트, 다세대·연립 주택 및 단독·다가구의 매매 및 임대의 시세 및 실거래가 등에 대한 자세한 내용은 <국토교통부 실거래가>에서 확인하실 수 있습니다.

제2절 부동산 중개업체 선정하기

1. 부동산 중개업체와의 계약

1-1. 부동산 개업공인중개사의 개념

① "부동산 개업공인중개사"란 다른 사람의 의뢰에 의해 일정한 보수를 받고 중개대상물에 대해 거래당사자간의 매매·교환·임대차 그 밖의 권리의 득실변경에 관한 행위를 알선하는 중개사무소의 개설등록을 한 사람을 말합니다(공인중개사법 제2조제1호, 제3호 및 제4호).

② 부동산 중개사무소의 개설등록은 공인중개사(소속공인중개사를 제외함) 또는 법인이 아닌 자는 신청할 수 없습니다(공인중개사법 제9조제2항).

③ "공인중개사"란 공인중개사법에 따라 공인중개사자격을 취득한 자를 말합니다(공인중개사법 제2조제2호).

1-2. 부동산 개업공인중개사 선정 시 확인사항

① 부동산 개업공인중개사에게 중개를 의뢰할 때에는 부동산 개업공인중개사가 소속된 해당 부동산 중개업체의 등록여부 및 보증보험 또는 공제 가입여부를 확인하고 중계계약을 하시길 권합니다.

② 중개를 의뢰하려는 부동산 개업공인중개사가 공인중개사법에 따라 개설등록된 업체인지의 여부는 해당 부동산 중개사무소 안에 게시되어 있는 중개사무소등록증, 공인중개사자격증 등으로 확인하실 수 있습니다(공인중개사법 제17조 및 동법 시행규칙 제10조).

③ 해당 부동산 개업공인중개사의 보증보험 또는 공제에 가입여부는 중개사무소에 게시된 보증의 설정 증명서류를 통해 확인하실 수 있습니다(공인중개사법 시행규칙 제10조).

1-3. 부동산 개업공인중개사의 의무

1-3-1. 중개 대상 부동산의 확인 · 설명의무

① 부동산 개업공인중개사는 중개를 의뢰받은 경우에는 중개가 완성되기 전에 다

음의 사항을 확인하여 이를 해당 중개대상물에 관한 권리를 취득하고자 하는 중개의뢰인에게 성실·정확하게 설명하고, 토지대장 등본 또는 부동산종합증명서, 등기사항증명서 등 설명의 근거자료를 제시해야 합니다(공인중개사법 제25조제1항 및 동법 시행령 제21조제1항).

- 중개대상물의 종류·소재지·지번·지목·면적·용도·구조 및 건축연도 등 중개대상물에 관한 기본적인 사항
- 소유권·전세권·저당권·지상권 및 임차권 등 중개대상물의 권리관계에 관한 사항
- 거래예정금액·중개수수료 및 실비의 금액과 그 산출내역
- 토지이용계획, 공법상의 거래규제 및 이용제한에 관한 사항
- 수도·전기·가스·소방·열공급·승강기 및 배수 등 시설물의 상태
- 벽면 및 도배의 상태
- 일조·소음·진동 등 환경조건
- 도로 및 대중교통수단과의 연계성, 시장·학교와의 근접성 등 입지조건
- 중개대상물에 대한 권리를 취득함에 따라 부담해야 할 조세의 종류 및 세율

② 부동산 개업공인중개사가 중개의뢰인에게 성실·정확하게 중개대상물의 확인·설명을 하지 않거나 설명의 근거자료를 제시하지 않은 경우에는 500만원 이하의 과태료를 부과받게 됩니다(공인중개사법 제51조제2항제1호의2).

1-3-2. 부동산 개업공인중개사의 중개대상물확인 · 설명서 교부 및 보존의무

① 부동산 개업공인중개사는 중개가 완성되어 거래계약서를 작성하는 때에는 위의 사항을 중개대상물확인·설명서에 기재하여 거래당사자에게 교부하고 그 원본, 사본 또는 전자문서를 3년간 보존해야 합니다(공인중개사법 제25조제3항 본문, 동법 시행령 제21조제3항 및 동법 시행규칙 제16조제1호, 별지 제20호 서식).

② 다만, 확인·설명사항이 전자문서 및 전자거래 기본법 제2조제9호에 따른 공인전자문서센터(이하 "공인전자문서센터"라 함)에 보관된 경우에는 그렇지 않습니다(공인중개사법 제25조제3항 단서).

1-3-3. 거래계약서 작성 등의 의무

① 부동산 개업공인중개사는 중개대상물에 관하여 중개가 완성된 때에는 거래계약서를 작성하여 거래당사자에게 교부하고 그 원본, 사본 또는 전자문서를 5년 동안 보존해야 합니다(공인중개사법 제26조제1항 본문 및 동법 시행령 제22조제2항).

② 다만, 거래계약서가 공인전자문서센터에 보관된 경우에는 그렇지 않습니다((공인중개사법 제26조제1항 단서).

1-3-4. 계약금 등의 반환채무이행의 보장의무

부동산 개업공인중개사는 거래의 안전을 보장하기 위하여 필요하다고 인정하는 경우에는 거래계약의 이행이 완료될 때까지 계약금·중도금 또는 잔금을 부동산 중개업자 또는 금융기관(공인중개사법 시행령 제27조), 공제사업을 하는 자(공인중개사법 제42조) 또는 신탁업자(자본시장과 금융투자업에 관한 법률) 등에 예치하도록 거래당사자에게 권고할 수 있습니다(공인중개사법 제31조제1항).

1-3-5. 부동산 개업공인중개사 등의 비밀유지의무

① 부동산 개업공인중개사·소속공인중개사·중개보조원 및 개업공인중개사인 법인의 사원·임원은 중개업무 중에는 물론 그 업무를 떠난 후에도 그 업무상 알게 된 비밀을 누설해서는 안 됩니다(공인중개사법 제29조제2항).

② 업무상 알게 된 비밀을 누설한 부동산 개업공인중개사·소속공인중개사·중개보조원 및 개업공인중개사인 법인의 사원·임원은 1년 이하의 징역 또는 1천만원 이하의 벌금에 처해집니다(공인중개사법 제49조제1항제9호).

1-3-6. 자격증 대여 등의 금지

① 공인중개사는 다른 사람에게 자기의 성명을 사용하여 중개업무를 하게 하거나 자기의 공인중개사자격증을 양도 또는 대여하면 안 됩니다(공인중개사법 제7조제1항).

② 다른 사람에게 자기의 성명을 사용하여 중개업무를 하게 하거나 공인중개사자격증을 양도·대여한 공인중개사는 1년 이하의 징역 또는 1천만원 이하의 벌금에 처해집니다(공인중개사법 제49조제1항제1호).

1-4. 부동산 중개업체와의 계약

① 일반중개계약

중개의뢰인은 부동산 중개업체와 중개계약을 체결한 때 중개의뢰내용을 명확하게 하기 위해 부동산 개업공인중개사에게 다음의 사항을 기재한 일반중개계약서를 작성해 줄 것을 요청할 수 있습니다(공인중개사법 제22조, 동법 시행령 제19조 및 동법 시행규칙 제13조, 별지 제14호 서식).

- 중개대상물의 위치 및 규모
- 거래예정가격
- 중개보수
- 그 밖에 부동산 개업공인중개사와 중개의뢰인이 준수하여야 할 사항

② 전속중개계약

중개의뢰인은 중개대상물의 중개를 의뢰함에 있어서 특정한 부동산 개업공인중개사를 정하여 그 개업공인중개사에게 해당 중개대상물을 중개하도록 하는 계약을 체결할 수 있습니다(규제「공인중개사법」 제23조제1항).

③ 부동산 중개사무소 조회

전국 시·도별 부동산 중개사무소에 대한 자세한 정보는 <온나라 부동산정보 통합포털-정보조회-부동산 중개사무소> 또는 <한국공인중개사협회-정보마당-중개사무소검색>에서 확인하실 수 있습니다.

2. 부동산 중개보수 산정

2-1. 중개보수 및 실비 지불

① 중개보수 지불

- 중개의뢰인은 중개업무에 관해 부동산 개업공인중개사에게 소정의 중개보수를 지불해야 합니다(공인중개사법 제32조제1항 본문).
- 중개의뢰인은 부동산 개업공인중개사의 고의 또는 과실로 의뢰인간의 거래행위가 무효·취소 또는 해제된 경우 중개보수를 지불할 의무를 지지 않습니다(공인중개사법 제32조제1항 단서).

② 실비 지불

부동산 개업공인중개사는 중개의뢰인에게 중개대상물의 권리관계 등의 확인 또는 계약금 등의 반환채무이행 보장에 소요한 실비를 받을 수 있습니다(공인중개사법 제32조제2항).

2-2. 중개보수 및 실비의 한도

2-2-1. 중개보수의 한도

① 중개대상물이 주택인 경우에는 주택(부속토지 포함)의 매매중개에 대한 보수는 거래금액의 0.9% 안에서 특별시·광역시·도 또는 특별자치도의 조례로 정하고, 주택 외의 중개대상물의 중개보수는 다음의 구분에 따릅니다(공인중개사법 제32조제4항 및 동법 시행규칙 제20조제6항, 제1항, 제4항).

1) 오피스텔(다음의 요건을 모두 충족하는 경우에 한함) : 중개의뢰인 쌍방으로부터 각각 받고, 거래금액의 0.5% 범위에서 중개보수를 결정합니다(공인중개사법 시행규칙 별표 3).

- 전용면적이 85제곱미터 이하일 것
- 상·하수도 시설이 갖추어진 전용입식 부엌, 전용수세식 화장실 및 목욕시설(전용수세식 화장실에 목욕시설을 갖춘 경우를 포함함)을 갖출 것

2) 위 1. 외의 경우: 중개의뢰인 쌍방으로부터 각각 받고, 거래금액의 0.9%이내에서 중개의뢰인과 개인공인중개사가 서로 협의하여 결정합니다.

② 일방 계약당사자로부터 받을 수 있는 중개보수의 한도 및 거래금액의 계산법은 다음과 같습니다(공인중개사법 제32조제3항 및 동법 시행규칙 제20조제1항, 제4항 및 제5항).

	일방 계약 당사자로부터 받을 수 있는 중개수수료의 한도	거래금액의 계산
주택매매·주택 외 부동산 매매	거래금액의 0.9% 이내	동일한 중개대상물에 대하여 동일 당사자 간에 매매를 포함한 둘 이상의 거래가 동일 기회에 이루어지는 경우 : 매매금액만을 적용함
주택교환·주택 외 부동산 교환	거래금액의 0.9% 이내	교환대상 중개대상물 중 거래금액이 큰 중개대상물의 가액을 거래금액으로 함

③ 중개대상물의 소재지와 부동산 중개사무소의 소재지가 다른 경우 부동산 개업공인중개사는 부동산 중개사무소의 소재지를 관할하는 시·도의 조례에서 정한 기준에 따라 중개보수를 받아야 합니다(공인중개사법 시행규칙 제20조제3항).

④ 중개보수의 지급시기는 개업공인중개사와 중개의뢰인간의 약정에 따르되, 약정이 없을 때에는 중개대상물의 거래대금 지급이 완료된 날로 합니다(공인중개사법 제32조제3항 및 동법 시행령 제27조의2).

2-2-2. 실비의 한도

① 부동산 개업공인중개사는 매도·임대 그 밖의 권리를 이전하고자 하는 중개의뢰인에게 영수증 등을 첨부하여 중개대상물의 권리관계 등의 확인 또는 계약금 등의 반환채무이행 보장에 드는 실비를 중개의뢰인에게 청구할 수 있습니다(공인중개사법 시행규칙 제20조제2항).

② 부동산 개업공인중개사는 매수·임차 그 밖의 권리를 취득하고자 하는 중개의뢰인에게 영수증 등을 첨부하여 계약금 등의 반환채무이행 보장에 소요되는 실비를 청구할 수 있습니다(공인중개사법 시행규칙 제20조제2항).

③ 중개대상물의 소재지와 부동산 중개사무소의 소재지가 다른 경우 부동산 개업공인중개사는 부동산 중개사무소의 소재지를 관할하는 시·도의 조례에서 정한 기준에 따라 실비를 받아야 합니다(「공인중개사법 시행규칙 제20조제3항).

2-2-3. 전국 시 · 도별 중개보수 요율표

① 서울특별시의 중개보수의 상한요율 및 한도액은 다음과 같습니다[서울특별시 주택 중개보수 등에 관한 조례(제6386호, 2017. 1. 5. 발령·시행) 제2조제1항 및 별표 1].

거래내용		거래금액	상한요율	한도액
매매·교환	주택	5천만원 미만	0.6%	250,000원
		5천만원 이상 2억원 미만	0.5%	800,000원
		2억원 이상 6억원 미만	0.4%	-
		6억원 이상 9억원 미만	0.5%	-
		9억원 이상	0.9% 이하	
	주택 외 부동산	-	0.9% 이하	

※ **예를 들면, 거래금액이 1억 5천만원인 서울특별시 소재 주택의 매매 중개보수는 다음과 같습니다.** (150,000,000원 × 5/1,000 = 750,000원)

② 전국 시·도별 중개보수에 대한 자세한 내용은 <한국공인중개사협회-정보마당-수수료 요율표-시·도별 중개수수료 요율표>에서 확인하실 수 있습니다.

2-4. 금지행위

① 부동산 개업공인중개사·소속공인중개사·중개보조원 및 개업공인중개사인 법인의 사원·임원(이하 "개업공인중개사 등"이라 함)은사례·증여 그 밖의 어떠한 명목으로도 중개보수또는 실비 외의 금품을 받아서는 안 됩니다(공인중개사법 제33조 제3호).

② 부동산 개업공인중개사 등은 중개보수 또는 실비의 한도를 초과하여 금품을 받은 경우 6개월 내의 자격정지와 중개사무소의 개설등록이 취소될 수 있습니다. 또한 1년 이하의 징역 또는 1,000만원 이하의 벌금에 처해지게 됩니다(공인중개사법」 제33조제3호, 제36조제1항제7호, 제38조제2항제9호 및 제49조제1항제10호).

③ 부동산 중개업자가 수수료 또는 실비의 한도를 초과하여 요구하는 경우에는 그 초과분은 무효이고, 한도를 초과하여 지급한 수수료 또는 실비의 반환을 청구할 수 있습니다(대법원 2007. 12. 20. 선고 2005다32159 전원합의체 판결).

3. 부동산 개업공인중개사의 책임 및 분쟁해결

3-1. 부동산 개업공인중개사의 손해배상책임

① 중개의뢰인은 부동산 개업공인중개사의 고의 또는 과실로 중개행위 중 입은 재산상의 손해에 대해 배상을 받을 수 있습니다(공인중개사법 제30조제1항).

② 부동산 중개업자는 부동산을 처분하려는 사람이 진정한 권리자와 동일인인지 조사·확인해야 하고, 설사 진정한 권리자와 동일인인지 조사·확인하였더라도 매도의뢰인이 모르는 사람인 경우에는 등기권리증 소지 여부나 그 내용을 조사·확인할 의무를 부담합니다. 따라서 부동산 중개업자가 이러한 부동산 중개업자의 의무를 소홀히 하여 부동산 매수인에게 손해를 입힌 경우 부동산 중개인은 그 손해에 대해서 배상을 해야 합니다(대법원 1993. 5. 11. 선고 92다55350 판결).

③ 부동산 매매계약 체결을 중개하고 계약체결 후 계약금 및 중도금 지급에도 관

여한 부동산 중개업자가 잔금 중 일부를 횡령한 경우, 부동산 중개업자는 중개행위를 함에 있어서 거래당사자에게 재산상의 손해를 발생하게 한 경우에 해당하게 되어 부동산 중개업자의 손해배상 책임을 지게 됩니다(대법원 2005. 10. 7. 선고 2005다32197 판결).

④ 부동산 개업공인중개사가 자기의 중개사무소를 다른 사람의 중개행위의 장소로 제공함으로써 중개의뢰인이 재산상의 손해를 입은 경우 중개의뢰인은 그 손해에 대해 배상받을 수 있습니다(공인중개사법 제30조제2항).

⑤ 부동산 개업공인중개사는 업무를 개시하기 전에 손해배상책임을 보장하기 위해 다음의 금액을 보장하는 보증보험 또는 공제에 가입하거나 공탁을 해야 합니다(공인중개사법 제30조제3항 및 동법 시행령 제24조제1항).

1) 법인인 중개업자 : 2억원 이상(다만, 분사무소를 두는 경우에는 분사무소마다 1억원 이상을 추가로 설정해야 함)

2) 법인이 아닌 중개업자 : 1억원 이상

⑥ 부동산 개업공인중개사는 중개가 완성된 때에는 거래당사자에게 손해배상책임의 보장에 관한 다음의 사항을 설명하고 관계 증서의 사본을 교부하거나 관계 증서에 관한 전자문서를 제공해야 합니다(공인중개사법 제30조제5항).

1) 보장금액

2) 보증보험회사, 공제사업을 행하는 자, 공탁기관 및 그 소재지

3) 보장기간

3-2. 부동산 개업공인중개사의 책임 및 분쟁해결

① 부동산 중개업체와 관련하여 소비자와 사업자 간(이하 "분쟁당사자"라 함)에 발생한 분쟁은 당사자 간의 합의를 통해 해결하는 것이 원칙이나 당사자 간의 합의를 통해 분쟁이 해결되지 않는 경우 분쟁해결방법에 관한 별도의 의사표시가 없으면 소비자분쟁해결기준이 분쟁해결을 위한 합의 또는 권고의 기준이 됩니다(소비자기본법 제16조제3항 및 동법 시행령 제8조제2항).

② 부동산 중개업체와 관련된 소비자분쟁해결기준은 다음과 같습니다(소비자분쟁해결기준(공정거래위원회 고시 제2018-2호, 2018. 2. 28. 발령·시행) 제3조 및 별표 2 18. 부동산중개업).

분쟁유형	해결기준	비고
부동산 중개수수료의 과다징수	차액환급	
부동산 중개대상물의 확인·설명을 소홀히 하여 재산상의 피해를 발생하게 한 경우	손해액 배상	

■ **개업공인중개사는 매도인이 진정한 권리자인지 확인조차 하지 않았다고 하는데 이 경우 중개업체에게 손해배상을 받을 수 있을까요?**

Q. A 부동산 중개업체를 통해 토지를 매수하였는데 매도인은 매매 목적 토지의 소유권자가 아니어서 그 토지의 소유권을 취득할 수 없었습니다. 알고 보니 A 부동산의 개업공인중개사는 매도인이 진정한 권리자인지 확인조차 하지 않았다고 하는데 이 경우 A 부동산 중개업체에게 손해배상을 받을 수 있을까요?

A. 중개의뢰인은 부동산 개업공인중개사의 고의 또는 과실로 인해 중개행위 중 입은 재산상의 손해에 대해 배상받을 수 있습니다. 따라서 부동산 개업공인중개사가 자신의 의무를 소홀히 하여 부동산 매수인에게 손해를 입힌 때에는 부동산 개업공인중개사는 그 손해에 대해서 배상을 해야 합니다.

◇ 부동산 중개업체의 책임

부동산 중개업체와 관련하여 부동산 중개업체와 중개의뢰인 간(이하 "분쟁당사자"라 함)에 발생한 분쟁은 당사자 간의 합의를 통해 해결하는 것이 원칙이나 당사자 간의 합의를 통해 분쟁이 해결되지 않는 경우 분쟁당사자 사이에 분쟁해결방법에 관한 별도의 의사표시가 없으면 「소비자분쟁해결기준」이 분쟁해결을 위한 합의 또는 권고의 기준이 됩니다.

「소비자분쟁해결기준」에 따르면 부동산 중개대상물의 확인·설명을 소홀히 하여 재산상의 피해를 발생하게 한 경우 부동산 중개업체는 중개의뢰인이 입은 손해액을 배상하도록 하고 있습니다.

판례에서도 부동산 개업공인중개사는 부동산을 처분하려는 자가 진정한 권리자와 동일인인지 조사·확인해야 한다고 합니다. 설사 진정한 권리자와 동일인인지 조사·확인하였더라도 매도의뢰인이 모르는 사람인 경우에는 등기권리증 소지여부나 그 내용을 조사·확인할 의무를 진다고 합니다.

따라서 부동산 개업공인중개사가 이러한 부동산 개업공인중개사의 의무를 소홀히 하여 부동산 매수인에게 손해를 입힌 때에는 부동산 개업공인중개사는 그 손해에 대해서 배상을 해야 합니다.

(관련판례)

부동산중개업법 제2조 제1호는 "중개라 함은 제3조의 규정에 의한 중개대상물에 대하여 거래당사자 간의 매매·교환·임대차 기타 권리의 득실·변경에 관한 행위를 알선하는 것을 말한다."고 규정하고, 같은 법 제19조 제1항은 "중개업자가 중개행위를 함에 있어서 고의 또는 과실로 인하여 거래 당사자에게 재산상의 손해를 발생하게 한 때에는 그 손해를 배상할 책임이 있다."고 규정하고 있는바, 여기서 어떠한 행위가 중개행위에 해당하는지 여부는 거래당사자의 보호에 목적을 둔 법 규정의 취지에 비추어 볼 때 중개업자가 진정으로 거래당사자를 위하여 거래를 알선·중개하려는 의사를 갖고 있었느냐고 하는 중개업자의 주관적 의사에 의하여 결정할 것이 아니라 중개업자의 행위를 객관적으로 보아 사회통념상 거래의 알선·중개를 위한 행위라고 인정되는지 여부에 의하여 결정하여야 한다(대법원 2005. 10. 7. 선고 2005다32197 판결).

■ 임차인 계약갱신요구권 설명을 소홀히 하는 바람에 자신에게 손해가 발생했음을 이유로 손해배상을 청구할 수 있는가요?

Q. 甲은 2013. 3.경 요양병원을 운영하기 위해 대구광역시에 위치한 한 5층짜리 건물을 乙로부터 15억 원에 구입하기로 한 뒤 계약금을 지급하였습니다. 그런데 그 당시 건물 지하에는 丙이 2012년부터 상가를 임차해 노래방 등을 운영하고 있었고, 丙이 2년의 임차기간이 끝나기 전에 임대차계약갱신을 요구하면 2017년까지 계약기간이 연장될 수 있는 상황이었습니다. 그러나 공인중개사 A는 丙이 주장할 수 있는 임대차계약갱신요구권에 대해 건물을 매수한 甲에게 설명하지 않았고, 요양병원을 차리기 위해서는 임차인들이 나가줘야만 했던 甲은 丙에게 "9월까지 퇴거해달라"고 요청하며, 권리금 명목으로 1억5000만 원을 지급하게 되면서 미처 예상치 못한 손해가 발생했습니다. 이러한 경우 甲은 공인중개사 A가 丙의 계약갱신요구권에 관한 설명을 소홀히 하는 바람에 자신에게 손해가 발생했음을 이유로 손해배상을 청구할 수 있는가요?

A. 상가건물임대차보호법」 제10조는 "임대인은 임차인이 임대차기간이 만료되기 6개월 전에서 1개월 전까지 임대차계약갱신을 요구할 경우 정당한 사유 없이 이를 거절할 수 없다"고 규정하고 있습니다. 위 사안의 경우
부동산중개업자가 이러한 사실을 건물 매수인에게 제대로 알리지 아니하여 매수인 甲이 임차인 丙을 무리하게 퇴거시키기 위해 매우 큰 추가비용이 들어간 것입니다. 부동산중개업자와 중개의뢰인의 법률관계는 민법상 위임관계와 같으므로 「민법」 제681조에 의하여 중개업자는 중개의뢰의 본지에 따라 선량한 관리자의 주의로 의뢰받은 중개업무를 처리할 의무가 있을 뿐 아니라, 「구 공인중개사의 업무 및 부동산거래신고에 관한 법률」 제29조 제1항에 의하여 신의와 성실로써 공정하게 중개관련 업무를 수행하여야 할 의무가 있습니다. 또한 같은 법 제25조 제1항은 중개의뢰를 받은 중개업자는 중개대상물의 권리관계 등을 확인하여 중개의뢰인에게 설명할 의무가 있음을 명시하고 있는 바, 그 권리관계에는 중개대상물의 권리자에 관한 사항도 포함되는 것이므로, 중개업자는 선량한 관리자의 주의와 신의성실로써 매도 등 처분을 하려는 자가 진정한 권리자인지를 조사·확인할 의무가 있습니다. 따라서 이러한 일반적 주의의무를 위반하여 중개의뢰인에게 손해를 발생하게 한 때에는 이

를 배상할 책임이 있다 할 것입니다.
위 사안에 대해 재판부는 "甲은 공인중개사 A에게 특별히 요양병원을 설립한다는 매매 목적을 언급하면서 건물의 명도를 거래의 중요사항으로 표현했기에 A는 임차인이 상가건물 임대차보호법상의 임대차계약갱신요구권을 사용할 수 있다는 사실을 중개대상물 확인설명서에 적어야 했는데 이를 소홀히 했으므로 甲이 입은 손해에 대해 배상할 의무가 있다"고 판단하였습니다. 그런데 재판부는 공인중개사의 설명에만 의지해 상가건물 명도 관련 법률관계를 매수인 본인이 직접 확인하지 않은 甲에게도 책임이 있기에 A가 배상해야 할 손해액을 40%로 감액하였습니다(대구지방법원 2015. 6. 4. 선고 대구지방법원 2014가합202855 판결참조).
따라서 甲의 경우도 A에게 손해배상을 청구할 수 있으리라 보이나, 다만 과실상계 당하여 손해배상책임의 정도가 줄어들 수 있습니다.

(관련판례)

부동산중개업자와 중개의뢰인과의 법률관계는 민법상의 위임관계와 같으므로 중개업자는 중개의뢰의 본지에 따라 선량한 관리자의 주의로써 의뢰받은 중개업무를 처리하여야 할 의무가 있을 뿐 아니라 구 부동산중개업법(1989.12.30. 법률 제4153호로 개정되기 전의 것) 제16조에 의하여 신의와 성실로써 공정하게 중개행위를 하여야 할 의무를 부담하고 있는 바, 같은 법 제17조 제1항은 중개의뢰를 받은 중개업자는 중개물건의 권리관계, 법령의 규정에 의한 거래 또는 이용제한사항 등을 확인하여 중개의뢰인에게 설명할 의무가 있음을 명시하고 있고 위 권리관계 중에는 중개대상물의 권리자에 관한 사항도 포함되어 있다고 할 것이므로, 중개업자는 선량한 관리자의 주의와 신의성실로써 매도 등 처분을 하려는 자가 진정한 권리자와 동일인인지의 여부를 부동산등기부와 주민등록증 등에 의하여 조사확인할 의무가 있다(대법원 1993. 5. 11. 선고 92다55350 판결).

■ 개업공인중개사가 부동산중개 할 경우, 중개인의 주의의무는 어떤 것이 있는지요?

Q. 저는 부동산중개업을 하고 있는데, 부동산을 잘못 중개하면 손해배상 등의 책임추궁을 당할 수 있다는데, 과연 중개인의 주의의무는 어떤 것인지요?

A. 부동산중개의뢰인과 개업공인중개사와의 법률관계는 민법상의 위임계약관계로 볼 수 있습니다. 그런데 「민법」 제681조에서 수임인은 위임의 본지(本旨)에 따라 선량한 관리자의 주의로써 위임사무를 처리하여야 한다고 규정하고, 「공인중개사법」에서는 개업공인중개사 및 소속공인중개사는 전문직업인으로서의 품위를 유지하고 신의와 성실로써 공정하게 중개관련 업무를 수행하여야 한다고 규정하고 있으며(같은 법 제29조 제1항),

개업공인중개사 등은 당해 중개대상물의 거래상의 중요사항에 관하여 거짓된 언행 그 밖의 방법으로 중개의뢰인의 판단을 그르치게 하는 행위를 하여서는 아니 된다고 규정하고(같은 법 제33조 제4호), 개업공인중개사가 중개의뢰를 받은 경우에는 중개가 완성되기 전에 당해 중개대상물의 상태·입지 및 권리관계, 법령의 규정에 의한 거래 또는 이용제한사항, 그 밖에 대통령령이 정하는 사항을 확인하여 이를 당해 중개대상물에 관한 권리를 취득하고자 하는 중개의뢰인에게 성실·정확하게 설명하고, 토지대장등본, 등기사항증명서 등 설명의 근거자료를 제시하여야 한다고 규정하고 있습니다(같은 법 제25조 제1항).

그리고 같은 법 시행령 제21조 제1항에서는 같은 법 제25조 제1항의 규정에 따라 개업공인중개사가 확인·설명하여야 하는 사항은 ①중개대상물의 종류·소재지·지번·지목·면적·용도·구조 및 건축연도 등 중개대상물에 관한 기본적인 사항, ②소유권·전세권·저당권·지상권 및 임차권 등 중개대상물의 권리관계에 관한 사항, ③거래예정금액·중개보수 및 실비의 금액과 그 산출내역, ④토지이용계획, 공법상의 거래규제 및 이용제한에 관한 사항, ⑤수도·전기·가스·소방·열공급·승강기 및 배수 등 시설물의 상태, ⑥벽면 및 도배의 상태, ⑦일조·소음·진동 등 환경조건, ⑧도로 및 대중교통수단과의 연계성, 시장·학교와의 근접성 등 입지조건, ⑨중개대상물에 대한 권리를 취득함에 따라 부담하여야 할 조세의 종류 및 세율이라고 규정하고 있습니다.

따라서 개업공인중개사는 중개의뢰의 본지(本旨)에 따라 선량한 관리자의 주의로써 의뢰 받은 중개업무를 처리해야 할 의무가 있습니다.

그런데 개업공인중개사의 확인·설명의무의 범위에 관한 판례를 보면, 개업공인중개사는 중개대상물건에 근저당이 설정된 경우, 그 채권최고액을 조사·확인하여 의뢰인에게 설명하면 충분하고, 실제의 피담보채무액까지 조사·확인하여 설명할 의무까지 있다고 할 수는 없으나, 실제의 피담보채무액에 관한 그릇된 정보를 제대로 확인하지도 않은 채 마치 그것이 진실인 것처럼 의뢰인에게 그대로 전달하여 의뢰인이 그 정보를 믿고 상대방과 계약에 이르게 되었다면, 개업공인중개사의 그러한 행위는 선량한 관리자의 주의로 신의를 지켜 성실하게 중개행위를 하여야 할 개업공인중개사의 의무에 위반된다고 하였고(대법원 1999. 5. 14. 선고 98다30667 판결), 개업공인중개사는 비록 그가 조사·확인하여 의뢰인에게 설명할 의무를 부담하지 않는 사항이더라도 의뢰인이 계약체결여부를 결정하는 데 중요한 자료가 되는 사항에 관하여 그릇된 정보를 제공하여서는 아니 된다고 하였습니다(대법원 2008. 9. 25. 선고 2008다42836 판결).

또한, 개업공인중개사는 선량한 관리자의 주의와 신의성실로써 매도 등 처분을 하려는 자가 진정한 권리자인지 여부를 조사·확인할 의무도 있고(대법원 2007. 11. 15. 선고 2007다44156 판결), 개업공인중개사 등이 거짓된 언행 기타의 방법으로 중개의뢰인의 판단을 그르치게 하는 행위를 하여서는 아니 되는 당해 중개대상물의 거래상의 중요사항에는 당해 중개대상물 자체에 관한 사항뿐만 아니라, 그 중개대상물의 가격 등에 관한 사항들도 그것이 당해 거래상의 중요사항으로 볼 수 있는 이상 포함된다고 하였으며(대법원 2008. 2. 1. 선고 2007도9149 판결), 중개인 등이 서로 짜고 매도의뢰가액을 숨긴 채 이에 비하여 무척 높은 가액으로 중개의뢰인에게 부동산을 매도하고 그 차액을 취득한 행위는 민사상의 불법행위를 구성한다고 한 사례가 있습니다(대법원 1991. 12. 24. 선고 91다25963 판결).

그리고 개업공인중개사의 손해배상책임보장에 관하여 「공인중개사법」에서 개업공인중개사는 중개행위를 함에 있어서 고의 또는 과실로 인하여 거래당사자에게 재산상의 손해를 발생하게 한 때에는 그 손해를 배상할 책임이 있고, 개업공인중개사는 자기의 중개사무소를 다른 사람의 중개행위의 장소로 제공함으로써 거래당사자에게 재산상의 손해를 발생하게 한 때에는 그 손해를 배상할 책임이 있으며, 개업공인중개사는 업무를 개시하기 전에 위 규정에 의한 손해배상책임을 보장하기 위하여 대통령령이 정하는 바에 따라 보증보험 또는 같은 법 제42조의 규정에 의한 공제에 가입하거나 공탁을 하여야 한다고 규정하고 있습니다(같은 법 제30조 제1항, 제2항, 제3항).

그런데 개업공인중개사의 손해배상에 관하여 판례를 보면, 개업공인중개사가 중개행위를 함에 있어서 고의 또는 과실로 인하여 중개의뢰인에게 재산상의 손해를 입힌 경우 그 손해배상책임을 보장하기 위하여 인·허가 관청을 피보험자로 하여 체결한 인·허가보증보험계약은 개업공인중개사가 중개행위를 함에 있어서 고의 또는 과실로 인하여 중개의뢰인에게 재산상의 손해를 입힌 경우 그 손해를 보상하기 위하여 체결된 이른바 타인을 위한 손해보험계약으로서 중개인의 고의 또는 과실로 인하여 재산상의 손해를 입은 중개의뢰인은 당연히 그 계약의 이익을 받아 보험자에게 보험금을 청구할 수 있고(대법원 1999. 3. 9. 선고 98다61913 판결), 여기서 중개행위에 해당하는지는 개업공인중개사가 진정으로 거래당사자를 위하여 거래를 알선, 중개하려는 의사를 갖고 있었느냐고 하는 개업공인중개사의 주관적 의사에 의하여 결정할 것이 아니라 개업공인중개사의 행위를 객관적으로 보아 사회통념상 거래의 알선, 중개를 위한 행위라고 인정되는지에 의하여 결정할 것이고, 중개행위란 개업공인중개사가 거래의 쌍방당사자로부터 중개의뢰를 받은 경우뿐만 아니라 거래의 일방당사자의 의뢰에 의하여 중개대상물의 매매·교환·임대차 기타 권리의 득실·변경에 관한 행위를 알선·중개하는 경우도 포함하는 것이고 하였으며(대법원 1995. 9. 29. 선고 94다47261 판결), 임대차계약을 알선한 개업공인중개사가 계약 체결 후에도 보증금의 지급, 목적물의 인도, 확정일자의 취득 등과 같은 거래당사자의 계약상 의무의 실현에 관여함으로써 계약상 의무가 원만하게 이행되도록 주선할 것이 예정되어 있는 때에는 그러한 개업공인중개사의 행위는 객관적으로 보아 사회통념상 거래의 알선·중개를 위한 행위로서 중개행위의 범주에 포함된다고 하였습니다(대법원 2007. 2. 8. 선고 2005다55008 판결).

따라서 위와 같은 조사·확인의무 내지 설명의무를 게을리 한 과실로 중개의뢰인에게 손해를 입히게 되면 그에 대하여 손해배상책임을 지게 됩니다. 다만, 중개의뢰인에게도 개업공인중개사의 중개행위에만 전적으로 의존할 것이 아니라 스스로 토지의 권리관계 등을 확인할 주의의무가 있다고 할 것이므로, 이를 게을리 한 과실이 있을 경우 과실상계사유로서 참작될 수 있을 것입니다.

참고로 개업공인중개사가 아파트임대차계약을 중개하면서 등기부상 아파트의 표제부 중 '대지권의 표시'란에 대지권의 목적인 토지에 관하여 별도등기가 있다는 것을 간과하여 임차인에게 아무런 설명을 하지 않은 사안에서, 위 아파트에 관한 임의경매의 배당절차에서 토지의 근저당권보다 배당순위에서 밀려 배당을 적게 받는 재산상 손해를 입은 임차인에 대하여 공인중개사에게 중개대상물의 확인·설명의무위반으로 인한 손해배상책임을 인정한 사례가 있습니다(서울동부지방법원 2010. 6. 18. 선고 2010나189 판결).

■ 개업공인중개사의 보수청구권이 발생하려면 어떤 요건이 필요하나요?

Q. 저는 개업공인중개사 甲에게 중개를 의뢰하여 그가 소개해준 乙소유의 주택을 둘러보았으나 제시하는 가격이 너무 높아 생각해보겠다고만 하고 그냥 돌아왔습니다. 며칠 후 저는 다른 개업공인중개사 丙의 소개로 위 주택을 전에 甲이 제시한 가격보다 200만원이나 싸게 구입하였는데, 이 사실을 알게 된 甲이 저에게 중개보수를 청구하는데, 그것이 타당한지요?

A. 개업공인중개사가 중개의뢰인에게 보수청구권을 행사하기 위해서는 원칙적으로 다음의 요건이 갖추어져야 한다고 보고 있습니다.

① 부동산중개계약이 존재할 것 : 중개계약은 반드시 서면에 의하여 이루어져야 하는 것은 아니지만, 구두계약인 경우에는 의뢰인으로부터 중개의뢰가 있었던 경우와 단순히 상의를 한 것에 지나지 않은 경우를 구별하기 곤란한 때가 있을 수도 있습니다.

② 중개의 대상인 계약이 성립할 것 : 중개계약에 특약이 없는 한 중개의 대상인 계약이 성립되지 않으면, 개업공인중개사는 아무리 중개의 성공을 위하여 장기간의 수고를 하고 비용 등을 지출한 경우에도 보수나 지출한 비용의 지급을 청구할 수 없습니다. 또한, 개업공인중개사가 의뢰인의 요구조건에 맞는 목적물이나 상대방을 소개하였다 하더라도 계약의 체결여부는 의뢰인과 상대방의 자유이므로 계약이 성립되지 않는 한 개업공인중개사는 보수를 청구할 수 없는 것입니다. 관련 판례를 보면, 매매중개료청구권은 매매가 중개인의 손을 거쳐 성립됨을 조건으로 발생하므로 중개행위로 매매가 성립되지 아니한 이상, 중개인이 중개의 노력을 하였더라도 그 노력의 비율에 상당한 보수를 청구할 수 없다고 하였습니다(대법원 1956. 4. 12. 선고 4289민상81 판결).

그러나 계약이 일단 성립하면 설령 그 후에 당사자의 합의로 계약이 해제되거나 또는 당사자 일방의 채무불이행으로 인하여 계약이 해제되는 경우라도 개업공인중개사는 보수를 청구할 수 있습니다.

하급심판례를 보면, 부동산중개행위는 중개업자가 중개대상물에 대하여 거래당사자 사이의 매매·교환·임대차 기타 권리의 득실·변경에 관한 행위를 알선하는 것으로서 원칙적으로 중개업자는 중개대상물에 대한 계약서작성업무 등 계약체결까지 완료되어야 비로소 중개의뢰인에게 중개수수료를 청구할 수 있는 것이나, 다만 중개업자가 계약 성립에 결정적인 역할을 하였음에도 중개행위가 그의 책임 없는 사유로 중단되어 최종적인 계약서작성 등에 관여하지 못하였다는 등의 특별한 사정이 있는 경우에는 「민법」 제686조 제3항, 「상법」 제61조의 규정취지나 신의성실의 원칙 등에 비추어 볼 때 그 중개업자는 중개의뢰인에 대하여 이미 이루어진 중개행위의 정도에 상응하는 중개수수료를 청구할 권한이 있다고 하였습니다(부산지방법원 2007. 1. 25. 선고 2005나10743 판결, 다만 이 판결에서의 중개업자와 중개수수료는 현행법상 각 개업공인중개사와 중개보수임).

③ 계약 성립과 개업공인중개사의 중개와의 사이에 인과관계가 있을 것 : 의뢰인이 개업공인중개사로부터 거래목적물과 상대방을 소개받은 후에 개업공인중개사를 배제하고 그 상대방과 직접 교섭을 하여 계약이 성립된 경우에는 대체로 인과관계가 있다고 보지만, 의뢰인이 새로이 다른 개업공인중개사에게 중개를 위탁하여 뒤의 개업공인중개사의 노력으로 계약이 성립되었다면 계약 상대방이 우연히 앞의 개업공인중개사가 소개하였던 자라고 할지라도 이 경우에는 인과관계가 없다고 보는 것이 일반적입니다.

그러므로 귀하는 어디까지나 丙의 중개노력에 의하여 乙과의 사이에 매매계약을 체결하게 된 것으로 보일 뿐, 비록 甲이 당초에 같은 주택에 관하여 중개노력을 기울였더라도 이는 본 계약 성립의 원인이 되었다고는 보이지 않습니다. 결국, 甲의 귀하에 대한 보수청구권은 인정되지 않는다 할 것입니다.

■ **공인중개사 자격이 없는 자가 부동산중개업을 하면서 체결한 약정된 중개수수료를 모두 지급하여야만 하는지요?**

Q. 저는 제 소유의 임야에 관하여 공인중개사 자격이 없고 중개사사무소 개설등록도 하지 않고 부동산중개를 직업으로 하는 甲의 중개로 乙과 부동산매매계약을 체결하였으며, 저와 甲은 중개수수료로 1,000만원을 지급하기로 약정한 사실이 있습니다. 그런데 이 경우에도 저는 甲에게 약정된 중개수수료를 모두 지급하여야만 하는지요?

A. 구 부동산중개업법(2005.7.29.법률 제7638호 공인중개사의 업무 및 부동산거래신고에 관한 법률로 전부 개정되기 전의 것)」은 부동산중개업을 건전하게 지도·육성하고 부동산중개업무를 적절히 규율함으로써 부동산중개업자의 공신력을 높이고 공정한 부동산거래질서를 확립하여 국민의 재산권 보호에 기여함을 입법 목적으로 하고 있으므로(법 제1조),공인중개사 자격이 없는 자가 중개사무소 개설등록을 하지 아니한 채 부동산중개업을 하면서 체결한 중개수수료 지급약정의 효력은 이와 같은 입법목적에 비추어 해석되어야 합니다.
그런데 공인중개사 자격이 없는 자가 부동산중개업 관련 법령을 위반하여 중개사무소 개설등록을 하지 아니한 채 부동산중개업을 하면서 체결한 중개수수료 지급약정에 따라 수수료를 받는 행위는 투기적·탈법적 거래를 조장하여 부동산거래질서의 공정성을 해할 우려가 있고 또한, 부동산중개업 관련 법령의 주된 규율대상인 부동산이 그 거래가격이 상대적으로 높은 점에 비추어 전문성을 갖춘 공인중개사가 부동산거래를 중개하는 것은 부동산거래사고를 사전에 예방하고, 만약의 경우 사고가 발생하더라도 보증보험 등에 의한 손해전보를 보장할 수 있는 등 국민 개개인의 재산적 이해관계 및 국민생활의 편의에 미치는 영향이 매우 커서 이에 대한 규제가 강하게 요청됩니다. 이러한 사정을 종합적으로 고려하여 보면, 공인중개사자격이 없어 중개사무소 개설등록을 하지 아니한 채 부동산중개업을 한 자에게 형사적 제재를 가하는 것만으로는 부족하고 그가 체결한 중개수수료 지급약정에 의한 경제적 이익이 귀속되는 것을 방지하여야 할 필요가 있고, 따라서 중개사무소 개설등록에 관한 구 부동산중개업법 관련 규정들은 공인중개사 자격이 없는 자가 중개사무소 개설등록을 하지 아니한 채 부동산중개업을 하면서 체결한 중개수수료 지급약정의 효력을 제한하는 이른바 강행법규에 해당합니다(대법원 2010. 12.

23. 선고 2008다75119 판결 참조).

그렇다면 공인중개사 자격이 없는 A가 중개사무소 개설등록을 하지 아니한 채 부동산 매매계약을 중개하면서 매매당사자인 甲과 체결한 중개수수료 지급약정은 강행법규에 위반되어 무효라고 보아야 하므로 甲은 A에게 중개수수료를 지급해야 할 의무가 있다고 보기는 어려우며, 오히려 A가 이미 지급받은 중개수수료가 있다면 이를 부당이득으로서 甲에게 반환하여야 할 것으로 판단됩니다.

(관련판례)

구 부동산중개업법(2005. 7. 29. 법률 제7638호 '공인중개사의 업무 및 부동산 거래신고에 관한 법률'로 전문 개정되기 전의 것)은 부동산중개업을 건전하게 지도·육성하고 부동산중개 업무를 적절히 규율함으로써 부동산중개업자의 공신력을 높이고 공정한 부동산거래질서를 확립하여 국민의 재산권 보호에 기여함을 입법목적으로 하고 있으므로(제1조), 중개수수료의 한도를 정하는 한편 이를 초과하는 수수료를 받지 못하도록 한 같은 법 및 같은 법 시행규칙 등 관련 법령 또는 그 한도를 초과하여 받기로 한 중개수수료 약정의 효력은 이와 같은 입법목적에 맞추어 해석되어야 한다. 그뿐 아니라, 중개업자가 구 부동산중개업법 등 관련 법령에 정한 한도를 초과하여 수수료를 받는 행위는 물론 위와 같은 금지규정 위반 행위에 의하여 얻은 중개수수료 상당의 이득을 그대로 보유하게 하는 것은 투기적·탈법적 거래를 조장하여 부동산거래질서의 공정성을 해할 우려가 있고, 또한 구 부동산중개업법 등 관련 법령의 주된 규율대상인 부동산의 거래가격이 높고 부동산중개업소의 활용도 또한 높은 실정에 비추어 부동산 중개수수료는 국민 개개인의 재산적 이해관계 및 국민생활의 편의에 미치는 영향이 매우 커 이에 대한 규제가 강하게 요청된다. 그렇다면, 앞서 본 입법목적을 달성하기 위해서는 고액의 수수료를 수령한 부동산 중개업자에게 행정적 제재나 형사적 처벌을 가하는 것만으로는 부족하고 구 부동산중개업법 등 관련 법령에 정한 한도를 초과한 중개수수료 약정에 의한 경제적 이익이 귀속되는 것을 방지하여야 할 필요가 있으므로, 부동산 중개수수료에 관한 위와 같은 규정들은 중개수수료 약정 중 소정의 한도를 초과하는 부분에 대한 사법상의 효력을 제한하는 이른바 강행법규에 해당하고, 따라서 구 부동산중개업법 등 관련 법령에서 정한 한도를 초과하는 부동산 중개수수료 약정은 그 한도를 초과하는 범위 내에서 무효이다(대법원 2007. 12. 20. 선고 2005다32159 전원합의체 판결).

■ 공인중개사의 중개행위가 중간에 중단된 경우, 이미 이루어진 중개행위에 대한 수수료를 지급하여야 하는지요?

Q. 甲은 자신의 부동산을 매도하기 위해 중개업자인 乙에게 중개를 의뢰하였는바, 乙의 중개로 매수인 丙과 사이에 매매를 하기로 하였습니다. 그런데 乙이 매매계약서를 작성하던 중 甲과 丙 쌍방 간에 일부 사항에 이의가 있어 계약서에 최종적인 날인을 하지 않고 헤어졌으나, 며칠 후 甲과 丙은 단둘이 만나 중개사인 乙이 없는 가운데 원래의 내용대로 매매계약서를 작성하였습니다. 이 경우 乙은 甲과 丙에 대해서 중개수수료를 청구할 수 있는지요.

A. 부동산중개행위는 중개업자가 중개대상물에 대하여 거래당사자간의 매매·교환·임대차 기타 권리의 득실·변경에 관한 행위를 알선하는 것으로서 원칙적으로 중개업자는 중개대상물에 대한 계약서의 작성업무 등 계약 체결까지 완료되어야 비로소 중개의뢰인에게 중개수수료를 청구할 수 있는 것이나, 다만 중개업자가 계약의 성립에 결정적인 역할을 하였음에도 중개업자의 중개행위가 중개업자의 책임 없는 사유로 중단되어 중개업자가 최종적인 계약서 작성 등에 관여하지 못하였다는 등의 특별한 사정이 있는 경우에는 민법 제686조 제3항, 상법 제61조의 규정취지나 신의성실의 원칙 등에 비추어 볼 때 그 중개업자는 중개의뢰인에 대하여 이미 이루어진 중개행위의 정도에 상응하는 중개수수료를 청구할 권한이 있다 할 것입니다(부산지방법원 1987. 9. 24. 선고 87나516 판결, 울산지방법원 2013. 11. 27. 선고 2013나2146 판결, 청주지방법원 2013. 2. 1. 선고 2012가단19055 판결).

나아가 그 보수액은 당초 약정액(그 정함이 없는 경우에는 조례상의 중개료 한도액)과 중개인이 중개에 소요한 시간 및 그 노력의 정도, 계약의 성립으로 중개의뢰자가 얻게 된 이익 등의 제반사정을 참작하여 정하게 됩니다(부산지방법원 1987. 9. 24. 선고 87나516 판결).

따라서 이 사안에서 乙은 甲과 丙에 대해서 이미 이루어진 중개행위의 정도에 상응하는 중개수수료를 청구할 수 있을 것입니다.

(관련판례)

피고인에 대하여 '공인중개사 자격이 없고 중개사무소 개설등록을 하지 않았는데도 甲, 乙과 공모하여 부동산 매매계약을 중개한 대가로 丙에게서 甲, 乙 및 피고인의 수고비 합계 2천만 원을 교부받아 중개행위를 하였다'는 공인중개사의 업무 및 부동산 거래신고에 관한 법률 위반 공소사실로 벌금 500만 원의 약식명령이 발령되어 확정되었는데, 그 후 피고인이 '피해자 丙에게서 甲, 乙에 대한 소개비 조로 2천만 원을 교부받아 丙을 위하여 보관하던 중 임의로 사용하여 횡령하였다'는 공소사실로 기소된 사안에서, 확정된 약식명령의 공소사실에 의하면 중개수수료로 취득한 2천만 원은 피고인 등의 소유로 확정적으로 귀속되고, 그 이후 이를 소비하는 것은 불가벌적 사후행위에 해당하는데, 공소가 제기된 횡령의 공소사실은 피고인이 2천만 원을 교부받은 이후에도 이것이 여전히 丙의 소유로 남아 있어 피고인은 이를 보관하는 자임을 전제로 하고 있어 확정된 약식명령의 공소사실과 양립할 수 없는 관계에 있고, 양자의 행위 객체인 금품이 丙이 교부한 2천만 원으로 동일한 점에 비추어 양자는 행위 태양이나 피해법익 등을 서로 달리하지만 규범적으로는 공소사실의 동일성이 인정된다는 이유로, 확정된 약식명령의 기판력이 횡령의 공소사실에 미친다고 보아 면소를 선고한 원심의 조치가 정당하다(대법원 2012. 5. 24., 선고, 2010도3950, 판결).

■ **부동산 중개업자가 최종적 계약서 작성에 관여하지 못하고도 중개수수료를 청구할 권한이 있는지요?**

Q. 공인중개사 甲은 乙과 丙 간의 부동산 매매를 중개하면서, 매매를 성사시키기 위해 필요한 모든 행위를 다 하고, 이에 乙, 丙을 동행하여 매매계약서를 작성하려 하였으나 계약 체결 직전 乙과 丙간의 의사불합치로 같은 날 매매계약서를 작성하지는 못하였습니다. 그러나, 이로부터 불과 일주일 후 乙과 丙은 중개업자 없이 甲이 중개하려던 부동산에 관하여 둘 간에 매매계약을 체결하였습니다. 이 경우 중개업자 甲은 乙, 丙에게 중개수수료를 청구할 수 있는지요?

A. 이에 관하여, 부산지방법원 판례(2007. 1. 25. 선고 2005나10743 판결)는 '부동산중개행위는 중개업자가 중개대상물에 대하여 거래당사자간의 매매·교환·임대차 기타 권리의 득실·변경에 관한 행위를 알선하는 것으로서 원칙적으로 중개업자는 중개대상물에 대한 계약서의 작성업무 등 계약 체결까지 완료되어야 비로소 중개의뢰인에게 중개수수료를 청구할 수 있는 것이나, 다만 중개업자가 계약의 성립에 결정적인 역할을 하였음에도 중개업자의 중개행위가 중개업자의 책임 없는 사유로 중단되어 중개업자가 최종적인 계약서 작성 등에 관여하지 못하였다는 등의 특별한 사정이 있는 경우에는 민법 제686조 제3항 , 상법 제61조의 규정취지나 신의성실의 원칙 등에 비추어 볼 때 그 중개업자는 중개의뢰인에 대하여 이미 이루어진 중개행위의 정도에 상응하는 중개수수료를 청구할 권한이 있다 할 것이다.'고 판시하고 있습니다. 이 판결은 원칙적으로 부동산중개업자는 중개대상물에 대한 계약서의 작성업무 등 계약 체결까지 완료되어야 비로소 중개의뢰인에게 중개수수료를 청구할 수 있는 것이나, 다만 중개업자가 계약의 성립에 결정적인 역할을 하였음에도 중개업자의 중개행위가 중개업자의 책임 없는 사유로 중단되어 중개업자가 최종적인 계약서 작성 등에 관여하지 못하였다는 등의 특별한 사정이 있는 경우에는 민법 제686조 제3항 , 상법 제61조 의 규정취지나 신의성실의 원칙 등에 비추어 볼 때 그 중개업자는 중개의뢰인에 대하여 이미 이루어진 중개행위의 정도에 상응하는 중개수수료를 청구할 권한이 있다는 취지의 판결로서, 따라서 甲은 신의성실에 비추어 합당한 경우라면 乙, 丙에게 중개수수료를 청구할 수 있다 할 것입니다.

■ **부동산 매매계약이 해제된 경우, 중개수수료를 받을 수 있나요?**

Q. 부동산중개업자인 甲이 중개한 식당의 시설과 영업권 등의 양도, 양수계약이 해제된 경우, 甲은 여전히 중개수수료를 받을 수 있나요?

A. 유사한 사안를 다룬 하급심 판결에서 재판부는 "이 사건 용역수수료(중개수수료) 지급약정에 의하면 이 사건 양도양수계약이 해제되는 경우에도 중개인인 원고의 고의나 과실이 없으면 중개인에게 용역수수료를 지급하기로 약정하였는바, 이는 이 사건 양도양수계약이 무효 또는 취소되는 경우에도 마찬가지로 적용된다고 보아야 하고, 이 사건 양도양수계약과 이 사건 용역수수료 지급약정은 별개의 계약이므로, 특별한 사정이 없는 한 피고는 원고에게 이 사건 용역수수료 지급약정에 따른 수수료를 지급할 의무가 있다."고 판시한바 있습니다.

이러한 판결의 입장에 따르면, 부동산 양도양수계약과 용역수수료 지급약정은 별개의 계약이고, 양도양수계약이 실효된 데에 중개인인 甲의 과실이 개입된 바 없다면, 甲은 여전히 중개수수료를 받을 권리가 있다고 할 것입니다. 다만, 공인중개사 甲과 중개의뢰인 사이의 법률관계는 민법상의 위임관계이므로 보수액이 지나치게 과다하여 신의성실의 원칙이나 형평의 원칙에 어긋나면 감액이 가능하다고 할 것입니다.

■ 부동산매매계약이 해제된 경우에도 중개보수를 지급해야 하나요?

Q. 저의 누나는 개업공인중개사를 통하여 부동산매매계약을 체결하고 매도인에게 계약금 및 중도금까지 지급하였으나, 매도인이 집을 너무 헐값에 팔았다고 주장하면서 계약해제를 요구하여 결국 손해배상금을 포함하여 돈을 돌려받기로 하고 계약을 해제하였습니다. 그런데 개업공인중개사는 매도인으로부터 손해배상금을 포함한 돈을 돌려받아 보관하고 있으면서 소개료를 주어야만 보관금을 돌려주겠다고 하고 있습니다. 부동산매매가 중도에 계약해제로 성사되지 않았는데도 소개료를 주어야 하는지요?

A. 개업공인중개사가 중개의뢰를 받은 경우에는 당해 중개대상물의 상태, 입지, 권리관계, 법령의 규정에 의한 거래 또는 이용제한사항 기타 대통령령이 정하는 사항을 확인하여 이를 당해 중개대상물에 관한 권리를 취득하고자 하는 중개의뢰인에게 토지대장등본, 부동산종합증명서, 등기사항증명서 등 근거자료를 제시하고 성실, 정확하게 설명하여야 하며, 개업공인중개사는 확인 또는 설명을 위하여 필요한 경우에는 중개대상물의 매도의뢰인, 임대의뢰인 등에게 당해 중개대상물의 상태에 관한 자료를 요구할 수 있습니다(공인중개사법 제25조 제1항, 제2항).

이러한 확인·설명의무규정은 부동산중개인이 중개보수를 받지 않는 경우에도 적용된다고 할 것입니다(대법원 2002. 2. 5. 선고 2001다71484 판결). 그리고 위 사안의 경우와 같이 중개인의 소개로 일단 성립된 부동산매매계약이 계약당사자간에 합의하여 해제한 경우 부동산중개보수를 지급하여야 하는지 문제됩니다. 공인중개사법 제32조 제1항에서 "개업공인중개사는 중개업무에 관하여 중개의뢰인으로부터 소정의 보수를 받는다. 다만, 개업공인중개사의 고의 또는 과실로 인하여 중개의뢰인간의 거래행위가 무효, 취소 또는 해제된 경우에는 그러하지 아니하다."라고 규정하고 있습니다.따라서 위 사안의 경우 귀하의 누나와 집주인(매도인)간의 당초 매매계약은 유효하게 성립되었고, 귀하의 누나가 매도인으로부터 배상금까지 받게 되었으므로 개업공인중개사의 고의 또는 과실로 인하여 계약이 해제된 것이 아니기 때문에 귀하의 누나는 개업공인중개사에게 소정의 보수를 지급하여야 할 것으로 보입니다.

■ 부동산중개업자에게 법정수수료를 초과한 약정수수료를 지급의무가 있는지요?

Q. 저는 제 소유의 임야를 매도하기 위해 공인중개사인 甲에게 중개를 의뢰하였고, 甲은 乙을 매수인으로 하는 부동산매매계약의 중개를 성사시켰습니다. 저는 甲에게 애초에 그 수수료로 1억 5천만원을 지급하기로 하였으나 그 수수료가 과다한 것 같은데 이 경우에도 약정에 따라 甲에게 수수료 1억 5천만원을 모두 지급해야 하는지요?

A. 규제법령위반과 관련하여 '강행규정'은 당사자의 의사로 적용을 배제할 수 없고 그 사법상의 효력에 미치는 영향도 배제할 수 없는 규정을, '단속규정'은 이에 대비되는 개념으로 규정의 방식이 금지를 명하는 것으로서, 당사자의 의사로 적용을 배제할 수는 없으나, 그 위반행위의 사법상(私法上) 효력이 부정되지는 않는 규정을 가리키는 것이라고 할 수 있습니다. 그런데 「공인중개사법」 제9조 제1항에서 중개업을 영위하려는 자는 국토해양부령이 정하는 바에 따라 중개사무소(법인의 경우에는 주된 중개사무소)를 두려는 지역을 관할하는 시장(구가 설치되지 아니한 시의 시장과 특별자치도 행정시의 시장)·군수 또는 구청장에게 중개사무소의 개설등록을 하여야 한다고 규정하고, 제2항에서 공인중개사(소속공인중개사를 제외) 또는 법인이 아닌 자는 제1항의 규정에 의한 중개사무소의 개설등록을 신청할 수 없다고 규정하고 있으며, 제48조 제1호에서 위 규정에 따른 중개사무소의 개설등록을 하지 아니하고 중개업을 한 자에 대한 벌칙을 규정하고 있습니다. 그리고 공인중개사자격 없는 자가 중개사무소 개설등록을 하지 아니한 채 부동산중개업을 하면서 체결한 중개수수료지급약정의 효력에 관하여 구 부동산중개업법(2005. 7. 29. 법률 제7638호 공인중개사의 업무 및 부동산거래신고에 관한 법률로 전부개정되기 전의 것) 관련규정에 관한 판례를 보면, 입법목적, 투기적·탈법적 거래를 조장하여

부동산거래질서의 공정성을 해할 우려, 부동산의 거래가격이 상대적으로 높아 전문성 갖춘 공인중개사가 부동산거래사고를 사전에 예방하고, 사고발생의 경우에도 보증보험 등에 의한 손해전보를 보장할 수 있는 등 국민의 재산적 이해관계 및 국민생활의 편의에 미치는 영향이 매우 큰 점 등을 종합적으로 고려하면, 공인중개사자격이 없어 중개사무소개설등록을 하지 아니한 채 부동산중개업을 한 자에게 형사적 제재를 가하는 것만으로는 부족하고 그가 체결한

중개수수료 지급약정에 의한 경제적 이익이 귀속되는 것을 방지하여야 할 필요가 있고, 따라서 중개사무소개설등록에 관한 구 부동산중개업법 관련규정들은 공인중개사자격이 없는 자가 중개사무소개설등록을 하지 아니한 채 부동산중개업을 하면서 체결한 중개수수료지급약정의 효력을 제한하는 이른바 강행법규에 해당한다고 하였습니다(대법원 2010. 12. 23. 선고 2008다75119 판결).

따라서 귀하의 경우 공인중개사의 업무 및 부동산거래신고에 관한 법률 및 관련법령에서 정한 한도를 초과하는 부동산중개수수료약정은 그 한도를 초과하는 범위 내에서 일부무효로 볼 수 있으니, 법정수수료만큼만 지급하시면 될 것으로 판단됩니다.

■ 부동산중개보수가 너무 많은 것 같은데, 이 금액이 맞는 건가요?

Q. 오피스텔(원룸) 월세계약을 했는데 보증금 500만원에 월 35만원입니다. 그런데 중개보수로 30만원을 달라고 합니다. 너무 보수가 많은 것 같은데 이 금액이 맞는 건가요?

A. 구된 보수가 약간 많은 것 같습니다. 주택의 중개에 대한 보수는 매매·교환의 경우에는 거래금액의 0.9% 이내, 임대차 등의 경우에는 거래금액의 0.8% 이내에서 각 시·도의 조례로 정하고 있으며, 주택 외의 중개대상물의 중개에 대한 보수는 거래금액의 0.9% 이내에서 중개의뢰인과 개업공인중개사가 서로 협의하에 결정할 수 있습니다.

◆ 중개보수의 계산방법

주택임대차에서 월세인 경우 거래금액의 계산방법은

① 보증금 외에 차임이 있는 경우 : (월 차임액×100)+보증금

② ①의 금액이 5천만원 미만인 경우 : (월 차임액×70)+보증금입니다.

보증금 500만원에 월35만원을 ①과 같이 계산했을 때 5천만원 미만에 해당하므로 정확한 계산은 ②번입니다. 즉, (350,000 × 70) + 5,000,000 = 29,500,000원이 거래금액입니다. 거래금액 29,500,000원인 오피스텔의 중개보수율은 0.9% 이하인데 보통은 0.9%의 요율로 계산한 금액을 받습니다.

따라서 중개보수는 29,500,000원 × 0.9 = 265,500 원입니다. 이보다 많은 금액을 청구하는 것은 불법이므로 차액은 주지 않으셔도 됩니다. 또한 주택 외 부동산의 거래 시 거래금액의 0.9% 이내에서 중개의뢰인과 부동산 개업공인중개사가 협의해 결정하도록 하고 있으므로, 너무 금액이 과다하다고 생각될 경우에는 적용 요율을 낮추어 주도록 개업공인중개사와 협상을 해 보는 것도 한 방법일 것입니다.

■ 중개사무소 개설등록 않은 자에게도 중개수수료를 지급해야 하나요?

Q. 저는 제 소유의 임야에 관하여 공인중개사 자격이 없고 중개사사무소 개설등록도 하지 않고 부동산중개를 직업으로 하는 甲의 중개로 乙과 부동산매매계약을 체결하였으며, 저와 甲은 중개수수료로 1,000만원을 지급하기로 약정한 사실이 있는데, 이 경우에도 약정된 중개수수료를 지급하여야만 하는지요?

A. 규제법령위반과 관련하여 '강행규정'은 당사자의 의사로 적용을 배제할 수 없고 그 사법상의 효력에 미치는 영향도 배제할 수 없는 규정을, '단속규정'은 이에 대비되는 개념으로 규정의 방식이 금지를 명하는 것으로서, 당사자의 의사로 적용을 배제할 수는 없으나, 그 위반행위의 사법상(私法上) 효력이 부정되지는 않는 규정을 가리키는 것이라고 할 수 있습니다. 그런데 「공인중개사의 업무 및 부동산거래신고에 관한 법률」 제9조 제1항에서 중개업을 영위하려는 자는 국토해양부령이 정하는 바에 따라 중개사무소(법인의 경우에는 주된 중개사무소)를 두려는 지역을 관할하는 시장(구가 설치되지 아니한 시의 시장과 특별자치도 행정시의 시장)·군수 또는 구청장에게 중개사무소의 개설등록을 하여야 한다고 규정하고, 제2항에서 공인중개사(소속공인중개사를 제외) 또는 법인이 아닌 자는 제1항의 규정에 의한 중개사무소의 개설등록을 신청할 수 없다고 규정하고 있으며, 제48조 제1항에서 위 규정에 따른 중개사무소의 개설등록을 하지 아니하고 중개업을 한 자에 대한 벌칙을 규정하고 있습니다.

그리고 공인중개사자격 없는 자가 중개사무소 개설등록을 하지 아니한 채 부동산중개업을 하면서 체결한 중개수수료지급약정의 효력에 관하여 구 부동산중개업법(2005. 7. 29. 법률 제7638호 공인중개사의 업무 및 부동산거래신고에 관한 법률로 전부개정되기 전의 것) 관련규정에 관한 판례를 보면, 입법목적, 투기적·탈법적 거래를 조장하여 부동산거래질서의 공정성을 해할 우려, 부동산의 거래가격이 상대적으로 높아 전문성 갖춘 공인중개사가 부동산거래사고를 사전에 예방하고, 사고발생의 경우에도 보증보험 등에 의한 손해전보를 보장할 수 있는 등 국민의 재산적 이해관계 및 국민생활의 편의에 미치는 영향이 매우 큰 점 등을 종합적으로 고려하면, 공인중개사자격이 없어 중개사무소개설등록을 하지 아니한 채 부동산중개업을 한 자에게 형사적 제재를 가하는 것만으로는 부족하고 그가 체결한 중개수수료 지급약정에 의한 경제적

이익이 귀속되는 것을 방지하여야 할 필요가 있고, 따라서 중개사무소개설등록에 관한 구 부동산중개업법 관련규정들은 공인중개사자격이 없는 자가 중개사무소개설등록을 하지 아니한 채 부동산중개업을 하면서 체결한 중개수수료지급약정의 효력을 제한하는 이른바 강행법규에 해당한다고 하였습니다(대법원 2010. 12. 23. 선고 2008다75119 판결).
따라서 귀하의 경우 공인중개사자격이 없는 甲이 중개사무소개설등록을 하지 아니한 채 부동산중개업을 하면서 귀하와 중개수수료지급약정을 체결하였다면 그 약정은 강행법규위반으로 무효이므로 귀하는 약정수수료지급의무를 면할 수 있을 것으로 보입니다.

(관련판례)

구 공인중개사의 업무 및 부동산 거래신고에 관한 법률(2014. 1. 28. 법률 제12374호 공인중개사법으로 개정되기 전의 것, 이하 '구 공인중개사법'이라 한다) 제9조와 구 공인중개사의 업무 및 부동산 거래신고에 관한 법률 시행령(2014. 7. 28. 대통령령 제25522호 공인중개사법 시행령으로 개정되기 전의 것) 제13조는 중개업을 영위하려는 자에게 등록관청에 중개사무소의 개설등록을 할 의무를 부과하면서 공인중개사 또는 대표자가 공인중개사이고, 대표자를 제외한 임원이나 사원(합명회사 또는 합자회사의 무한책임사원을 말한다)의 1/3 이상이 공인중개사인 일정한 법인만이 중개사무소의 개설등록을 할 수 있도록 정하고 있다. 구 공인중개사법 제48조 제1호는 제9조에 따른 중개사무소의 개설등록을 하지 않고 중개업을 한 자를 3년 이하의 징역 또는 2천만 원 이하의 벌금에 처하도록 정하고 있다.
이러한 규정은 공인중개사 업무의 전문성을 높이고 부동산중개업을 건전하게 육성하기 위하여 공인중개사 또는 공인중개사가 대표자로 있는 일정한 요건을 갖춘 법인만이 중개사무소 개설등록을 한 다음 부동산중개업을 할 수 있도록 한 것이다.
따라서 공인중개사가 개설등록을 하지 않은 채 부동산중개업을 하는 경우뿐만 아니라 공인중개사가 아니어서 애초에 중개사무소 개설등록을 할 수 없는 사람이 부동산중개업을 영위하는 경우에도 구 공인중개사법 제48조 제1호에서 정한 형사처벌의 대상이 된다(대법원 2018. 2. 13., 선고, 2017도18292, 판결).

■ 아파트 당첨권 매매알선이 부동산 중개업자의 금지행위에 해당하는지요?

Q. 甲은 부동산 중개업자로, 고객 乙로부터 아파트 당첨권에 대한 매매를 알선해 줄 것을 요구받았습니다. 甲은 위 아파트 당첨권 매매의 알선이 부동산 중개업자로서 할 수 있는 일인지에 대하여 확신이 서지 않습니다. 甲은 이러한 사건을 중개할 수 있는지요?

A. 부동산 중개업법 제15조는 부동산 중개업자가 해서는 안 될 금지행위들을 규정하고 있는데 이에는 1. 당해중개대상물의 거래상의 중요사항에 관하여 거짓된 언행 기타의 방법으로 중개의뢰인의 판단을 그르치게 하는 행위, 2. 제20조의 규정에 의한 수삭료 또는 실비를 초과하여 금품을 받거나 그외에 사례·증여 기타 어떠한 명목으로라도 금품을 받는 행위, 3. 제3조의 규정에 의한 중개대상물의 매매를 업으로 하는 행위, 4. 부동산의 분양·임대등과 관련있는 증서등의 매매·교환등을 알선·중개하거나 그 매매를 업으로 하는 행위, 5. 중개의뢰인과 직접 거래를 하거나 거래당사자 쌍방을 대리하는 행위, 6. 탈세를 목적으로 소유권 보존등기 또는 이전등기를 하지 아니한 불동산이나 법령의 규정에 의하여 전매등 권리의 변동이 제한된 불동산의 매매를 중개하는 등 불동산투기를 조장하는 행위, 7. 제4조의 규정에 의한 허가를 받지 아니하고 중개업을 영위하는 자인 사실을 알면서 그를 통하여 중개를 의뢰받거나 그에게 자기의 명의를 이용하게 하는 행위 등이 있습니다. 이에 관하여, 대법원 1990. 4. 27. 선고 89도1886 판결은 '형벌법규, 특히 어떤 행정목적을 달성하기 위하여 규제하고 그 행정목적의 실현을 담보하기 위하여 그 위반을 처벌하는 행정형벌법규의 경우에는 법문의 엄격한 해석이 요구되므로, 부동산의 투기억제를 위한 규제의 필요성만으로 부동산중개업법 제15조 제4호 의 '증서 등'에 증서의 존재형태가 전혀 다른 분양권을 포함시키는 해석은 용인할 수 없고, 아파트 당첨권에 대한 매매를 알선하는 행위는 같은 법조 소정의 '부동산의 분양과 관련있는 증서 등의 매매를 알선, 중개하는 행위'에 해당한다고 볼 수 없다.' 고 판시하고 있습니다.

이러한 판례의 입장에 비추어 볼 때, 아파트 당첨권은 부동산 중개업법 제15조 제4호의 부동산 임대?분양과 관련 있는 서류에 해당한다고 볼 수 없고, 甲은 위 사건을 중개할 수 있다고 할 것입니다.(현행 공인중개사의 금지행위는 공인중개사법 제33조 입니다.)

■ **상대방이 계약의무를 이행하지 아니할 경우에, 중개사에게 중개행위를 제대로 하지 아니하였다는 계약위반의 책임을 물을 수 있는지요?**

Q. 공인중개사 甲은 乙과 丙 간의 부동산매매를 중개하면서 계약 체결 뿐 아니라 계약을 체결하고 난 이후에도 양 당사자의 계약 의무의 이행에도 관여하여 계약상 의무가 원만하게 이행되도록 주선할 것을 약속하였습니다. 이 경우 계약체결 이후 乙 내지 丙은 계약의 상대방이 실제로 계약의무를 이행하지 아니할 경우에, 중개사 甲에게 중개행위를 제대로 하지 아니하였다는 계약 위반의 책임을 물을 수 있는지요?

A. 이에 관하여, 대법원 판례(2007. 2. 8. 선고 2005다55008 판결)는 '구 부동산중개업법(2005. 7. 29. 법률 제7638호 공인중개사의 업무 및 부동산 거래신고에 관한 법률로 전문 개정되기 전의 것) 제19조 제1항 에 정한 중개행위에 해당하는지 여부는 거래당사자의 보호에 목적을 둔 법 규정의 취지에 비추어 볼 때 중개업자가 진정으로 거래당사자를 위하여 거래를 알선·중개하려는 의사를 갖고 있었느냐 하는 중개업자의 주관적 의사를 기준으로 판단할 것이 아니라 중개업자의 행위를 객관적으로 보아 사회통념상 거래의 알선·중개를 위한 행위라고 인정되는지 아닌지에 따라 판단하여야 한다. 따라서 임대차계약을 알선한 중개업자가 계약 체결 후에도 보증금의 지급, 목적물의 인도, 확정일자의 취득 등과 같은 거래당사자의 계약상 의무의 실현에 관여함으로써 계약상 의무가 원만하게 이행되도록 주선할 것이 예정되어 있는 때에는 그러한 중개업자의 행위는 객관적으로 보아 사회통념상 거래의 알선·중개를 위한 행위로서 중개행위의 범주에 포함된다.' 고 판시하고 있습니다.

따라서, 甲은 乙 및 丙에게 계약 이후에도 중개의무를 다 하기 위해 계약 이행과정에 적극 협력하여야 합니다. 만일, 이를 게을리하여 乙 내지 丙에게 손해가 발생하였다면 중개행위를 제대로 하지 못하였음을 이유로 손해배상 등의 책임을 지게 될 여지가 있다 할 것입니다.

■ 부동산 중개업자에 대한 공제금 지급계약 및 면책약관의 효력은 어디까지 인가요?

Q. 乙은 공인중개사 甲을 통해 부동산을 매수하였고, 이후 매매로 취득한 부동산을 매매목적에 맞게 사용하려 하였으나, 관련 법령의 규정에 따라 이용제한을 받게 되어 매매의 목적에 맞게 부동산을 사용하지 못하게 되었습니다. 이에 乙은 甲을 찾아가 책임을 질 것을 요구하였으나, 甲은 공제금을 지급하기로 하는 계약이 있다며 이의 지급을 거절하고 있습니다. 乙은 甲의 공제사업자를 찾아가 공제금을 지급하여 줄 것을 요구하였으나 공제사업자는 '중개업자의 불법행위로 발생된 중개사고에 대해서는 책임을지지 아니한다.'는 약관조항을 근거로 乙에게 책임을 질 수 없다고 합니다. 乙은 누구에게 책임을 물어야 하나요?

A. 이에 관하여, 인천지방법원 판례(2004. 6. 24. 선고 2003가합12577 판결)는 '부동산 중개업자와 중개의뢰인의 법률관계는 민법상 위임관계와 같으므로 중개업자는 민법 제681조 에 의하여 중개의뢰의 본지에 따라 선량한 관리자의 주의로써 의뢰받은 중개업무를 처리하여야 할 의무가 있을 뿐만 아니라, 부동산중개업법에 의하면, 부동산 중개업자는 신의·성실로써 공정하게 중개행위를 하여야 할 의무를 부담하는 한편, 중개의뢰를 받은 경우에는 당해 중개대상물의 권리관계, 법령의 규정에 의한 거래 또는 이용제한사항 등을 확인하여 이를 당해 중개대상물에 관한 권리를 취득하고자 하는 중개의뢰인에게 서면으로 제시하고 성실·정확하게 설명하여야 할 의무가 있고, 여기의 권리관계에는 중개대상물의 권리자에 관한 사항도 포함된다.'고 판시하면서, '부동산 중개업자가 부동산을 중개하는 과정에서 고객에게 손해를 가한 경우 그 손해에 대하여 공제금을 지급하기로 하는 공제계약의 약관조항 중 중개업자의 불법행위로 발생된 중개사고 또는 부동산중개업법 제17조 에 의한 중개사고를 공제급 지급대상에서 제외한 조항은 중개업자의 공제계약에 기한 본질적 권리를 지나치게 제한하거나 이를 전면적으로 부인하여 계약 목적의 성취를 위태롭게 하거나 불가능하게 한다 할 것이므로 약관의규제에관한법률 제6조 제1항, 제2항 에 의하여 무효이다.'고 판시하고 있습니다. 따라서, 공제사업자는 중개업자의 공제계약에 기한 본질적 권리를 침해할 정도의 약관에 근거하여 자신의 공제계약에 기한 책임을 면할 수 없고, 乙의 손해액에 대해 공제금 지급의 의무를 지게 된다 할 것입니다.

■ **부동산 중개업자의 업무상 보증행위는 일반 민사채무에 해당하여 10년의 소멸시효 및 연 5%의 법정이자가 붙는지요?**

Q. 공인중개사 甲은 乙과 丙 간의 부동산 매매를 중개하면서, 중개를 성사시키기 위하여 매수인 丙의 잔금지급채무를 보증하였습니다. 이 경우, 甲의 乙에 대한 보증채무는 일반 민사채무에 해당하여 10년의 소멸시효 및 연 5%의 법정이자가 붙는지요?

A. 위 사안은 공인중개사 甲이 매매를 중개하는 데 있어 매수인의 잔금지급채무를 보증한 사안으로, 위 채무가 일반 민사채무인지 상사채무인지가 쟁점입니다. 상사채권의 경우, 민사채권보다 5년 짧은 권리행사기간을 가지고 있고, 연 6%의 법정이율이 적용되어 상인 간의 권리관계를 빠게 확정짓고 별다른 이자 약정 없이도 이윤을 추구하는 상행위의 특성 상 연 6%에 해당하는 이율을 적용하고 있다는 데 그 차이점이 있습니다.

이에 관하여, 대법원 판례(2008. 12. 11. 선고 2007다66590 판결)는 '부동산 중개업무는 상법 제46조 제11호 에서 정하고 있는 '중개에 관한 행위'로서 기본적 상행위에 해당하고, 상인이 영업을 위하여 하는 행위는 상행위이며, 상인의 행위는 영업을 위하여 하는 것으로 추정되는바, 부동산 중개업무를 실제로 영위하여 상인인 자가 그 중개를 성사시키기 위하여 또는 그 중개에 대한 책임으로 보증각서를 작성하여 매수인의 잔금채무를 보증한 경우, 그 보증행위는 영업을 위하여 한 것으로 추정되고, 그 추정을 번복할 만한 증거가 없는 한 상행위로 간주된다.'고 판시하고 있습니다.

따라서, 乙은 甲에 대하여 민사상 10년의 소멸시효 및 연 5%의 법정이율이 아닌 상법 제64조 의 5년의 상사시효의 적용 및 상법 제54조의 연 6%의 상사이율의 적용을 주장할 수 있다 할 것입니다.

■ 부동산중개업자가 부동산 관련 세금을 잘못 설명한 경우, 손해배상책임을 물을 수 있는가요?

Q. 부동산중개업자인 甲은 매수의뢰인 乙에게 A아파트 매매를 중개하였습니다. 그러면서 甲은 2011. 12월 말일까지 잔금지급을 마칠 경우에만 취득세와 지방교육세가 한시적으로 50%씩 감면되고 잔금을 2012. 4. 말에 지급하는 경우에는 감면대상이 되지 않음에도 불구하고, A아파트 매매의 경우에는 2012. 4.말 잔금을 지급하더라도 취득세와 지방교육세가 50%씩 감면되어 취득가액의 2.2%라고 잘못 설명하였습니다. 그리하여 甲의 설명을 믿은 乙은 잔금 지급기일을 2011. 12월 말 이전으로 정할 수 있음에도 불구하고 2012. 4.말로 정하여 취득세 등의 세금을 줄일 수 있는 기회를 잃어버린 채 A아파트에 대한 매매계약을 체결함으로서 손해를 입게 되었습니다. 이런 경우 乙은 중개업자 甲을 상대로 손해배상책임을 물을 수 있는가요?

A. 사안을 보면 2011년 말까지만 한시적으로 운영되는 감세정책이었는데, 중개업자가 2012년에도 적용되는 줄 알고 잔금을 2011년으로 당길 수 있는 기회가 있었음에도 그렇게 하지 못해 취득세를 많이 부담하게 되어 손해배상 청구를 한 것으로 보입니다. 이에 대하여 하급심 판례가 있습니다. 재판부는 중개업자는 「공인중개사의 업무 및 부동산거래신고에 관한 법률」(이하, '공인중개사법') 제25조 제1항 , 동법 시행령 제21조 제1항 제9호 에 따라 중개가 완성되기 전에 중개대상물에 대한 권리를 취득함에 따라 부담하여야 할 조세의 종류와 세율을 확인하여 이를 중개의뢰인에게 성실·정확하게 설명해야 할 의무가 있다고 하면서, 세금감면 대상이 되지 않음에도 불구하고, 취득세와 지방교육세가 50%씩 감면되어 취득가액의 2.2%라고 잘못 설명하였고, 이로 인하여 원고들은 실제 본인들이 부담하여야 할 세금을 감안하여 매수 여부를 결정할 기회나 세금을 줄일 수 있는 기회를 잃어버린 채 이 사건 매매계약을 체결하게 되었다고 할 것이므로, 중개업자는 「공인중개사법」 제15조 제2항 , 제30조 제1항 에 따라 매수의뢰인에게 손해를 배상할 책임이 있다고 하였습니다(서울동부지방법원 2013. 10. 23. 선고 2013나2988 판결 참조).

위 하급심 판례에 비추어보면, 부동산 중개인은 매수의뢰인이 최소한 부담하여야할 세금의 종류와 세율에 대해서는 정확하게 이해하고, 설명해줘야 할 의무를 부담한다고 볼 수 있으므로 이를 위반하여 의뢰인에게 손해를 입힌 경우, 이를 배상해야 할 책임이 있습니다.
따라서 사안의 경우 甲은 乙에게 손해배상책임을 질 것으로 보이나, 다만 매수하려는 乙도 매매 목적물이 취득세 등의 감면 대상인지 여부 및 세율 등에 대하여 별도로 확인하여 보는 등의 신중을 기했어야 할 것인데, 중개업자의 그릇된 확인 내지 설명에만 전적으로 의존하여 매매계약을 체결할 과실이 있다고 할 것이므로, 甲의 책임이 70%정도로 제한될 것입니다.

■ **부동산 중개 과정에서 과실을 범한 공인중개사에게 손해배상 책임을 물을 수 있는지요?**

Q. 甲은 남향의 아파트 중개를 의뢰하였는데, 공인중개사 乙이 북동향의 아파트를 남향이라고 잘못 중개하여 매매계약을 체결한 경우, 甲은 공인중개사 乙의 과실에 대해 손해배상책임을 물을 수 있는지요?

A. 부동산중개업자와 중개의뢰인과의 법률관계는 민법상의 위임관계와 같으므로 중개업자는 중개의뢰의 본지에 따라 선량한 관리자의 주의로써 의뢰받은 중개업무를 처리하여야 할 의무가 있을 뿐 아니라, 구 공인중개사의 업무 및 부동산 거래신고에 관한 법률(2013. 6. 4. 법률 제11866호로 개정되기 전의 것) 제29조에 의하여 신의와 성실로써 공정하게 중개행위를 하여야 할 의무를 부담하고 있는바, 같은 법 제25조 제1항은 중개의뢰를 받은 중개업자는 중개대상물의 상태 · 입지 및 권리관계, 법령의 규정에 의한 거래 또는 이용제한사항 등을 확인하여 중개의뢰인에게 설명할 의무가 있습니다(대법원 1993. 5. 11. 선고 92다55350 판결 등 참조).

이 사건에서 보면, 甲은 부동산 중개사무소에 남향인 아파트의 매수를 원한다고 하면서 중개를 요청하였고, 이에 공인중개사 乙이 이 사건 아파트를 소개하였으며, 공인중개사인 乙은 중개대상물인 이 사건 아파트의 방향을 제대로 확인하여 甲에게 그 방향에 대하여 정확하게 설명할 의무가 있음에도 불구하고, 이를 잘못 설명하였거나, 중개대상물 확인 설명서에 그에 관한 사항을 잘못 기재한 과실이 있으므로, 그로 인하여 甲이 입게 된 재산상 손해를 배상할 책임이 있습니다.

손해배상책임의 범위는 아파트의 방향이 주거 환경과 밀접한 관련이 있어 매매계약 체결 여부에 중요한 판단 기준이 되는 점 등을 종합하여 결정하게 될 것입니다. 다만, 甲도 더욱 신중하게 계약에 임했다면 이 사건 아파트가 남향이 아니라는 사정을 알 수 있었다고 할 것이므로 甲에게도 그 방향에 대하여 스스로 확인해 보지 아니하고 공인중개사의 말만 믿고, 그대로 이 사건 매매계약을 체결한 잘못이 있다고 할 것이고, 이러한 甲의 잘못 역시 손해의 발생 및 확대의 원인이 되었다고 할 것이므로, 乙의 손해배상 책임은 과실상계에 따라 일부 제한될 수도 있습니다.

■ **부동산중개 보조원의 과실에 대해 손해배상청구를 할 수 있는지요?**

Q. 개업공인중개사 甲은 중개보조원 乙에게 丙으로부터 의뢰받은 부동산매매계약의 중개를 맡기고, 乙은 매도인 丁이 부동산에 관한 등기필증을 소지하고 있지 않았고, 부동산에 관한 등기사항증명서에 기재된 소유자의 주소와 丁의 주민등록증에 기재된 주소가 서로 일치하지 않았음에도 丁이 부동산의 진정한 소유자인지 면밀히 조사하지 않았고, 乙은 丁의 이름이 등기사항증명서에 기재된 소유자의 이름과 동일하고, 丁이 과거에 위 등기사항증명서에 기재된 장소에서 살았었다고 말하는 것만 듣고, 허위의 소유자 丁을 진실한 소유자라고 믿고 매매계약에 관한 중개행위를 하였는바, 이 경우 丙이 누구에게 손해배상청구를 할 수 있는지요?

A. 공인중개사법」 제15조에서 개업공인중개사는 소속공인중개사 또는 중개보조원을 고용하거나 고용관계가 종료된 때에는 국토교통부령이 정하는 바에 따라 등록관청에 신고하여야 하고, 소속공인중개사 또는 중개보조원의 업무상 행위는 그를 고용한 개업공인중개사의 행위로 본다고 규정하고 있습니다.

그런데 위 사안과 관련된 판례를 보면, 부동산중개업자가 고용한 중개보조원이 고의 또는 과실로 거래당사자에게 재산상 손해를 입힌 경우에 중개보조원은 불법행위자로서 거래당사자가 입은 손해를 배상할 책임을 지는 것이고, 구 「부동산중개업법」 제6조 제5항(현행 공인중개사법 제15조 제2항)은 이 경우에 그 중개보조원의 업무상 행위를 그를 고용한 중개업자의 행위로 본다고 정함으로써 중개업자 역시 거래당사자에게 손해를 배상할 책임을 지도록 하는 규정이고, 위 조항이 중개보조원이 고의 또는 과실로 거래당사자에게 손해를 입힌 경우에 그 중개보조원을 고용한 중개업자만이 손해배상책임을 지도록 하고 중개보조원에게는 손해배상책임을 지우지 않는다는 취지를 규정한 것은 아니라고 하였습니다(대법원 2006. 9. 14. 선고 2006다29945 판결).

따라서 丙은 甲, 乙 모두를 상대로 손해배상청구를 할 수 있을 것으로 보이고, 甲, 乙의 불법행위로 인하여 丙이 입은 손해는 丁을 위 부동산의 진정한 소유자로 믿고 이 부동산을 매수 취득하기 위하여 현실적으로 출연한 돈으로서 매매대금, 중개수수료 및 취득세, 등록세를 포함한 등기비용이 이에 해당한다 할 것입니다.

■ 중개업자가 아파트면적을 잘못 알려준 경우, 손해배상을 청구할 수 있는지요?

Q. 부동산중개업자 甲은 매수의뢰인 乙에게 아파트 매매계약을 중개하면서 46평형 아파트를 소개하다가, 38평형 아파트를 보여주면서 이곳도 48평형이라고 설명하였습니다. 이에 乙은 착오를 일으켜서 매매계약당일에도 매매계약서에 38평 면적이 기재된 것을 확인하지 못하여 결과적으로 38평형 아파트 시가보다 8,800만원 비싸게 매수하였으며 매도인 丙은 그러한 구체적인 사정을 모르고 있었습니다. 중개업자 甲이 아파트 면적을 잘못 알려줘 乙이 손해를 입은 것 같은데, 이 경우 乙은 甲을 상대로 손해배상을 청구할 수 있는지요?

A. 구 공인중개사의 업무 및 부동산 거래신고에 관한 법률(2014. 1. 28. 법률 제12374호 공인중개사법으로 개정되기 전의 것) 제29조 제1항에는 중개업자 및 소속공인중개사는 전문직업인으로서의 품위를 유지하고, 신의와 성실로써 공정하게 중개 관련 업무를 수행하여야 한다고 정해져 있고, 제25조에는 ①중개업자는 중개를 의뢰받은 경우에는 중개가 완성되기 전에 당해 중개대상물의 상태·입지 및 권리관계, 법령의 정한 거래 또는 이용제한사항, 그 밖에 대통령이 정하는 사항을 확인하여 이를 당해 중개대상물에 관한 권리를 취득하고자 하는 중개의뢰인에게 성실·정확하게 설명하고, 토지대장등본·등기사항증명서 등 설명의 근거자료를 제시하여야 한다고 정해져 있으며, 동법 시행령(2014. 7. 28. 대통령령 제25522호로 개정되기 전의 것) 제21조 제1항 제1호에는 법 제25조 제1항의 규정에 따라 중개업자가 확인 설명해야 할 사항 중 하나로 '중개대상물의 종류, 소재지, 지번, 지목, 면적, 용도, 구조 및 건축연도 등 중개대상물에 관한 기본적인 사항'이 정해져 있고, 「민법」 제681조에서는 '수임인은 위임의 본지에 따라 선량한 관리자의 주의로써 위임사무를 처리하여야 한다'고 정해져 있습니다.

따라서 중개업무를 수임한 중개업자가 그 수임업무인 중개업무를 처리하면서 위와 같은 규정에 의하여 인정되는 확인·설명의무 내지 주의의무를 다하지 않음으로써 중개거래의 당사자에게 재산상의 손해가 발생한 경우 중개업자는 그 손해를 배상할 책임이 있습니다. 또한 중개업자는 비록 그가 조사·확인하여 의뢰인에게 설명할 의무를 부담하지 않는 사항이더라도 의뢰인이 계약체결 여부를 결정하는데 중요한 자료가 되는 사항에 관하여 그릇된 정보를 제공하여서는 안 되고, 그릇된 정보를 제대로 확인하지도 않은 채 마치 그것이 진실인 것처럼 의뢰인에게 그대로 전달하여 의뢰인이 그 정보를 믿고서 계약에 이르게 되었다면, 부동산중개업자의 그러한 행위는 선량한 관리자의 주의로 신의를 지켜 성실하게 중개행위를 하여야 할 중개업자의 의무를 위배한 것입니다(대법원 2008. 9. 25. 선고 2008다42836판결 참조).

위의 각 규정 및 판례의 태도에 비추어 보면 아파트의 면적은 중개대상물에 관한 기본적인 사항으로서 중개업자 甲은 매수의뢰인 乙에게 이를 성실하고 정확하게 설명하여야 할 의무가 있는 사항이라 할 것인데, 면적에 관하여 그릇된 정보를 제공한 甲 과실이 있고, 그로 인하여 乙이 손해를 입었는 바, 甲은 乙에게 이에 대한 손해배상 책임을 부담할 수 있으리라 사료됩니다. 다만 乙이 이 사건 아파트를 방문하여 그 현황을 직접 비교확인한 후 매매계약을 체결하였고 매매계약서에도 이 사건 아파트의 전용면적에 관한 기재가 있었는바, 乙로서도 스스로 이 사건 아파트의 정확한 면적에 관하여 면밀히 확인하고 매매계약 체결여부를 신중히 결정하였어야 함에도 이를 게을리 한 과실이 있는바, 이러한 점을 참작한다면 甲의 책임이 50%정도로 제한될 수 있습니다(서울중앙지법 2015. 6. 5. 선고 2014가합528398 판결 참조).

■ **중개업자가 부동산의 소유권관계를 제대로 확인하지 않았음을 이유로 손해배상을 청구할 수 있는지요?**

Q. 공인중개사 사무소에 근무하는 甲은 乙로부터 아파트 매도 중개를 의뢰받아 乙을 대리하여 丙과 매매계약을 체결하고 난 이후 乙몰래 丁 등을 통하여 아파트를 이중으로 매도하였습니다. 이러한 사실을 모르고 己는 공인중개사 사무소 사무보조원 戊의 중개로 이미 이중매도된 乙의 아파트를 매수하였습니다. 이후 乙은 己를 상대로 소유권이전등기말소를 청구하는 소송을 제기하였고, 己는 패소하였습니다. 이 경우 己는 중개사 사무보조원 戊를 상대로 부동산의 소유권관계를 제대로 확인하지 않았음을 이유로 손해배상을 청구할 수 있는지요?

A. 이에 관하여, 서울남부지방법원 판례(2013. 6. 18. 선고 2012가합9912 판결)는 '부동산 매매의 중개의뢰를 받은 중개업자가 소유자라고 하는 사람을 잘 모르는 경우에는, 소유권 귀속에 관해 의문을 품을 여지가 없는 특별한 사정이 없는 한, 소유자라고 하는 사람의 주민등록증 등을 조사하거나 확인하는 것만으로는 충분하지 않다. 이러한 경우에 부동산중개업자는 등기필증 등 부동산 소유권이전등기에 필요한 서류를 확인하고 소유자의 주거지나 근무지 등에 연락하거나 그곳에 가서 확인하는 등으로 소유권의 유무를 조사하고 확인하여야 한다. 만일 부동산중개업자가 이러한 주의의무를 다하지 않은 결과 의뢰인에게 손해를 입게 한 때에는 채무불이행에 기한 손해배상책임이 있다. 이와 같은 법리는 중개수수료를 받고 부동산 중개업무를 하는 사람에 적용되는 것으로, 공인중개사 자격이 있는지 여부와는 상관없다.'고 판시하고 있습니다.

따라서, '매수인 측 중개인 戊는 매도인 乙이 평소 알고 지내는 사람이 아니므로 乙이 丁등에게 매도 의뢰를 한 것이 사실인지 조사. 확인할 의무가 있는데도, 丁등이 위 아파트를 처분할 권한이 있는지 확인하기 위해 그들이 등기필증을 소지하고 있는지 여부나 乙이 丁등에게 위 아파트의 매도를 의뢰한 사실이 있는지 여부를 乙에게 제대로 확인하지 않았으므로, 그로 인해 己가 입은 손해를 배상할 책임이 있다'고 할 것입니다.

■ **중개사무소 개설등록을 하지 아니하고 부동산 거래를 중개하는 행위로 처벌될 수 있는지요?**

Q. 공인중개사 甲은 소재지 관청에 중개사무소 개설등록을 하지 아니하고 乙, 丙 간의 부동산 매매를 중개하였습니다. 그러나, 甲은 중개료를 현실적으로 수수하지 아니하고 단지 추후 지급받을 것을 약정만 한 상태에서 부동산을 중개하였습니다. 이 경우, 甲은 중개사무소 개설등록을 하지 않고 부동산 거래를 중개하였다는 이유로 처벌될 수 있는지요?

A. 이에 관하여, 대법원 판례(2011. 5. 13. 선고 2010도16970 판결)는 '공인중개사의 업무 및 부동산 거래신고에 관한 법률' 제9조 제1항(이하 '법'이라 한다)에 의하면 '중개업'을 영위하려는 자는 중개사무소를 두려는 지역을 관할하는 시장·군수 또는 구청장에게 중개사무소의 개설등록을 하여야 하며, 이러한 중개사무소의 개설등록을 하지 아니하고 '중개업'을 하는 행위는 법 제48조 제1호에 의하여 처벌의 대상이 된다. 그런데 법 제2조 제3호가 '중개업'이란 다른 사람의 의뢰에 의하여 일정한 보수를 받고 중개를 업으로 행하는 것을 말한다고 규정하고 있으므로, 중개대상물의 거래당사자들에게서 보수를 현실적으로 받지 아니하고 단지 보수를 받을 것을 약속하거나 요구하는 데 그친 경우에는 위 법조에서 정한 '중개업'에 해당한다고 할 수 없어 법 제48조 제1호에 의한 처벌대상이 아니라고 할 것이고, 또한 위와 같은 보수의 약속·요구행위를 별도로 처벌하는 규정 또는 법 제48조 제1호 위반죄의 미수범을 처벌하는 규정도 존재하지 않으므로, 죄형법정주의의 원칙상 중개사무소 개설등록을 하지 아니하고 부동산 거래를 중개하면서 그에 대한 보수를 약속·요구하는 행위를 위 법 위반죄로 처벌할 수는 없다.'고 판시하고 있습니다.

따라서, 관할관청에 중개사무소 개설등록을 하지 아니한 甲이 보수를 현실적으로 받지 아니한 상태라면, 甲에게 '공인중개사의 업무 및 부동산 거래신고에 관한 법률' 제48조 제1호, 제9조 제1항을 위반하였다는 이유로 형사 처벌할 수는 없다고 할 것입니다. (위 판례는 현재에도 유효하며 결론은 같으나 현재는 '공인중개사법'으로 개정되었고 제9조 제1항, 벌칙조항은 동법 제48조 제1호로 동일합니다.)

■ **공인중개사가 자신의 사무소를 방문한 자와 임대차 계약을 체결한 경우, 이러한 행위가 중개행위에 해당하는지요?**

Q. 甲은 공인중개사 자격증과 중개사무소 등록증을 대여 받아 중개업을 영위하는 자인데, 자신이 직접 거래 당사자로서 자신의 사무소를 방문한 乙과 임대차 계약을 체결한 바 있습니다. 甲의 이러한 행위가 중개행위에 해당하는지요?

A. 공인중개사의 업무 및 부동산 거래신고에 관한 법률(법률 제9596호, 2009.4.1. 일부개정된 것) 제2조 제1호는 "중개라 함은 제3조의 규정에 의한 중개대상물에 대하여 거래당사자 간의 매매·교환·임대차 그 밖의 권리의 득실변경에 관한 행위를 알선하는 것을 말한다."고 규정하고, 제30조 제1항은 "중개업자는 중개행위를 함에 있어서 고의 또는 과실로 인하여 거래당사자에게 재산상의 손해를 발생하게 한 때에는 그 손해를 배상할 책임이 있다."고 규정하고 있습니다.
여기서 어떠한 행위가 중개행위에 해당하는지 여부는 중개업자의 행위를 객관적으로 보아 사회통념상 거래의 알선·중개를 위한 행위라고 인정되는지 아닌지에 따라 판단하여야 합니다.(대법원 2011. 4. 14. 선고 2010다101486 판결) 따라서 위와 같이 비록 임대차계약서의 중개사란에 중개사무소의 명칭이 기재되고, 공인중개사 명의로 작성된 중개대상물 확인·설명서가 교부되었다고 하더라도, 甲의 위 행위를 객관적으로 보아 사회통념상 거래당사자 사이의 임대차를 알선·중개하는 행위에 해당한다고 볼 수 없다고 할 것입니다.

■ 법령 오인으로 중개수수료를 초과하여 받은 경우, 형사처벌의 대상이 되는지요?

Q. 부동산중개업을 하고 있는 저는 ○○아파트 분양권의 매매를 중개하면서 중개수수료산정에 관한 법령을 잘못 해석하여 '일반주택'이 아닌 '일반주택을 제외한 중개대상물'을 중개하는 것으로 알고서 법에서 허용되는 범위 내의 것으로 믿고 거래가액에 '일반주택을 제외한 중개대상물'의 수수료율('일반주택'보다 높음)을 곱한 수수료한도액 범위 내에서 중개수수료를 교부받았으나, 법에서 허용되는 범위를 초과하여 중개수수료를 받았다는 이유로 경찰에 단속되었는데, 이런 경우도 형사처벌의 대상이 되는지요?

A. 공인중개사법」은 제32조, 제33조, 제49조 등에서 중개업자가 중개업무와 관련하여 중개의뢰자로부터 사례·증여 그 밖의 어떠한 명목으로도 법령에 정해진 수수료를 초과하여 금품을 받을 수 없도록 금지하고 있고, 이를 위반한 경우 형사처벌하고 있습니다.

그런데 「형법」 제16조는 "자기의 행위가 법령에 의하여 죄가 되지 아니하는 것으로 오인한 행위는 그 오인에 정당한 이유가 있는 때에 한하여 벌하지 아니한다."라고 규정하여, 법률의 착오 또는 위법성의 착오 즉 행위자가 무엇을 하는가는 인식하였으나 그것이 허용된다고 오인한 경우 그 오인에 정당한 이유가 있으면 책임비난에 필요한 위법성의 인식이 없어 처벌되지 않도록 하고 있습니다.

이러한 법률의 착오 또는 위법성의 착오에 관하여 판례는 "범죄의 성립에 있어서 위법의 인식은 그 범죄사실이 사회정의와 조리에 어긋난다는 것을 인식하는 것으로 족하고 구체적인 해당 법조문까지 인식할 것을 요하는 것은 아니다."라고 하였고(대법원 1987. 3. 24. 선고 86도2673 판결), "형법 제16조에서 자기의 행위가 법령에 의하여 죄가 되지 아니한 것으로 오인한 행위는 그 오인에 정당한 이유가 있는 때에 한하여 벌하지 아니한다고 규정하고 있는 것은 단순한 법률의 부지의 경우를 말하는 것이 아니고 일반적으로 범죄가 되는 행위이지만 자기의 특수한 경우에는 법령에 의하여 허용된 행위로서 죄가 되지 아니한다고 그릇 인식하고 그와 같이 그릇 인식함에 있어서 정당한 이유가 있는 경우에는 벌하지 않는다는 취지이다. 그러므로 유흥접객업소의 업주가 경찰당국의 단속대상에서 제외되어 있는 만 18세 이상의 고등학생이 아닌 미성년자는 출입이 허용되는 것으로 알고 있었더라도 이는 미성년자보호법 규정을 알지 못한 단순한 법률의 부지에 해당하고 특히 법령에 의하여 허용된 행위로서 죄가 되지 않는다고 적극적으로 그릇 인정한 경우는 아니므로 비록 경찰당국이 단속대상에서 제외하였다 하여 이를 법률의 착오에 기인한 행위라고 할 수는 없다."(대법원 1985. 4. 9. 선고 85도25 판결, 2003. 4. 11. 선고 2003도451 판결 등), "자신의 행위가 건축법상의 허가대상인 줄을 몰랐다는 사정은 단순한 법률의 부지에 불과하고 특히 법령에 의하여 허용된 행위로서 죄가 되지 않는다고 적극적으로 그릇 인식한 경우가 아니어서 이를 법률의 착오에 기인한 행위라고 할 수 없다."라고 하였으며(대법원 1991. 10. 11. 선고 91도1566 판결, 2005. 9. 29. 선고 2005도4592 판결), "부동산중개업법 제3조 제2호에 규정된 중개대상물 중 '건물'에는 기존의 건축물뿐만 아니라, 장차 건축될 특정의 건물도 포함된다고 볼 것이므로 아파트의 특정 동, 호수에 대하여 피분양자가 선정되거나 분양계약이 체결된 후에는 그 특정아파트가 완성되기 전이라 하여도 이에 대한 매매 등 거래를 중개하는 것은 '건물'의 중개에 해당한다. 부동산중개업자가 아파트 분양권의 매매를 중개하면서 중개수수료 산정에 관한 지방자치단체의 조례를 잘못 해석하여 법에서 허용하는 금액을 초과한 중개수수료를 수수한 경우가 법률의 착오에 해당하지 않는다."고 하였습니다(2005. 5. 27. 선고 2004도62 판결).

따라서 귀하가 중개수수료산정에 관한 법령을 잘못 해석하여 허용되는 금액을 초과하여 부동산중개수수료를 받은 것은 단순한 법률의 부지에 해당하고 특히 법령에 의하여 허용된 행위로서 죄가 되지 않는다고 적극적으로 그릇 인정한 경우는 아니므로 법률의 착오에 해당하지 않아 형사처벌의 대상이 될 것으로 보입니다.

참고로 정당한 이유가 있는 법률의 착오에 해당하는 것으로 인정된 경우로는 "경제의 안정과 성장에 관한 긴급명령 공포 당시 기업사채의 정의에 대한 해석이 용이치 않았던 사정하에서 겨우 국문을 해석할 수 있는 60세의 부녀자인 채권자가 채무자로부터 사채신고권유를 받았지만 지상에 보도한 내용을 검토하고 관할 공무원과 자기가 소송을 위임했던 변호사에게 문의 확인한 바 채권이 이미 소멸되었다고 믿고 신고치 않은 경우에는 이를 벌할 수 없다 할 것이다."(대법원 1976. 1. 13. 74도3680 판결), "행정청의 허가가 있어야 함에도 불구하고 허가를 받지 아니하여 처벌대상의 행위를 한 경우라도, 허가를 담당하는 공무원이 허가를 요하지 않는 것으로 잘못 알려주어 이를 믿었기 때문에 허가를 받지 아니한 것이라면 허가를 받지 않더라도 죄가 되지 않는 것으로 착오를 일으킨 데 대하여 정당한 이유가 있는 경우에 해당하여 처벌할 수 없다."(대법원 1992. 5. 22. 선고 91도2525 판결) 등이 있습니다.

■ 부동산중개업자의 조사 · 확인의무를 소홀히 한 경우, 손해배상을 청구할 수 있을까요?

Q. 甲은 A부동산 중개업체를 통해 토지를 매수하였는데, 매도인 乙은 매매목적 토지의 소유권자가 아니어서 그 토지의 소유권을 취득할 수 없었습니다. 알고 보니 A 부동산의 개업공인중개사는 매도인 乙이 진정한 권리자인지 확인조차 하지 않았다고 하는데, 이 경우 甲은 A부동산 중개업체에게 손해배상을 청구할 수 있을까요?

A. 부동산 중개업체와 관련하여 부동산 중개업체와 중개의뢰인 간(이하 "분쟁당사자"라 함)에 발생한 분쟁은 당사자 간의 합의를 통해 해결하는 것이 원칙이나 당사자 간의 합의를 통해 분쟁이 해결되지 않는 경우 분쟁당사자 사이에 분쟁해결방법에 관한 별도의 의사표시가 없으면 「소비자분쟁해결기준」이 분쟁해결을 위한 합의 또는 권고의 기준이 됩니다. 「소비자분쟁해결기준」에 따르면 부동산 중개대상물의 확인·설명을 소홀히 하여 재산상의 피해를 발생하게 한 경우 부동산 중개업체는 중개의뢰인이 입은 손해액을 배상하도록 하고 있습니다. 판례에서도 부동산 개업공인중개사는 부동산을 처분하려는 자가 진정한 권리자와 동일인인지 조사·확인해야 한다고 합니다. 설사 진정한 권리자와 동일인인지 조사·확인하였더라도 매도의뢰인이 모르는 사람인 경우에는 등기권리증 소지여부나 그 내용을 조사·확인할 의무를 진다고 합니다(대법원 2012. 11. 29. 선고 2012다69654 판결 참조).

따라서 부동산 공인중개사가 이러한 부동산 개업공인중개사의 의무를 소홀히 하여 부동산 매수인에게 손해를 입힌 때에는 부동산 공인중개사는 그 손해에 대해서 배상을 해야 할 것으로 판단되므로, 甲의 경우도 A에 대해 손해배상을 청구할 수 있으리라 사료됩니다.

■ 부동산중개업자가 주의의무를 해태한 경우, 손해배상을 청구할 수는 없는지요?

Q. 甲은 乙부동산중개업자의 중개로 丙과 X토지의 매매계약을 체결하였습니다. 甲은 丙을 X토지의 등기명의인인 丁으로 알고 X토지를 매매한 것인데, 나중에 알고 보니 丙은 丁과 동명이인으로 매매대금을 편취할 의사로 甲과 매매계약을 체결한 것이었습니다. 현재 丙은 소재 파악이 되지 않는데 우선 乙에게 손해배상을 청구할 수는 없는지요.

A. 민법 제681조는 수임인은 위임의 본지에 따라 선량한 관리자의 주의로써 위임사무를 처리하여야 한다고 하여 수임인에게 높은 주의의무를 부과하고 있습니다. 한편 부동산중개인은 공인중개사법 제25조에서 당해 중개대상물의 상태·입지 및 권리관계, 법령의 규정에 의한 거래 또는 이용제한사항, 그 밖에 대통령령이 정하는 사항을 확인하고 중개의뢰자에게 설명할 것을 규정하고 동법 제25조의2에서는 중개업무의 수행을 위하여 필요한 경우에는 중개의뢰인에게 주민등록증 등 신분을 확인할 수 있는 증표를 제시할 것을 요구할 수 있다고 규정하고 있습니다.
그리고 판례는 위 공인중개사법 제25조의2와 같은 규정이 신설되기 전에도 구 부동산중개업법이 제17조 제1항의 중개물건의 권리관계, 법령의 규정에 의한 거래 또는 이용제한사항 등을 확인하여 중개의뢰인에게 설명할 의무를 정하고 있는데 그 의무에는 중개대상물의 권리자에 관한 사항도 포함되어 있다고 하여, 중개업자는 선량한 관리자의 주의와 신의성실로써 매도 등 처분을 하려는 자가 진정한 권리자와 동일인인지의 여부를 부동산등기부와 주민등록증 등에 의하여 조사 확인할 의무가 있다고 하였습니다(대법원 1993. 5. 11. 선고 92다55350 판결).
따라서 甲은 乙이 X토지의 진정한 소유자가 丙인지를 주민등록증, 부동산등기부등을 통해 충분히 검토하지 않은 과실이 있다면 그 과실을 근거로 하여 손해배상을 청구할 수 있을 것으로 보입니다. 하지만 경우에 따라서는 중개의뢰인의 과실로 인하여 과실상계가 되는 경우가 있을 수 있습니다. 즉 판례는 부동산 거래당사자가 중개업자에게 부동산거래의 중개를 위임한 경우에 그로써 중개를 위임한 거래당사자 본인이 본래 부담하는 거래관계에 대한 조사확인 책임이 중개업자에게 전적으로 귀속되고 거래당사자는 그 책임에서 벗어난다고 볼 것은 아니라고 하면서 중개업자가 부동산거래를 중개하면서 진정한 권리자인지 여부 등을 조사·확인할 의무를 다하지 못함으로써 중개의뢰인에게 발생한 손해에 대한 배상의 범위를 정하는 경우, 중개의뢰인에게 거래관계를 조사·확인할 책임을 소홀히 한 부주의가 인정되고 그것이 손해 발생 및 확대의 원인이 되었다면, 피해자인 중개의뢰인에게 과실이 있는 것으로 보아 과실상계를 할 수 있다고 보아 중개의뢰인의 과실에 의한 과실상계를 인정하고 있습니다(대법원 2012. 11. 29. 선고 2012다69654 판결).

따라서 결론적으로 위 사안은 甲이 乙을 상대로 하여 손해배상을 청구할 수는 있되 甲의 과실이 참작되어 그 배상 범위가 결정될 것으로 판단됩니다.

■ 부동산 매매계약에서 아파트의 방향을 잘못 설명한 경우, 공인중개사에게 손해배상청구를 할 수 있는지요?

Q. 甲은 공인중개사인 乙의 중개로, 아파트를 매매대금 10억원에 매수하기로 하는 내용의 매매계약을 체결하였고, 이후 매도인 丙에게 매매대금을 모두 지급하였습니다. 매매계약 체결 당시 작성된 중개대상물 확인 설명서에 의하면, 대상물건의 표시에 관한 "방향" 란에 "남서"로 기재되어 있고, 위 중개대상물 확인 설명서에 乙이 공인중개사로서 날인하였습니다. 그런데, 이 사건 아파트는 실제로는 "북동향"의 아파트였습니다. 甲은 乙을 상대로 손해배상청구를 할 수 있는지요?

A. 부동산중개업자와 중개의뢰인과의 법률관계는 민법상의 위임관계와 같으므로 중개업자는 중개의뢰의 본지에 따라 선량한 관리자의 주의로써 의뢰받은 중개업무를 처리하여야 할 의무가 있을 뿐 아니라, 구 공인중개사의 업무 및 부동산 거래신고에 관한 법률에 의하여 신의와 성실로써 공정하게 중개행위를 하여야 할 의무를 부담하고 있는바, 중개의뢰를 받은 중개업자는 중개대상물의 상태 · 입지 및 권리관계, 법령의 규정에 의한 거래 또는 이용제한사항 등을 확인하여 중개의뢰인에게 설명할 의무가 있습니다(대법원 1993. 5. 11. 선고 92다55350 판결 등 참조).
乙은 중개대상물인 이 사건 아파트의 방향을 제대로 확인하여 甲에게 그 방향에 대하여 정확하게 설명할 의무가 있음에도 불구하고, 이를 잘못 설명하였거나, 중개대상물 확인 설명서에 그에 관한 사항을 잘못 기재한 과실이 있다고 봄이 상당하고 따라서, 乙은 그로 인하여 甲이 입게 된 재산상 손해를 배상할 책임이 있습니다.

■ 매매과정에서 공인중개사의 고의적인 과실에 대해 손해배상을 청구할 수 있는지요?

Q. 甲은 공장 건물을 신축하기 위해 토지를 매입하였는데, 공인중개사인 乙이 매매 토지에 쓰레기가 매립되어 있다는 사실을 매수인인 甲에게 제대로 설명하지 않고 매매계약서에도 이를 기재하니 않은 경우, 甲은 乙에 대하여 손해배상을 청구할 수 있는지요?

A. 동산중개업자와 중개의뢰인과의 법률관계는 민법상의 위임관계와 같으므로 민법 제681조에 의하여 중개업자는 중개의뢰의 내용에 따라 선량한 관리자의 주의로써 의뢰받은 중개업무를 처리하여야 할 의무가 있고, 공인중개사의 업무 및 부동산 거래신고에 관한 법률은 중개의뢰를 받은 중개업자는 당해 중개대상물의 상태·입지 및 권리관계, 법령의 규정에 의한 거래 또는 이용제한사항, 그 밖에 대통령령이 정하는 사항을 확인하여 이를 당해 중개대상물에 관한 권리를 취득하고자 하는 중개의뢰인에게 성실?정확하게 설명하고 토지대장 등본·등기사항증명서 등 설명의 근거자료를 제시하여야 할 의무가 있음을 명시하면서, 중개업자는 확인·설명을 위하여 필요한 경우에는 중개대상물의 매도의뢰인에게 당해 중개대상물의 상태에 관한 자료를 요구할 수 있음을 규정하고 있으며, 중개업자가 중개행위를 함에 있어서 고의 또는 과실로 인하여 거래당사자에게 재산상의 손해를 발생하게 한 때에는 그 손해를 배상할 책임이 있음을 규정하고 있습니다.매매계약서에도 이 사건 토지에 쓰레기 등이 매립되어 있다는 문구가 기재되어 있지 않고, 이 사건 매매 당시 교부된 '중개대상물 확인?설명서'의 어느 부분에도 이 사건 토지에 쓰레기 등이 매립되어 있다는 문구는 기재되어 있지 않은 점, 甲은 공장 건물을 신축하기 위해 이 사건 토지를 매수한 것이므로, 이 사건 토지 지상에 건물을 신축하는 데 장애가 될 만한 사정이 있는지는 중요한 사항이었던 점, 乙은 이 사건 토지에 다량의 쓰레기 등이 매립되어 있다는 사정을 알면서도 이를 甲에게 제대로 설명하지 않음으로써 쓰레기 등 처리작업 없이 이 사건 토지 지상에 공장 건물을 신축할 수 있다고 착각한 甲으로 하여금 이 사건 매매계약 체결에 이르게 한 것이고, 이는 乙이 공인중개사의 업무 및 부동산 거래신고에 관한 법률 등에 따라 업무상 부담하는 선량한 관리자의 주의의무를 가지고 성실하게 중개행위를 하여야 할 중개업자의 의무를 위반한 행위라고 봄이 상당합니다.

따라서 乙은 甲에게 위와 같은 주의의무 위반으로 인하여 甲이 입은 손해를 배상할 책임이 있습니다.

■ **사실상 중개업을 하는 자도 상대방의 소유권 유무 등을 조사할 의무가 인정이 되나요?**

Q. 甲은 공인중개사 자격이 없는 자이지만 乙로부터 중개수수료를 받고 중개업무를 하는 중입니다. 자격증이 없는 甲에게도 상대방의 소유권 유무 등을 조사할 의무가 인정이 되나요?

A. 부동산 매매의 중개의뢰를 받은 중개업자가 소유자라고 하는 사람을 잘 모르는 경우에는, 소유권 귀속에 관해 의문을 품을 여지가 없는 특별한 사정이 없는 한, 소유자라고 하는 사람의 주민등록증 등을 조사하거나 확인하는 것만으로는 충분하지 않습니다. 이러한 경우에 부동산중개업자는 등기필증 등 부동산 소유권이전등기에 필요한 서류를 확인하고 소유자의 주거지나 근무지 등에 연락하거나 그곳에 가서 확인하는 등으로 소유권의 유무를 조사하고 확인하여야 할 것입니다. 만일 부동산중개업자가 이러한 주의의무를 다하지 않은 결과 의뢰인에게 손해를 입게 한 때에는 채무불이행에 기한 손해배상책임이 있습니다. 이와 같은 법리는 중개수수료를 받고 부동산중개업무를 하는 사람에 적용되는 것으로, 공인중개사 자격이 있는지 여부와는 상관없다는 것이 판례의 입장(서울남부지방법원 2013. 6. 18. 선고 2012가합9912 판결)이므로 甲이 공인 중개사 자격이 없는 자라고 하더라도 위와 같은 의무가 인정된다고 할 것입니다.

제3절 부동산 구입자금 준비하기

1. 부동산 구입자금 대출

① 구입자금 대출

정부는 국민의 주거복지 증진을 위해 주택도시기금을 조성하여 부동산 구입에 필요한 자금을 지원해주고 있습니다(주택도시기금법 제1조, 제3조 및 제9조).

② 구입자금 대출의 종류

주택도시기금을 활용한 구입자금 대출은 다음과 같습니다.

- 내집마련디딤돌대출
- 수익공유형모기지
- 손익공유형모기지
- 주거안정주택구입자금
- 오피스텔구입자금

제4절 행정청의 허가받기

1. 허가받아야 할 부동산 매매

1-1. 토지거래허가구역의 토지 매매

1-1-1. 토지거래허가구역의 개념

① "토지거래허가구역"이란 국토의 이용 및 관리에 관한 계획의 원활한 수립과 집행, 합리적인 토지 이용 등을 위하여 토지의 투기적인 거래가 성행하거나 지가(地價)가 급격히 상승하는 지역과 그러한 우려가 있는 지역의 토지거래계약에 관해 허가를 받아야 하는 구역(이하 "허가구역"이라 함)을 말합니다(부동산 거래신고 등에 관한 법률 제10조제1항).

② 다음의 지역은 토지거래계약에 관한 허가구역으로 지정될 수 있습니다(부동산 거래신고 등에 관한 법률 제10조제1항 및 동법 시행령 제7조제1항).

1) 국토의 계획 및 이용에 관한 법률에 따른 광역도시계획, 도시·군기본계획, 도시·군관리계획 등 토지이용계획이 새로 수립되거나 변경되는 지역

2) 법령의 제정·개정 또는 폐지나 그에 의한 고시·공고로 인하여 토지이용에 대한 행위제한이 완화되거나 해제되는 지역

3) 법령에 의한 개발사업이 진행 중이거나 예정되어 있는 지역과 그 인근지역

4) 그 밖에 국토교통부장관 또는 특별시장·광역시장·특별자치시장·도지사·특별자치도지사(이하 "시·도지사"라 함)가 투기우려가 있다고 인정하는 지역 또는 관계 행정기관의 장이 특별히 투기가 성행할 우려가 있다고 인정하여 국토교통부장관 또는 시·도지사에게 요청하는 지역

1-1-2. 토지거래허가구역 내의 토지거래 허가

① 허가구역에 있는 토지에 관한 소유권·지상권(소유권·지상권의 취득을 목적으로 하는 권리를 포함함)을 이전하거나 설정(대가를 받고 이전하거나 설정하는 경우만 해당함)하는 계약(예약을 포함함. 이하 "토지거래계약"이라 함)을 체결하려는 당사자는 공동으로 그 토지의 소재지를 관할하는 시장·군수 또는 구청장에게 허가를 받아야 합니다(부동산 거래신고 등에 관한 법률 제11조제1항 전단).

② 허가구역에 있는 토지거래계약을 체결하고자 하는 당사자는 공동으로 다음의 서류를 첨부하여 그 토지를 관할하는 시장·군수 또는 구청장에게 제출해야 합니다(부동산 거래신고 등에 관한 법률 제11조제1항, 동법 시행령 제8조 및 동법 시행규칙 제9조제1항).

1) 토지거래계약허가신청서

2) 토지이용계획서(농지법에 따라 농지취득자격증명을 발급받아야 하는 농지의 경우에는 농업경영계획서)

3) 토지취득자금조달계획서

③ 토지거래허가를 받지 않고 체결한 토지거래계약은 효력이 발생하지 않습니다(부동산 거래신고 등에 관한 법률 제11조제6항).

1-1-3. 토지거래계약의 불허

① 토지거래계약에 관한 허가신청이 다음에 해당하는 경우 허가를 받을 수 없습니다(부동산 거래신고 등에 관한 법률 제12조).

1) 자기의 거주용 주택용지로 이용하려는 것이 아닌 경우

2) 허가구역을 포함한 지역의 주민을 위한 복지시설 또는 편익시설로서 관할 시장·군수 또는 구청장이 확인한 시설의 설치에 이용하려는 것이 아닌 경우

3) 허가구역에 거주하는 농업인·임업인·어업인 또는 부동산 거래신고 등에 관한 법률 시행령 제10조제1항에 따른 자가 그 허가구역에서 농업·축산업·임업 또는 어업을 경영하기 위하여 필요한 것이 아닌 경우

4) 공익사업을 위한 토지 등의 취득 및 보상에 관한 법률이나 그 밖의 법률에 따라 토지를 수용하거나 사용할 수 있는 사업을 시행하는 자가 그 사업을 시행하기 위하여 필요한 것이 아닌 경우

5) 허가구역을 포함한 지역의 건전한 발전을 위하여 필요하고 관계 법률에 따라 지정된 지역·지구·구역 등의 지정목적에 적합하다고 인정되는 사업을 시행하는 자나 시행하려는 자가 그 사업에 이용하려는 것이 아닌 경우

6) 허가구역의 지정 구역이 속한 특별시·광역시·특별자치시·시(제주특별자치도 설치 및 국제자유도시 조성을 위한 특별법에 따른 행정시 포함)·군 또는 인접한 특별시·광역시·특별자치시·시·군에서사업을 시행하고 있는 자가 그 사업에 이용

하려는 것인 경우나 그 자의 사업과 밀접한 관련이 있는 사업을 하는 자가 그 사업에 이용하려는 것이 아닌 경우

7) 허가구역이 속한 특별시·광역시·특별자치시·시 또는 군에 거주하고 있는 자의 일상생활과 통상적인 경제활동에 필요한 것 등으로서 부동산 거래신고 등에 관한 법률 시행령 제10조제2항의 용도에 이용하려는 것이 아닌 경우

8) 도시·군계획이나 그 밖에 토지의 이용 및 관리에 관한 계획에 맞지 않는 경우

9) 생태계의 보전과 주민의 건전한 생활환경 보호에 중대한 위해(危害)를 끼칠 우려가 있는 경우

10) 그 면적이 그 토지의 이용목적으로 보아 적합하지 않다고 인정되는 경우

1-2. 위반 시 처벌

① 허가구역 내의 토지를 허가를 받지 않고 토지거래계약을 체결하거나, 속임수나 그 밖의 부정한 방법으로 토지거래계약 허가를 받은 경우 2년 이하의 징역 또는 계약 체결 당시의 개별공시지가에 의한 해당 토지가격의 100분의 30에 해당하는 금액 이하의 벌금에 처해집니다(부동산 거래신고 등에 관한 법률 제26조제2항).

② 부정한 방법으로 토지거래계약에 관한 허가를 받은 경우 국토교통부장관, 시·도지사, 시장·군수 또는 구청장은 그 허가를 취소할 수 있습니다(부동산 거래신고 등에 관한 법률 제21조제3호).

2. 외국인의 부동산 매매

2-1. 외국인의 개념

“외국인 등”이란 다음의 개인·법인 또는 단체를 말합니다(부동산 거래신고 등에 관한 법률 제2조제4호 및 동법 시행령 제2조).

1) 대한민국의 국적을 보유하고 있지 않은 개인

2) 외국의 법령에 따라 설립된 법인 또는 단체

3) 사원 또는 구성원의 1/2 이상이 대한민국의 국적을 보유하지 않은 개인인 법인 또는 단체

4) 업무를 집행하는 사원이나 이사 등 임원의 1/2 이상이 대한민국의 국적을 보유하지 않은 개인인 법인 또는 단체

5) 대한민국의 국적을 보유하지 않은 개인이나 외국의 법령에 따라 설립된 법인 또는 단체가 자본금의 1/2 이상이나 의결권의 1/2 이상을 가지고 있는 법인 또는 단체

6) 외국정부

7) 국제연합과 그 산하기구·전문기구, 정부간 기구, 준정부간 기구, 비정부간 국제기구 등

2-2. 토지취득의 허가

① 외국인 등이 취득하려는 토지가 다음의 어느 하나에 해당하는 구역·지역 등에 있으면 토지취득계약을 체결하기 전에 신고관청으로부터 토지취득의 허가를 받아야 합니다(부동산 거래신고 등에 관한 법률 제9조제1항 본문 및 동법 시행령 제6조제1항).

- 군사기지 및 군사시설 보호구역, 그 밖에 국방목적을 위하여 외국인 등의 토지취득을 특별히 제한할 필요가 있는 지역으로서 국방목적상 필요한 섬 지역으로서 국토교통부장관이 국방부장관 등 관계 중앙행정기관의 장과 협의하여 고시하는 지역
- 지정문화재와 이를 위한 보호물 또는 보호구역
- 생태·경관보전지역
- 야생동·식물특별보호구역

② 외국인 등이 토지취득의 허가를 받으려고 할 때 다음의 서류를 시장·군수 또는 구청장에게 제출해야 합니다(부동산 거래신고 등에 관한 법률 제9조제1항, 동법 시행령」 제6조제1항 및 동법 시행규칙 제7조제1항).

1) 외국인 부동산등 취득·계속보유 신고서

2) 외국인 토지 취득 허가신청서

③ 토지취득의 허가신청을 하는 경우 15일 이내에 허가 또는 불허가 처분을 받을 수 있으며 토지취득 허가를 받지 않고 체결한 토지취득계약은 그 효력이 발생하지 않습니다(부동산 거래신고 등에 관한 법률 제9조제3항, 동법 시행령 제6조제3항).

2-3. 위반 시 처벌

허가를 받지 않고 토지취득계약을 체결하거나 부정한 방법으로 허가를 받아 토지취득계약을 체결한 외국인등은 2년 이하의 징역 또는 2천만원 이하의 벌금에 처해집니다(「부동산 거래신고 등에 관한 법률」 제26조제1항).

3. 학교법인의 부동산 매도

3-1. 학교법인의 개념

"학교법인"이란 사립학교만을 설치·경영함을 목적으로 「사립학교법」에 의해 설립되는 법인을 말합니다(사립학교법 제2조제2호).

3-2. 학교법인의 부동산 매도 허가

① 학교법인이 부동산을 매도할 경우에는 관할청의 허가를 받아야 합니다(사립학교법 제28조제1항 및 동법 시행령 제5조제1항제1호).

② 관할청은 다음과 같습니다(사립학교법 제4조).

관할청	관할청의 지도·감독을 받는 기관
해당 주소지를 관할하는 특별시·광역시·특별자치시·도 및 특별자치도 교육감	1. 사립의 초등학교·중학교·고등학교·고등기술학교·공민학교·고등공민학교·특수학교·유치원 및 이들에 준하는 각종학교 2. 1.의 사립학교를 설치·경영하는 학교법인 또는 사립학교 경영자
교육부장관	1. 사립의 대학·산업대학·사이버대학·전문대학·기술대학 및 이들에 준하는 각종학교 2. 1.의 사립학교를 설치·경영하는 학교법인 3. 1.의 사립학교와 그 밖의 사립학교를 설치·경영하는 학교법인

③ 학교법인의 부동산 매도 허가를 받으려는 경우 다음의 서류를 제출해야 합니다(사립학교법 시행령 제11조제1항).

1) 기본재산매도·증여 또는 교환에 관한 허가신청서 또는 신고서

2) 처분재산명세서

3) 감정평가 및 감정평가사에 관한 법률에 따른 감정평가업자의 감정평가서(교환의 경우에는 쌍방의 재산)

4) 이사회회의록사본

5) 교환재산 또는 처분대금의 처리에 관한 사항을 기재한 서류

6) 사립학교법 시행령 제12조제2항에 해당하는 경우에는 그 내용을 증명할 수 있는 서류

3-3. 학교법인의 부동산 매도 불허

학교교육에 직접 사용되는 학교법인의 재산 중 교지, 교사(강당 포함), 체육장(실내체육장 포함), 실습 또는 연구시설, 그 밖에 교육에 직접 사용되는 시설·설비 및 교재·교구는 매도할 수 없습니다(사립학교법 제28조제2항 및 동법 시행령 제12조제1항).

3-4. 위반 시 처벌

학교법인의 이사장 또는 사립학교경영자(법인의 경우에는 그 대표자 또는 이사)가 허가를 받지 않고 학교법인의 부동산을 매도한 경우 2년 이하의 징역 또는 2천만원 이하의 벌금에 처해집니다(사립학교법 제73조제2호).

(관련판례)

토지거래허가제도는 투기적 거래를 방지하여 정상적 거래질서를 형성하려는 데에 입법 취지가 있는 점에 비추어 보면, 제3자가 토지거래허가를 받기 전의 토지 매매계약상 매수인 지위를 인수하는 경우와 달리 매도인 지위를 인수하는 경우에는 최초매도인과 매수인 사이의 매매계약에 대하여 관할 관청의 허가가 있어야만 매도인 지위의 인수에 관한 합의의 효력이 발생한다고 볼 것은 아니다(대법원 2013.12.26, 선고, 2012다1863, 판결).

제4장

부동산 매매계약은 어떻게 체결하나요?

제4장 부동산 매매계약은 어떻게 체결하나요?

제1절 부동산 권리관계 등 확인하기

1. 매매당사자의 확인

1-1. 매매당사자

1-1-1. 매도인과 매수인

부동산 매매계약을 체결할 경우 매도인과 매수인이 매매계약의 당사자가 됩니다.

1-1-2. 부동산 소유권자 확인

부동산 매매계약 시 매수인은 매도인이 부동산의 소유권자인지를 살펴야 합니다. 매도인이 서류를 위조하여 다른 사람의 부동산을 본인 부동산인 것처럼 매도하는 경우에는 권한 없는 사람의 처분행위가 되어 그 부동산 매매계약 자체가 무효가 됩니다. 따라서 매매계약을 체결하고 등기까지 이루어졌다고 하더라도 매수인은 소유자가 될 수 없습니다.

1-1-3. 부동산 명의신탁 금지

① 부동산의 명의신탁약정은 금지되므로 매매계약 체결 시 매도인이 명의수탁자라는 것을 매수인이 안 경우에는 매도인과 매수인이 매매계약을 체결하고 매수인 명의로 소유권이전등기가 이루어진 경우에도 매수인은 소유권을 취득하지 못하는 위험이 있습니다(부동산 실권리자명의 등기에 관한 법률 제3조 및 제4조).

② "명의신탁약정"(名義信託約定)이란 부동산에 관한 소유권이나 그 밖의 물권을 보유한 자 또는 사실상 취득하거나 취득하려고 하는 자가 타인과의 사이에서 대내적으로는 실권리자가 부동산에 관한 물권을 보유하거나 보유하기로 하고 그에 관한 등기(가등기를 포함함)는 그 타인의 명의로 하기로 하는 약정[위임·위탁매매의 형식에 의하거나 추인(追認)에 의한 경우를 포함함]을 말합니다(부동산 실권리자명의 등기에 관한 법률 제2조제1호).

1-2. 대리인

1-2-1. 대리인의 개념

"대리인"이란 대리제도에서 본인의 이름으로 법률행위를 하는 자를 말하며, 대리인이 그 권한 내에서 본인을 위한 것임을 표시한 의사표시의 효과는 직접 본인에게 귀속합니다(민법 제114조).

1-2-2. 대리인의 선임

매매당사자는 대리인을 선임할 수 있으며, 대리인을 선임하여 매매계약을 체결할 경우 매매계약에 따른 매매당사자의 법적 권리·의무는 대리인이 아닌 매매당사자에게 귀속됩니다.

1-2-3. 대리권의 확인

① 매매당사자가 선임한 대리인과 매매계약을 체결할 때에는, 대리인에게 대리권이 있는지부터 확인해야 합니다.

② 계약상대방은 대리인이 법정대리인인 경우에는 인감증명서를 요구하고, 대리인이 위임대리인인 경우에는 위임장과 인감증명서를 함께 요구하여 이를 확인해야 합니다.

③ 위임장에는 부동산의 소재지와 소유자 이름 및 연락처, 계약의 목적, 대리인 이름·주소 및 주민번호, 계약의 모든 사항을 위임한다는 취지가 기재되고 연월일이 기재된 후 위임인의 인감이 날인되어 있어야 합니다.

④ 인감증명서는 위임장에 찍힌 위임인의 날인 및 매매계약서에 찍을 날인이 인감증명서의 날인과 동일해야 법적으로 문제가 발생하지 않습니다.

2. 부동산등기부 확인

2-1. 부동산등기부의 개념

"부동산등기부"란 전산정보처리조직에 의해 입력·처리된 부동산 등기정보자료를 대법원규칙으로 정하는 바에 따라 편성한 것을 말합니다(부동산등기법 제2조제1호).

2-2. 부동산등기부의 구성

2-2-1. 토지등기기록과 건물등기기록

① 부동산등기부에는 토지등기부(土地登記簿)와 건물등기부(建物登記簿)가 있습니다. 부동산등기부를 편성할 때는 1필의 토지 또는 1개의 건물에 1개의 등기기록을 두며 등기기록에는 표제부, 갑구(甲區), 을구(乙區)가 있습니다(부동산등기법 제14조제1항 및 제15조).

② 토지등기기록의 표제부

토지등기기록의 표제부에는 표시번호란, 접수란, 소재지번란, 지목란, 면적란, 등기원인 및 기타사항란이 있습니다(부동산등기규칙 제13조제1항).

[토지]0000시00구00동00				고유번호 0000-0000-000000	
[표제부] 예시		(토지의 표시)			
표시번호	접 수	소재지번	지목	면적	등기원인 및 기타사항

③ 건물등기기록의 표제부

건물등기기록의 표제부에는 표시번호란, 접수란, 소재지번 및 건물번호란, 건물내역란, 등기원인 및 기타사항란이 있습니다(부동산등기규칙 제13조제1항).

[건물]0000시00구00동00			고유번호 0000-0000-000000	
[표제부] 예시		(건물의 표시)		
표시번호	접 수	소재지번 및 건물번호	건물내역	등기원인 및 기타사항

④ 갑구

- 갑구에는 순위번호란, 등기목적란, 접수란, 등기원인란, 권리자 및 기타사항란이 있습니다(부동산등기규칙 제13조제2항).
- 갑구에는 소유권의 변동과 가등기, 압류등기, 가압류등기, 경매 개시 결정 등기, 소유자의 처분을 금지하는 가처분등기 등이 기재되어 있습니다.

[갑구] 예시 (소유권에 관한 사항)				
순위번호	등기목적	접 수	등기원인	권리자 및 기타사항

⑤ 을구

- 을구에는 순위번호란, 등기목적란, 접수란, 등기원인란, 권리자 및 기타사항란이 있습니다(부동산등기규칙 제13조제2항).
- 소유권 이외의 권리인 저당권, 전세권 등이 기재되며, 저당권, 전세권 등의 설정 및 변경, 이전, 말소등기도 기재되어 있습니다.

[을구] 예시 (소유권 외의 권리에 관한 사항)				
순위번호	등기목적	접 수	등기원인	권리자 및 기타사항

2-2-2. 구분건물등기기록

① 1동의 건물을 구분한 건물의 경우에는 부동산등기부의 편성 시 1동의 건물에 속하는 전부에 1개의 등기기록을 두며 등기기록에는 1동의 건물에 대한 표제부 및 전유부분마다 표제부, 갑구(甲區), 을구(乙區)가 있습니다(부동산등기법 제15조 및 부동산등기규칙 제14조제1항).

② 구분건물 1동의 건물의 표제부

- 1동의 건물의 표제부에는 표시번호란, 접수란, 소재지번·건물명칭 및 번호란, 건물내역란, 등기원인 및 기타사항란이 있습니다(부동산등기규칙 제14조제2항).
- 구분한 각 건물 중 대지권이 있는 건물이 있는 경우 1동의 건물의 표제부에는 대지권의 목적인 토지의 표시를 위한 표시번호란, 소재지번란, 지목란, 면적란, 등기원인 및 기타사항란이 있습니다(부동산등기규칙 제14조제2항).

[구분건물]0000시00구00동00제0층제0호				고유번호 0000-0000-000000
[표제부] 예시	(1동의 건물의 표시)			
표시번호	접 수	소재지번, 건물명칭 및 번호	건물내역	등기원인 및 기타사항
(대지권의 목적인 토지의 표시)				
표시번호	소재지번	지목	면적	등기원인 및 기타사항

③ 전유부분의 표제부

- 전유부분의 표제부에는 표시번호란, 접수란, 건물번호란, 건물내역란, 등기원인 및 기타사항란이 있습니다(부동산등기규칙 제14조제2항).
- 구분한 각 건물 중 대지권이 있는 건물이 있는 경우 전유부분의 표제부에는 대지권의 표시를 위한 표시번호란, 대지권종류란, 대지권비율란, 등기원인 및 기타사항란을 둔다.

[표제부] 예시	(전유부분의 건물의 표시)			
표시번호	접 수	건물번호	건물내역	등기원인 및 기타사항
(대지권의 표시)				
표시번호	대지권종류		대지권비율	등기원인 및 기타사항

④ 갑구 및 을구

갑구와 을구에는 순위번호란, 등기목적란, 접수란, 등기원인란, 권리자 및 기타사항란이 있으며 각각의 서식은 위의 갑구 및 을구의 예시와 같습니다(부동산등기규칙 제13조제2항).

2-3. 부동산등기사항의 열람

① 누구든지 수수료를 내면 등기기록의 사항의 전부 또는 일부를 등기소를 방문하여 서면으로 열람하거나 대법원 인터넷등기소(www.iros.go.kr)를 통해 전자적

방법으로 열람하실 수 있습니다(부동산등기법 제19조제1항 및 부동산등기규칙 제26조제1항, 제31조제1항).

② 등기소를 방문하여 등기기록을 열람하려는 경우

- 등·초본 발급업무담당자에게 신청인의 성명, 주민등록번호 및 주소, 해당 부동산의 종류, 소재지번, 열람하고자 하는 등기부의 종류 등을 기재한 신청서를 제출하고 주민등록증이나 운전면허증을 통해 본인과의 일치 여부를 확인받은 후 열람할 수 있습니다[부동산등기사항증명서 발급처리지침(대법원등기예규 제1645호, 2018. 5. 1. 발령, 2018. 7. 6. 시행) 참조].
- 1 등기기록 또는 1사건에 관한 서류의 열람에 대한 수수료는 1,200원입니다(등기사항증명서 등 수수료규칙 제3조제1항).

③ 대법원 인터넷등기소를 통해 등기기록을 열람하려는 경우

- 대법원 인터넷등기소 홈페이지(www.iros.go.kr)를 통해 365일 24시간 등기기록의 사항을 열람할 수 있으며 최초 열람 후 1시간 이내에는 재열람 할 수 있습니다[인터넷에 의한 등기기록의 열람 등에 관한 업무처리지침(대법원등기예규 제1571호, 2015. 2. 16. 발령, 2015. 3. 30. 시행) 제4조제1호 및 제10조제1항].
- 등기사항전부증명서 형태로 열람하는 경우에는 등기기록에 기록되어 있는 모든 내용을 볼 수 있으나 열람 당시 효력이 있는 등기사항 및 그와 관련된 사항만을 볼 수 있습니다(인터넷에 의한 등기기록의 열람 등에 관한 업무처리지침 제9조제1호).
- 등기사항일부증명서 형태로 열람하는 경우에는 특정인지분·현재소유현황·지분취득이력 등의 특정부분의 내용만을 볼 수 있습니다(인터넷에 의한 등기기록의 열람 등에 관한 업무처리지침 제9조제2호).
- 등기기록에 대한 등기기록의 열람에 대한 수수료는 700원입니다(등기사항증명서 등 수수료규칙 제3조제2항).
- 등기기록에 대한 등기사항전부증명서 형태 또는 등기사항일부증명서 형태의 열람은 각 1건으로 보며 수수료 결제일로부터 3개월이 경과하면 해당 등기기록을 열람할 수 없습니다(인터넷에 의한 등기기록의 열람 등에 관한 업무처리지침 제11조).

2-4. 등기사항증명서의 발급

① 누구든지 수수료를 내면 등기기록의 사항의 전부 또는 일부를 등기소를 방문하거나 무인발급기 또는 대법원 인터넷등기소 홈페이지(www.iros.go.kr)를 통해 발급받을 수 있습니다(부동산등기법 제19조제1항 및 부동산등기규칙 제26조제1항, 제27조제1항, 제28조제1항).

② 등기소를 방문하여 등기사항증명서를 발급받으려는 경우

- 등기소를 방문해 등기사항증명서를 발급받으려면 해당 부동산의 종류, 소재지번, 신청통수, 발급받고자 하는 등기사항증명서의 종류 등을 신청서를 작성하여 제출해야 합니다(부동산등기규칙 제26조제1항 및 부동산등기사항증명서 발급처리지침 3. 가).
- 등기사항증명서의 발급에 대한 수수료는 1통에 대해 20장까지는 1,200원이나 1통이 20장을 초과하는 때에는 초과 1장마다 50원의 수수료를 추가로 납부해야 합니다(등기사항증명서 등 수수료규칙 제2조제1항 본문).

③ 무인발급기를 이용하여 등기사항증명서를 발급받으려는 경우

- 무인발급기를 이용하여 발급받을 수 있는 등기사항증명서는 등기사항전부증명서(말소사항포함)에 한하며 등기사항증명서를 발급받으려면 해당 부동산의 종류, 소재지번, 신청통수 등을 직접 입력해야 합니다(부동산등기규칙 제27조제1항 및 부동산등기사항증명서 발급처리지침 6. 가).
- 등기사항증명서의 발급에 대한 수수료는 1통에 대해 1,000원입니다(등기사항증명서 등 수수료규칙 제2조제2항).

④ 대법원 인터넷등기소를 통해 등기사항증명서를 발급받으려는 경우

- 대법원 인터넷등기소 홈페이지(www.iros.go.kr)를 통해 365일 24시간 등기사항증명서를 발급받을 수 있습니다(인터넷에 의한 등기기록의 열람 등에 관한 업무처리지침 제4조제1호).
- 대법원 인터넷등기소 홈페이지를 통해 발급받을 수 있는 등기사항증명서는 등기사항전부증명서(말소사항 포함)·등기사항전부증명서(현재 유효사항)·등기사항일부증명서(특정인 지분)·등기사항일부증명서(현재 소유현황)·등기사항일부증명서(지분취득 이력)에 한하며 발급받으려면 해당 부동산의 종류, 소재지번, 신청통수, 발급받고자 하는 등기사항증명서의 종류 등을 직접 입력해야 합니다

[부동산등기규칙 제28조제1항, 부동산등기사항증명서발급처리지침 7. 가 및 인터넷에 의한 등기기록의 열람 등에 관한 업무처리지침 제5조, 제11조의2제1항].

- 등기사항증명서의 발급에 대한 수수료는 1통에 대해 1,000원입니다(등기사항증명서 등 수수료규칙 제2조제2항).
- 수수료 결제일로부터 3개월이 경과하면 해당 등기사항증명서를 발급받을 수 없습니다(인터넷에 의한 등기기록의 열람 등에 관한 업무처리지침 제11조의2 제6항).

⑤ 부동산등기부 사항 외에도 지적공부, 건축물 대장 및 토지이용계획확인서 등의 사항을 함께 확인하고자 하는 경우 부동산종합공부를 열람하시거나 부동산종합증명서를 발급받으시는 것이 편리합니다. 부동산 종합공부 등에 관한 자세한 내용은 이 콘텐츠의 <부동산 매매계약의 체결-부동산의 권리관계 등 확인하기-부동산종합공부 등 확인>에서 확인하실 수 있습니다.

■ 부동산등기부를 열람하거나 발급받으려면 어떻게 해야 하나요?

Q. 부동산 매매계약을 체결하기 전에 부동산등기부를 확인해야 한다고 하는데, 부동산등기부를 열람하거나 발급받으려면 어떻게 해야 하나요?

A. 등기소를 방문하여 서면으로 열람하거나 대법원 인터넷등기소(www.iros.go.kr)를 통해 전자적 방법으로 부동산등기부의 등기기록의 사항을 열람하실 수 있습니다.

◇ 부동산등기사항의 열람

① 등기소를 방문하여 등기기록을 열람하려는 경우
등·초본 발급업무담당자에게 신청인의 성명, 주민등록번호 및 주소, 해당 부동산의 종류, 소재지번, 열람하고자 하는 등기부의 종류 등을 기재한 신청서를 제출하고 주민등록증이나 운전면허증을 통해 본인과의 일치 여부를 확인받은 후 열람할 수 있습니다.

② 대법원 인터넷등기소를 통해 등기기록을 열람하려는 경우
대법원 인터넷등기소 홈페이지(www.iros.go.kr)를 통해 365일 24시간 등기기록의 사항을 열람할 수 있으며 최초 열람 후 1시간 이내에는 재열람할 수 있습니다.

◇ 등기사항증명서의 발급

① 등기소를 방문하거나 무인발급기 또는 대법원 인터넷등기소(www.iros.go.kr)를 통해 등기사항증명서를 발급받을 수 있습니다.

② 등기소를 방문하여 등기사항증명서를 발급받으려는 경우
등기소를 방문해 등기사항증명서를 발급받으려면 해당 부동산의 종류, 소재지번, 신청통수, 발급받고자 하는 등기사항증명서의 종류 등을 신청서를 작성하여 제출해야 합니다.

③ 무인발급기를 이용하여 등기사항증명서를 발급받으려는 경우
무인발급기를 이용하여 발급받을 수 있는 등기사항증명서는 등기사항전부증명서(말소사항포함)에 한하며 등기사항증명서를 발급받으려면 해당 부동산의 종류, 소재지번, 신청통수 등을 직접 입력해야 합니다.

④ 대법원 인터넷등기소를 통해 등기사항증명서를 발급받으려는 경우

대법원 인터넷등기소 홈페이지를 통해 발급받을 수 있는 등기사항증명서는 등기사항전부증명서(말소사항 포함)·등기사항전부증명서(현재 유효사항)·등기사항일부증명서(특정인 지분)·등기사항일부증명서(현재 소유현황)·등기사항일부증명서(지분취득 이력)에 한하며 발급받으려면 해당 부동산의 종류, 소재지번, 신청통수, 발급받고자 하는 등기사항증명서의 종류 등을 직접 입력해야 합니다.

3. 토지대장, 임야대장 및 건축물대장 확인

3-1. 토지대장 및 임야대장 확인

3-1-1. 토지대장 및 임야대장의 개념

① "토지대장"이란 모든 토지의 필지마다 그 소재·지번·지목·면적·경계 또는 좌표 등을 조사·측량하여 조사된 토지의 표시와 해당 토지의 소유자 등을 기록한 대장을 말합니다(공간정보의 구축 및 관리 등에 관한 법률 제2조제19호 및 제64조제1항).

② "임야대장"이란 토지의 지목이 임야인 경우에 그 토지의 필지마다 그 소재·지번·지목·면적·경계 또는 좌표 등을 조사·측량하여 조사된 토지의 표시와 해당 토지의 소유자 등을 기록한 대장을 말합니다(공간정보의 구축 및 관리 등에 관한 법률 제2조제19호 및 제64조제1항).

3-1-2. 토지대장 및 임야대장의 열람 및 등본 발급

① 지적소관청 또는 읍·면·동사무소를 방문하여 열람 및 그 등본을 발급받으려는 경우

지적소관청 또는 읍·면·동사무소를 방문하여 토지대장 및 임야대장을 열람하거나 그 등본을 교부받으려면 지적공부 부동산종합공부열람·발급 신청서를 작성하여 제출해야 합니다(공간정보의 구축 및 관리 등에 관한 법률 제75조제1항 및 동법 시행규칙 제74조제1항, 별지 제71호 서식). "지적소관청"이란 지적공부를 관리하는 특별자치시장, 시장(제주특별자치도의 시장 포함, 자치구가 아닌 구를 두는 시의 시장은 제외)·군수 또는 구청장(자치구가 아닌 구의 구청장 포함)을 말합니다(공간정보의 구축 및 관리 등에 관한 법률 제2조제18호).

② 민원 24 홈페이지를 통해 열람 및 그 등본 발급받으려는 경우

민원 24 홈페이지(www.minwon.go.kr)을 통해 토지대장 및 임야대장을 열람하거나 그 등본을 교부받으려면 온라인 신청서를 작성하여 제출해야 합니다(공간정보의 구축 및 관리 등에 관한 법률 제75조제1항).

[서식 예] 토지임야대장 등본 교부신청서(온라인)

토지임야대장등본교부신청

	대장구분*	◉ 토지대장 ○ 임야대장
신청내용	대상토지 소재지* 기본주소 ❶	주소검색 서울특별시 종로구 신문로1가 일반 12 - 1 번지 예) 1-1번지
	연혁인쇄유무선택*	◉ 유 ○ 무
	특정소유자 유무구분*	◉ 유 ○ 무
	❷ 주민(법인) 등록번호	123456 - ●●●●●●●
	기타사항	토지임야대장등본교부신청입니다. 수령방법을 방문수령으로 선택하는 경우만 입력 가능합니다.
수령방법 선택	수령방법* ❸	검색 방문수령(후불)
	수령기관선택 ❹	검색 서울특별시 종로구
	발급부수*	1 부
	신청일	2009 년 06 월 15 일

※ 토지대장 및 임야대장을 열람하는 경우 수수료는 토지 1필지에 대해 소유자 본인이 열람을 신청한 경우 무료이고 그 외의 경우에는 200원입니다. 또한 그 등본을 발급하는 경우 수수료는 토지 1필지에 대해 소유자 본인이 발급을 신청한 경우 무료이고 그 외의 경우에는 300원입니다(공간정보의 구축 및 관리 등에 관한 법률 시행규칙 별지 제71호 서식).

3-2. 건축물대장 확인

3-2-1. 건축물대장의 개념

"건축물대장"이란 건축물의 소유·이용 및 유지·관리 상태를 확인하거나 건축정책의 기초 자료로 활용하기 위해 건축물의 사용승인서를 내준 후에 건축물과 그 대지의 현황 및 지하수위, 기초형식, 설계지내력, 구조설계 해석법, 내진설계 적용 여부, 내진능력, 특수구조물 해당여부, 특수구조건축물의 유형 등 건축물의 구조내력(構造耐力)에 관한 정보를 적어서 보관하는 대장으로 해당 건축물이 집합건물의 소유 및 관리에 관한 법률의 적용을 받는지 여부에 따라 일반건축물대장과 집합건축물대장으로 나뉩니다(건축법 제38조제1항 및 건축물대장의 기재 및 관리 등에 관한 규칙 제2조제2호·제3호, 제4조, 제7조의3).

3-2-2. 건축물대장의 열람 및 등 · 초본의 발급

① 직접 방문하여 열람 및 등·초본을 발급받으려는 경우

- 직접 방문하여 건축물대장을 열람하거나 등·초본을 발급받으려면 건축물대장의 표제부, 표제부의 전체면 또는 건물의 현황도 등에서 필요한 부분을 선택해 특별자치시장·특별자치도지사 또는 시장·군수·구청장 또는 읍·면·동장에게 신청하면 됩니다(건축물대장의 기재 및 관리 등에 관한 규칙 제11조제1항).
- 건축물대장을 열람하는 경우 수수료는 1건에 대해 300원이고 그 등·초본을 발급하는 경우 수수료는 1건에 대해 500원입니다.

② 민원 24 홈페이지를 통해 열람 및 등·초본을 발급받으려는 경우

민원 24 홈페이지(www.minwon.go.kr)를 통해 건축물대장을 열람하거나 등·초본을 발급받으려면 건축물대장의 표제부, 표제부의 전체면 또는 건물의 현황도 등에서 필요한 부분을 선택해 온라인 신청서를 작성하여 제출해야 합니다.

[서식 예] 건축물관리대장 등 · 초본 발급 신청서(온라인)

건축물관리대장 등.초본 발급 신청

건축물소재지*	❶ 검색 서울특별시 종로구 신문로1가 일반 12 - 1 번지 예) 1-1번지
대장구분*	◉ 일반(단독주택) ○ 집합(아파트,연립주택 등)
대장종류*	○ 총괄 ◉ 일반 대장구분/종류 안내
현소유자표시여부	☐ 현 소유자현황만 표시
기타사항	건축물관리대장 등.초본 발급 신청입니다. 수령방법을 방문수령으로 선택하는 경우만 입력 가능합니다.
수령방법 선택 — 수령방법선택*	❷ 검색 방문수령(후불)
수령방법 선택 — 수령/제출기관 선택	❸ 검색 서울특별시 종로구
발급부수*	1 부
신청일	2009 년 06 월 15 일

※ 건축물대장을 열람 및 그 등 · 초본을 발급하는 경우 수수료는 무료입니다.

3-3. 토지이용계획확인서 등 확인

① 토지이용계획확인서의 개념

"토지이용계획확인서"란 지역·지구 등의 지정내용, 그 지역·지구 등 안에서의 행위제한 내용 및 토지거래계약에 관한 허가구역 등이 기재되어 토지의 이용 및 도시계획 시설 결정여부 등을 알 수 있는 서류로서 토지이용계획확인서를 통해 해당 부동산의 용도지역·용도지구, 앞으로의 개발계획수립여부 등을 확인할 수 있습니다(토지이용규제 기본법 제10조 및 동법 시행규칙 제2조, 별지 제2호서식).

② 토지이용계획의 열람

토지이용규제정보서비스 홈페이지(http://www.luris.kr/web/index.jsp)를 통해 토지이용계획을 열람하실 수 있습니다.

③ 토지이용계획확인서의 발급

- 직접 방문하여 발급받으려는 경우

토지이용계획확인서의 직접 방문하여 발급받으려면 특별자치도지사, 시장·군수 또는 구청장에게 다음의 토지이용계획확인신청서(전자문서로 된 신청서 포함)를 제출해야 합니다(토지이용규제 기본법 시행령 제9조제1항, 동법 시행규칙 제2조 및 별지 제1호서식).

[서식 예] 토지이용계획확인 신청서

토지이용계획확인 신청서

(앞 쪽)

접수번호		접수일		발급일	처리기간 1일
신청인	성명 (서명 또는 인) 주소			전화번호	
대상토지	연번	소재지		지번	신청부수
	1				
	2				
	3				
	4				
	5				
	6				
	7				
	8				
	9				
	10				
확인사항	지역·지구등의 지정 내용 (「토지이용규제 기본법 시행령」 제9조제4항 각 호에 해당되는 사항 포함)				
	지정된 지역·지구등에서의 행위제한 내용을 포함하여 확인 신청합니다.			[ ]예 [ ]아니오	

「토지이용규제 기본법」 제10조제1항에 따라 위 신청토지에 대한 현재의 토지이용계획의 확인을 신청합니다.

년 월 일

○ ○ ○ 특별자치도지사

○ ○ ○ 시장·군수·구청장 귀하

첨부서류	수수료
없음	지방자치단체의 조례로 정함

- 민원 24 홈페이지(www.minwon.go.kr)를 통해 발급받으려는 경우
  민원 24 홈페이지(www.minwon.go.kr)를 통해 토지이용계획확인신청을 할 수 있습니다.

[서식 예] 토지이용계획확인 신청서(온라인)

토지이용계획확인신청

신청내용	대상토지 소재지*	기본주소 ①	주소검색 서울특별시 종로구 신문로1가 일반 12 - 1 번지 예) 1-1번지
		특수주소 ②	동 호 예)월드컵아파트 2002동 4호
	사용용도		
	기타사항		토지이용계획확인신청 입니다. 수령방법을 방문수령으로 선택하는 경우만 입력 가능합니다.
수령방법 선택	수령방법*	③	검색 방문수령(후불)
	수령기관선택	④	검색 서울특별시 종로구
	신청부수*		1 부
	신청일		2009 년 06 월 08 일

3-4. 현장 조사

① 실제 부동산과 등기부 등 기재된 사실과의 일치 여부 확인하기

부동산등기부와 토지·임야·건축물대장의 일치여부를 확인한 뒤에는 실제 부동산이 등기부 등의 기재와 일치하는지 여부 등 다음의 사항을 반드시 확인해야 합니다.

- 서류상의 지목과 실제로 사용되는 지목이 차이가 없는가?
- 지적도상의 도로와 현황도로가 일치하는가?
- 도로와 해당부지가 접하고 있는가?
- 지적상의 대지경계선과 현장의 부지경계선이 일치하는가?
- 부동산의 방위가 지적도상의 방위와 일치하는가?
- 감가상각은 진행정도는 어떤가?

② 토지와 건물의 소유 일치 여부 확인하기

대한민국에서 토지와 건물은 별도의 부동산으로 취급되므로, 부동산 매매 시 토지와 건물의 소유가 일치하는지를 확인하고, 일치하지 않는 경우에는 정당하게 건물을 사용할 수 있는 권리(임차권, 지상권 등)가 있는지를 확인해야 합니다.

③ 계약 목적물 하자(보일러, 계량기, 일조량 등) 확인하기

계약 목적물이 주택일 경우에 보일러, 계량기, 일조량 등에 하자가 있는지 여부와 「건축법」 상 불법사항이 있는지 여부를 확인해야 합니다.

4. 다른 권리 확인

4-1. 임차권, 전세권 및 저당권의 설정 여부

4-1-1. 임차권의 설정

① 임차권의 개념

"임차권"이란 임차인이 임대인에게 차임을 지급할 것을 약정하고 임대인의 부동산을 사용, 수익할 수 있는 권리를 말합니다(민법 제618조).

② 임차권의 설정 효력

임차인이 임대차 등기 등으로 대항력을 가지는 경우 매도인과 매수인은 임차인에게 퇴거를 요구할 수 없습니다. 임차권이 설정된 부동산을 매매한 경우 매수

인은 임대인의 지위를 승계한 것으로 간주되어 임차보증금반환의무를 지게 됩니다(주택임대차보호법 제3조제4항).

4-1-2. 전세권의 설정

① 전세권의 개념

"전세권"이란 전세권자가 전세금을 지급하고 타인의 부동산을 점유하여 그 부동산의 용도에 좇아 사용·수익하며, 그 부동산 전부에 대하여 후순위권리자 그 밖에 채권자보다 전세금의 우선변제를 받을 권리를 말합니다(민법 제303조).

② 전세권의 설정 효력

전세권이 설정된 부동산의 사용·수익할 권리는 전세권자에게 있으므로, 매도인과 매수인은 전세권자에게 퇴거를 요구할 수 없습니다. 전세권이 설정된 부동산을 매매한 경우 매수인은 전세권자의 의사에 반하여 부동산을 이용할 수 없습니다.

4-1-3. 저당권의 설정

① 저당권의 개념

"저당권"이란 채무자 또는 제3자가 점유를 이전하지 않고 채무의 담보로 제공한 부동산에 대해 다른 채권자보다 자기채권의 우선변제를 받을 권리를 말합니다(민법 제356조).

② 저당권의 설정 효력

저당권자는 자신의 채권을 변제받기 위해 해당 부동산의 경매를 청구할 수 있으므로 저당권이 설정된 부동산을 매매한 경우 매수인은 장래에 소유권을 잃을 위험이 있습니다. 저당권이 설정된 부동산의 매수인이 경매 등으로 소유권을 잃을 경우 매도인은 매수인에게 담보책임을 부담합니다.

4-2. 가등기 · 가처분 · 가압류 등기의 설정 여부

4-2-1. 가등기의 설정

① 가등기의 개념

"가등기"란 소유권 등의 설정, 이전, 변경 또는 소멸의 청구권을 보전하려는 경우 및 그 청구권이 시기부 또는 정지조건부일 경우나 그 밖에 장래에 확정될 것인 경우에 하는 등기를 말합니다(「부동산등기법」 제88조).

② 가등기의 설정 효력

가등기가 행해진 후 본등기가 이뤄지면 본등기의 순위는 가등기의 순위로 소급되므로 부동산 소유권을 보전하기 위해 가등기가 설정된 경우 본등기가 이뤄지면 가등기 후에 성립된 매매계약에 의한 매수인의 소유권은 모두 실효되거나 후순위가 됩니다.

4-2-2. 가처분의 설정

① 가처분의 개념

"가처분"이란 부동산의 매매 등으로 현상이 바뀌면 당사자가 권리를 실행하지 못하거나 이를 실행하는 것이 매우 곤란할 염려가 있을 경우에 법원의 결정으로 상대방에게 어떠한 행위를 하거나 하지 말도록 명하는 민사집행절차를 말합니다(민사집행법 제300조 및 305조).

② 가처분의 설정 효력

부동산처분금지가처분의 경우 가처분 등기가 유효하게 기입된 이후 그 가처분의 취소판결을 얻어서 그 가처분등기가 말소되기까지 그 가처분등기 이후에 해당 부동산의 소유권을 취득한 매수인은 가처분권자에게 대항할 수 없습니다(대법원 1963. 4. 4. 선고 63다44 판결).

4-2-3. 가압류의 설정

① 가압류의 개념

"가압류"란 금전채권이나 금전으로 환산할 수 있는 채권에 대하여 동산 또는 부동산에 대한 강제집행을 보전하기 위하여 할 수 있는 민사집행절차를 말합니다(민사집행법 제276조).

② 가압류의 설정 효력

가압류를 설정한 사람이 자신의 채권을 변제받기 위해 해당 부동산의 경매를 청구할 수 있으므로 가압류가 설정된 부동산을 매매한 경우 매수인은 장래에 소유권을 잃을 위험이 있습니다. 가압류가 설정된 부동산의 매수인이 경매 등으로 소유권을 잃을 경우 매도인은 매수인에게 담보책임을 부담합니다.

■ **소유권 이전 후 임차보증금을 지불하면 임차인에게 집을 비워줄 것을 요구할 수 있나요?**

Q. 처음으로 내 집을 마련하려 합니다. 사려는 집이 매매가가 너무 저렴하여 확인하니 지금 임차인이 살고 있고 제가 임차보증금을 지불하는 조건이라고 하네요. 소유권 이전 후 임차보증금을 지불하면 임차인에게 집을 비워줄 것을 요구할 수 있나요?

A. 현재 살고 있는 임차인의 주민등록지가 현 거주지라면 임차인은 대항력을 가지고 있으므로 이 경우 매도인과 매수인은 임차인에게 퇴거를 요구할 수 없습니다. 다만, 임차인이 대항력을 가지고 있지 않는 경우 매수인은 임차인의 퇴거를 요구할 수 있습니다.

◇ 매매 목적물에 임차인이 있는 경우

① 임차인이 대항력을 가지고 있는 경우 매도인과 매수인은 임차인에게 퇴거를 요구할 수 없습니다.

② 대항력을 가지고 있는 임차인의 경우 부동산 매수인이 부동산 임대차계약의 임대인 지위를 승계한 것으로 간주되어 임대차계약 존속기간 만료 후 보증금 반환의무를 지게 됩니다.

◇ 매매 목적물에 전세권자가 있는 경우

① 전세권은 물권이므로 전세권자는 누구에게나 대항할 수 있습니다. 따라서 매도인과 매수인은 전세권자에게 퇴거를 요구할 수 없습니다.

② 매수인은 해당 부동산에 전세권이 설정되어 있는 경우 전세권자의 의사에 반하여 부동산을 이용할 수 없습니다.

(관련판례)

처분금지 가처분등기가 유효하게 기입된 이후에는 그 본안소송의 운명여하에 불구하고 그 가처분의 취소판결을 얻어서 그 가처분등기가 말소되기까지에는 그 가처분등기 이후에 권리를 취득한 자는 가처분권자에게 상대적으로 대항할 수 없다(대법원 1963. 4. 4. 선고 63다44 판결).

처분금지 가처분등기 이후 그 부동산에 위 가처분내용에 위반된 등기를 한 자는 나중에 가처분권리자가 본안승소판결에 의한 등기의 기재를 청구할 수 있게 되고 나아가 위 등기의 말소를 청구할 때에는 이에 응하여야 한다(대법원 1963. 4. 4. 선고 63다44 판결).

■ 가압류 목적이 된 부동산을 매수한 이후 가압류에 기한 강제집행으로 부동산 소유권을 상실한 경우, 손해액을 배상받고자 하는데 가능한지요?

Q. 甲은 乙로부터 건물을 매수하여 소유권이전등기를 마쳤습니다. 甲 명의로 소유권이전등기가 마쳐질 당시 건물에 관하여는 채권자 丙 명의의 채권가압류등기가 마쳐져 있었고, 乙은 가압류등기를 말소하여 줄 것을 약정하였으나, 가압류채권자인 丙 의 강제경매신청으로 경매절차가 진행된 결과 甲은 건물의 소유권을 상실하였습니다. 甲은 매매대금을 돌려받고, 소유권이전등기 비용 등 손해액을 배상받고자 하는데 그것이 가능한지요?

A. 민법 제576조 제1항에서는 "매매의 목적이 된 부동산에 설정된 저당권 또는 전세권의 행사로 인하여 매수인이 그 소유권을 취득할 수 없거나 취득한 소유권을 잃은 때에는 매수인은 계약을 해제할 수 있다"고 규정하고 있고, 같은 조 제3항에서는 그 경우 매수인이 손해를 받은 때에는 그 배상을 청구할 수 있다고 규정하고 있습니다.

한편 대법원 2011. 5. 13. 선고 2011다1941 판결에서는 부동산이 가압류의 목적이 된 사안에서 "가압류 목적이 된 부동산을 매수한 이후 가압류에 기한 강제집행으로 부동산 소유권을 상실한 경우에도 매도인의 담보책임에 관한 민법 제576조가 준용된다"고 판시하였습니다. 따라서 甲은 乙에게 민법 제 576조 제1항의 해제권을 행사하여 이미 지급한 매매대금의 반환을 구하는 한편, 민법 제576조 제3항의 손해배상 청구권에 기하여 소유권이전등기비용 등 기타 손해배상금을 지급을 구할 수 있습니다.

(관련판례)

부동산매매에 있어 목적부동산을 제3자가 점유하고 있어 인도받지 아니한 매수인이 명도소송제기의 방편으로 미리 소유권이전등기를 경료받았다고 하여도 아직 매매대금을 완급하지 않은 이상 부동산으로부터 발생하는 과실은 매수인이 아니라 매도인에게 귀속되어야 한다(대법원 1992. 4. 28. 선고 91다32527 판결).

■ **가압류한 부동산의 소유권이 계약해제로 변경된 경우 가압류채권자의 지위는 어떻게 되는지요?**

Q. 甲은 乙에 대한 금전채권에 기하여 乙의 명의로 등기된 부동산을 가압류하였습니다. 그런데 乙은 丙으로부터 위 부동산을 매수하여 매매잔금을 완불하기 전에 미리 소유권을 이전 받았으나, 잔금의 이행지체로 인하여 계약이 해제되었습니다. 이 경우 가압류채권자인 甲의 지위는 어떻게 되는지요?

A. 이행지체와 해제에 관하여 「민법」제544조는 "당사자 일방이 그 채무를 이행하지 아니하는 때에는 상대방은 상당한 기간을 정하여 그 이행을 최고하고 그 기간 내에 이행하지 아니한 때에는 계약을 해제할 수 있다. 그러나 채무자가 미리 이행하지 아니할 의사를 표시 한 경우에는 최고를 요하지 아니한다."라고 규정하고 있고, 같은 법 제548조 제1항은 계약해제의 효과에 관하여 "당사자 일방이 계약을 해제한 때에는 각 당사자는 그 상대방에 대하여 원상회복의 의무가 있다. 그러나 제3자의 권리를 해하지 못한다."라고 하였습니다.

그런데 계약해제 전 그 계약의 목적물을 가압류한 가압류채권자가 「민법」제548조 제1항 단서 소정의 '제3자'에 해당하는지에 관하여 판례는 "민법 제548조 제1항 단서에서 말하는 제3자란 일반적으로 해제된 계약으로부터 생긴 법률효과를 기초로 하여 별개의 새로운 권리를 취득한 자를 말하는 것인바, 해제된 계약에 의하여 채무자의 책임재산이 된 계약의 목적물을 가압류한 가압류채권자는 그 가압류에 의하여 당해 목적물에 대하여 잠정적으로 그 권리행사만을 제한하는 것이나, 종국적으로는 이를 환가(換價)하여 그 대금으로 피보전채권의 만족을 얻을 수 있는 권리를 취득하는 것이므로, 그 권리를 보전하기 위하여서는 위 조항 단서에서 말하는 제3자에는 위 가압류채권자도 포함된다고 보아야 한다."라고 하였습니다(대법원 2000. 1. 14. 선고 99다40937 판결, 2005. 1. 14. 선고 2003다33004 판결).

따라서 위 사안의 경우 가압류채권자인 甲은 본안소송에서 승소하여 위 가압류된 부동산을 경매절차를 통하여 현금화하여 채권의 변제를 받을 수 있을 것으로 보입니다.

■ **부동산가압류로 이행불능이 된 경우, 매매계약을 해제할 수 있는지요?**

Q. 甲은 乙의 A토지를 매수하기로 하였습니다. 잔금을 치루기 전 乙의 채권자 丙이 乙에 대한 대여금채권을 이유로 A토지를 가압류하였습니다. 丙의 가압류를 이유로 甲은 乙과의 토지 매매계약을 해제할 수 있는지요?

A. 丙의 부동산가압류로 인하여 乙이 甲에게 부동산 소유권을 이전해줄 수 없다면 해당 매매계약은 이행불능이 되어 乙의 채무불이행으로 甲은 매매계약을 해제할 수 있을 것입니다. 이에 대해서 판례는 「매매목적물에 가압류집행이 되었다 하여도 매매에 따른 소유권이전등기가 불가능한 것도 아니므로, 매수인은 신의칙에 의하여 대금지급채무의 이행을 거절할 수 있음은 별론으로 하고 ,매매목적물이 가압류가 되었다는 사유만으로 매도인의 계약위반으로 매매계약을 해제 할 수 없다(대판 1992.12.22 92다28518)」라 판시하였습니다. 따라서 甲은 丙의 토지 가압류를 이유로 乙과의 매매계약을 해제할 수는 없고 다만 대금지급의무를 거절할 수 있다 하겠습니다.

(관련판례)

부동산매매계약에 있어서 매수인이 잔대금 지급기일까지 그 대금을 지급하지 못하면 그 계약이 자동적으로 해제된다는 취지의 약정이 있더라도 특단의 사정이 없는 한 매수인의 잔대금지급의무와 매도인의 소유권이전등기의무는 동시이행의 관계에 있으므로 매도인이 잔대금지급기일에 소유권이전등기에 필요한 서류를 준비하여 매수인에게 알리는 등 이행의 제공을 하여 매수인으로 하여금 이행지체에 빠지게 하였을 때에 비로소 자동적으로 매매계약이 해제된다고 보아야 하고 매수인이 그 약정기한을 초과하였더라도 이행지체에 빠진 것이 아니라면 대금 미지급으로 계약이 자동 해제된다고는 볼 수 없다(대법원 1989. 7. 25. 선고 88다카28891 판결).

■ 가압류등기의 말소의무도 매수인의 대금지급의무와 동시이행 관계에 있는지요?

Q. 甲과 乙이 부동산 매매계약을 체결함 에 있어서 매매목적인 매도인 甲의 부동산에 지상권이 설정되어 있고 가압류등기가 되어 있었습니다. 이때 가압류 채권액이 매매가액에 비하여 소액인 경우, 매도인은 이와 같은 등기를 말소하여 완전한 소유권 이전등기를 해주어야 하나요?

A. 민법 제536조 제1항에서는 "쌍무계약의 당사자 일방은 상대방이 그 채무이행을 제공할 때 까지 자기의 채무이행을 거절할 수 있다. 그러나 상대방의 채무가 변제기에 있지 아니하는 때에는 그러하지 아니하다"고 하여 동시이행의 항변권을 규정하고 있습니다.

판례는 부동산의 매매계약이 체결된 경우에는 매도인의 소유권이전등기의무, 인도의무와 매수인의 잔대금지급의무는 동시이행의 관계에 있는 것이 원칙이고, 이 경우 매도인은 특별한 사정이 없는 한 제한이나 부담이 없는 완전한 소유권 이전등기의무를 지는 것이므로 매매목적 부동산에 가압류등기 등이 되어 있는 경우에는 매도인은 이와 같은 등기도 말소하여 완전한 소유권이전등기를 해 주어야 하며(대법원 1991. 9. 10. 선고 91다6368 판결 참조), 따라서 가압류등기 등이 있는 부동산의 매매계약에 있어서는 매도인의 소유권이전등기 의무와 아울러 가압류등기의 말소의무도 매수인의 대금지급의무와 동시이행 관계에 있다는 태도입니다(대법원 2000. 11. 28. 선고 2000다8533 판결).

따라서 甲은 매매목적 부동산에 지상권이 설정되어 있고 가압류등기가 되어 있는 경우에는 비록 매매가액에 비하여 소액인 금원의 변제로써 언제든지 말소할 수 있는 것이라 할지라도 이와 같은 등기를 말소하여 완전한 소유권이전등기를 해 주어야 합니다.

(관련판례)

부동산매매계약과 함께 이행인수계약이 이루어진 경우, 매수인이 인수한 채무는 매매대금지급채무에 갈음한 것으로서 매도인이 매수인의 인수채무불이행으로 말미암아 또는 임의로 인수채무를 대신 변제하였다면, 그로 인한 손해배상채무 또는 구상채무는 인수채무의 변형으로서 매매대금지급채무에 갈음한 것의 변형이므로 매수인의 손해배상채무 또는 구상채무와 매도인의 소유권이전등기의무는 대가적 의미가 있어 이행상 견련관계에 있다고 인정되고, 따라서 양자는 동시이행의 관계에 있다고 해석함이 공평의 관념 및 신의칙에 합당하다(대법원 2004. 7. 9. 선고 2004다13083 판결).

■ **가압류한 부동산의 소유권이 계약해제로 변경된 경우, 가압류채권자의 지위는 어떻게 되는지요?**

Q. 甲은 乙에 대한 금전채권에 기하여 乙의 명의로 등기된 부동산을 가압류하였습니다. 그런데 乙은 丙으로부터 위 부동산을 매수하여 매매잔금을 완불하기 전에 미리 소유권을 이전 받았으나, 잔금의 이행지체로 인하여 계약이 해제되었습니다. 이 경우 가압류채권자인 甲의 지위는 어떻게 되는지요?

A. 이행지체와 해제에 관하여 「민법」제544조는 "당사자 일방이 그 채무를 이행하지 아니하는 때에는 상대방은 상당한 기간을 정하여 그 이행을 최고하고 그 기간 내에 이행하지 아니한 때에는 계약을 해제할 수 있다. 그러나 채무자가 미리 이행하지 아니할 의사를 표시 한 경우에는 최고를 요하지 아니한다." 라고 규정하고 있고, 같은 법 제548조 제1항은 계약해제의 효과에 관하여 "당사자 일방이 계약을 해제한 때에는 각 당사자는 그 상대방에 대하여 원상회복의 의무가 있다. 그러나 제3자의 권리를 해하지 못한다."라고 하였습니다.

그런데 계약해제 전 그 계약의 목적물을 가압류한 가압류채권자가 「민법」제548조 제1항 단서 소정의 '제3자'에 해당하는지에 관하여 판례는 "민법 제548조 제1항 단서에서 말하는 제3자란 일반적으로 해제된 계약으로부터 생긴 법률효과를 기초로 하여 별개의 새로운 권리를 취득한 자를 말하는 것인바, 해제된 계약에 의하여 채무자의 책임재산이 된 계약의 목적물을 가압류한 가압류채권자는 그 가압류에 의하여 당해 목적물에 대하여 잠정적으로 그 권리행사만을 제한하는 것이나, 종국적으로는 이를 환가(換價)하여 그 대금으로 피보전채권의 만족을 얻을 수 있는 권리를 취득하는 것이므로, 그 권리를 보전하기 위하여서는 위 조항 단서에서 말하는 제3자에는 위 가압류채권자도 포함된다고 보아야 한다."라고 하였습니다(대법원 2000. 1. 14. 선고 99다40937 판결, 2005. 1. 14. 선고 2003다33004 판결).

따라서 위 사안의 경우 가압류채권자인 甲은 본안소송에서 승소하여 위 가압류된 부동산을 경매절차를 통하여 현금화하여 채권의 변제를 받을 수 있을 것으로 보입니다.

■ 매매계약해제 전 목적물에 가압류한 채권자에게 대항할 수 있는지요?

Q. 저는 부동산매도인으로서 대금을 모두 지급받지 못한 상태에서 부동산등기를 매수인 甲에게 넘겨주었는데, 甲이 대금을 완납하지 아니하므로 채무불이행을 이유로 매매계약을 해제하려고 하였으나, 등기사항증명서를 열람해보니 甲의 채권자 乙이 그 부동산에 가압류한 상태입니다. 제가 매매계약해제하고 가압류해제를 청구할 수 있는지요?

A. 계약해제의 효과에 관하여 민법에서 당사자일방이 계약을 해제한 때에는 각 당사자는 그 상대방에 대하여 원상회복의 의무가 있으나, 제3자의 권리를 해하지 못한다고 규정하고 있습니다(민법 제548조 제1항). 그리고 민법 제548조 제1항 단서에서 말하는 제3자란 일반적으로 그 해제된 계약으로부터 생긴 법률효과를 기초로 하여 해제 전에 새로운 이해관계를 가졌을 뿐 아니라 등기, 인도 등으로 완전한 권리를 취득한 자를 말하는데(대법원 2007. 12. 27. 선고 2006다60229 판결), 계약을 체결한 이후 해제의 의사표시 이전에 가압류가 된 경우 가압류를 한 자를 위에서 말하는 제3자에 해당한다고 볼 수 있을 것인지가 문제됩니다.

이에 관하여 판례를 보면, 민법 제548조 제1항 단서에서 말하는 제3자란 일반적으로 해제된 계약으로부터 생긴 법률효과를 기초로 별개의 새로운 권리를 취득한 자를 말하는 것인데, 해제된 계약에 의하여 채무자의 책임재산이 된 계약목적물을 가압류한 가압류채권자는 그 가압류에 의하여 당해 목적물에 대하여 잠정적으로 그 권리행사만을 제한하는 것이나 종국적으로는 이를 환가하여 그 대금으로 피보전채권의 만족을 얻을 수 있는 권리를 취득하는 것이므로, 그 권리를 보전하기 위해서는 위 조항 단서에서 말하는 제3자에는 위 가압류채권자도 포함된다고 하였습니다(대법원 2005. 1. 14. 선고 2003다33004 판결).

또한, 계약해제 전에 그 해제와 양립되지 않는 법률관계를 가진 제3자가 그 계약이 해제될 가능성을 알았거나 알 수 있었던 경우에 관한 판례를 보면, 계약당사자일방이 계약을 해제한 경우 그 계약해제 전에 그 해제와 양립되지 아니하는 법률관계를 가진 제3자에 대해서는 계약해제에 따른 법률효과를 주장할 수 없고, 이는 제3자가 그 계약해제 전에 계약이 해제될 가능성이 있다는 것을 알았거나 알 수 있었더라도 달라지지 아니한다고 하였습니다(대법원

2010. 12. 23. 선고 2008다57746 판결).
따라서 귀하의 경우 매매계약을 해제하는 것은 별론으로 하더라도 채무불이행을 이유로 한 해제로 인한 효과를 가압류권자인 乙에게 주장하기는 어려워 보입니다.

■ **부동산매매의 경우 가압류등기말소와 잔금지급이 동시이행관계인지요?**

Q. 甲은 乙로부터 토지를 매수하기로 하는 계약을 체결하고 계약금 및 중도금을 지급하였는데, 乙의 채권자 丙이 위 토지에 가압류를 하였습니다. 잔금지급기일은 다가오는데, 이 경우 甲이 가압류등기가 말소될 때까지 잔금의 지급을 거절하여도 되는지요?

A. 동시이행의 항변권에 관하여 민법에서 쌍무계약의 당사자일방은 상대방이 그 채무이행을 제공할 때까지 자기의 채무이행을 거절할 수 있고, 다만 상대방의 채무가 변제기에 있지 아니하는 때에는 그렇지 않다고 규정하고 있습니다(민법 제536조 제1항).
그런데 가압류등기 있는 부동산매매계약에 있어서 매도인의 소유권이전등기의무와 아울러 가압류등기의 말소의무도 매수인의 대금지급의무와 동시이행관계에 있는지 판례를 보면, 부동산매매계약이 체결된 경우 매도인의 소유권이전등기의무, 인도의무와 매수인의 잔대금지급의무는 동시이행관계에 있는 것이 원칙이고, 이 경우 매도인은 특별한 사정이 없는 한 제한이나 부담이 없는 완전한 소유권이전등기의무를 지는 것이므로, 매매목적 부동산에 가압류등기 등이 되어 있는 경우에는 매도인은 이러한 등기도 말소하여 완전한 소유권이전등기를 해주어야 하는 것이고, 따라서 가압류등기 등이 있는 부동산매매계약에 있어서는 매도인의 소유권이전등기의무와 아울러 가압류등기의 말소의무도 매수인의 대금지급의무와 동시이행관계에 있다고 하였습니다(대법원 2000. 11. 28. 선고 2000다8533 판결).
또한, 소유권이전등기청구권이 가압류되어 있어 가압류해제를 조건으로 하여서만 소유권이전등기절차이행을 명받을 수 있는 자가 그 목적물을 매도한 경우, 위 가압류를 해제하지 아니하고서는 자신 명의로 소유권이전등기를 이전받을 수 없고, 따라서 매수인명의로 소유권이전등기도 마쳐줄 수가 없으므로, 그러한 경우에는 소유권이전등기청구권의 가압류를 해제하여 완전한 소유권이전등기를 마쳐주는 것까지 동시이행관계에 있는 것으로 봄이 상당하고, 위 가압류가 해제되지 않는 이상 매수인은 매매잔대금지급을 거절할 수 있다고 하였습니다(대법원 2001. 7. 27. 선고 2001다27784, 27791 판결).
따라서 위 사안에서도 甲은 乙이 위 가압류말소등기를 해줄 때까지 매매잔대금지급을 거절할 수 있을 것으로 보입니다.

(관련판례)

부동산매매계약에서 발생하는 매도인의 소유권이전등기의무와 매수인의 매매잔대금지급의무는 동시이행관계에 있고(대법원 1992. 2. 14. 선고 91다12349 판결 참조), 동시이행의 항변권은 상대방의 채무이행이 있기까지 자신의 채무이행을 거절할 수 있는 권리이므로, 매수인이 매도인을 상대로 매매목적 부동산 중 일부에 대해서만 소유권이전등기의무의 이행을 구하고 있는 경우에도 매도인은 특별한 사정이 없는 한 그 매매잔대금 전부에 대하여 동시이행의 항변권을 행사할 수 있다고 할 것이다(대법원 2006. 2. 23. 선고 2005다53187 판결).

(관련판례)

일정한 신임관계의 고의적 외면에 대한 형사적 징벌을 핵심으로 하는 배임의 관점에서 보면, 부동산매매에서 매수인이 대금을 지급하는 것에 대하여 매도인이 계약상 권리의 만족이라는 이익이 있다고 하여도 대금의 지급은 어디까지나 매수인의 법적 의무로서 행하여지는 것이고, 그 사무의 처리에 관하여 통상의 계약에서의 이익대립관계를 넘는 신임관계가 당사자 사이에 발생한다고 할 수 없다. 따라서 그 대금의 지급은 당사자 사이의 신임관계에 기하여 매수인에게 위탁된 매도인의 사무가 아니라 애초부터 매수인 자신의 사무라고 할 것이다. 또한 매도인이 대금을 모두 지급받지 못한 상태에서 매수인 앞으로 목적물에 관한 소유권이전등기를 경료하였다면, 이는 법이 동시이행의 항변권 등으로 마련한 대금 수령의 보장을 매도인이 자신의 의사에 기하여 포기한 것으로서, 다른 특별한 사정이 없는 한 대금을 받지 못하는 위험을 스스로 인수한 것으로 평가된다. 그리고 그와 같이 미리 부동산을 이전받은 매수인이 이를 담보로 제공하여 매매대금 지급을 위한 자금을 마련하고 이를 매도인에게 제공함으로써 잔금을 지급하기로 당사자 사이에 약정하였다고 하더라도, 이는 기본적으로 매수인이 매매대금의 재원을 마련하는 방편에 관한 것이고, 그 성실한 이행에 의하여 매도인이 대금을 모두 받게 되는 이익을 얻는다는 것만으로 매수인이 신임관계에 기하여 매도인의 사무를 처리하는 것이 된다고 할 수 없다(대법원 2011. 4. 28. 선고 2011도3247 판결).

5. 부동산종합공부 등 확인

5-1. 부동산종합공부 및 부동산종합증명서의 개념

① "부동산종합공부"란 토지의 표시와 소유자에 관한 사항, 건축물의 표시와 소유자에 관한 사항, 토지의 이용 및 규제에 관한 사항, 부동산의 가격에 관한 사항 등 부동산에 관한 종합정보를 정보관리체계를 통하여 기록·저장한 것을 말합니다(공간정보의 구축 및 관리 등에 관한 법률 제2조제19호의3).

② "부동산종합증명서"란 부동산종합공부 기록사항의 전부 또는 일부에 관한 증명서를 말합니다(공간정보의 구축 및 관리 등에 관한 법률 제76조의4제1항).

5-2. 부동산종합공부의 등록사항

부동산종합공부에는 다음의 사항이 등록되어 있습니다(공간정보의 구축 및 관리 등에 관한 법률 제76조의3).

종류	내용
토지의 표시와 소유자에 관한 사항	지적공부의 내용(공간정보의 구축 및 관리 등에 관한 법률 제2조제19호)
건축물의 표시와 소유자에 관한 사항(토지에 건축물이 있는 경우만 해당함)	건축물대장의 내용(건축법 제38조)
토지의 이용 및 규제에 관한 사항	토지이용계획확인서의 내용(토지이용규제 기본법 제10조)

5-3. 부동산종합공부의 열람 및 부동산종합증명서의 발급

① 지적소관청 또는 읍·면·동사무소를 방문하여 부동산종합공부를 열람하거나 부동산종합증명서를 발급받으려는 경우

- 지적소관청 또는 읍·면·동사무소를 방문하여 부동산종합공부를 열람하거나 부동산종합증명서를 발급받으려면 지적공부·부동산종합공부열람·발급신청서를 작성하여 제출해야 합니다(공간정보의 구축 및 관리 등에 관한 법률 제76조의4제1항 및 동법 시행규칙 제74조제2항, 별지 제71호 서식).
- "지적소관청"이란 지적공부를 관리하는 특별자치시장, 시장(제주특별자치도의 시장 포함, 자치구가 아닌 구를 두는 시의 시장 제외)·군수 또는 구청장(자치구가 아닌 구의 구청장 포함)을 말합니다(공간정보의 구축 및 관리 등에 관한 법률 제2조제18호).

[서식 예] 지적공부 · 부동산종합공부 열람 · 발급 신청서

지적공부 · 부동산종합공부 열람 · 발급 신청서

접수번호	접수일	발급일	처리기간 즉시

신청인	성명		생년월일	
신청물건	시 · 도	시 · 군 · 구		읍 · 면
	리 · 동	번지		
	집합건물	APT · 연립 · B/D	동 층	호
신청구분	[ ] 열람 [ ] 등본 발급 [ ] 증명서 발급 ※ 발급 시 부수를 [ ]안에 숫자로 표시			
지적공부	[ ] 토지대장 [ ] 임야대장 [ ] 지적도 [ ] 임야도 [ ] 경계점좌표등록부			

부동산종합공부 (※ 종합형은 연혁을 포함한 모든 정보, 맞춤형은 √로 표시한 정보만 발급)

종합형		[ ] 토지	[ ] 토지,건축물	[ ] 토지,집합건물
맞춤형	· 토지(지목, 면적, 현 소유자 등) 기본사항	[ ]		
	· 토지(지목, 면적 등) · 건물(주용도, 층수 등) 기본사항		[ ]	[ ]
	· 토지이용확인도 및 토지이용계획	[ ]	[ ]	[ ]
	· 토지 · 건축물 소유자 현황		[ ]	[ ]
	· 토지 · 건축물 소유자 공유현황	[ ]	[ ]	[ ]
	· 토지 · 건축물 표시 변동 연혁	[ ]	[ ]	[ ]
	· 토지 · 건축물 소유자 변동 연혁	[ ]	[ ]	[ ]
	· 가격 연혁	[ ]	[ ]	[ ]
	· 지적(임야)도	[ ]	[ ]	[ ]
	· 경계점좌표 등록사항	[ ]	[ ]	[ ]
	· 건축물 층별 현황		[ ]	[ ]
	· 건축물 현황도면		[ ]	[ ]

「공간정보의 구축 및 관리 등에 관한 법률」 제75조 · 제76조의4 및 같은 법 시행규칙 제74조에 따라 지적공부 · 부동산종합공부의 열람 · 증명서 발급을 신청합니다.

년 월 일

신청인 (서명 또는 인)

특별자치시장
시장 · 군수 · 구청장 귀하
읍 · 면 · 동장

※ 토지대장 및 임야대장을 열람하는 경우 수수료는 토지 1필지에 대해 300원이며 그 등본을 발급하는 경우 수수료는 토지 1필지에 대해 500원입니다(공간정보의 구축 및 관리 등에 관한 법률 시행규칙 별지 제71호 서식).

② 일사천리 (지역명) 홈페이지를 통해 부동산종합공부를 열람하거나 부동산종합증명서를 발급받으려는 경우

– 일사천리 (지역명) 홈페이지를 통해 부동산종합공부를 열람하거나 부동산종합증명서를 발급받으려면 지적공부·부동산종합공부 열람·발급 신청서를 작성하여 제출해야 합니다(공간정보의 구축 및 관리 등에 관한 법률 제76조의4제1항및 동법 시행규칙 제74호, 별지 제71호 서식).

– 부동산종합공부를 열람하는 경우 수수료는 없으나 부동산종합증명서 종합형을 발급하는 경우 수수료는 1,000원, 부동산종합증명서 맞춤형을 발급하는 경우 수수료는 800원입니다(공간정보의 구축 및 관리 등에 관한 법률 시행규칙 별지 제71호 서식).

제2절 부동산 계약하기

1. 매매계약서 작성

1-1. 매매계약의 자유

매매계약은 원래 매도인과 매수인 사이의 매매의 합의만으로도 체결될 수 있습니다. 그러나 토지나 건물과 같은 중요한 재산으로서의 매매계약을 할 때에는 매매계약서를 꼼꼼히 작성해야 불필요한 법적 분쟁을 미리 막을 수 있습니다.

1-2. 매매계약서의 기재사항 및 작성요령

1-2-1. 계약당사자 간의 매매계약서 작성

① 매매계약 합의의 표시

매매계약서에 계약의 내용이 매매계약임을 명시하는데 일반적으로“매도인과 매수인은 다음과 같은 내용으로 매매계약을 체결한다.”고 기재합니다.

② 부동산의 표시

계약목적물을 특정하기 위해 매매계약서에 부동산의 소재지, 지목과 그 면적 및 건물내역과 같은 부동산의 표시를 기재하는데 부동산등기부의 표제부 중 표시란에 기재된 것과 동일하게 기재해야 합니다.

③ 당사자의 표시

- 매도인(원칙적으로 등기부상 소유자로 기재되어 있는 사람)과 매수인을 매매계약서에 기재하는데 이 경우 상대방의 주민등록증을 직접 확인하여 본인임을 확인해야 합니다. 매도인이나 매수인 중 대리인을 선임한 경우 대리인의 명의로 매매계약서를 작성해도 그 매매계약은 유효합니다.
- 매도인 또는 매수인이 회사(법인)인 경우 먼저 계약상대방인 회사의 법인등기부등본을 보고, 현재 계약을 체결하는 사람이 회사를 대표할 권한이 있는 사람인지 여부를 확인한 후 반드시 그 회사의 이름과 대표자의 이름을 매매계약서에 기재합니다.

④ 매매대금

매대금과 그 지급날짜를 정확히 기재해야 합니다. 매매대금은 일반적으로 그 총액과 계약금, 중도금, 잔금의 순서로 기재합니다.

⑤ 소유권이전과 인도에 관한 사항

계약당사자 간에 특별한 약정이 없는 한 매도인은 매수인으로부터 매매대금의 잔금을 받음과 동시에 소유권이전등기에 필요한 서류 전부를 주어야 합니다.

⑥ 계약의 해제

계약금만을 주고받은 경우 계약을 해제할 수 있는데 매수인이 해제하는 경우 계약금을 포기해야 하고, 매도인이 해제하는 경우 계약금의 2배를 반환해야 합니다.

⑦ 그 밖에 특약사항

위의 사항 외에 계약당사자 간에 특별히 정하는 사항이 있는 경우 그 사항을 구체적이고 자세하게 기재합니다.

⑧ 날짜 및 서명날인

계약을 맺은 날짜를 기재하고, 계약당사자 명의의 서명을 날인합니다. 계약서는 당사자의 수만큼 작성하여 계약당사자가 각각 원본을 보관합니다.

1-2-2. 부동산 중개업체를 통한 매매계약서의 작성

① 부동산 중개업체를 통한 매매계약서에는 다음의 사항이 기재됩니다(공인중개사법 제26조제1항 및 동법 시행령 제22조제1항).

- 거래당사자의 인적 사항
- 물건의 표시
- 계약일
- 거래금액·계약금액 및 그 지급일자 등 지급에 관한 사항
- 물건의 인도일시
- 권리이전의 내용
- 계약의 조건이나 기한이 있는 경우에는 그 조건 또는 기한
- 중개대상물 확인·설명서 교부일자
- 그 밖의 약정내용

② 매매계약서에는 부동산 개업공인중개사(법인인 경우에는 대표자, 법인에 분사무소가 설치되어 있는 경우에는 분사무소의 책임자)가 서명 및 날인하되, 해당 중

개행위를 한 소속공인중개사가 있는 경우에는 소속공인중개사가 함께 서명 및 날인해야 합니다(공인중개사법 제26조제2항 및 제25조제4항).

2. 매매대금 교부

2-1. 매매계약금의 개념

① "매매계약금"이란 부동산 매매계약을 체결할 경우 일반적으로 계약당사자의 일방이 상대방에게 교부하는 금전 등을 말합니다.

② 일반적으로 매수인은 매매대금의 10%를 계약금으로 매도인에게 주는데 이는 매매대금에 포함됩니다.

③ 매매계약금의 법적 성격

매매계약금은 매매계약이 체결되었다는 증거금이며, 매매계약 후 계약당사자 일방이 이행에 착수할 때까지 계약을 해제하는 경우 해약금의 성격을 가집니다(민법 제565조 참조).

⑤ 매매계약금 교부 후 계약해제

- 매매계약금이 매도인에게 교부된 경우 계약당사자 간에 다른 약정이 없는 때에는 매수인은 매도인이 계약이행에 착수할 때까지 매매계약금을 포기하고 매매계약을 해제할 수 있습니다(민법 제565조제1항).
- 매매계약금이 매도인에게 교부된 경우 계약당사자 간에 다른 약정이 없는 때에는 매도인은 매수인이 계약이행에 착수할 때까지 매매계약금의 배액을 상환하고 매매계약을 해제할 수 있습니다(민법 제565조제1항).

2-2. 매매대금 교부

① 매매대금의 교부시기

일반적으로 매수인의 매매대금 지급과 매도인의 계약목적 부동산의 인도는 동시에 이행되므로 계약당사자 일방은 상대방이 채무를 이행할 때까지 자기의 채무이행을 거절할 수 있습니다(민법 제536조제1항 및 제583조).

② 매매대금의 교부장소

계약목적 부동산의 인도와 동시에 매매대금을 지급하는 경우 그 인도장소에서 지급하게 됩니다(민법 제586조).

[서식 예] 토지 · 건물 매매계약서(임차인이 없는 경우)

부 동 산 매 매 계 약 서

매도인(○○○)을 甲, 매수인(○○○)을 乙이라 하여 양 당사자는 다음과 같이 부동산매매계약을 체결한다.

※부동산의 표시
○○시 ○○구 ○○동 ○○번지
대지 ○○㎡
위 지상건물 ○○㎡

제1조(매매대금) 위 부동산의 매매에 있어 매수인 乙은 매매대금을 아래와 같이 지불하기로 한다.

매매대금　　금 ○○○○원정(₩　　　　　　원정)
계 약 금　　금　○○○원정(계약시 지불)
중 도 금　　금○○○원정(지급기일 : 20○○년 월 ○일)
잔　　금　　금 ○○○원정(지급기일 : 20○○년 ○월 ○일)

제2조(소유권이전 및 매매물건의 인도) 이 매매계약의 이행기일인 20○○년 ○월 ○일에 매도인 甲은 매수인 乙로부터 잔금을 수령함과 동시에 소유권이전등기에 필요한 모든 서류를 교부하고 이전등기에 협력하여야하며, 또한 위 부동산을 인도하여야 한다.

제3조(저당권등의 말소) 매도인 甲은 이건 부동산에 설정된 저당권 지상권 임차권 등 소유권행사를 제한하는 사유가 있거나 조세공과 기타 부담금의 미납금 등이 있을 때에는 잔금 지급기일까지 그 권리의 하자 및 부담 등을 제거하여 완전한 소유권을 매수인 乙에게 이전하여야 한다. 다만 승계하기로 합의하는 권리 및 금액은 그러하지 아니하다.

제4조(계약의 해제) ① 만일 매수인 乙이 잔금 지급기일을 지체하여 이행하지 않을 경우 매도인 甲은 즉시 계약을 해제할 수 있으며, 손해배상금은 총 매매대금의 10%로 정한다.

② 만일 매도인 甲이 중도금 지급기일 후 잔금지급기일 전에 저당권, 가압류, 가처분 가등기 등의 일체의 처분행위를 하지 못하며 하자가 발생하여 잔금지급기일에 완전한 소유권이전을 받지 못할 경우 매수인 乙은 즉시 계

약을 해제할 수 있으며 손해배상금은 총 매매대금의 10%로 정한다.

③ 매수인 乙이 매도인 甲에게 중도금을 지급할 때까지는 매도인은 계약금의 배액을 상환하고, 매수인은 계약금을 포기하고 이 계약을 해지할 수 있다.

제5조(공과금 등) 위 부동산에 관하여 발생한 수익과 조세공과 등의 부담금은 위 부동산의 인도일을 기준으로 하여 그 전일까지의 것은 매도인에게, 그 이후의 것은 매수인에게 각각 귀속한다.

제6조(비용) 이건 부동산의 소유권이전등기에 소요되는 등록세 및 등기절차에 관한 비용 기타 이 계약에 관한 비용은 모두 매수인 乙이 이를 부담한다.

이상의 계약을 증명하기 위하여 본 계약서 3통을 작성하고 서명.날인 한 다음 각 1통씩 보존한다.

20○○년 ○월 ○일

매도인	주 소					
	성 명 또 는 상 호	인	주민등록번호 또 는 사업자등록번호	-	전 화 번 호	
매수인	주 소					
	성 명 또 는 상 호	인	주민등록번호 또 는 사업자등록번호	-	전 화 번 호	
입회인	주 소					
	성 명 또 는 상 호	인	주민등록번호 또 는 사업자등록번호	-	전 화 번 호	

[서식 예] 토지매매계약서(지상권설정조건)

토 지 매 매 계 약 서

매도인 ○○○를 갑으로 하고, 매수인 ○○○를 을로 하여, 갑, 을 간에 아래 표시의 토지에 대하여 다음과 같이 매매계약을 체결한다.

【토지의 표시】

소재지 : ○○시 ○○구 ○○동 ○○

지　번 : ○○번

지　목 : 임야

지　적 : ○○○○㎡

제1조(목적) 갑은 을에게 위 표시의 토지를 매도하고 을은 이를 매수한다.

제2조(매매대금) 매매대금은 금○○○만원으로 하고 을은 갑에게 매매대금을 아래와 같이 지급한다. (단, 실측 면적이 등기부상의 면적에 비해 과부족이 5% 이상인 경우 1평방미터 당 금○○원으로 하여 매매대금을 재산정한다.)

1. 계약금으로 금일 ○○만원을 지급한다.
2. 잔금 ○○○만원은 ○년 ○월 ○일까지 위 토지의 소유권이전등기신청과 교환하여 지급한다.

제3조(소유권의 이전) 갑은 을에 대해 위 토지에 대해 잔금지급기일 ○년 ○월○일까지 잔금 지급과 상환하여 소유권이전등기신청을 하기로 하고, 소유권이전의 등기비용은 을이 부담한다.

제4조(지상권의 부담) 을은 갑에게 위 표시 토지에 아래 내용의 지상권을 설정해 주는 조건으로 매매한다.

1. 지상권자 : ○○○ (갑)
2. 지상권설정자 : ○○○ (을)
3. 지상권기간 : 10년
4. 지 료 : 월 ○○만원
5. 지료 지급일 : 매월말

제5조(지상권 등기) 을은 갑에게 위 표시 토지 소유권이전 등기를 마친 후 즉시지상권 등기에 필요한 서류를 양도하여 지상권등기에 협조한다.

제6조(위험부담) 위 표시 부동산이 갑이 소유권 이전등기 서류를 양도하기 이전

에 당사자의 책임으로 돌릴 수 없는 이유로 멸실 또는 훼손된 경우에는 그 손해는 갑이 부담한다.

제7조(비용부담) 위 표시 부동산의 제세공과금은 갑이 을에게 소유권이전등기 서류를 양도하는 날을 기준으로 당일까지의 비용은 갑이 부담하고, 그 다음날 이후의 비용은 을이 부담한다.

제8조(계약 해제) ① 갑 또는 을의 계약불이행이 있는 경우는 상대방에게 1주일전에 계약이행을 최고한 후, 계약을 해제할 수 있다.

② 갑의 귀책사유로 계약이 해제된 경우 갑은 을에게 이미 받은 매매대금을 반환하고 금○○○만원을 손해배상금으로 지급한다.

③ 을의 귀책사유로 계약이 해제되는 경우 갑은 이미 받은 매매대금 중 금○○○만원을 손해배상금으로 충당하고 잔액을 을에게 반환한다.

제9조(소송) 이 계약에 관한 소송의 관할 법원은 '을'의 주소지 법원에 따르기로 한다.

20○○년 ○월 ○일

매도인	주 소					
	성 명 또 는 상 호	인	주민등록번호 또 는 사업자등록번호	-	전 화 번 호	
매수인	주 소					
	성 명 또 는 상 호	인	주민등록번호 또 는 사업자등록번호	-	전 화 번 호	

(관련판례)

매매의 일방예약에서 예약자의 상대방이 매매예약 완결의 의사표시를 하여 매매의 효력을 생기게 하는 권리, 즉 매매예약의 완결권은 일종의 형성권으로서 당사자 사이에 그 행사기간을 약정한 때에는 그 기간 내에, 그러한 약정이 없는 때에는 그 예약이 성립한 때로부터 10년 내에 이를 행사하여야 하고, 그 기간을 지난 때에는 예약 완결권은 제척기간의 경과로 인하여 소멸한다(대법원 2003. 1. 10. 선고 2000다26425 판결).

[서식 예] 토지매매계약서(일반)

토 지 매 매 계 약 서

매도인 ○○○를 갑으로 하고 매수인 ○○○를 을로 하여 갑, 을 간에 다음과 같이 토지매매계약을 체결한다.

1.부동산의 표시

소재지			
면 적	㎡	지 목	

2.계약내용

제1조(계약의 성립) 갑은 을에 대해 위 표시 토지를 현상대로 매도하고 을은 이를 매수한다

제2조(매매대금) 위 표시 토지의 매매에 대하여 을은 갑에 대하여 다음과 같이 대금을 지급하기로 한다.

대 금 총 액	일금 원정(₩ 원)	
계 약 금	일금 원정	20○○년○○월○○일지급
중 도 금	일금 원정	20○○년○○월○○일지급
잔 금	일금 원정	20○○년○○월○○일지급

제3조(계약의 이행) 갑은 소유권이전등기에 필요한 일체의 서류를 갖추어 소유권 이전등기를 신청함과 동시에 매매대금의 잔금을 수령하여야 하며, 이를 수령하였을 때에는 위 부동산을 을에게 인도하여야 한다.

제4조(매도인의 책임) 위 부동산에 관하여 소유권의 행사를 제한하는 권리가 설정되어 있을 경우에는 갑은 제한권리를 소멸시켜 소유권을 을에게 이전하여야 한다. 단, 소유권을 제한하는 권리를 을이 승계하기로 합의한 때에는 이에 상당하는 금액을 잔금 중에서 공제하고 지급하기로 한다.

제5조(수익과 비용부담) ①위 부동산에 발생한 수익과 조세공과금 등의 부담금은 부동산인도일을 기준으로 그 전일까지의 것은 갑에게, 이후의 것은 을에게 각각 일수의 계산에 따라 귀속하기로 한다.

②제1항의 정산은 매매대금 잔금지급시에 하기로 한다.

③위 부동산의 소유권 이전등기에 필요한 등록세 등 등기신청에 필요한 제 비용은 을이 부담한다.

제6조(위험부담) 갑 또는 을의 책임이 아닌 사유로 위 부동산이 멸실 또는 훼손되었을 경우에 그 부담은 갑에게 귀속되고, 자동적으로 본계약은 해제되며 갑은 을에게 계약보증금을 즉시 반환하기로 한다.

제7조(계약의 해제) ①갑에게 계약불이행의 귀책사유가 있는 때에는 계약금의 배액을 을에게 지급하고, 을에게 계약불이행의 귀책사유가 있는 때에는 계약금을 포기하기로 한다.

②을이 갑에게 중도금(중도금이 없는 경우는 잔금)을 지급할 때까지는 갑은 계약금의 배액을 상환하고 을은 계약금을 포기하여 계약을 해제할 수 있다.

이상과 같이 계약이 성립되었으므로 이 계약을 증명하기 위하여 본 계약서 2통을 작성하고 갑과 을은 각 1통씩을 보관한다.

20○○년 ○월 ○일

갑	주 소					
	성 명 또 는 상 호	인	주민등록번호 또 는 사업자등록번호	-	전 화 번 호	
을	주 소					
	성 명 또 는 상 호	인	주민등록번호 또 는 사업자등록번호	-	전 화 번 호	

[서식 예] 부동산매매계약서(일반)

부동산매매계약서

매도인 ○○○(이하 "갑"이라 한다)과 매수인 ○○○(이하"을"이라 한다)은 아래 표시의 부동산에 관하여 다음과 같이 합의하여 계약을 체결한다.

<부동산의 표시>

소 재 지				
토 지	지 목		면 적	㎡(평)
건 물	구조 및 용도		면 적	㎡(평)

제1조(목적) 갑은 그 소유의 위 부동산을 을에게 매도하고 을은 이를 매수한다.

제2조(매매대금) ① 매매대금은 금○○○원으로 하고 다음과 같이 지급하기로 한다.

계 약 금	금 원은 계약체결시에 지급하고
중 도 금	금 원은 년 월 일에 지급하며
잔 금	금 원은 년 월 일에 지급하기로 함.

② 제1항의 계약금은 잔금수령시에 매매대금의 일부로 충당한다.

제3조(소유권이전 및 매매물건의 인도) 갑은 을의 잔금지급과 동시에 소유권이전등기에 필요한 서류를 을에게 교부하고 이전등기절차에 협력하여야 하며 갑의 비용과 책임으로 매매부동산을 을에게 인도하여야 한다.

제4조(저당권등의 말소) 갑은 위 제3조의 인도전에 매매부동산상의 저당권, 질권, 전세권, 지상권, 임차권 기타 소유권의 행사를 제한하는 일체의 권리를 말소 시켜야 한다.

제5조(부속물의 이전) 위 제3조의 인도시 매매부동산에 부속된 물건은 매매목적물에 포함된 것으로 한다.

제6조(매도인의 담보책임) 매매부동산은 계약시의 상태를 대상으로 하며 공부상의 표시와 실제가 부합하지 아니하여도 쌍방이 이의를 제기하지 않기로 한다.

제7조(위험부담) ① 매매부동산의 인도 이전에 불가항력으로 인하여 매매부동산이 멸실 또는 훼손되었을 경우에는 그 손해는 갑의 부담으로 한다.

② 제1항의 경우에 을이 계약을 체결한 목적을 달성할 수 없을 때에는 을은 계약을 해제할 수 있으며 이때 갑은 이미 수령한 대금을 을에게 반환하여야 한다.

제8조(계약의 해제) ① 위 제2조의 중도금 지급(중도금약정이 없을 때에는 잔금)전까지 을은 계약금을 포기하고, 갑은 계약금의 배액을 상환하고 계약을 해제할 수 있다.

② 당사자 어느 일방이 본 계약을 위반하여 이행을 태만히 한 경우 상대방은 1주간의 유예기간을 정하여 이행을 최고하고, 일방이 이 최고의 기간내에 이행을 하지 않을 경우에 상대방은 계약을 해제할 수 있다.

제9조(위약금) 위 제8조 제2항에 의하여 갑이 본 계약을 어겼을 때에는 계약금으로 받은 금액의 2배를 을에게 주기로 하고, 을이 본 계약을 어겼을 때에는 계약금은 갑에게 귀속되고 돌려달라는 청구를 할 수 없다.

제10조(비용) 매도증서작성비용 및 이에 부대하는 비용은 갑이 부담하고 소유권이전등기에 필요한 등록세 등의 비용은 을이 부담한다.

제11조(공과금 등) 매매물건에 부과되는 조세공과·제비용 및 매매물건에서 발생하는 수익은 모두 인도일을 기준으로 하여 그 전일까지 생긴 부분은 갑에게 귀속하고 그 이후부터는 을에게 귀속한다.

제12조(관할 법원) 이 계약에 관한 분쟁이 발생할 시에는 소송의 관할법원은 매매부동산의 소재지를 관할하는 법원으로 한다.

이 계약을 증명하기 위하여 계약서 2통을 작성하여 갑과 을이 서명.날인한 후 각각 1통씩 보관한다.

20○○년 ○월 ○일

매도인	주 소					
	성 명 또 는 상 호	인	주민등록번호 또 는 사업자등록번호	-	전 화 번 호	
매수인	주 소					
	성 명 또 는 상 호	인	주민등록번호 또 는 사업자등록번호	-	전 화 번 호	
입회인	주 소					
	성 명 또 는 상 호	인	주민등록번호 또 는 사업자등록번호	-	전 화 번 호	

[서식 예] 부동산매매검인계약서

부동산매매계약서

매도인과 매수인은 다음과 같이 매매 계약을 체결한다.

1. 부동산의 표시

2. 매매대금 및 지급방법

<table>
<tr><td colspan="3">매매대금 원정</td><td rowspan="2">지급장소</td><td rowspan="2"></td></tr>
<tr><td>계약금</td><td>원정</td><td>영수함㊞</td></tr>
<tr><td>중도금</td><td colspan="3">원정은 . . .까지 지급</td><td>. . . 영수함 ㊞</td></tr>
<tr><td>잔대금</td><td colspan="3">원정은 . . .까지 지급</td><td>. . . 영수함 ㊞</td></tr>
</table>

3. 매도인은 매매대금 전액을 영수함과 동시에 매수인에게 이 부동산에 대한 소유권이전등기 절차를 이행하고 이 부동산을 명도 및 인도한다.

4. 소유권이전등기 절차를 위한 부속등기 절차비용은 매도인이 부담하고 소유권이전등기 절차비용은 매수인이 부담한다.

5. 이 부동산의 명도 및 인도때까지 발생한 제세공과금은 매도인이 부담하고 그 후에 발생한 제세공과금은 매수인이 부담한다.

6. 매도인이 위약한 때에는 위약금으로 계약금의 배액을 매수인에게 배상하고 매수인이 위약한 때에는 계약금을 위약금으로 보고 그 반환 청구권이 상실된다. 계약이행 착수 후에도 또한 같다.

특약 사항	

이 계약의 성립을 증명하기 위하여 이 계약서 5통을 작성하고 계약 당사자가 이의 없음을 확인하고 각각 서명.날인하다.

년 월 일

* 당사자표시

매도인		주민등록번호		주 소	
매수인		주민등록번호		주 소	

검 인 신청인	성명		주소 사무소	

[서식 예] 건물매매계약서(건축 중인 주택 매매)

주 택 매 매 계 약 서

매도인 ○○○(이하'갑'이라 한다)과 매수인 ○○○(이하'을'이라 한다)은 서울특별시 ○○구 ○○동 ○○번지 상에 신축중인 건물을 아래 조건으로 매매한다.

아 래

제1조(매매대금 및 지급일)

매매대금	금 육억이천만원(620,000,000원)
계 약 금	금 62,000,000원, 계약시 지급하였음
중 도 금	금 200,000,000원, 20○○년 ○월 ○일
잔 금	금 358,000,000원, 20○○년 ○월 ○일

제2조(목적물 인도) 목적물을 계약당시 시공된 상태대로 계약당일에 인도한다. 다만 건축현장에 반입되어 아직 시공되지 아니한 자재 및 시공회사 소유의 공구.기계 등은 계약 일로부터 3일 이내에 반출한다.

제3조(공사도급관계의 정리) 본 계약체결 이전까지의 매도인과 시공회사간의 채권.채무는 매수인에게 승계 되지 아니하고 전부 매도인이 책임 정리한다.

제4조(토지이용관계) 매도인은 본 건 건물을 신축중인 토지소유자에 대하여 매도인이 본 계약 당시 가지고 있는 토지임차권과 동일한 조건의 토지 임차권(단, 임차기간은 20○○. ○. ○일 까지)을 매수인이 가지는 내용의 임대차 계약이 잔금 지급일 전까지 매수인과 토지 소유자간에 맺어질 수 있도록 협력한다.

제5조(행정 관련사항) 매도인은 건축주 명의변경 등 제반 행정 관련사항의 명의변경에 협력한다.

제6조(계약의 해제 및 손해배상액의 예정) 본 계약이 당사자 일방의 채무불이행으로 해약되는 경우 타방 당사자가 청구할 손해배상액은 금육천이백만원(62,000,000원)으로 한다.

이 계약의 성립을 증명하기 위하여 본 계약서를 2통 작성, 매도인과 매수인이 각각 서명.날인하고 각 1통을 보관한다.

20○○년 ○월 ○일

매도인	주 소					
	성 명 또 는 상 호	인	주민등록번호 또 는 사업자등록번호	-	전 화 번 호	
매수인	주 소					
	성 명 또 는 상 호	인	주민등록번호 또 는 사업자등록번호	-	전 화 번 호	

[서식 예] 건물매매계약서(임차인이 건물만 매수)

건 물 매 매 계 약 서

부동산의 표시

<table>
<tr><td rowspan="2">부동산의 표시</td><td>소 재 지</td><td>○○시 ○○구 ○○길 ○○</td><td>목 적 물</td><td>위 지상건물</td></tr>
<tr><td>면적 및 구조</td><td>건평 : 45 ㎡</td><td>건물구조: 연와조등</td><td>대지 : 80 ㎡</td></tr>
<tr><td colspan="2">매 매 대 금</td><td colspan="3">금 오억원정 (금500,000,000원)</td></tr>
</table>

계약조건

계 약 금	5,000만원정은 계약시 지불하고 영수함.
중 도 금	30,000만원정은 20○○년 ○월 ○일 임차인의 임대인에 대한 임차보증금 반환채권 5,000만원으로 대체한다.
잔 금	15,000만원정은 20○○년 ○월 ○일 지불하기로 한다.

제1조(차지권에 대한 약정) 임차인(매수인)은 임대인(매도인)에 대하여 위 소재 위 지상 건물을 소유하기 위해 위 매매대금을 지급하고 그 부지에 대한 임대료는 1개월 금 200,000원, 매월 말일 지급하기로 하고, 존속기간은 20년의 임차권을 인정하기로 한다.

제2조(인도와 등기) 매도인은 잔금수령시 간이 인도하고, 소유권 이전(등기)에 필요한 서류를 매수인에게 주고 소유권이전등기절차에 협력한다. 매도인은 위 소재 건물에 대한 저당권, 질권 등의 등기가 있을 때는 소유권 이전 등기할 때까지 이를 말소하여야 한다.

제3조(위험부담) 이 계약 성립 후 본 건 건물을 인도할 때까지 본 건 건물의 멸실 또는 그 손실은 매도인의 부담으로 한다.

제4조(하자담보) 매수인이 매도인으로부터 본 건 건물의 인도를 받은 후에 본 건 건물에 하자가 있다고 해도 매수인은 이를 이유로 해약 또는 대금 감액의 청구를 하지 않기로 한다.

제5조(부담의 귀속) 본건 건물에 대한 고정자산세 기타 공과금은 본 건 건물의 이전분은 매도인이, 그 이후 분은 매수인이 부담한다.

제6조(계약해제) 매도인 매수인 중의 어느 일방이 이 계약의 각 조항을 위반할 때는 상대방은 즉시 이 계약을 해제할 수 있다.

제7조(위약금) 본 계약을 매도인이 위약시는 계약금의 배액을 변상하며 매수인이 위약시는 계약금을 무효로 하고 반환을 청구 할 수 없다.

위 계약의 성립을 증명하기 위하여 본 계약서 2통을 작성하고 각각 서명.날인하고 각1통씩 보관한다.

20○○년 ○월 ○일

<table>
<tr><td rowspan="2">매
도
인</td><td>주 소</td><td colspan="5"></td></tr>
<tr><td>성 명
또 는
상 호</td><td>인</td><td>주민등록번호
또 는
사업자등록번호</td><td>-</td><td>전 화
번 호</td><td></td></tr>
<tr><td rowspan="2">매
수
인</td><td>주 소</td><td colspan="5"></td></tr>
<tr><td>성 명
또 는
상 호</td><td>인</td><td>주민등록번호
또 는
사업자등록번호</td><td>-</td><td>전 화
번 호</td><td></td></tr>
</table>

[서식 예] 농지매매계약서(농지법상 허가조건부)

농 지 매 매 계 약 서

매도인 ○○○(이하 "갑")과, 매수인 ◇◇주식회사(이하 "을") 사이에 다음과 같이 계약을 체결한다.

(부동산의 표시)

소 재 : ○○도 ○○군 ○○면 ○○리

지 번 : ○○번지

지 목 : 밭

지 적 : ○○○㎡

제1조(목적) 갑은 을에 대해 위 표시의 토지(단, 등기부에 의한 표시)를 공장용지로 매도할 것을 서약하고, 을은 이것을 매수한다.

제2조(대금의 지급) 을은 갑에 대해 매매대금 총액 일금○○○만원(등기부 기재 1평방미터 당 일금○○○원)을 다음과 같이 지급한다.

1. 금일 계약금으로 일금○○○만원(최종 잔금 지급시 대금으로 충당)
2. 20○○년 ○월 ○일까지 갑이 농지법 및 기타 관련법규에 의한 허가를 요구 하는 신청을 관할 관청에 제출하는 것과 동시에 중도금○○○만원
3. 농지법 제34조에 의해 농림축산식품부 장관의 허가가 난 후 ○○일 이내에 소유권이전등기 신청과 동시에 잔금○○○만원

제3조(소유권이전) ①갑은 을에 대해 다음과 같이 이행한다.

1. 계약금 수령 후 ○주 이내에 을을 위해 아래 토지에 대하여 농지법 및 기타 관련법규에 의한 허가를 조건으로 소유권을 이전한다는 취지의 소유권이전등기청구권의 가등기신청을 하도록 한다.
2. 20○○. ○. ○.일까지 을과 함께 관할 관청에 아래 토지를 공장용지로 매도하는 것에 대한 허가신청과 함께 일금○○○만원을 지급한다.
3. 농지법 및 기타 관련법규의 규정에 따른 허가가 난 후 ○일 이내에 잔금을 지급함과 동시에 아래 토지의 소유권이전등기신청 및 아래 토지의 인도를 하도록 한다.

② 위 제1항 제3호에 의거 을에게로 소유권이전등기를 신청했을 때, 아래 토지의 소유권이 을에게로 이전된다.

제4조(자동해약과 대금반환) ① 갑이 성심성의 것 제3조 제1항 제2호에 의거

한 허가신청을 했음에도 불구하고 불허되었을 때, 혹은 본 계약 체결일로부터 ○월 이내에 허가가 나지 않았을 때는 본 계약은 자동적으로 해약되는 것으로 한다. 이 경우, 갑은 계약불이행의 책임을 지지 않는다.

② 갑은 을에 대해 제2조 제1호 및 제2호의 금액을 그 반환사유가 발생한 날로부터 ○일 이내에 반환해야 한다.

제5조(계약불이행과 계약금) 갑에게 계약불이행의 귀책사유가 있는 때는 계약금의 배액을 을에게 지급하고, 을에게 계약불이행의 귀책사유가 있는 때는 계약금을 포기하는 것으로 한다.

제6조(계약불이행과 비용부담) 제5조의 경우, 불이행의 당사자가 제3조 제1항 제1호의 소유권이전가등기의 말소등기절차에 따른 비용을 부담한다.

제7조(기타비용부담) 소유권이전의 가등기, 소유권이전의 본등기신청의 비용, 등록면허세는 을의 부담으로 하고, 농지법과 기타 관련규정에 의한 허가신청 비용은 갑의 부담으로 한다.

제8조(기타) 갑은 제3조 제1항 제3호의 전날까지 자기의 비용부담에 의해 아래 토지의 실측을 행하고, 인접 토지의 소유자가 입회한 가운데 경계를 확정하고, 표식을 설치해야 한다. 실측 결과, 등기부와 비교하여 면적에 증감이 발생해도 대금 총액은 변경하지 않는 것으로 한다.

이상과 같이 계약이 성립되었으므로 본 계약서 2통을 작성하고, 갑과 을은 각 1통씩을 보관한다.

20○○년 ○월 ○일

<table>
<tr><td rowspan="2">매
도
인</td><td>주 소</td><td colspan="5"></td></tr>
<tr><td>성 명
또 는
상 호</td><td>인</td><td>주민등록번호
또 는
사업자등록번호</td><td>-</td><td>전 화
번 호</td><td></td></tr>
<tr><td rowspan="2">매
수
인</td><td>주 소</td><td colspan="5"></td></tr>
<tr><td>성 명
또 는
상 호</td><td>인</td><td>주민등록번호
또 는
사업자등록번호</td><td>-</td><td>전 화
번 호</td><td></td></tr>
</table>

[서식 예] 공장매매계약서

공 장 매 매 계 약 서

매도자 ○○주식회사(이하 갑이라 한다)와 매수자 ◇◇주식회사(이하 을이라 한다)의 사이에 다음과 같이 공장매매에 관한 계약을 체결한다.

〈공장의 표시〉
대지권의 표시 : ○○도 ○○시 ○○동 ○○길 대지 1,497㎡ 건물의 표시 : 위 지상 철근콘크리트 슬래브지붕 단층 공장 1,157㎡ (등기부상의 건물내역 전체포함)
부대설비 및 기계의 표시 : 별지 목록 기재 (생략)

제1조(매매대금) 매매대금은 다음과 같이 지급하기로 한다.

매매대금	금 원정 중
계 약 금	금 원정은 년 월 일에 지급하고
중 도 금	금 원정은 년 월 일에 지급하고
잔 금	금 원정은 년 월 일에 지급하기로 함.

제2조(매매범위) 갑은 을에게 공장을 현 상태 그대로 매도할 것을 약정하고 을은 공장을 매수한다

제3조(이행의무) 갑은 을에게 다음과 같이 본 계약상의 의무를 이행한다.

1. 20○○년 ○월 ○일 중도금 지급 시까지 공장을 비우고, 공장 토지 건물에 설정한 저당권 등의 담보물권, 가등기 등 등기부상의 부담을 일체 말소한다.
2. 20○○년 ○월 ○일까지 잔금지급과 동시에 위 표시의 공장 토지 건물의 소유권이전등기 신청, 공장 토지 건물, 부속 설비기계를 인도한다.

제4조(위험부담) 공장의 토지 건물 소유권이전등기 및 인도까지 공장건물 또는 기계설비가 갑의 책임 있는 사유로 훼손되거나 또는 멸실 되었을 때는 일체의 손해는 갑의 부담으로 한다.

제5조(하자담보) 을은 계약체결 후 목적물의 일부 훼손으로 공장으로서의 기능을 잃지 않았을 때는 갑에 대해 훼손에 상당한 가격을 매매대금에서 공

제할 것을 청구할 수 있고, 훼손의 정도가 심하거나 혹은 멸실 되었을 시 본 계약은 해제하기로 한다.

제6조(계약해제) ① 갑의 귀책사유로 공장건물 또는 기계설비가 멸실 혹은 훼손 되었을 때, 을은 즉시 본 계약을 해제하고, 계약금의 반환 및 손해배상으로 계약금과 같은 액수의 금전을 청구할 수 있다.

② 을이 본 계약상의 의무를 이행하지 않을 때는 갑은 본 계약을 해제할 수 있으며 지급된 계약금은 갑에게 귀속된다.

제7조 (보증책임) 갑은 을에 대해 건물, 기계 및 부대 설비를 인도한 후 1년간의 생산능력을 보증하는 책임을 진다. 매매대금 중 10%상당 금액을 하자담보 보증금으로 유보한다.

이 계약의 성립을 보증하기 위하여 본 계약서 2통을 작성하여 갑과 을이 각 1통씩 보관키로 한다.

20○○년 ○월 ○일

매도인	주 소					
	성 명 또 는 상 호	인	주민등록번호 또 는 사업자등록번호	-	전 화 번 호	
매수인	주 소					
	성 명 또 는 상 호	인	주민등록번호 또 는 사업자등록번호	-	전 화 번 호	

(관련판례)

매매계약의 체결 이후 시가 상승이 예상되자 매도인이 구두로 구체적인 금액의 제시 없이 매매대금의 증액요청을 하였고, 매수인은 이에 대하여 확답하지 않은 상태에서 중도금을 이행기 전에 제공하였는데, 그 이후 매도인이 계약금의 배액을 공탁하여 해제권을 행사한 사안에서, 시가 상승만으로 매매계약의 기초적 사실관계가 변경되었다고 볼 수 없어 '매도인을 당초의 계약에 구속시키는 것이 특히 불공평하다'거나 '매수인에게 계약내용 변경요청의 상당성이 인정된다'고 할 수 없고, 이행기 전의 이행의 착수가 허용되어서는 안 될 만한 불가피한 사정이 있는 것도 아니므로 매도인은 위의 해제권을 행사할 수 없다고 한 원심의 판단을 수긍한 사례 (대법원 2006. 2. 10. 선고 2004다11599 판결).

[서식 예] 토지·건물분양계약서

토지·건물분양계약서

□ 재산의 표시
소재지:
건 물: ㎡ (평)
대 지: ㎡ (평)
□ 입주예정일 : 년 월

위 표시 재산을 분양함에 있어 매도인 ○○건설주식회사를 "甲"이라 칭하고 매수인 ○○○을 "乙"이라 칭하여 다음과 같이 분양계약을 체결한다.

제1조(분양금액) 위 표시 물건의 분양금액은 금 (₩) 원정(부가세 포함)으로 하고, "乙"은 아래의 납부방법에 의하여 甲이 지정하는 장소에 납부하여야 한다.

① 납부일시 및 금액 :
◎ 계 약 금 : 년 월 일 원
◎ 1회 중도금 : 년 월 일 원
◎ 2회 중도금 : 년 월 일 원
◎ 잔금(입주지정일) : 년 월 일 원
(당초의 입주예정일이 변경될 경우에는 확정된 입주지정일을 추후 개별 통보하기로 함.)
② 납 부 장 소 :

제2조 (할인료, 연체료 및 지체상금)

① "甲"은 "乙"이 중도금과 잔금을 약정일 이전에 불입하는 경우에는 선납액에 대하여 년 ( )%의 할인율을 적용하여 선납일수에 따라 산정된 금액을 할인한다. 다만, 잔금에 대하여는 입주지정 최초일을 기준으로 하여 할인한다.
② "乙"은 중도금 및 잔금의 납부를 지연하였을 때에는 그 지연일수에 ( )%의 연체요율을 적용한 연체료를 납부하여야 한다. 다만, 연체요율은 시중은행 일반자금대출의 연체요율 범위를 초과할 수 없다.
③ "甲"이 "乙"로부터 받은 분양대금의 변제충당의 순서는 "乙"이 부담할 연체료, 선중도금, 잔금의 순으로 한다.
④ "甲"은 본 계약서 전문에서 정한 입주예정일을 지연하였을 경우 기납부한 대금에 대하여 제 2항에서 정한 연체요율을 적용한 금액을 지체상금으

로 지급하거나 잔여대금에서 공제한다.

⑤ 천재지변 또는 "甲"의 귀책사유에 의하지 아니한 행정명령 등의 불가항력적인 사유로 인하여 입주가 지연될 경우에는 "甲"은 이를 "乙"에게 통지하기로 하며, 이 경우 제4항을 적용하지 아니한다.

⑥ 입주예정일이 당초 입주예정일보다 앞당겨질 경우에는 미도래 중도금과 잔금을 납부하여야 입주할 수 있다.

제3조 (소유권 이전) ① "甲"은 본 건물의 사용승인일로부터 60일 이내에 소유권 보존등기를 하여야 한다.

② 공부정리가 완료되면 즉시 "乙"에게 통지하고 "乙"은 소유권 이전신청이 가능한 날로부터 60일 이내에 소유권 이전을 "乙"의 비용으로 완료하여야 한다.

③ "乙"이 제1항의 소유권 이전절차를 지체함으로써 발생하는 부동산등기특별조치법에 의한 과태료 등 제반피해는 "乙"이 전액 부담하여야 한다.

제4조 (제세공과금 등) ① 위 표시 재산에 대한 재산세 및 종합토지세는 과세기준일이 "甲"이 통보한 잔금납부지정일 이전인 경우에는 "甲"이 부담하고, 그 이후인 경우에는 "乙"이 부담한다.

② "乙"은 잔금 납부일로부터 30일 이내에 취득세를 납부하여야 한다. 단, 잔금납부일이 사용승인일 이전일 때에는 사용승인일(가사용 승인시는 그 승인일)을 기준으로 하여 30일 이내에 납부하여야 한다.

제5조 (계약 해제) ① "乙"이 아래 각호의 1에 해당하는 행위를 하였을 경우에는 "甲"은 상당한 기간을 정하여 이행의 최고를 한 후 그 이행이 없을 경우 본 계약을 해제할 수 있다.

가) "乙"이 제1조에서 정한 분양대금 (중도금, 잔금)을 납부기일까지 지급하지 아니하여 "甲"이 14일 이상의 기간을 정하여 2회이상 최고하여도 "乙"이 납부치 않았을 때

나) "乙"이 상당한 이유없이 입주지정일 내에 입주하지 않을 때

② "乙"은 자신의 사정으로 인한 경우 스스로 본 계약을 해제할 수 있다. 다만, 중도금 납부 후에는 "甲"이 인정하는 경우에 한한다.

③ "乙"은 "甲"의 귀책사유로 인하여 입주가 당초 입주예정일로부터 3월을 초과하여 지연된 경우 또는 계약기간중 "甲"의 계약이행이 불능하게 된 때에는 본 계약을 해제할 수 있다.

④ 제 1항 내지 제3항에 해당하는 사유로 본 계약이 해제된 때에는 제1항 또는 제 2항의 경우에는 "乙"이, 제3항의 경우에는 "甲"이 각각 그 상대방에게 위약금으로 분양대금 총액의 10%를 지급하기로 한다.

제6조 (하자담보책임) ① 갑이 위 조항에 의거 을에게 매매목적물을 인도할 때까지의 기간동안에 갑 또는 을의 책임이 아닌 사유로 상기 건물이 멸실 또는 심하게 훼손되었을 경우의 손실은 갑의 부담으로 하고, 본 계약은 당연 해제된 것으로 하며, 갑은 을에 대해 계약금을 포함한 기수령 매매대금을 반환한다.

② 위 ①항의 훼손의 정도가 경미할 경우에는 갑이 비용을 부담하여 수선하도록 한다.

제7조 (하자보수) 갑은 을에 대해 상기 건물 및 부대설비에 대해 인도일로부터 만 1년간 품질 및 기능을 보증하고, 자연히 발생한 고장 및 파손을 수선하도록 한다.

제8조 (기타) ① "乙"은 본 계약서상의 주소가 변경되었을 경우에는 10일 이내에 "甲"에게 서면으로 통보하여야 한다. 이를 이행하지 아니할 경우 "甲"의 "乙"에 대한 계약의 해제통고 등 제반통고는 종전 주소지로 발송후 7일이 경과함으로써 도달한 것으로 본다. 이에 대한 "乙"의 불이익은 "甲"이 책임지지 아니한다. 또한 계약서상의 주소가 부정확한 경우도 이와 같다.

② 표시재산의 지번 및 필지수는 토지의 합병, 분할 등으로 변경될 수 있다.

③ 본 계약에 관한 소송의 관할법원은 위 상가의 소재지를 관할하는 법원 또는 민사소송법에 의한 법원으로 한다.

④ 본 계약에 명시되지 않은 사항은 "甲"과 "乙"이 협의하여 결정하며 합의되지 아니한 사항은 관계법령 및 일반관례에 따른다.

본 계약의 내용을 증명하기 위하여 계약서 2통을 작성하여 "甲"과 "乙"이 각 1통씩 보관한다.

200○년 ○월 ○일

매수인	주 소					
	성 명 또 는 상 호	인	주민등록번호 또 는 사업자등록번호	-	전 화 번 호	
매수인	주 소					
	성 명 또 는 상 호	인	주민등록번호 또 는 사업자등록번호	-	전 화 번 호	

[서식 예] 아파트분양표준계약서

아 파 트 공 급 표 준 계 약 서

□ 재산의 표시 ㎡(평형) ○○○ 아파트 동 호

구 분		면 적	
		㎡	평
건 물	전용면적	㎡	평
	주거공용면적	㎡	평
	공급면적	㎡	평
	세대별기타공용면적 (초과 지하면적)	㎡ (㎡)	평 (평)
	계약면적	㎡	평
대 지	공유지분	㎡	평

□ 부대시설(공용) : 이 아파트에 따른 전기.도로.상수도시설 및 기타 부대시설 위 표시 재산을 공급함에 있어 매도인을 "갑"이라 칭하고 매수인을 "을"이라 칭하며 다음과 같이 계약을 체결한다.

□ 입주예정일 : 년 월(공정에 따라 다소 변경될 경우 추후 개별통보키로 함)

제1조(공급대금 및 납부방법) "갑"은 위 표시재산을 아래방법으로 공급하고 "을"은 해당금액을 "갑"에게 납부하여야 한다.

구분	대지 가격	건물 가격	부 가 가치세	총공급 금 액	계약금	중도금 1회 ( )	2회 ( )	3회 ( )	4회 ( )	5회 ( )	잔금 (입주시)	계약자 선택날인
기본형												(인)
선택형 (%)												(인)

제2조(계약의 해제) (1) "갑"은 "을"이 다음 각 호에 해당하는 행위를 하였을 때에는 최고한 후 그 이행이 없을 경우 이 계약을 해제할 수 있다.

① 제1조에서 정한 중도금을 계속하여 3회 이상 납부하지 아니하여 14일 이상의 유예기간을 정하여 2회 이상 최고하여도 납부하지 아니한 때(단, 주택공급에관한규칙에서 이와 달리 정하는 경우에는 이 규칙에 따라 따로 정할 수 있다)

② 잔금을 약정 일로부터 3월 이내에 납부하지 아니하였을 때

③ "갑"의 보증에 의하여 융자가 알선되고 "을"이 이자 등을 납부하지 아니하여 금융기관에서 "갑"에게 대신이행을 청구하는 경우에 "갑"이 14일이상의 유예기간을 정하여 2회 이상 최고하여도 "을"이 금융기관에 그 이자 등을 납부하지 않을 때, 단, 최고시 「당해 유예기간이 지나도록 금융기관에 그 이자 등을 납부하지 아니하면 이 계약을 해제하며, 계약 해제시에는 이미 납부한 계약금과 중도금에서 대출원리금, 위약금을 공제한 후 나머지 금액을 반환한다」는 취지의 내용을 밝혀야 한다.

④ "을"이 청약저축등 입주자 저축을 타인명의로 가입하였거나, 가입한 자의 청약저축 등 입주자 저축을 사실상 양도받아 계약을 체결한 때

⑤ 기타 주택공급에 관한 규칙에 위배되는 행위를 하였을 때

(2) "을"은 자신의 사정으로 인한 경우 스스로 본계약을 해제할 수 있다. 다만, 중도금을 1회라도 납부한 후에는 "갑"이 인정하는 경우에 한한다.

(3) "을"은 "갑"의 귀책사유로 인해 입주예정일로부터 3월이내에 입주할 수 없게 되는 경우 이 계약을 해제할 수 있다.

(4) "을"은 주소변동이 있을 때에는 10일 이내에 "갑"에게 서면으로 통보하여야 한다. 이를 이행하지 아니할 경우 "갑"의 "을"에 대한 계약의 해제통고 등은 종전주소지로 발송하며 발송후 15일이 경과함으로써 그 효력이 발생하는 것으로 추정하며 이에 대한 "을"의 불이익은 "갑"이 책임지지 아니한다. 또한 계약서상의 주소가 부정확한 경우도 이와 같다.

제3조(위약금) (1) 제2조제1항 제1호 내지 제3호 및 제2조제2항에 해당하는 사유로 이 계약이 해제된 때에는 공급대금 총액의 10%는 위약금으로 "갑"에게 귀속된다.

(2) 제2조제3항에 해당하는 사유로 이 계약이 해제된 때에는 "갑"은 "을"에게 공급대금 총액의 10%를 위약금으로 지급한다.

(3) 제1항과 제2항의 경우 "갑"은 "을"이 이미 납부한 대금(단, 제1항의 경우에는 위약금을 공제한다)에 대하여는 각각 그 받은 날로부터 반환 일까

지 연리(　)%에 해당하는 이자를 가산하여 “을”에게 환급한다.

제4조(분양권 전매) (1) 분양권 전매는 “갑”의 승인을 득해야 한다.

(2) 제1항에 의한 분양권 전매는 승인신청시 “갑”에 대한 채무를 이행한 경우에 한하여, 또한 대출기관으로부터 위 표시재산을 대상으로 대출받은 자는 대출기관이 발행한 전매당사자간의 대출승계 증거서류를 “갑”에게 제출하여야 하며, 그러하지 아니할 경우에는 대출금을 상환하여야 한다.

제5조(할인료, 연체료 및 지체보상금) (1) “갑”은 “을”이 중도금을 약정일 이전에 납부하는 경우에는 선납금액에 대하여 년(　)%의 할인율을 적용하여 선납일수에 따라 산정된 금액을 할인한다. 단, 잔금에 대하여는 입주지정 최초일 기준으로 하여 할인하며 입주지정 최초일부터 종료일까지는 할인료 및 연체료 규정을 적용하지 아니한다.

(2) “을”은 중도금 및 잔금의 납부를 지연하여 약정납부일이 경과하였을 때에는 그 경과일수에 대하여 한국주택은행 일반자금대출의 연체요율을 적용하여 산정된 연체료를 가산 납부하여야 한다. 단, 계획된 공사일정이 당초 중도금 납부일정보다 현저히 늦어지는 경우 “갑”과 “을”은 합의하여 위 중도금 납부일정을 조정할 수 있다.

(3) “갑”은 이 계약서 전문에서 정한 입주예정 기일에 입주를 시키지 못할 경우에는 이미 납부한 대금에 대하여 제2항에 의한 연체요율에 의거 “을”에게 지체보상금을 지급하거나 잔여대금에서 공제한다.

(4) 천재지변 또는 “갑”의 귀책사유가 아닌 행정명령 등의 불가항력적인 사유로 인하여 준공이 지연될 경우에는 “갑”은 이를 “을”에게 통보키로 하며 이 경우 제3항에서 정한 지체보상금을 지급하지 아니하기로 한다.

제6조(중도금 및 잔금납부) (1) 중도금 및 잔금의 납부장소는 “갑”이 지정.통보하는 은행으로 하며 “갑”은 중도금 납부일을 “을”에게 별도로 통보할 의무를 지지 않는다.

(2) 개인별로 은행에 신청하여 융자받은 중도금은 제1조에 명시된 중도금 납부일자에 “갑”에게 입금(납부)되어야 하며 납부일의 경과시는 이 계약서상의 연체요율에 의거 연체이자를 부담한다.

제7조(보증책임) “갑”이 파산 등의 사유로 분양계약을 이행할 수 없게 되는 경우 분양보증 또는 연대보증을 한 자가 보증내용에 따라 당해 주택의 분양(사용검사를 포함한다)의 이행 또는 납부한 입주금의 환급(입주자가 원하는 경우에 한한다)의 책임을 진다.

第8조(국민주택기금 대출이자의 부담) 국민주택기금으로 대체되는 잔금에 대한 이자는 입주여부에 관계없이 입주지정기간 만료일 다음날로부터 은행융자금이 "을"에게 지급(대환)되는 날까지 은행대출금리에 의하여 "갑"에게 납부하여야 한다.(단, 국민주택에 한함)

第9조(소유권 이전)(1) "갑"은 본 건물의 준공일로부터 60일 이내에 소유권 보존등기를 하도록 한다.

(2) "을"은 공급대금 및 기타 납부액을 완납하고 "갑"의 소유권 보존등기가 완료되는 날로부터 60일 이내에 "을"의 비용으로 소유권 이전등기를 필하여야 하며 "을"이 이전절차를 완료하지 않음으로써 발생하는 제피해 및 공과금은 "을"이 전액 부담하여야 한다.

(3) "갑"의 귀책사유가 아닌 천재지변이나 행정명령, 기타 택지개발사업 미준공, 공부 미정리등의 부득이한 사정으로 소유권 이전절차가 지연될 경우 "을"은 이에 대하여 이의를 제기하지 못한다.

(4) 이 계약서상의 공유대지는 전용면적비율에 의거 배분하여 공유지분으로 이전되며 "갑"은 "을"에게 위치를 지정 또는 할양하지 아니하며 "을"은 공유지분의 분할청구를 할 수 없다.

(5) 계약시 체결된 건물의 공급면적 및 대지의 공유지분은 공부정리 절차등의 부득이한 경우에 한해 법령이 허용하는 오차 범위내에서 증감이 있을 수 있으나 증감이 있을 때에는 계약서와 등기부상의 면적차이에 대하여 분양당시 가격을 기준으로 계산하여 소유권 이전등기시까지 상호 정산하기로 한다.

第10조(지번의 변경) 목적물의 지번은 필지분할 또는 합필에 의하여 변경될 수 있다.

第11조(제세공과금의 부담) 입주지정일 이후 발생하는 제세공과금에 대하여는 입주 및 잔금완납이나 소유권이전 유무에 관계없이 "을"이 부담한다. 단, "을"의 불이행으로 인해 "갑"이 입은 손해는 "을"이 배상한다.

第12조(공유물 및 부대시설의 공동사용) "을"은 공유시설물(기계실, 전기실, 관리사무소 지하주차장등)및 부대복리시설(공중변소, 노인정, 어린이놀이터등)을 공동으로 이용하여야 한다.

第13조(관리) 건물 준공후의 관리는 주택건설촉진법 및 공동주택관리령에서 정하는 바에 따라 시행한다.

제14조(특별수선충당금의 적립) “갑” 또는 주택건설촉진법에 의하여 선정된 주택관리주체는 공동주택의 주요시설의 교체 및 하자보수를 위하여 주택건설촉진법 및 공동주택관리령의 규정에 의한 특별수선충당금을 “을”로부터 징수, 적립하여 필요시 사용토록 한다.

제15조(하자보수) (1) “갑”은 당해건물의 시공상 하자에 대하여는 공동주택관리령의 규정에 의하여 보수책임을 진다.

(2) “을”의 관리부실로 인하여 발생하는 당해건물의 제반 훼손부분은 “을”이 보수 유지한다.

제16조(화재보험) 화재로 인한 재해보상과 보험가입에 관한 법률에 의하여 “을”은 본 아파트를 인도받음과 동시에 집약관리를 위해 동법에서 지정하는 보험회사와 화재보험계약을 “을”의 부담으로 체결하여야 한다. 또한 화재보험에 가입하지 않음으로써 화재 기타 이와 유사한 재해등으로 발생하는 제반피해는 “을”이 책임진다.

제17조(입주절차) (1) “을”은 공급대금 및 연체료를 기일내에 완납하고 “갑”이 요구한 제반서류를 제출한 후 입주일이 명시된 입주증을 발급받아 입주하여야 한다.

(2) “을”은 입주시 관리예치금을 납부한다.

(3) “을”은 “갑”이 지정하는 입주지정기간 만료일 다음 날로부터 입주여부에 관계없이 관리비를 부담해야 한다. 단, 입주지정기간 만료일 이전에 입주시는 실입주일로부터 관리비를 부담해야 한다.

(4) 본 아파트의 입주일은 공사 진행결과에 따라 단축될 수 있으며, 이 경우 미도래된 중도금과 잔금은 실입주일 이전에 납부해야 한다.(단, 이경우 선납할인은 적용하지 아니한다)

제18조(기타사항) (1) 견본주택(모델하우스)내에 시공된 제품은 다른제품으로 변경될 수 없다. 단, “갑”의 귀책사유가 아닌 자재의 품절, 품귀등 부득이한 경우에 한하여 동질, 동가이상의 다른 제품으로 변경 시공될 수 있다.

(2) 견본주택(모델하우스)및 각종 인쇄물과 모형도상의 구획선 및 시설물의 위치, 설계도면 등의 표시가 계약체결일 이후 사업계획 변경승인 및 신고등에 따라 일부 변경될 경우에는 “갑”은 이를 “을”에게 통보키로 한다.(단, “갑”은 경미한 사항의 변경에 대해서는 6개월 이하의 기간마다 그 변경내용을 모아서 “을”에게 통보할 수 있다.)

(3) 이 계약에 관한 소송의 관할법원은 “갑”과 “을”이 합의하여 결정하는

관할법원으로 하며 “갑”과 ”을“간의 합의가 이루어지지 아니한 경우에는 위 주택 소재지를 관할하는 법원 또는 민사소송법에 의한 법원으로 한다.

(4) 이 계약에 명시되지 아니한 사항은 “갑”과 “을”이 합의하여 결정하되 합의되지 아니한 사항은 관계법령 및 일반관례에 따른다.

이 계약의 내용을 증명하기 위하여 계약시 2통을 작성하여 “갑”과 “을”이 각 1통씩 보관한다.

20○○년 ○월 ○일

매도인	주 소					
	성 명 또 는 상 호	인	주민등록번호 또 는 사업자등록번호	-	전 화 번 호	
매수인	주 소					
	성 명 또 는 상 호	인	주민등록번호 또 는 사업자등록번호	-	전 화 번 호	

[서식 예] 매매계약 해제통지서

해 제 통 지 서

수　신 : △ △ △ 귀하
주　소 : ○○시 ○○구 ○○길 ○○

20○○년 ○월 ○일 귀하와 체결한 ○○계약에 의한 귀하의 ○○채무는 20○○년 ○월 ○일까지는 이행되어야 할 것임에도 불구하고 아직까지 이행하지 않았으므로 오는 20○○년 ○월 ○일까지는 반드시 이행하여 주시기 바랍니다. 만일 위 기일까지 이행이 없는 경우는 별도로 해제의 통지가 없더라도 계약은 해제된 것이라고 지득하여 주시기 바랍니다. 최고를 겸하여 통지합니다.

20○○년 ○월 ○일

통 지 인(매도인) ○ ○ ○ (서명)

[서식 예] 토지 매매계약 해제 및 계약금 등 반환청구

토지 매매계약 해제 및 계약금 등 반환청구

수신인 : 김○○(계약서상 ○○공영개발의 대표)
서울 강남구 ○○○
발신인 : 권○○○(주민등록번호)
서울 광진구 ○○○

1. 매매계약 내용

매매 목적 부동산 : 충남 아산시 ○○○
계약일자 : 2013. 3. 19.
매매대금 : 일금 27,600,000원
(단, 계약금 600만원은 계약 당시 지급, 잔금 21,650,000원은 2013. 3. 20. 지급하기로 약정)

2. 최고인은 귀하와 위와 같은 내용의 매매계약을 체결하였으나 위 매매 목적 부동산은 해당 지번에 대하여 부동산이 존재하지 않으므로 민법 546조에서 정하는 이행불능인 계약으로서 최고인은 계약을 해제할 수 있다 할 것이고, 최고인은 이 건 최고로서 위 매매계약을 해제하는 바이며, 귀하는 같은 법 제546조에 의거 받은 계약금을 반환할 의무가 있다 할 것입니다.
3. 이에 최고인은 귀하가 2013. 4. 19.까지 위 계약금 600만원을 발신인의 계좌(우리은행 : ○○○-○○○○○○-○○-○○○ 예금주 : 권○○)로 반환하여 주실 것을 본 내용증명으로 정중히 요구합니다.
4. 만약 위 기일까지 반환되지 않는다면 최고인은 어쩔 수 없이 법원에 소액심판을 청구할 수밖에 없으며, 소 제기의 경우는 귀하(및 주식회사 ○○공영개발)가 계약금을 수령한 날의 다음날부터 민법 소정의 연 5%의, 소장부본 송달 다음날부터 다 갚는 날까지 소촉법 소정의 연 20%의 각 비율에 의한 지연손해금과 소송비용, 소장 대서비용 및 강제집행비용 등 제반 비용을 부담해야 할 것인바, 귀하가 반환할 금액도 많이 늘어나게 될 것임을 최고하니 위 기일까지 반드시 지급하여 주시기 바랍니다.
5. 또한 귀하는 계약일 다음날을 잔금 지급일로 정한 점, 귀하는 주식회사 ○○공영개발의 대표이사도 아님에도 ○○공영개발 명의의 계약을 체결하면서 귀하를 대표로 기재한 점, 존재하지도 않은 부동산에 대한 매매계약을

체결한 점 등에 비추어 귀하는 최고인을 기망하여 착오에 빠지게 하고 그 처분행위로 재산적 이득을 얻은 사기죄에 해당한다고 할 것이므로 위 3항의 요구사항이 지켜지지 않을 경우는 사기 혐의로도 고소할 것이라는 점도 염두에 두시기 바랍니다.

20○○. ○. ○.

위 최고인 권○○

■ 참 고 ■

구분	내용
내용증명	- 내용증명은 우편법 시행규칙 제25조 ①항 4호 가목에 따라 등기취급을 전제로 우체국창구 또는 정보통신망을 통하여 발송인이 수취인에게 어떤 내용의 문서를 언제 발송하였다는 사실을 우체국이 증명하는 특수취급 제도입니다. 예컨대 채무이행의 기한이 없는 경우 채무자는 이행의 청구를 받은 때로부터 지체책임을 지게 되며 이 경우 이행의 청구를 하였음을 증명하는 문서로 활용할 수 있습니다.
내용증명의 활용	- 민법은 시효중단의 한 형태로「최고」를 규정하고 있으며「최고」후 6월내에 재판상의 청구, 파산절차참가, 화해를 위한 소환, 임의출석, 압류 또는 가압류, 가처분을 하지 않는 경우 시효중단의 효력이 없는 것으로 규정하고 있습니다. 따라서 소멸시효가 임박한 경우「최고서」를 작성하여 내용증명우편으로 송부하고 소송 시「최고」를 하였음을 입증하는 자료로 사용할 수 있습니다. - 계약의 해제(해지), 착오 등을 이유로 취소하는 경우 내용증명을 통하여 의사표시를 하는 것이 후일 분쟁을 미리 예방 할 수 있는 방법이 될 수 있습니다. - 민법 제450조는 지명채권의 양도는 양도인이 채무자에게 통지하거나 채무자의 승낙을 요하며, 통지나 승낙은 확정일자 있는 증서에 의하지 않으면 채무자 이외의 제3자에게 대항할 수 없도록 규정하고 있습니다. 따라서 채권의 양도통지를 할 경우 내용증명에 의하여 통지하면 제3자에게도 대항할 수 있게 됩니다. (※ 배달증명은 확정일자 있는 증서로 보지 않음 대법원 2001다80815)
제출부수	- 3부를 작성하여 봉투와 함께 우체국에 제출
기 타	- 내용증명 우편은 3년간 보관하며 분실한 경우에도 재발급 받을 수 있음

[서식 예] 매매대금반환청구의 소(매수토지의 실제면적이 부족한 경우)

소 장

원 고 ○○○ (주민등록번호)
○○시 ○○구 ○○길 ○○(우편번호)
전화.휴대폰번호:
팩스번호, 전자우편(e-mail)주소:
피 고 ◇◇◇ (주민등록번호)
○○시 ○○구 ○○길 ○○(우편번호)
전화.휴대폰번호:
팩스번호, 전자우편(e-mail)주소:

매매대금반환청구의 소

청 구 취 지

1. 피고는 원고에게 금 81,000,000원 및 이 사건 소장부본 송달된 다음날부터 다 갚을 때까지 연 15%의 비율에 의한 돈을 지급하라
2. 소송비용은 피고가 부담한다.
3. 위 제1항은 가집행 할 수 있다.

라는 판결을 구합니다.

청 구 원 인

1. 원고는 피고로부터 ○○시 ○○구 ○○동 ○○번지 소재 대지 1,650㎡를 ㎡당 30만원에 매입하기로 하는 계약을 20○○. ○○. ○○. 체결하고 그 대금 495,000,000원을 20○○. ○. ○○.까지 전액 지급하였으며, 이에 따라 소유권이전등기도 마쳤습니다. 그리고 위 계약당시 실제 측량에 의해 면적에 차이가 있을 경우에는 정산을 하기로 하였습니다.
2. 원고는 위 대지 위에 전원주택 2동을 짓기 위해 20○○. ○. ○. ○○시 ○○구 ○○동 ○○번지 소재 '◉◉◉건축사 사무소'에 설계를 위임하고 측량을 하였던 바, 실제 면적은 1,380㎡로 270㎡가 부족하였습니다.
3. 따라서 원고는 피고에 대하여 내용증명우편으로 위 부족면적에 대한 금액의 반환을 요구하였으나 피고는 이에 응하지 않고 있으므로 청구취지와 같은 판결을 받고자 이 사건 소송을 제기하게 되었습니다.

입 증 방 법

1. 갑 제1호증 계약서
1. 갑 제2호증 부동산등기사항증명서
1. 갑 제3호증 지적측량도면

첨 부 서 류

1. 위 입증방법 각 1통
1. 소장부본 1통
1. 송달료납부서 1통

20○○. ○. ○.
위 원고 ○○○ (서명 또는 날인)

○○지방법원 귀중

■ 참 고 ■

① 위 사안은 측량에 의해 실제면적에 차이가 있을 경우 정산하기로 특약을 한 경우입니다.
② 특약이 없는 경우 : 민법은 수량을 지정한 매매의 목적물이 부족한 경우 그 부족을 알지 못한 매수인은 그 부분의 비율로 대금감액 등을 청구할 수 있다고 규정하고 있는데(민법 제572조 내지 제574조), 이 경우 '수량을 지정한 매매'란 당사자가 매매목적물이 일정수량을 가지고 있다는 데 주안을 두고 대금도 그 수량을 기준으로 정한 경우를 말하므로, 토지매매에서 목적물을 공부상 평수에 따라 특정하고 단위면적당 가액을 결정하여 단위면적당 가액에 공부상의 면적을 곱하는 방법으로 매매대금을 결정하였더라도 이러한 사정만으로 곧바로 그 토지매매를 '수량을 지정한 매매'라고 할 수는 없고, 만일 당사자가 그 지정된 구획을 전체로서 평가하였고 평수에 의한 계산이 하나의 표준에 지나지 아니하여 그것이 당사자들 사이에 대상 토지를 특정하고 대금을 결정하기 위한 방편이었다고 보일 때에는 '수량을 지정한 매매'가 아니고, 반면 매수인이 일정면적이 있는 것으로 믿고 매도인도 그 면적이 있는 것을 명시적 또는 묵시적으로 표시하고, 나아가 당사자들이 면적을 가격결정요소 중 가장 중요한 요소로 파악하고 그 객관적인 수치를 기준으로 가격을 정하였다면 그 매매는 '수량을 지정한 매매'라고 하여야 할 것입니다(대법원 1998. 6. 26. 선고 98다13914 판결).

[서식 예] 매매대금청구의 소(토지임차인의 매수청구, 건물철거 전)

소 장

원 고 이○○ (주민등록번호)
○○시 ○○구 ○○길 ○○(우편번호 ○○○-○○○)
전화.휴대폰번호:
팩스번호, 전자우편(e-mail)주소:
피 고 배◇◇ (주민등록번호)
○○시 ○○구 ○○길 ○○(우편번호 ○○○-○○○)
전화.휴대폰번호:
팩스번호, 전자우편(e-mail)주소:

매매대금청구의 소

청 구 취 지

1. 피고는 원고에게 금 14,030,800원을 지급하라.
2. 소송비용은 피고가 부담한다.
3. 위 제1항은 가집행 할 수 있다.

라는 판결을 구합니다.

청 구 원 인

1. 경기 ○○군 ○○면 ○○리 ○○ 대지 ○○○㎡는 원래 별지목록 기재 주택 등의 신축 당시 그 실질적인 소유자이던 피고의 부친인 소외 망 배◈◈가 소유.관리해오던 밭(전)이었는데, 197○년경 원고의 부친인 소외 망 이◉◉가 소외 배◈◈로부터 별지목록 기재 주택 등을 짓기 위해 매년 쌀 7말씩(현재는 매년 두 가마니)을 임차료로 지급하기로 약정하고 임차한 후 온갖 정성과 비용을 들여 대지로 형질변경 하여 그 위에 별지목록 기재 주택 등을 신축한 것입니다.(증인 ◎◎◎의 증언 참조)
2. 그 후 원고의 부친인 소외 망 이◉◉와 원고는 피고측에서 요구하는 대로 인상된 임료를 지체함이 없이 지급해오면서 지금까지 약 24년 동안 별지목록 기재주택 등에서 살아 왔고, 199○. ○. ○경 원고의 부친인 소외 망 이◉◉의 사망 후 원고가 이를 상속받아 원고의 가족들이 거주하고 있습니다.

3. 그런데 최근에 피고가 원고 소유인 별지목록 기재 주택 등을 철거하고 대지를 인도하여 달라는 요청을 하는바, 원고로서는 생활의 터전인 별지목록 기재 주택 등에 그대로 살 수 있도록 요청(계약의 갱신청구)하였으나 피고는 두 차례에 걸쳐 내용증명우편으로 이를 명백히 거절한 바 있습니다.
4. 위 대지 위에는 현재 주택 1동, 창고 1동, 축사 1동 등 시가 약 14,030,800원 상당의 별지목록 기재 건물이 현존하고 있는바, 원고는 부득이 피고에게 20○○. ○. ○○. 이의 매수를 청구하였으므로 피고는 시가 상당인 위 금액으로 이를 매수할 의무가 있습니다.
5. 따라서 원고는 피고로부터 별지목록 기재 주택 등에 대한 매매대금 14,030,800원을 지급 받기 위하여 이 사건 소송제기에 이른 것입니다.

입 증 방 법

1. 갑 제1호증 　　시가감정서
1. 갑 제2호증 　　입증서(증인 ◎◎◎의 증언)
1. 갑 제3호증 　　통고서(내용증명우편)
1. 갑 제4호증 　　부동산등기사항증명서
1. 갑 제5호증 　　건축물대장등본

첨 부 서 류

1. 위 입증방법 　　각 1통
1. 소장부본 　　1통
1. 송달료납부서 　　1통

20○○. ○. ○.
위 원고 이○○ (서명 또는 날인)

○○지방법원 귀중

[별 지]

부동산의 표시

경기 ○○군 ○○면 ○○리 ○○ 대 ○○○㎡ 지상
철근콘크리트조 평슬래브지붕 단층주택 ○○㎡.
시멘블럭조 스레트지붕 창고 ○○㎡
시멘블럭조 스레트지붕 축사 ○○○㎡. 끝

[서식 예] 계약금반환청구의 소(계약목적달성불능으로 계약해제)

소 장

원 고 ○○○ (주민등록번호)
○○시 ○○구 ○○길 ○○(우편번호)
전화.휴대폰번호:
팩스번호, 전자우편(e-mail)주소:

피 고 ◇◇◇ (주민등록번호)
○○시 ○○구 ○○길 ○○(우편번호)
전화.휴대폰번호:
팩스번호, 전자우편(e-mail)주소:

계약금반환청구의 소

청 구 취 지

1. 피고는 원고에게 금 5,000,000원 및 이에 대하여 20○○. ○. ○○.부터 이 사건 소장부본 송달일까지는 연 5%, 그 다음날부터 다 갚을 때까지는 연 15%의 비율에 의한 돈을 지급하라.
2. 소송비용은 피고가 부담한다.
3. 위 제1항은 가집행 할 수 있다.

라는 판결을 구합니다.

청 구 원 인

1. 원고는 20○○. ○. ○. 피고와의 사이에 피고 소유인 ○○시 ○○동 ○○번지 대지 100평을 대금 50,000,000원에 매수하기로 하는 매매계약을 체결하고 같은 날 원고는 피고에게 계약금 5,000,000원을 지급하였습니다.

2. 원고는 위 대지에 공장을 건축하여 김치제조업을 경영할 목적으로 위 대지를 매수한 것이었으나, 위 대지의 일부가 ○○시의 도시계획사업으로 인하여 토지구획정리의 도로용지에 해당하여 조만간 도시계획사업이 실시되면 위 대지의 서쪽 약 1/3 가량의 부분이 도로에 편입되어 공장을 건축할 수도 없고 또한 건축허가도 나오지 않을 것이라는 사실을 알게 되었습니다.

3. 그런데 원고는 피고에게 계약체결 전에 피고의 토지를 구입하는 목적을 명확히 말하였으며, 피고는 원고에게 공장을 건축하는데 아무런 문제가 없다고 확약한 사실이 있고, 원고는 위 대지에 공장을 신축할 수 없다면 위 대지를 매수할 이유가 없으므로 위 매매계약을 해제하기로 하고 20○○. ○. ○○. 내용증명우편으로 피고에게 매매계약해지의 의사표시를 하였습니다. 그러므로 피고는 위 계약해제에 의한 원상회복의무의 이행으로 원고가 교부한 계약금 5,000,000원을 반환할 의무가 있다할 것입니다.

4. 따라서 피고는 원고에게 계약금 5,000,000원 및 이에 대하여 20○○. ○. ○○.부터 이 사건 소장부본 송달일까지는 민법 소정의 연 5%, 그 다음날부터 다 갚을 때까지는 소송촉진 등에 관한 특례법 소정의 연 15%의 각 비율에 의한 지연손해금을 지급할 의무가 있다고 할 것이므로 이 사건 청구에 이른 것입니다.

입 증 방 법

1. 갑 제1호증	매매계약서
1. 갑 제2호증	계약금 영수증
1. 갑 제3호증	토지대장등본
1. 갑 제4호증	도시계획사실확인원
1. 갑 제5호증	통고서(내용증명우편)

첨 부 서 류

1. 위 입증방법	각 1통
1. 소장부본	1통
1. 송달료납부서	1통

20○○. ○. ○.

위 원고 ○○○ (서명 또는 날인)

○○지방법원 귀중

[서식 예] 위약금청구의 소(계약불이행에 따른 위약금)

소 장

원 고 ○○○ (주민등록번호)
○○시 ○○구 ○○길 ○○(우편번호)
전화.휴대폰번호:
팩스번호, 전자우편(e-mail)주소:

피 고 ◇◇◇ (주민등록번호)
○○시 ○○구 ○○길 ○○(우편번호)
전화.휴대폰번호:
팩스번호, 전자우편(e-mail)주소:

위약금청구의 소

청 구 취 지

1. 피고는 원고에게 금 10,000,000원 및 이에 대한 20○○. ○○. ○.부터 이 사건 소장부본 송달일까지는 연 5%의, 그 다음날부터 다 갚는 날까지는 정한 연 15%의 각 비율에 의한 돈을 지급하라.
2. 소송비용은 피고가 부담한다.
3. 제1항은 가집행 할 수 있다.

라는 판결을 구합니다.

청 구 원 인

1. 매매계약의 체결

   원고는 20○○. ○. ○. 피고로부터 피고 소유인 ○○시 ○○구 ○○동 ○○ 대지 및 건물(다음부터 '이 사건 부동산'이라고만 함)을 매매대금 50,000,000원에 매수하기로 하는 계약을 체결하고, 피고에게 계약금 5,000,000원은 계약 당일 지급하고 잔금 45,000,000원은 20○○. ○○. ○○. 지급하기로 하였습니다.

2. 피고의 이행불능

   그런데 피고는 20○○. ○○. ○. 부동산가격이 올랐다는 이유로 이 사건 부동산을 원고에 대한 매도사실을 알지 못하는 소외 ◈◈◈에게 이중으로 매매하고 소외 ◈◈◈에게 이 사건 부동산의 소유권이전등기를 해주었습니다.

3. 손해배상액의 예정

한편, 원고와 피고는 계약당시에 매도인인 피고가 계약을 불이행할 경우에는 계약금의 배액을 지급하기로 약정을 하였음에도 불구하고 피고는 위와 같은 이중매도를 하였으므로 피고의 귀책사유로 인한 계약불이행이 분명하므로 피고는 원고에게 약정된 금 1,000만원을 지급할 의무가 있다고 할 것입니다.

4. 따라서 원고는 피고로부터 위약금 10,000,000원 및 이에 대한 위 부동산의 소유권이 소외 ◈◈◈에게 이전됨으로써 이행불능이 된 20○○. ○○. ○.부터 이 사건 소장부본 송달일까지는 민법에서 정한 연 5%의, 그 다음날부터 다 갚는 날까지는 소송촉진등에관한특례법에서 정한 연 15%의 각 비율에 의한 지연손해금을 지급 받고자 이 사건 청구에 이른 것입니다.

입 증 방 법

1. 갑 제1호증 부동산매매계약서
1. 갑 제2호증 부동산등기사항증명서

첨 부 서 류

1. 위 입증방법 각 1통
1. 소장부본 1통
1. 송달료납부서 1통

20○○. ○. ○.

위 원고 ○○○ (서명 또는 날인)

○○지방법원 ○○지원 귀중

[서식 예] 손해배상(기)청구의 소(일부 이행불능인 경우)

소　　　장

원　고　○○○ (주민등록번호)
○○시 ○○구 ○○로 ○○(우편번호 ○○○-○○○)
전화.휴대폰번호:
팩스번호, 전자우편(e-mail)주소:

피　고　◇◇◇ (주민등록번호)
○○시 ○○구 ○○로 ○○(우편번호 ○○○-○○○)
전화.휴대폰번호:
팩스번호, 전자우편(e-mail)주소:

손해배상(기)청구의 소

청 구 취 지

1. 피고는 원고에게 금 120,000,000원 및 이에 대한 2001. 6. 30.부터 이 사건 소장부본 송달일까지는 연 5푼의, 그 다음날부터 다 갚는 날까지는 연 15%의 각 비율에 의한 돈을 지급하라.
2. 소송비용은 피고의 부담으로 한다.
3. 위 제1항에 한하여 가집행 할 수 있다.

라는 판결을 구합니다.

청 구 원 인

1. 원고는 2000. 5. 30. 피고로부터 ○○시 ○○구 ○○동 ○○○ 대 1,000㎡ 중 1,000분의 100지분(다음부터 이 사건 토지라 함) 및 위 지상 철골 콘크리트조 슬래브지붕 3층 연립주택 ○동 ○○○호(다음부터 이 사건 건물이라 함)를 대금 100,000,000원에 매수하기로 하고 계약당일 계약금 10,000,000원을 지불하였으며 중도금 30,000,000원을 같은 해 6. 15. 잔금 60,000,000원은 같은 해 6. 30. 각 지불하였습니다.
2. 잔금 지불 후 원고는 이 사건 토지 및 건물이전등기를 하려고 하였으나 이 사건 토지에 관하여는 매매계약체결 전인 2000. 1. 22. 채무자 소외 ◈◈

◈(피고 직전 소유자), 근저당권자 소외 ◉◉◉, 채권채고액 금 30,000,000원으로 된 2000. 1. 21. 근저당권설정계약을 원인으로 한 근저당권설정등기가 마쳐져 있었으므로 원고는 이 사건 건물의 소유권이전등기만을 하게 되었고, 이 사건 토지에 관하여는 피고에게 근저당권을 말소해줄 것을 요구하면서 이전등기를 하지 않고 있었던 것입니다.

3. 그러던 중 피고 소유 명의의 이 사건 토지에 관하여 근저당권자 소외 ◉◉◉가 2001. 3. 2.경 근저당권실행을 위한 경매를 신청하고 소외 ◎◎◎가 2001. 5. 30. 그 경매절차에서 매수하여 2001. 6. 30. 피고로부터 소외 ◎◎◎에게로 지분소유권이전등기가 되었습니다.
4. 그렇다면 원고와 피고 사이의 위 매매목적물 중 이 사건 토지의 매매부분은 2001. 6. 30. 경매절차에서의 매각에 의하여 이행불능이 되었는바, 일반적으로 토지와 그 지상건물을 매매한 경우 토지와 그 지상의 건물은 특별한 사정이 없는 한 법률적인 운명을 같이 하게 되는 것이 거래의 관행이고 당사자의 의사나 경제의 관념에도 합치되는 것이고, 특히 집합건물에 있어서는 전유부분에 대한 소유권이전등기의무와 대지지분에 관한 소유권이전등기의무는 불가분의 관계에 있다고 할 것이므로 이 사건 토지부분의 소유권이전등기가 이행불능으로 되었다면 원고가 원하였던 계약의 목적을 달성할 수는 없는 것이라고 할 것이고, 피고의 원고에 대한 이 사건 매매계약상의 채무는 전부 이행불능상태에 이르렀다고 할 것입니다.
5. 따라서 원고는 피고로부터 이 사건 토지와 건물의 이행불능 당시의 가액인 금 120,000,000원 및 이에 대한 위 이행불능이 확정된 2001. 6. 30.부터 이 사건 소장부본 송달일까지는 민법에서 정한 연 5푼의, 그 다음날부터 다 갚는 날까지는 소송촉진등에관한특례법에서 정한 연 15%의 각 비율에 의한 지연손해금을 지급할 의무가 있으므로 이 사건 청구에 이른 것입니다.

입 증 방 법

1. 갑 제1호증	매매계약서
1. 갑 제2호증	등기사항증명서

첨 부 서 류

1. 위 입증방법	각 1통
1. 소장부본	1통

1. 송달료납부서 1통

20○○. ○. ○.
위 원고 ○○○ (서명 또는 날인)

○○지방법원 귀중

■ 매도인은 매매계약금을 돌려주며 계약을 해제하려 하는데 어떻게 해야 하나요?

Q. 아파트 매매계약을 체결하고 얼마 지나지 않아 주변 시세가 많이 올랐습니다. 매도인은 매매계약금을 돌려주며 계약을 해제하겠다고 합니다. 어떻게 해야 하나요?

A. 계약당사자 간에 다른 약정이 없고 매매계약금 매도인에게 교부한 경우 매도인은 매매계약금의 배액을 매수인에게 상황하고 매매계약을 해제할 수 있으므로 매수인과 매도인 간의 특별한 약정이 없는 한 매도인의 계약해제를 피할 수 없을 것으로 보입니다.

◇ 매매계약금의 개념

① "매매계약금"이란 부동산 매매계약을 체결할 경우 일반적으로 계약당사자의 일방이 상대방에게 교부하는 금전 그 밖의 유가물(有價物)을 말합니다.

② 일반적으로 매수인은 매매대금의 10%의 금액을 계약금으로 교부하는데, 이는 매매대금에 산입됩니다.

◇ 매매계약금의 법적 성격

매매계약금은 매매계약이 체결되었다는 증거금이며, 매매계약 후 계약당사자 일방이 이행에 착수할 때까지 계약을 해제하는 경우 해약금의 성격을 가집니다.

◇ 매매계약금 교부 후 계약해제

① 매매계약금이 매도인에게 교부된 경우 계약당사자 간에 다른 약정이 없는 때에는 매수인은 매도인이 계약이행에 착수할 때까지 매매계약금을 포기하고 매매계약을 해제할 수 있습니다.

② 매매계약금이 매도인에게 교부된 경우 계약당사자 간에 다른 약정이 없는 때에는 매도인은 매수인이 계약이행에 착수할 때까지 매매계약금의 배액을 상환하고 매매계약을 해제할 수 있습니다.

(관련판례)

부동산매매계약에 있어서 매수인이 잔대금지급기일까지 그 대금을 지급하지 못하면 그 계약이 자동적으로 해제된다는 취지의 약정이 있더라도 특별한 사정이 없는 한 매수인의 잔대금지급의무와 매도인의 소유권이전등기의무는 동시이행관계에 있으므로 매도인이 잔대금

지급기일에 소유권이전등기에 필요한 서류를 준비하여 매수인에게 알리는 등 이행의 제공을 하여 매수인으로 하여금 이행지체에 빠지게 하였을 때에 비로소 자동적으로 매매계약이 해제된다고 보아야 하고 매수인이 그 약정기한을 도과하더라도 이행지체에 빠진 것이 아니라면 대금미지급으로 매매계약이 자동해제된다고 볼 수 없다(대법원 1993. 12. 28. 선고 93다777 판결).

■ 실제보다 낮은 가격의 매매계약서를 작성한 후, 거래당사자 일방이 실제 가격을 매매대금으로 기재한 매매계약서의 작성을 거부하는 경우 매매계약을 해제할 수 있는지요?

Q. 매매계약의 당사자가 실제로 거래한 가액을 매매대금으로 기재하지 아니하고 그보다 낮은 금액을 매매대금으로 기재한 매매계약서를 작성한 뒤 거래당사자 일방이 상대방에게 실제 거래가격을 매매대금으로 기재한 매매계약서 작성을 요구하고 상대방이 이를 거부하였을 경우 매매계약을 해제할 수 있는지요?

A. 유사한 사안을 다룬 하급심 판결에 의하면, "매매계약의 당사자가 실제로 거래한 가액을 매매대금을 기재하지 아니하고 그보다 낮은 금액을 매매대금으로 기재한 매매계약서를 작성하였더라도 매매계약은 실제 거래가격대로 유효하게 성립한 것이고, 매매계약서는 매매계약 체결 사실을 증명하는 증거방법의 하나이며, 공인중개사의 업무 및 부동산 거래신고에 관한 법률에 따르면 거래 당사자는 부동산거래에 있어 실제 거래가격을 신고할 의무는 있지만 부동산 실거래가 신고의무를 이행하기 위하여 실거래가 매매계약서가 반드시 필요한 것이 아니며, 거래 상대방이 실거래가 신고를 거부하더라도 거래 당사자 일방은 단독으로 부동산 실제 거래가격을 신고할 수 있으므로 매매계약 거래 당사자에게 매매계약상 의무로서 실거래가 계약서 작성의무가 있음을 인정할 법적 근거는 없는 것이어서, 이를 거부하는 것을 이유로 상대방이 매매계약을 해제할 수는 없다"고 판시하였습니다(대전지방법원 2008. 5. 13. 선고 2007가단76334 판결 참조).이에 따르면, 거래 상대방이 부동산의 실거래가가 기재된 매매계약서의 작성을 거부한다고 하여도 이를 이유로 이미 성립된 부동산의 매매계약을 해제할 수는 없을 것입니다.

(관련판례)

사해행위의 목적부동산에 수익자에 대한 채권자의 가압류등기가 경료된 후 채무자와 수익자 사이의 위 부동산에 관한 매매계약이 사해행위라는 이유로 취소되어 수익자 명의의 소유권이전등기가 말소되었다 하더라도 사해행위의 취소는 상대적 효력밖에 없어 특단의 사정이 없는 한 가압류의 효력이 당연히 소멸되는 것은 아니므로 채무자로부터 위 부동산을 진전하여 양도받은 자는 가압류의 부담이 있는 소유권을 취득하였다 할 것인바, 원심이 위 부동산에 관한 수익자 명의의 소유권이전등기가 원인무효라는 이유만으로 가압류채권자의 위 부동산에 대한 강제집행을 불허한 조치는 사해행위취소의 효력에 관한 법리를 오해한 위법이 있다(대법원 1990. 10. 30. 선고 89다카35421 판결).

■ **매매계약 중 잔금지급의무에 갈음하여 가압류 채무금을 인수하기로 한 부분만을 분리하여 일부해제할 수 있는지요?**

Q. 매수인 乙은 매도인 甲과 부동산 매매계약을 체결하면서, 잔금지급의무에 갈음하여 甲의 丙에 대한 가압류 채무금을 인수하기로 약정하였는데, 甲은 乙이 위 가압류 채무금을 변제하지 않는다는 이유로 '매매계약 중 잔금지급의무에 갈음하여 가압류 채무금을 인수하기로 한 부분'만을 분리하여 일부해제할 수 있는지요?

A. 유사한 사안을 다룬 하급심 판결에서 재판부는 "피고가 ○○○의 □□공사에 대한 이 사건 가압류 채무금을 승계하기로 하는 내용으로 해석될 뿐이므로, 피고가 이 사건 가압류 채무금 중 일부를 변제하지 아니하였다고 하더라도 이 사건 약정에 의하여 곧바로 ○○○이 피고를 상대로 직접 이 사건 가압류 채무금 중 미변제 채무금 상당액에 대하여 이 사건 매매 잔금 명목으로 지급을 구할 어떠한 계약상 권원이 있다고 볼 수는 없다."고 판시한 다음 "본래 계약은 전체로서 성립하여 그 전체가 효력이 발생하며 우리 민법도 매매계약의 해제에 관하여 전부해제를 전제로 규정하고 있는바, 매매계약의 일부해제는 결국 당사자 사이에 별도의 약정이 없는 이상 허용되지 않는다고 보아야 할 것이므로, 이 사건 매매계약 중 잔금지급의무에 갈음하여 이 사건 가압류 채무금을 인수하기로 한 부분만을 따로 분리하여 일부해제할 수는 없다고 할 것이다." 판시하였습니다.
이에 따르면 甲과 乙사이에 가압류 채무금을 인수하기로 한 부분만을 따로 분리하여 일부해제할 수 있다는 특약이 존재하지 않는 이상, 甲은 乙이 위 가압류 채무금을 변제하지 않는다는 이유로 '매매계약 중 잔금지급의무에 갈음하여 가압류 채무금을 인수하기로 한 부분'만을 분리하여 일부해제할 수는 없을 것입니다.

■ **매매계약 체결시 별도로 해제의 사유를 정하여 해제권유보조항을 둔 경우, 이행에 착수한 후라 하더라도 계약을 해제할 수 있는지요?**

Q. 부동산 매매계약을 체결하면서, "중도금 지급 전까지는 매도인은 계약금의 배액을 지급하고, 매수인은 계약금을 포기하고 본 계약을 해제할 수 있다는 약정해제권 유보조항" 외에 "공장신설승인 신청 후 불통과시 이 사건 매매계약을 무효화 하고 2개월 내 계약금을 반환한다'는 내용의 특약이 있는 경우, 중도금을 지급한 이후에도 위 특약을 이유로 계약을 해제할 수 있는지요?

A. 유사한 사례를 다룬 하급심 판결에서 재판부는 "이 사건 매매계약에는 '매수인이 매도인에게 중도금(중도금이 없을 때에는 잔금)을 지불하기 전까지, 매도인은 계약금의 배액을 상환하고, 매수인은 계약금을 포기하고 본 계약을 해제할 수 있다'는 약정해제권 유보조항이 있고, 또한 '이 사건 토지 중 일부에 대하여 공장심의회에(공장신설승인) 신청 후 불통과시 이 사건 매매계약을 무효화 하고 2개월 내 계약금을 반환한다'는 내용의 특약사항이 있는 사실, 매도인 겸 선정자의 대리인인 피고가 계약금의 배액인 2,400만 원을 원고에게 공탁함과 아울러 같은 날 원고에게 약정해제권에 기하여 이 사건 매매계약을 해제한다는 취지의 내용증명을 보낸 사실은 당사자 사이에 다툼이 없거나 갑 제1호증, 을 제6호증의 각 기재에 변론 전체의 취지를 더하면 인정할 수 있으므로, 결국 이 사건 매매계약은 계약 시에 유보된 위 약정해제권에 기하여 적법하게 해제되었다"고 판시한 다음, "매매계약 체결 시 별도로 해제의 사유를 정하여 해제권유보 조항을 둔 경우 그 해제권유보조항에 정한 해제사유의 발생을 이유로 해제권을 행사하는 데 있어서는 민법 제565조 제1항의 위와 같은 해제권의 존속시한에 관한 제한이 적용되는 것이 아니므로(대법원 2006. 5. 11. 선고 2005다58571 판결 참조)"라고 판시하였습니다.

이에 따르면, 매매계약 체결 시 별도로 해제권 유보 조항을 둔 경우, 그 해제권 유보조항에 정한 해제사유가 발생한 경우, 민법 565조 제1항의 해제권 존속시한에 상관없이 계약의 해제를 주장할 수 있을 것입니다.

■ **매매계약에서 계약해제권을 유보한 경우, 이 권리의 행사가 가능한지요?**

Q. 부동산의 매도인 甲은 매수인 乙이 매매계약의 이행에 착수할 때까지는 받은 계약금의 배액을 상환하고 동 계약을 해제할 수 있도록 해제권을 유보한 경우, 甲이 乙에게 계약해제의 의사표시를 하면서 계약금 배액의 이행의 제공을 했습니다. 그런데 乙이 이를 수령하지 아니한다면, 甲은 계약을 해제할 수 없나요?

A. 매매당사자 간에 계약금을 수수하고 계약해제권을 유보하였고, 이에 甲은 계약금의 배액을 제공하고 위 계약을 해제하는 의사표시를 했습니다. 그런데 乙은 甲에 대하여 잔금수령을 구두로 최고하는 등 이행의 준비행위에 불과한 행위만을 하였을 뿐 이행행위 자체에 착수한 바 없다면, 계약금의 배액을 상환하여 계약을 해제하려는 매도인 甲으로서는 계약해제의 의사표시와 계약금 배액의 제공을 한 것만으로 계약이 해제되었다고 할 것이고 상대방이 이를 수령하지 않는다 하더라도 이를 공탁할 필요 없이 계약은 해제되었다고 보아야 할 것입니다(대법원 1981. 10. 27. 선고 80다2784 판결 참조).

그러므로 위 사안에서 乙의 계약이행 착수 전에 甲이 계약금의 배액을 제공하면서 해제의 의사표시를 하였다면 이는 유효하다 할 것이고 따라서 동 해제의 의사표시로서 위 매매계약은 적법하게 해제되었다 할 것입니다.

(관련판례)

부동산에 대한 매매계약이 합의해제되면 매매계약의 효력은 상실되어 양도가 이루어지지 않는 것이 되므로 양도소득세의 과세요건인 자산의 양도가 있다고 볼 수 없으며, 그 부동산에 대한 제3취득자가 있어 양도인 앞으로의 원상회복이 이행불능이 됨으로써 양도인이 이로 인한 손해배상청구권을 취득하더라도 이를 그 부동산의 양도로 인한 소득이라고 볼 수는 없다(대법원 1989. 7. 11. 선고 88누8609 판결).

■ **매매계약의 당사자 중 일부가 특정되지 않은 경우, 이미 특정된 매도인 또는 매수인이 계약해제의 통지 수령권한 등 매매계약에 관련된 모든 권한을 위임받았다고 볼 것인지요?**

Q. 매수인 甲 외 3명과 매도인 乙은 A 부동산에 관하여 매매계약을 체결했습니다. 甲은 다른 매수인 3명을 대표하여 매매계약을 했고, 매매계약서상 매수인란에 매수인 이름을 각 기재하지 않고 '甲 외 3인'으로 표시하였습니다. 한편, 乙은 甲을 제외한 다른 매수인들을 만난 사실도 없습니다. 그렇다면 甲이 3인으로부터 계약해제의 통지 수령권한 등 위 매매계약에 관련된 모든 권한을 위임받았다고 볼 수 있는지요?

A. 매매는 당사자 일방이 재산권을 상대방에게 이전할 것을 약정하고 상대방이 그 대금을 지급할 것을 약정함으로써 그 효력이 생기는 것이고(민법 제563조), 매매에 있어서는 늦어도 재산권의 이전과 대금의 지급이 완료되기 전까지 매매의 당사자와 매매의 목적물이 특정되어야 한다고 할 것이므로, 매매계약 체결 당시 수인의 매도인 또는 매수인 중 일부가 특정되지 않은 경우에는 재산권의 이전과 대금의 지급이 모두 완료되기 전까지 당사자들 사이의 의사의 합치에 의하여 나머지 매도인 또는 매수인이 추가로 특정될 수 있고 그 때까지 특정이 이루어진 매수인 또는 매도인만이 당해 매매계약의 당사자로 된다고 할 것입니다.

한편, 재산권의 이전과 대금의 지급이 모두 완료되기 이전에 매매계약이 해제되는 경우에는 그 때까지 당사자 사이의 의사의 합치를 통해 매도인 또는 매수인으로 특정되지 않은 나머지 매도인 또는 매수인은 이미 특정된 매도인 또는 매수인에게 매매계약해제의 통지를 수령할 수 있는 권한을 포함한 매매계약에 관련된 모든 권한을 위임하였다고 보아야 할 것입니다(대법원 1993. 2. 23. 선고 92다50805 판결 참조).

따라서 甲 외의 다른 매수인들은 갑에게 매매계약해제의 통지를 수령할 수 있는 권한을 포함한 매매계약에 관련된 모든 권한을 위임하였다고 보아야 합니다.

■ **매매계약의 당사자가 목적물의 지번에 관하여 착오를 일으켜 계약서상 잘못 표시한 경우, 매매계약의 소유권이전등기는 유효한 등기인지요?**

Q. 부동산의 매매계약에 있어 매도인 甲과 매수인 乙 쌍방당사자가 모두 특정의 A토지를 계약의 목적물로 삼았으나 그 목적물의 지번 등에 관하여 착오를 일으켜 계약을 체결함에 있어서는 계약서상 그 목적물을 A 토지와는 별개인 B 토지로 표시하였고, B 토지에 관하여 위 매매계약을 원인으로 하여 매수인 乙 명의로 소유권이전등기가 경료되었다면 이는 원인이 없이 경료되었습니다. B 토지에 대하여 매매계약이 체결된 것이고, B 토지에 대한 乙 명의의 소유권이전등기는 유효한 등기인지요?

A. 계약이 성립하기 위해서는 쌍방당사자의 의사의 합치가 이루어져야 합니다. 판례는 계약의 해석에 있어서는 형식적인 문구에만 얽매여서는 아니되고 쌍방당사자의 진정한 의사가 무엇인가를 탐구하여야 하는 것이므로, 부동산의 매매계약에 있어 쌍방당사자가 모두 특정의 A 토지를 계약의 목적물로 삼았으나 그 목적물의 지번 등에 관하여 착오를 일으켜 계약을 체결함에 있어서는 계약서상 그 목적물을 갑 토지와는 별개인 B 토지로 표시하였다 하여도 위 A 토지에 관하여 이를 매매의 목적물로 한다는 쌍방당사자의 의사합치가 있은 이상 위 매매계약은 A 토지에 관하여 성립한 것으로 보아야 할 것이고 B 토지에 관하여 매매계약이 체결된 것으로 보아서는 안 될 것이며, 만일 B 토지에 관하여 위 매매계약을 원인으로 하여 매수인 명의로 소유권이전등기가 경료되었다면 이는 원인이 없이 경료된 것으로써 무효라고 하지 않을 수 없다고 판시하였습니다 [대법원 1993. 10. 26. 선고 93다2629,2636(병합) 판결].

따라서 甲과 乙이 계약서상 B 토지라고 표시하였다 하더라도 A 토지에 관하여 이를 매매의 목적물로 한다는 쌍방당사자의 의사합치가 있으므로 매매계약은 A 토지에 관하여 성립한 것으로 보아야 하고, B 토지에 관하여 乙 명의로 경료된 소유권이전등기는 원인 없이 경료된 것으로 무효라고 할 것입니다.

■ **매매계약의 성립요건으로서 목적물이 추상적인 경우, 매매계약이 성립하였다고 볼 수 있을까요?**

Q. 甲과 乙은 매매계약을 체결하면서 매매 목적물은 "진해시 경화동 747의 77, 754의 6, 781의 15 등 3필지 및 그 외에 같은 동 소재 소외 망 A 소유 부동산 전부"라고 표시하였습니다. 甲과 乙사이에는 매매계약이 성립하였다고 볼 수 있을까요?

A. 계약이 성립하기 위하여는 구체적인 계약 내용에 대하여 당사자간의 의사의 합치가 있어야 합니다. 다만 매매계약에 있어서 그 목적물과 대금은 반드시 계약체결 당시에 구체적으로 특정할 필요는 없고 이를 사후에라도 구체적으로 특정할 수 있는 방법과 기준이 정해져 있으면 족하다고 할 것입니다(대법원 1986. 2. 11. 선고 84다카2454 판결).
하지만 사례같이 소외 망 A 소유 부동산 전부라고 표시하였는데 소외 망 A 소유의 부동산이 토지인지 건물인지, 토지라면 그 필지, 지번, 지목, 면적, 건물이라면 그 소재지, 구조, 면적 등 어떠한 부동산인지를 알 수 있는 표시가 전혀 되어 있지 아니할 뿐 아니라 계약당시 당사자들도 어떠한 부동산이 몇 개나 존재하고 있는지조차 알지 못한 상태에서 이루어진 것이고, 계약일로부터 17년 남짓 지난 후에야 그 소재가 파악될 정도라면, 그 목적물 중 특정된 3필지를 제외한 나머지 이 사건 부동산에 대한 매매는 그 목적물의 표시가 너무 추상적이어서 매매계약 이후에 이를 구체적으로 특정할 수 있는 방법과 기준이 정해져 있다고 볼 수 없어 매매계약이 성립되었다고 볼 수 없습니다(대법원 1997. 1. 24. 선고 96다26176 판결).

■ **매매대금 지급에 갈음하여 대출원리금 채무를 인수키로 하였으나, 소유권이전등기나 점유이전이 이루어지지 않은 상태에서 동시이행관계에 있다고 볼 수 있는지요?**

Q. 甲이 乙과의 사이에 이 사건 부동산을 대금 6억 9,500만 원에 매수하기로 하는 내용의 계약을 체결하고, 매매대금 중 4억 5,000만 원은 乙이 이 사건 부동산을 담보로 농업협동조합중앙회 A지점에 지고 있던 대출금 채무를 甲이 인수하는 것으로 갈음하기로 약정하고, 이에 따라 甲은 乙에게 위 4억 5,000만 원을 제외한 나머지 매매대금을 모두 지급하였습니다. 甲과 乙은 위 매매계약 체결시 위 대출금의 채무자 명의를 甲으로 변경하기로 약정하였는데, 채권자인 농업협동조합중앙회 A지점의 담당 직원은 법인인 甲이 대출금 채무를 인수하게 되면 임금우선채권 등으로 인하여 이 사건 부동산의 담보가치가 떨어지기 때문에 채무자 명의를 甲으로 변경하는 것은 불가능하다고 답변하였고, 이에 따라 채무자 명의변경에 관하여 위 지점의 승낙을 얻지 못하였습니다. 그 후 甲은 위 대출금 채무를 미리 상환하여 이 사건 부동산에 설정된 근저당권을 말소하려고 하였다가 甲·乙 사이에 위 대출금의 기한 전 상환에 따른 위약금의 부담 문제로 분쟁이 발생함에 따라 위 대출금 채무를 변제하지 못하였고, 이에 乙은 甲에게 위 대출금 채무의 변제 또는 대출금 채무자 명의변경절차의 이행을 최고한 다음 그 불이행을 이유로 위 매매계약을 해제한다는 의사표시를 하였습니다.

乙이 위 대출금의 이자를 지급해온 경우 甲은 그 이자 상당액을 상환할 의무를 부담하는지요? 그러한 甲의 손해배상채무 또는 구상채무는 甲이 매매대금 지급채무에 갈음하여 인수한 대출금 채무의 변형으로서 乙의 소유권이전등기 의무와 동시이행관계에 있다고 볼 수 있는지요?

A. 민법 제536조 제1항에서는 쌍무계약의 당사자 일방은 상대방이 그 채무이행을 제공할 때 까지 자기의 채무이행을 거절할 수 있다. 그러나 상대방의 채무가 변제기에 있지 아니하는 때에는 그러하지 아니하다고 하여 동시이행의 항변권을 규정하고 있습니다.

판례는 위 사안에서 "甲은 위 매매계약 체결 당시 乙과의 사이에 그 때부터 위 대출금의 이자를 甲이 부담하기로 약정하였음을 알 수 있는바, 이에 따르면 甲이 매매대금의 지급에 갈음하여 인수하기로 한 乙의 채무는 대출원금에 한정하는 것이 아니라 이자를 포함한 대출금 채무 전체이어서 甲이 대출금의 이자 채무를 부담하는 것은 매매계약 체결 당시부터 매매대금의 지급방법으로서 예정되어 있던 것이므로, 甲 앞으로 이 사건 부동산에 관한 소유권이전등기가 마쳐지지 않았다거나 乙이 이 사건 부동산을 사용·수익하고 있다고 하더라도 乙이 위 대출금의 이자를 지급한 이상 甲은 그 이자 상당액을 상환할 의무를 부담한다고 봄이 상당하고, 그러한 甲의 손해배상채무 또는 구상채무는 甲이 매매대금 지급채무에 갈음하여 인수한 대출금 채무의 변형으로서 乙의 소유권이전등기의무와 이행상 견련관계에 있다"고 판시하였습니다(대법원 2005.12.23.선고 2005다40877 판결).

따라서 乙이 위 대출금의 이자를 지급해온 경우 甲은 그 이자 상당액을 상환할 의무를 부담하는지요? 그러한 甲의 손해배상채무 또는 구상채무는 甲이 매매대금 지급채무에 갈음하여 인수한 대출금 채무의 변형으로서 乙의 소유권이전등기의무와 동시이행관계에 있다고 할 것입니다.

(관련판례)

부동산매매계약에서 매도인과 매수인은 서로 동시이행관계에 있는 일정한 의무를 부담하므로 이행과정에 신뢰관계가 따른다. 특히 매도인으로서는 매매대금 지급을 위한 매수인의 자력, 신용 등 매수인이 누구인지에 따라 계약유지 여부를 달리 생각할 여지가 있다. 이러한 이유로 매매로 인한 소유권이전등기청구권의 양도는 특별한 사정이 없는 이상 양도가 제한되고 양도에 채무자의 승낙이나 동의를 요한다고 할 것이므로 통상의 채권양도와 달리 양도인의 채무자에 대한 통지만으로는 채무자에 대한 대항력이 생기지 않으며 반드시 채무자의 동의나 승낙을 받아야 대항력이 생긴다. 그러나 취득시효완성으로 인한 소유권이전등기청구권은 채권자와 채무자 사이에 아무런 계약관계나 신뢰관계가 없고, 그에 따라 채권자가 채무자에게 반대급부로 부담하여야 하는 의무도 없다. 따라서 취득시효완성으로 인한 소유권이전등기청구권의 양도의 경우에는 매매로 인한 소유권이전등기청구권에 관한 양도제한의 법리가 적용되지 않는다(대법원 2018. 7. 12. 선고 2015다36167 판결).

■ 매매대금조로 받은 어음의 부도 예상을 이유로 계약해제 가능한지요?

Q. 저는 甲에게 저의 아파트를 매도하면서 계약금 및 중도금은 받았으나, 잔금은 甲의 형편상 지급기일이 10일 후인 약속어음으로 받았는데, 불안하여 여러 방면으로 알아보니 약속어음지급기일에 위 약속어음의 지급불능이 예상되는바, 지급기일 전에 잔금이행을 최고하고 이행되지 않을 경우 위 부동산매매계약을 해제할 수 있는지요?

A. 이행지체와 해제에 관하여 민법에서 당사자일방이 그 채무를 이행하지 아니하는 때에는 상대방은 상당한 기간을 정하여 그 이행을 최고하고 그 기간 내에 이행하지 아니한 때에는 계약을 해제할 수 있으나, 채무자가 미리 이행하지 아니한 의사를 표시한 경우에는 최고를 요하지 아니한다고 규정하고 있습니다(민법 제544조).

그런데 기존채무이행을 위하여 제3자발행의 어음이나 수표를 교부한 경우의 법률관계에 관하여 판례를 보면, 기존채무이행에 관하여 채무자가 채권자에게 어음을 교부할 때의 당사자의 의사는 ①기존원인채무의 '지급에 갈음하여' 즉, 기존원인채무를 소멸시키고 새로운 어음채무만을 존속시키려고 하는 경우와, ②기존원인채무를 존속시키면서 그에 대한 지급방법으로서 이른바 '지급을 위하여' 교부하는 경우 및 ③단지 기존채무의 지급담보의 목적으로 이루어지는 이른바 '담보를 위하여' 교부하는 경우로 나누어 볼 수 있는데, 어음상의 주채무자가 원인관계상의 채무자와 동일하지 아니한 때에는 제3자인 어음상의 주채무자에 의한 지급이 예정되어 있으므로 이는 '지급을 위하여' 교부된 것으로 추정되지만, '지급에 갈음하여' 교부된 것으로 볼 만한 특별한 사정이 있는 경우에는 그러한 추정은 깨진다고 하였으며(대법원 2010. 12. 23. 선고 2010다44019 판결), 기존채무의 '지급을 위하여' 교부된 것으로 추정할 경우, 특별한 사정이 없는 한 기존원인채무는 소멸하지 아니하고 어음이나 수표상의 채무와 병존한다고 보아야 한다고 하였습니다.

그리고 매매대금채무 이행방법으로 제3자발행의 어음을 교부한 경우, 매매대금채무의 이행기에 관하여 판례를 보면, 어음이 '지급을 위하여' 교부된 것으로 추정되는 경우 채권자는 어음채권과 원인채권 중 어음채권을 먼저 행사하여 만족을 얻을 것을 당사자가 예정하였다고 할 것이어서 채권자로서는 어음채권을 우선행사하고 그에 의하여 만족을 얻을 수 없는 때 비로소 채무자에 대하여 기존원인채권을 행사할 수 있는 것이므로, 채권자가 기존채무의 변제기보다 후의 일자가 만기로 된 어음을 교부받은 때에는 특별한 사정이 없는 한 기존채무지급을 유예하는 의사가 있었다고 하였으며(대법원 2001. 2. 13. 선고 2000다5961 판결), 매수인이 물품대금지급을 위하여 매도인에게 지급기일이 물품공급일자 이후로 된 약속어음을 발행·교부한 경우 물품대금지급채무의 이행기는 그 약속어음지급기일이고, 그 약속어음이 발행인의 지급정지사유로 그 지급기일 이전에 지급거절 되었더라도 물품대금지급채무가 그 지급거절 된 때에 이행기에 도달하는 것은 아니라고 하였습니다(대법원 2000. 9. 5. 선고 2000다26333 판결, 대법원 2014. 6. 26. 선고 2011다101599 판결).

또한, 대금지급방법으로 교부받은 어음이 부도될 것이 예상되는 경우, 이행기도래 전에 이행지체를 원인으로 계약해제 가능한지 판례를 보면, 계약해제권의 발생사유인 이행지체란 채무이행이 가능한 데도 채무자가 그 이행기를 도과한 것을 말하고 그 이행기도래 전에는 이행지체란 있을 수 없으므로, 채무이행방법으로 교부한 어음이 지급기일에 지급불능이 예상되더라도 대금이행기일이 경과하지 않은 이상 기한의 이익을 보유하고 있다고 할 것이므로 바로 대금지급을 최고하고 계약을 해제할 수 없다고 하였습니다(대법원 1982. 12. 14. 선고 82다카861 판결).

따라서 위 사안에서도 어음지급기일을 잔금이행기일로 보아야 할 것이므로, 위 어음이 지급기일에 지급불능이 예상된다 하더라도 그러한 사유만으로 귀하가 바로 잔금지급을 최고하고 계약을 해제할 수는 없다고 할 것입니다. 만일, 잔금이행기일이 지나서도 甲이 잔금지급채무를 이행하지 않는다면 귀하는 선택적으로 어음금청구를 하거나, 그 원인이 되는 잔금지급을 甲에게 최고한 후 잔금지급채무불이행을 이유로 매매계약의 해제를 할 수 있다고 할 것입니다(대법원 1972.3. 28. 선고 72다119 판결).

■ 매매목적 토지의 수량이 부족한 경우 대금 감액청구가 가능한지요?

Q. 저는 甲으로부터 등기부상 100평 대지를 평당 100만원으로 정하여 구입하였습니다. 대금을 지급한 후 측량해보니 90평 정도임이 밝혀졌고, 그에 따라 甲에게 부족한 10평 값을 돌려달라고 하였으나 이에 불응하고 있습니다. 제가 甲으로부터 부족한 10평의 값을 돌려받을 권리가 있는지요?

A. 민법에서 수량을 지정한 매매목적물이 부족한 경우 그것을 알지 못한 매수인은 그 부분비율로 대금감액 등을 청구할 수 있다고 정하고 있습니다(민법 제572조 내지 제574조). 그런데 위 사안과 같은 토지매매에 있어서 면적 및 대금결정과 관련하여 두 가지 유형이 있는데, 1필지의 총금액을 결정하기 위한 방법으로 평당가격을 결정하는 소위 '필지매매'가 그 하나의 유형이고, 또 다른 유형으로는 평당가격을 정하고 실평수에 따라서 대금을 결정하는 '수량매매'가 있으며, 양자의 차이는 한마디로 말하면 실평수에 따른 대금정산의 의사가 중요요소로 작용하고 명시적 또는 묵시적으로 표시되었는지의 여부에 있다고 할 것입니다.

토지매매가「민법」제574조에서 정한 '수량을 지정한 매매'인지의 판단방법에 관하여 판례를 보면, 민법 제574조에서 규정하는 '수량을 지정한 매매'란 당사자가 매매목적인 특정물이 일정한 수량을 가지고 있다는 데에 주안을 두고 대금도 그 수량을 기준으로 하여 정한 경우를 말하는 것이므로, 토지매매에 있어서 목적물을 공부상의 평수에 따라 특정하고 단위면적당 가액을 결정하여 단위면적당 가액에 공부상의 면적을 곱하는 방법으로 매매대금을 결정하였더라도 그러한 사정만으로 곧바로 그 토지매매를 '수량을 지정한 매매'라고 할 수는 없는 것이고, 만일 당사자가 그 지정된 구획을 전체로서 평가하였고 평수에 의한 계산이 하나의 표준에 지나지 아니하여 그것이 당사자들 사이에 대상 토지를 특정하고 대금을 결정하기 위한 방편이었다고 보일 때에는 '수량을 지정한 매매'가 아니라고 할 것이며, 반면 매수인이 일정한 면적이 있는 것으로 믿고 매도인도 그 면적이 있는 것을 명시적 또는 묵시적으로 표시하고, 나아가 당사자들이 면적을 가격결정요소 중 가장 중요한 요소로 파악하고 그 객관적인 수치를 기준으로 가격을 정하였다면 그 매매는 '수량을 지정한 매매'라고 하였습니다(대법원 1998. 6. 26. 선고 98다13914 판결).

이에 관련된 사례를 보면, 목적물이 일정한 면적(수량)을 가지고 있다는 데 주안을 두고 대금도 면적을 기준으로 하여 정하여지는 아파트분양계약은 이른바 수량을 지정한 매매라고 한 사례(대법원 2002. 11. 8. 선고 99다58136 판결), 매매계약당사자가 목적토지의 면적이 공부상의 표시와 같은 것을 전제로 하여 면적을 가격을 정하는 여러 요소 중 가장 중요한 요소로 파악하여 가격을 정하였고, 만약 그 면적이 공부상의 표시와 다르다는 것을 사전에 알았더라면 당연히 그 실제평수를 기준으로 가격을 정하였으리라는 점이 인정된다면 그 매매는 '수량을 지정한 매매'에 해당되고, 매매계약서에 평당가격을 기재하지 아니하였다거나 매매계약내용에 부수적으로 매도인이 매수인에게 인근 국유지에 대한 점유를 이전해주고 이축권(이른바 딱지)을 양도하기로 하는 약정이 포함되어 있었더라도 달리 볼 것은 아니라고 한 사례(대법원 2001. 4. 10. 선고 2001다12256 판결),

매매계약서에 토지면적을 등기부상 기재에 따라 기재하고 그 면적에 평당가격을 곱한 금액에서 우수리 돈을 감액하는 방법으로 매매대금을 결정하였으나 그 토지가 도로, 잡목 등으로 인근토지와 경계가 구분되어 있으며 매수인이 매매계약체결 전 그 토지를 현장답사하여 현황을 확인한 경우, 그 토지매매는 '수량을 지정한 매매'가 아니라 구획된 경계에 따라 특정하여 매매한 것이라고 본 사례(대법원 1998. 6. 26. 선고 98다13914 판결),

일반적으로 담보권실행을 위한 임의경매에 있어 경매법원이 경매목적인 토지의 등기부상 면적을 표시하는 것은 단지 토지를 특정하여 표시하기 위한 방법에 지나지 아니한 것이고, 그 최저경매가격을 결정함에 있어 감정인이 단위면적당 가액에 공부상의 면적을 곱하여 산정한 가격을 기준으로 삼았다 하여도 이는 당해토지 전체의 가격을 결정하기 위한 방편에 불과하다 할 것이어서, 특별한 사정이 없는 한 이를 민법 제574조 소정의 '수량을 지정한 매매'라고 할 수 없다고 한 사례(대법원 2003. 1. 24. 선고 2002다65189 판결)가 있습니다.

또한, 부동산매매계약에서 실제면적이 계약면적에 미달하는 경우 그 매매가 수량지정매매에 해당할 때에 한하여 민법 제574조, 제572조에 의한 대금감액청구권을 행사함은 별론으로 하고, 그 매매계약이 그 미달부분만큼 일부 무효임을 들어 별도로 일반 부당이득반환청구를 하거나 그 부분의 원시적 불능을 이유로 민법 제535조가 규정하는 계약체결상의 과실책임의 이행을 청구할 수 없다고 하였습니다(대법원 2002. 4. 9. 선고 99다47396 판결).
따라서 위 사안의 경우 어느 유형에 해당하는지 판단하기에는 내용이 다소 부족한 듯하나, 귀하가 위 거래에 있어 실평수에 따른 대금정산을 하기로 상대방과 합의한 바가 있다면 귀하의 주장대로 10평에 대한 대금반환청구가 가능하지만, 반대로 그러한 합의 없이 등기부상 100평인 대지를 평당 100만원으로 따져 대금을 결정했다면 이는 위 대지자체를 1개의 거래대상으로 보아 매수한 것으로 보이기 때문에 대금감액청구를 할 수 없다고 할 것입니다.
참고로 아파트분양계약이 수량을 지정한 매매에 해당된다 하더라도, 이전등기된 공유대지지분이 부족하게 된 원인이 분양계약당시 분양계약자들과 주택건설사업자가 공유지분산정의 기초가 되는 아파트대지를 실제와 다르게 잘못 알고 있었기 때문이 아니라, 주택건설사업자가 분양계약당시 공유지분산정의 기초가 된 아파트대지 중 일부를 분양계약 후에 비로소 공용시설용 대지에 편입하여 시에 기부채납 하였기 때문이라면, 주택건설사업자에 대하여 민법 제574조에 의한 담보책임을 물을 수는 없다고 하면서, 주택건설사업자가 분양계약당시 공유지분산정의 기초가 된 아파트대지의 일부를 분양계약 후에 시에 기부채납 함으로써 분양계약자들 또는 공유대지지분등기 전에 분양계약자로부터 분양계약상의 지위를 양도받은 자들에게 분양공고 및 분양계약당시보다 면적이 감소한 평형별 공유대지면적을 공급한 경우, 아파트분양계약에 따른 공유대지지분 이전의무는 감소된 지분범위 내에서 이행불능이 된 것으로 보아야 하므로, 분양계약자들 또는 공유대지지분등기 전에 분양계약자로부터 분양계약상의 지위를 양도받은 자들의 해제의사표시로써 감소된 공유지분범위 내에서 분양계약의 일부해제가 가능하고, 그러한 주택건설사업자는 원상회복으로써 그들에게 감소된 공유지분에 상당하는 대금을 반환할 의무가 있다고 본 사례가 있습니다(대법원 1996. 12. 10. 선고 94다56098 판결).

■ 매매목적물이 가압류된 사유로 매매계약을 해제할 수 있는지요?

Q. 저는 甲소유 대지를 6,000만원에 매수하기로 매매계약을 체결하고 계약금 및 중도금을 지급하고 잔금을 지급하기 전에 위 토지의 등기사항증명서를 열람해본 결과 甲의 채권자 乙이 위 토지에 가압류를 해두었으므로, 이 경우 위 계약을 해제할 수 있는지요?

A. 민법 제546조에서 채무자의 책임 있는 사유로 이행이 불능하게 된 때에는 채권자는 계약을 해제할 수 있다고 규정하고 있는데, 여기서 '채무의 이행이 불능이라는 것'은 단순히 절대적·물리적으로 불능인 경우가 아니라 사회생활에 있어서의 경험법칙 또는 거래상의 관념에 비추어 볼 때 채권자가 채무자의 이행의 실현을 기대할 수 없는 경우를 말합니다(대법원 2010. 12. 9. 선고 2009다75321 판결).

그런데 위 사안과 같이 매매목적물에 가압류 또는 가처분이 된 경우 그것이 위 규정의 이행불능사유에 해당하여 계약해제가 가능할 것인지 판례를 보면, 매수인은 매매목적물에 대하여 가압류집행이 되었다고 하여 매매에 따른 소유권이전등기가 불가능한 것도 아니므로, 이러한 경우 매수인으로서는 신의칙 등에 의해 대금지급채무이행을 거절할 수 있음은 별론으로 하고, 매매목적물이 가압류되었다는 사유만으로 매도인의 계약위반을 이유로 매매계약을 해제할 수는 없다고 하였으며(대법원 1999. 6. 11. 선고 99다11045 판결), 매매목적물에 대하여 가압류 또는 처분금지가처분집행이 되어 있다고 하여 매매에 따른 소유권이전등기가 불가능한 것은 아니며, 이러한 법리는 가압류 또는 가처분집행의 대상이 매매목적물자체가 아니라 매도인이 매매목적물의 원소유자에 대하여 가지는 소유권이전등기청구권 또는 분양권인 경우에도 마찬가지이라고 하였으며, 매도인의 소유권이전등기청구권이 가압류되어 있거나 처분금지가처분이 있는 경우에는 그 가압류 또는 가처분의 해제를 조건으로 하여서만 소유권이전등기절차이행을 명받을 수 있는 것이어서, 매도인은 그 가압류 또는 가처분을 해제하지 아니하고서는 매도인명의의 소유권이전등기를 마칠 수 없고, 매수인명의의 소유권이전등기도 마쳐 줄 수 없다고 할 것이므로, 매도인이 그 가압류 또는 가처분 집행을 모두 해제할 수 없는 '무자력의 상태'에 있다고 인정되는 경우에는 매수인이 매도인의 소유권이전등기의무가 이행불능임을 이유로 매매계약을 해제할 수 있다고 하였습니다(대법원 2006.

6. 16. 선고 2005다39211 판결).

또한, 가압류로 인한 손해배상청구사건에 있어서, 매매목적물인 부동산에 대하여 가압류집행이 되어 있다고 해서 매매에 따른 소유권이전등기가 불가능한 것도 아니고, 다만 가압류채권자가 본안소송에서 승소하여 매매목적물에 대하여 경매가 개시되는 경우에는 매매목적물의 매각으로 인하여 매수인이 소유권을 상실할 수 있으나 이는 담보책임 등으로 해결할 수 있고, 경우에 따라서는 신의칙 등에 의해 대금지급채무이행을 거절할 수 있음에 그치므로, 매매목적물이 가압류되는 것을 매매계약해제 및 위약금 지급사유로 삼기로 약정하지 아니한 이상, 매수인으로서는 위 가압류집행을 이유로 매도인이 계약을 위반하였다고 하여 위 매매계약을 해제할 수는 없는 노릇이어서, 매도인이 받은 계약금배액을 매수인에게 지급하였더라도 그것은 매매계약에 의거한 의무에 의한 것이라고는 볼 수 없고 호의적인 지급이거나 지급의무가 없는데도 있는 것으로 착각하고 지급한 것이라고 보일 뿐이어서 그 위약금지급과 위 가압류집행 사이에는 법률적으로 상당인과관계가 없다고 하였습니다(대법원 2008. 6. 26. 선고 2006다84874 판결).

따라서 귀하도 매매목적물이 가압류된 상태만으로는 계약을 해제할 수 없을 것이고, 다만 잔금지급을 거절할 수는 있을 것입니다. 그러나 甲이 위 가압류집행을 해제할 수 없는 '무자력의 상태'에 있다는 것을 증명하여 그것이 인정된다면 甲의 소유권이전등기의무가 이행불능임을 이유로 매매계약을 해제할 수 있을 것입니다.

■ 매수인의 잔금이행지체로 인한 계약이 해제될 경우, 매도인이 취할 수 있는 구제방법은 무엇인지요?

Q. 저는 한 달 전 甲에게 저의 주택을 1억원에 매도하기로 계약을 하면서 계약 당일 계약금 1,000만원을 받았고, 중도금 3,000만원은 계약 10일 후, 잔금은 계약 25일 후에 소유권이전 및 주택인도와 동시에 지급받기로 하였으나, 甲은 중도금만 지급하고 잔금지급기일에 이르러, 당초 자기의 주택을 매도하여 저에게 지급할 잔금을 마련하려고 했는데 개인사정이 생겨 당장 잔금을 지급키 어렵다면서 저에게 기다려 달라고만 하고 있습니다. 계약서상으로는 甲이 위약하면 계약금을 몰수당하고 제가 위약하면 교부받은 계약금배액을 상환하기로 하는 특약을 하였습니다. 저도 급히 돈이 필요하여 주택을 매도하기로 한 것이라 난감한 상태인데, 이 경우 제가 취할 수 있는 구제방법은 무엇인지요?

A. 위 사안에서 甲의 이행지체로 인한 계약해제 또는 잔금지급청구가 문제됩니다. 계약해제란 계약효력을 소급적으로 소멸시켜 계약이 처음부터 존재하지 않았던 상태로 복귀시키는 것을 말하고, 계약해제권은 당사자가 계약에 의해 해제권을 유보하는 약정해제권과 법률규정에 의해 발생하는 법정해제권의 두 가지가 있는데, 이행지체로 인한 해제권은 계약일반의 공통적인 법정해제권이며, 이는 계약당사자일방이 채무를 이행하지 않을 경우에 상대방에게 계약의 구속을 받게 함은 부당하므로 계약을 파기해서 그 구속으로부터 벗어나게 하는데 의의가 있는 것입니다.

따라서 귀하는 甲의 잔금이행지체를 이유로 계약을 해제하고 다른 사람에게 다시 매도할 수 있습니다. 여기서 잔금지급기일에 그 이행이 없다고 하여 바로 계약을 해제할 수 있는 것은 아니고, 귀하는 상당기간을 정하여 甲에게 잔금이행의 최고를 하고 甲이 그 기간 내에 이행하지 아니하면 계약을 해제할 수 있는 것입니다(민법 제544조). 최고방법에는 특별한 제한이 없고, 채무의 동일성을 표시하여 일정한 시일 또는 일정한 기간 내에 이행할 것을 요구하는 것으로 충분한데, 향후 이러한 최고여부가 당사자 사이에 다툼이 될 경우를 대비하여 그 증거로 삼기 위해 배달증명부 내용증명우편을 보내는 경우가 많습니다. 그리고 여기서 '상당기간'이란 채무자가 이행을 준비하고 또 이를 이행하는데 필요한 기간으로, 채무의 내용·성질 기타 객관적 사정을 토대로 결정하고 채무자의 주관적 사정은 고려되지 않습니다. 최고에서 정한 기간이 상당하지 아니한 때에도 최고로서 유효하며, 다만 상당한 기간이 경과한 후에 해제권이 발생할 뿐입니다. 또한, 기간을 전혀 정하지 않고 단지 추상적으로 상당한 기간 내에 이행하라는 식으로 한 최고도 역시 유효합니다(대법원 1979. 9. 25. 선고 79다1135, 1136 판결).

예외적으로 최고가 필요하지 않은 경우도 있는데, 채무자가 미리 이행하지 아니할 의사를 표시한 경우(민법 제544조 단서), 정기행위(계약의 성질 또는 당사자의 의사표시에 의하여 일정한 시일 또는 일정기간 내에 이행하지 않으면 계약목적을 달성할 수 없는 것으로서 각종 초대장의 주문, 결혼식에 착용하기 위한 예복의 주문 등)의 이행지체로 해제하는 경우(민법 제545조), 당사자 사이에 최고를 필요로 하지 않는다는 특약을 한 경우가 그렇고, 나아가 최고를 하여도 채무자가 이행할 의사가 없으리라는 것이 명백하다면 현실로 채무자의 불이행의 의사표시가 없더라도 최고 없이 해제할 수 있습니다(대법원 1963. 3. 7. 선고 62다684 판결).

또한, 부동산매매계약에서 매수인이 잔금지급기일까지 그 대금을 지급하지 못하면 매도인이 그 계약을 해제할 수 있다는 취지의 약정을 하였더라도 매도인이 이행제공을 하여 매수인을 이행지체에 빠뜨리지 않는 한 그러한 해제통지만으로는 매매계약이 해제된 것으로 볼 수 없으나, 그러한 약정이 매도인이 소유권이전등기 등 소요서류를 갖추었는지를 묻지 않고 매수인의 지급기한 도과 및 매도인의 해제통지만으로 계약을 해제시키기로 하는 특약이라고 볼 특별한 사정이 있는 경우에는 매수인의 지급기한 도과 및 매도인의 해제통지로써 위 매매계약은 해제된다고 보아야 할 것입니다(대법원 2007. 11. 29. 선고 2007다576 판결).

귀하의 이행최고에도 불구하고 甲이 잔금을 지급하지 않아 귀하가 매매계약을 해제하면 계약효력은 소급적으로 소멸하여 계약이 처음부터 존재하지 않았던 것과 같은 상태로 복귀되며, 원상회복의무(민법 제548조) 및 손해배상청구권(민법 제551조)이 발생합니다. 즉, 귀하는 위약금으로 약정한 계약금 1,000만원을 제외한 중도금 3,000만원 및 그 받은 날로부터의 이자를 더하여 甲에게 반환해야 합니다. 계약해제는 손해배상청구에 영향을 미치지 아니하고(민법 제551조), 이행지체의 경우에 채권자는 이행에 갈음한 손해배상을 청구할 수 있으나(민법 제395조), 귀하와 甲간에 계약금을 수수하면서 위약금약정을 하였고, 위약금약정은 손해배상액예정으로 추정되므로(민법 제398조 제4항), 甲의 이행지체로 인한 손해액이 이미 지급 받은 계약금 1,000만원을 초과하여도 그 초과액을 청구할 수 없으며(대법원 2007. 7. 27. 선고 2007다18478 판결), 마찬가지 이유로 귀하는 실제 손해액을 증명할 필요없이 계약금을 위약금으로 몰수할 수 있는 것입니다(대법원 2007. 8. 23. 선고 2006다15755 판결).

한편, 귀하는 계약을 해제하지 않고 甲을 상대로 소유권이전과 상환으로 잔금을 지급하라는 소송을 제기하여 승소판결을 얻은 뒤 강제집행을 하면 본래의 매매계약목적을 달성할 수도 있습니다.

(관련판례)

쌍무계약에 있어서 당사자의 채무에 관하여 이행의 제공을 엄격하게 요구하면 불성실한 상대당사자에게 구실을 주게 될 수도 있으므로 당사자가 하여야 할 제공의 정도는 그의 시기와 구체적인 상황에 따라 신의성실의 원칙에 어긋나지 않게 합리적으로 정하여야 하는 것이며(대법원 1995. 12. 22. 선고 95다40397 판결 참조), 부동산매매계약에서 매도인의 소유권이전등기절차 이행채무와 매수인의 매매잔대금 지급채무가 동시이행관계에 있는 한 쌍방이 이행을 제공하지 않는 상태에서는 이행지체로 되는 일이 없을 것인바, 매도인이 매수인을 이행지체로 되게 하기 위하여는 소유권이전등기에 필요한 서류 등을 현실적으로 제공하거나 그렇지 않더라도 이행장소에 그 서류 등을 준비하여 두고 매수인에게 그 뜻을 통지하고 수령하여 갈 것을 최고하면 되는 것이어서(대법원 1993. 12. 28. 선고 93다777 판결, 대법원 1996. 7. 30. 선고 96다17738 판결 등 참조), 특별한 사정이 없으면 이행장소로 정한 법무사 사무실에 그 서류 등을 계속 보관시키면서 언제든지 잔대금과 상환으로 그 서류들을 수령할 수 있음을 통지하고 신의칙상 요구되는 상당한 시간 간격을 두고 거듭 수령을 최고하면 이행의 제공을 다한 것이 되고 그러한 상태가 계속된 기간 동안은 매수인이 이행지체로 된다 할 것이다(대법원 2001. 5. 8. 선고 2001다6053, 6060, 6077 판결 등 참조)(대법원 2013. 7. 11. 선고 2012다83827 판결).

■ **매수인이 계약 불이행의 의사를 명백히 하는 경우 계약 해제를 위한 매도인의 적절한 행동은 무엇인지요?**

Q. 갑은 2017. 3. 2. 乙과 사이에, 乙 소유의 아파트에 관하여 매매대금을 247,000,000원으로 정하되, 그 중 계약금 30,000,000원은 계약 당일에, 중도금 90,000,000원은 2017. 4. 1.에, 잔대금 127,000,000원은 2017. 9. 1. 乙에게서 소유권이전등기에 필요한 서류를 건네받음과 동시에 乙에게 지급하여 이 사건 부동산을 인도받기로 하는 내용의 매매계약을 체결하고, 같은 날 계약금 60,000,000원을, 2005. 8. 17. 계좌이체 방식으로 중도금 90,000,000원을 각 乙에게 지급하였습니다. 그런데 2017. 9. 1.이 임박하여 乙이 잔금을 지급받기 위해 甲과 약속을 잡으려 해도 甲은 "집을 사지 않겠다"는 말을 반복해서 하며 乙을 피하고 있습니다. 이 때 乙의 적절한 행동은 무엇인지요?

A. 부동산매매계약에 있어 매수인의 잔대금 지급의무와 매도인의 소유권이전등기서류 교부의무가 동시이행의 관계에 있는 경우, 매도인이 매수인에게 이행지체의 책임을 지워 매매계약을 해제하기 위해서는 원칙적으로 매수인이 약정기일에 잔대금을 지급하지 아니한 것만으로는 부족하고, 매도인이 소유권이전등기신청에 필요한 일체의 서류를 충분한 정도로 준비하여 그 뜻을 상대방에게 통지하는 방법으로 수령을 최고함으로써 이를 제공하고, 또 상당한 기간을 정하여 매수인에게 잔대금의 지급을 최고하였음에도 매수인이 이에 응하지 아니한 사정이 있어야 하겠으나, 한편 이와 같이 매도인이 하여야 할 이행제공의 정도를 지나치게 엄격하게 요구하면 오히려 불성실한 매수인에게 구실을 주게 될 수도 있으므로, 매수인이 매매계약의 이행에 비협조적인 태도를 취하면서 잔대금의 지급을 미루는 등 소유권이전 등기서류를 수령할 준비를 아니 할 때에는 신의성실의 원칙상 매도인으로서도 그에 상응한 정도의 이행준비를 하면 족한 것으로 보아야 합니다(대법원 1992. 7. 14. 선고 92다5713 판결, 2001. 12. 11. 선고 2001다36511 판결 등).

따라서 乙로서는 부동산매도용 인감증명서를 발급받아 두어, 잔금의 수령과 동시에 변호사 등에게 위임하여 소유권이전등기신청행위에 필요한 서류를 작성할 수 있도록 준비하고 다시 甲에게 잔금을 지급을 최고하면, 일단 그 이행의 제공을 하였다고 볼 수 있을 것입니다. 이 때 인감증명서를 발급받기 위하여 인감도장이 있어야 함은 당연하며, 등기권리증은 특별한 사정이 없는 한 乙이 소지하고 있을 수밖에 없고, 위임장 등의 서류는 그 용지에 인감도장을 날인함으로써 쉽게 작성할 수 있는 것이며, 또 이 사건의 경우 乙이 소유권이전등기서류를 제공하지 않았다는 이유를 내세워 甲이 잔금을 지급하지 않은 것도 아니어서, 乙이 잔금의 지급을 최고함에 있어 소유권이전등기서류를 수령하라는 뜻을 반복해서 통지하지 않았다는 사유만으로는 이행제공이 없었다고 볼 수는 없을 것입니다.

(관련판례)

쌍무계약에 있어서 당사자의 채무에 관하여 이행의 제공을 엄격하게 요구하면 불성실한 상대당사자에게 구실을 주게 될 수도 있으므로 당사자가 하여야 할 제공의 정도는 그의 시기와 구체적인 상황에 따라 신의 성실의 원칙에 어긋나지 않게 합리적으로 정하여야 하는 것이며, 부동산매매계약에서 매도인의 소유권이전등기절차이행채무와 매수인의 매매잔대금 지급채무가 동시이행관계에 있는 한 쌍방이 이행을 제공하지 않는 상태에서는 이행지체로 되는 일이 없을 것인바, 매도인이 매수인을 이행지체로 되게 하기 위하여는 소유권이전등기에 필요한 서류 등을 현실적으로 제공하거나 그렇지 않더라도 이행장소에 그 서류 등을 준비하여 두고 매수인에게 그 뜻을 통지하고 수령하여 갈 것을 최고하면 되는 것이어서, 특별한 사정이 없으면 이행장소로 정한 법무사 사무실에 그 서류 등을 계속 보관시키면서 언제든지 잔대금과 상환으로 그 서류들을 수령할 수 있음을 통지하고 신의칙상 요구되는 상당한 시간 간격을 두고 거듭 수령을 최고하면 이행의 제공을 다한 것이 되고 그러한 상태가 계속된 기간 동안은 매수인이 이행지체로 된다 할 것이다(대법원 2001. 5. 8. 선고 2001다6053, 6060, 6077 판결).

■ **매도인은 매매잔대금 전부에 대하여 동시이행의 항변권을 행사할 수 있는지요?**

Q. 甲과 乙의 부동산 매매계약에 있어서 매수인 乙이 매도인 甲을 상대로 부동산 중 일부에 대해서만 소유권이전등기의무의 이행을 구하고 있습니다. 매도인 甲은 동시이행항변권을 행사하면서 매매잔대금 전부에 대하여 동시이행의 항변권을 행사할 수 있는지요? 아니면 해당 일부에 해당하는 금원 상당액에 대하여만 동시이행의 항변권을 행사할 수 있는지요?

A. 민법 제536조 제1항에서는 쌍무계약의 당사자 일방은 상대방이 그 채무이행을 제공할 때 까지 자기의 채무이행을 거절할 수 있다. 그러나 상대방의 채무가 변제기에 있지 아니하는 때에는 그러하지 아니하다고 하여 동시이행의 항변권을 규정하고 있습니다.
부동산매매계약에서 발생하는 매도인의 소유권이전등기의무와 매수인의 매매잔대금지급의무는 동시이행관계에 있고(대법원 1992. 2. 14. 선고 91다12349 판결 참조), 동시이행의 항변권은 상대방의 채무이행이 있기까지 자신의 채무이행을 거절할 수 있는 권리이므로, 매수인이 매도인을 상대로 매매목적 부동산 중 일부에 대해서만 소유권이전등기의무의 이행을 구하고 있는 경우에도 매도인은 특별한 사정이 없는 한 그 매매잔대금 전부에 대하여 동시이행의 항변권을 행사할 수 있다고 보는 것이 판례의 태도입니다(대법원 2006. 2. 23. 선고 2005다53187 판결).
따라서 매도인 甲은 동시이행항변권을 행사하면서 매매잔대금 전부에 대하여 동시이행의 항변권을 행사할 수 있다고 할 것입니다.

(관련판례)

쌍무계약인 부동산매매계약에 있어서는 특별한 사정이 없는 한 매수인의 잔대금지급의무와 매도인의 소유권이전등기서류 교부의무는 동시이행관계에 있다 할 것이고, 이러한 경우에 매도인이 매수인에게 지체의 책임을 지워 매매계약을 해제하려면 매수인이 이행기일에 잔대금을 지급하지 아니한 사실만으로는 부족하고, 매도인이 소유권이전등기신청에 필요한 일체의 서류를 수리할 수 있을 정도로 준비하여 그 뜻을 상대방에게 통지하여 수령을 최고함으로써 이를 제공하여야 하는 것이 원칙이고, 또 상당한 기간을 정하여 상대방의 잔대금채무이행을 최고한 후 매수인이 이에 응하지 아니한 사실이 있어야 하는 것이며, 매도인이 제공하여야 할 소유권이전등기신청에 필요한 일체의 서류라 함은 등기권리증, 위임장 및 부동산매도용 인감증명서 등 등기신청행위에 필요한 모든 구비서류를 말한다(대법원 1992. 7. 14. 선고 92다5713 판결).

■ **매수인이 매매 목적물에 관한 임대차보증금 반환채무 등을 인수하면서 그 채무액을 매매대금에서 공제하기로 한 경우, 그 채무인수의 법적 성질은?**

Q. 저는 A로부터 주택을 임차하여 대항력을 갖추지 못한 채 거주하던 중, A가 B에게 저의 임대차보증금을 매매대금에서 공제하기로 하면서 주택의 소유권을 이전하였고, 그 이후 B는 자신이 설정해 준 근저당권의 피담보채무를 변제하지 못하여 주택에 대한 경매가 개시되었습니다. 저는 A에게 임대차보증금반환을 청구할 수 있을지요?

A. 부동산의 매수인이 매매목적물에 관한 임대차보증금 반환채무 등을 인수하는 한편 그 채무액을 매매대금에서 공제하기로 약정한 경우, 그 인수는 특별한 사정이 없는 이상 매도인을 면책시키는 면책적 채무인수가 아니라 이행인수로 보아야 하고, 면책적 채무인수로 보기 위해서는 이에 대한 채권자 즉 임차인의 승낙이 있어야 합니다(대법원 1995. 8. 11. 선고 94다58599 판결, 대법원 1997. 6. 24. 선고 97다1273 판결, 대법원 2001. 4. 27. 선고 2000다69026 판결, 대법원 2006. 9. 22. 선고 2006다135 판결 참조).
이 경우 임차인의 승낙은 반드시 명시적 의사표시에 의하여야 하는 것은 아니고 묵시적 의사표시에 의하여서도 가능하다고 할 것이나, 주택의 임차인이 제3자에 대한 대항력을 갖추기 전에 임차주택의 소유권이 양도되어 당연히 양수인이 임대차보증금 반환채무를 면책적으로 인수한 것으로 볼 수 없는 경우 주택임차인의 어떠한 행위를 임대차보증금 반환채무의 면책적 인수에 대한 묵시적 승낙의 의사표시에 해당한다고 볼 것인지 여부는 그 행위 당시 임대차보증금의 객관적 회수가능성 등 제반 사정을 고려하여 신중하게 판단하여야 합니다.
따라서 B가 주택을 매수한 후 설정한 근저당권 피담보채무의 불이행으로 인해 임의경매절차가 개시됨으로써 위 근저당권 설정 이후에 대항력을 취득하고 임대차계약서에 확정일자를 받은 원고의 임대차보증금 반환채권의 경매절차에서의 회수가능성이 의문시되는 상황이라면 원고가 임차인으로서 그 경매절차에서 배당요구를 하였다고 하더라도 이를 에 대해서 보증금 반환청구를 할 수 있으리라 판단됩니다(대법원 2008. 9. 11. 선고 2008다39663 판결).

(관련판례)

부동산매매계약에 있어 매수인이 매매목적부동산 위에 설정된 근저당권에 기한 제3자의 피담보채무를 인수하고 그 채무해당액을 매매대금에서 공제하기로 하면서 만일 장래 채권자의 승낙거절로 인하여 근저당채무인수가 이루어지지 않게 되는 때에는 매매계약을 해제할 수 있기로 약정한 경우에 있어 그 해제권 유보의 특약이 매수인 일방을 위한 것이라고 본 사례(대법원 1991. 5. 28. 선고 91다8838 판결).

■ 부동산 계약시 가계약금은 반환받을 수 없나요?

Q. 甲은 공인중개사 乙에게 아파트를 소개받았고, 마음에 딱 든 것은 아니었으나 전세매물이 귀해서 매수대기자 많으니 100만원이라도 미리 가계약금으로 먼저 걸어두라는 공인중개사 乙의 말을 듣고, 걱정이 되어 공인중개사 乙에게 가계약금 명목으로 100만원을 입금해주었습니다. 집에 돌아와서 甲은 고민을 해보니 해당 아파트는 오래된 아파트이고, 교통도 불편한 곳에 위치하고 있어 계약을 하지 않는 게 나을 것 같아, 다음날 甲은 공인중개사 乙을 찾아가 계약을 하지 않을테니 기지급한 100만원을 돌려달라고 말하였습니다. 그러나 공인중개사 乙은 가계약금도 위약금이므로 반환할 수 없다고 하였습니다. 甲은 100만원을 돌려받을 수 없는지요?

A. 가계약도 계약이기 때문에 원칙적으로는 일반 계약과 마찬가지로 계약당사자는 계약의 내용대로 의무를 이행해야 할 것입니다. 가계약이라는 용어는 민법상 있는 법률용어는 아니지만, 말 그대로 본 계약에 체결하기 전 행하는 임시계약을 의미하는 것으로 아직까지 개념이 명확하게 정립되어 있지 않지만 실무에서는 계약의 유형으로 종종 사용되고 있습니다.

가계약도 일종의 계약에 해당하고, 구두계약만으로도 계약은 성립하고 그 효력도 발생합니다. 다만, 구두계약이나 가계약이 법적효력을 갖기 위해서는 계약의 중요부분인 대금에 관하여 구체적으로 의사의 합치가 있거나 장래 구체적으로 특정할 수 있는 기준과 방법 등에 관하여 합의가 있었음을 필요로 한다고 할 것입니다.

예컨대 중개 현장에서 공인중개사가 거래계약체결을 목적으로 매도인으로부터 가계약체결에 대한 명확한 위임을 받지 않은 채, 공인중개사 자신이 계약금의 일부를 수령하고, 가계약금 명목으로 영수증을 발행하기도 하는데, 이 경우에는 계약이 성립되었다고 보기 어렵습니다.

특히 甲의 상황처럼 매도인과 매수인간에 매매계약의 구체적인 조건, 예컨대 매매대금, 계약금, 중도금, 잔금, 지급일, 지급조건, 이사일자 등에 대한 합의도 없이 단순히 매물이 많이 없어 금방 빠질 수 있고, 다른 매수인이 있으니. 계약할 생각이 있으면 가계약금을 걸라고 권유하여 가계약금을 걸게 된 경우에는, 구체적인 매매계약의 합의가 없었고 계약이 성립되었다고 보기 어려우므로 공인중개사 乙은 甲에게 100만원을 반환하여야 할 것입니다.

결국 부동산 매매에서 집주인과 목적물, 매매대금, 대금 지급방법에 대한 구체적인 합의가 있었는지, 집주인의 계좌가 아니라 공인중개사의 계좌로 입금하였다는 사정이 있었는지 등, 그 사실관계에 따라 매수인은 이미 지급한 가계약금을 돌려받을 수도 있다고 할 것입니다.

■ **부동산매매계약에 있어서 매도인이 가지는 계약해제권의 제척기간은?**

Q. 매도인 甲은 1988. 4. 29. 매수인 乙로부터 부동산 A에 관하여 위 일자 매매를 원인으로 한 소유권이전등기를 마쳤고, 부동산 A를 인도받았습니다. 그럼에도 甲은 乙에게 매매대금 일부를 지급하지 않았습니다. 이후 乙이 2003. 4.경 甲의 일부매매대금지급채무를 불이행했다는 사유로 계약을 해제하고 싶어 합니다. 乙은 甲을 상대로 위 매매계약을 해제할 수 있나요?

A. 계약의 해제권은 일종의 형성권으로서 10년의 제척기간이 경과하면 소멸한다고 할 것입니다. 매도인 乙이 매수인 甲에 대하여 매매계약에 따른 자신의 소유권이전등기의무의 이행을 완료한 때, 甲의 매매대금지급채무는 이행지체에 빠지고, 그로부터 상당한 기간이 경과한 때부터는 乙이 甲을 상대로 언제라도 그 이행을 최고하고 매매계약의 해제권을 행사할 수 있었을 것입니다. 따라서 해제권은 그 시기부터 제척기간이 기산된다고 할 것이고, 甲이 자신의 소유권이전등기의무의 이행을 완료한 때가 기산점입니다. 그렇다면 乙의 해제의 의사표시는 해제권을 행사할 수 있을 때부터 10년이 경과한 후에 행사되었으므로 이미 해제권이 소멸한 이후의 의사표시라고 할 것이어서 적법한 해제권의 행사라고 볼 수 없다할 것입니다(인천지방법원 2005. 1. 27. 선고 2004가합601 판결 참조).

따라서 乙은 2003. 4.경 甲의 일부매매대금지급채무를 불이행했다는 사유로 위 매매계약을 해제할 수 없습니다.

(관련판례)

부동산매매계약서에는 건물에 관한 전세금과 임대보증금을 매매잔대금에서 공제한다는 특약만 기재되어 있을 뿐, 그보다 액수도 더 많을 뿐 아니라 채권자의 채무인수에 대한 동의 여부에 따라 매매잔대금액수가 크게 달라질 소지가 큰 근저당권 피담보채무액의 공제특약에 관하여는 기재된 바가 전혀 없음에도 이를 공제하기로 하는 구두의 특약이 있었던 것으로 인정한 원심판결을 채증법칙에 위배한 증거판단으로 사실을 오인한 위법이 있다 하여 파기한 사례(대법원 1991. 11. 8. 선고 91다26935 판결).

■ 부동산매매계약에서 잔대금미지급의 경우, 자동해제된다는 특약의 효력은?

Q. 저는 1년 전 甲의 부동산을 1억원에 매수하는 매매계약을 체결하면서 계약금 1,000만원과 중도금 4,000만원까지 모두 지급하였으나, 저의 사정상 잔금지급약정일로부터 1주일이 경과한 뒤에야 잔금을 제공하였더니, 매매계약체결 후 부동산가격의 폭등을 기화로 甲은 계약서상 '잔금지급기일에 잔금을 지급치 아니하면 자동적으로 계약이 해제된다.'는 약정이 있으므로 이미 계약은 해제되었다고 주장하면서 잔금수령을 거부하고 있습니다. 저는 위 부동산을 꼭 취득하고 싶은데 방법이 없는지요?

A. 부동산매매계약의 경우 매수인이 잔대금을 지급기일까지 지급하지 못하면 그 계약이 자동해제 된다는 취지의 약정이 있는 경우에 관한 판례를 보면, 부동산매매계약에 있어서 매수인이 잔대금지급기일까지 그 대금을 지급하지 못하면 그 계약이 자동적으로 해제된다는 취지의 약정이 있더라도 특별한 사정이 없는 한 매수인의 잔대금지급의무와 매도인의 소유권이전등기의무는 동시이행관계에 있으므로 매도인이 잔대금지급기일에 소유권이전등기에 필요한 서류를 준비하여 매수인에게 알리는 등 이행제공을 하여 매수인으로 하여금 이행지체에 빠지게 하였을 때에 비로소 자동적으로 매매계약이 해제된다고 보아야 하고, 매수인이 그 약정기한을 도과하였더라도 이행지체에 빠진 것이 아니라면 대금미지급으로 계약이 자동해제 된 것으로 볼 수 없다고 한 바 있으나(대법원 1998. 6. 12. 선고 98다505 판결, 같은 취지로 甲이 乙과 토지매매계약을 체결하면서 매매대금이 지급되지 않을 경우 매매계약을 무효로 하는 내용의 자동실효특약을 두었는데 매매대상 토지들 가운데 일부가 경매되거나 수용되었고, 乙이 일부 매매대금의 지급을 위하여 발행·교부한 약속어음이 지급거절된 사안에서, 乙이 일부 토지들에 대한 소유권 취득이 불가능하게 됨에 따라 잔금지급의무 불이행에 따른 이행지체책임을 부담하지 않게 되었으므로, 위 특약을 그대로 적용하여 乙이 잔금을 지급하지 않았다는 이유만으로 매매계약이 무효가 되는 것은 아니라고 한 대법원 2013. 9. 27. 선고 2011다110128 판결), 부동산매매계약에 있어서 매수인이 잔대금지급기일까지 그 대금을 지급하지 못하면 그 계약이 자동적으로 해제된다는 취지의 약정이 있더라도 매도인이 이행제공을 하여 매수인을 이행지체에 빠뜨리지 않는 한 그 약정기일의 도과 사실만으로는 매매계약이 자동해제된 것으로 볼

수 없으나, 매수인이 여러 차례에 걸친 채무불이행에 대하여 책임을 느끼고 잔금지급기일의 연기를 요청하면서 새로운 약정기일까지는 반드시 계약을 이행할 것을 확약하고 불이행시에는 매매계약이 자동적으로 해제되는 것을 감수하겠다는 내용의 약정을 한 특별한 사정이 있다면, 매수인이 잔금지급기일까지 잔금을 지급하지 아니함으로써 그 매매계약은 자동적으로 실효된다고 하였습니다(대법원 2010. 7. 22. 선고 2010다1456 판결).

다만, 매매계약이 자동적으로 실효된 후 매도인과 매수인 사이에 매도인이 매수인으로부터 이행지체에 따른 지연손해배상금을 지급받고 잔금지급기일 등 일부 계약조건을 변경하기로 하는 합의까지 이루어졌다면 이로써 실효된 매매계약을 부활시키기로 하는 새로운 약정이 성립하였다고 볼 수 있을 것입니다.

이때 종전의 매매계약에 포함된 자동해제약정도 함께 부활시킨 것으로 볼 수 있다면 그 후 매수인이 변경된 계약조건에 따른 잔금지급의무 등을 이행하지 아니할 경우 특별한 사정이 없는 이상 부활한 매매계약은 다시 자동적으로 실효되고, 매도인이 매수인의 채무불이행을 이유로 매매계약을 해제하기 위하여 반대채무의 이행제공이나 새로운 이행의 최고가 필요하다고 볼 것은 아니라고 하였습니다(대법원 2014. 2. 13. 선고 2012다71930, 71947 판결).

이 경우 매도인의 '이행제공'이란 매도인이 소유권이전등기에 소요되는 서류를 준비하여 매수인에게 알리는 등의 행제공을 말합니다.

따라서 甲이 소유권이전등기에 필요한 서류를 준비하여 귀하에게 이러한 사실을 알리는 등의 방법으로 이행제공을 하지 않았고 위 판례와 같은 특별한 사정이 없다면, 귀하와 甲의 매매계약은 자동해제 되지 않고 아직 유효한 상태이므로, 甲이 잔금수령을 거부한다면 잔금을 법원에 변제공탁하고 甲을 상대로 소유권이전등기청구소송을 제기하면 될 것으로 보입니다.

(관련판례)

부동산매매계약에서 매매목적물에 대한 소유권이전등기를 매수인이 지정하는 자의 명의로 이행키로 약정하였음에도 매수인이 근거없는 대금감액 요구를 내세울 뿐 아니라 매도인의 소유권이전등기의무이행에 필요한 등기명의인의 지정조차 이행하지 아니하였다면 매수인으로서 계약이행의 의사가 없음을 표명한 것이라고 볼 수 밖에 없고, 그 후 매도인에게 단지 화해하자고 말한 것만 가지고는 자기의 채무를 이행하지 아니할 의사표명을 철회한 것이라고 보기 어렵다 하여 이와 달리 매수인의 대금감액 요구만으로 그 대금지급채무를 이행하지 아니할 의사를 명백히 한 것이라고 단정하기 곤란하고 가사 그렇지 않다 해도 그 이행하지 아니할 의사가 철회됐다고 보아 매도인의 계약해제 항변을 배척한 원심판결을 계약해제에 관한 법리오해와 심리미진의 위법으로 파기한 사례(대법원 1991. 3. 27. 선고 판결).

■ **부동산의 매도인이 매수인을 이행지체에 빠뜨리기 위한 이행제공의 방법과 그 정도는 어디까지 인정되나요?**

Q. 甲이 1997. 11. 13. 乙 소유인 이 사건 부동산을 매수하면서 대금을 금 19억 원으로 하되, 그 중 계약금 1억 8,000만 원을 계약 당일 지급하고, 중도금 7억 2,000만 원을 그 달 17일에 지급하고, 잔금 10억 원 중 6억 300만 원은 임차보증금으로 대체하고, 나머지 잔금 397,000,000원을 1998. 5. 4.에 지급하기로 약정하였습니다. 피고 정홍간은 甲이 잔금지급의무의 이행을 지체하자 잔금 397,000,000원에 대하여 그 지급기일인 1998. 5. 4.부터 소장 부본 송달일까지는 연 5푼의, 그 다음날부터 완제일까지는 연 2할 5푼의 각 비율에 의한 지연손해금의 지급을 구하였습니다. 이때 甲은 1998. 4. 21. 乙에게 소유권이전등기에 필요한 서류들을 준비하는 중에 있음을 알리면서 잔금 지급기일에 잔금을 지급할 것을 최고하고, 그 해 4월 29일 발급받은 부동산매도용 인감증명서와 주민등록등본 및 위임장을 법무사 사무실에 맡겨두고 있었습니다. 이 경우 甲의 이행제공을 한 것에 해당하여 乙의 이행지체 책임을 인정할 수 있는지요?

A. 쌍무계약에 있어 당사자 일방이 먼저 한 번 채무의 이행제공을 함으로써 상대방을 수령지체에 빠지게 하였다고 하더라도 그 이행의 제공이 계속되지 않은 경우에는 과거에 이행의 제공이 있었다는 사실만으로 상대방이 가지는 동시이행의 항변권이 소멸하는 것은 아니므로 당사자 일방이 일시적으로 자신의 채무에 대한 이행의 제공을 하였으나 곧 그 이행의 제공을 중지하여 더 이상 이행의 제공이 계속되지 아니하는 기간 동안에는 상대방의 의무가 이행지체에 빠졌다고 할 수 없습니다.

판례는 쌍무계약에 있어서 이행제공의 정도와 관련하여 "당사자의 채무에 관하여 이행의 제공을 엄격하게 요구하면 불성실한 상대당사자에게 구실을 주게 될 수도 있으므로 당사자가 하여야 할 제공의 정도는 그의 시기와 구체적인 상황에 따라 신의성실의 원칙에 어긋나지 않게 합리적으로 정하여야 하는 것이며(대법원 1995. 12. 22. 선고 95다40397 판결 참조), 부동산매매계약에서 매도인의 소유권이전등기절차이행채무와 매수인의 매매잔대금 지급채무가 동시이행관계에 있는 한 쌍방이 이행을 제공하지 않는 상태에서는 이행지체로 되는 일이 없을 것인바, 매도인이 매수인을 이행지체로 되게 하기 위하여는 소유권이전등기에 필요한 서류 등을 현실적으로 제공하거나 그렇지 않더라도 이행장소에 그 서류 등을 준비하여 두고 매수인에게 그 뜻을 통지하고 수령하여 갈 것을 최고하면 되는 것이어서(대법원 1993. 12. 28. 선고 93다777 판결, 1996. 7. 30. 선고 96다17738 판결 등 참조), 특별한 사정이 없으면 이행장소로 정한 법무사 사무실에 그 서류 등을 계속 보관시키면서 언제든지 잔대금과 상환으로 그 서류들을 수령할 수 있음을 통지하고 신의칙상 요구되는 상당한 시간 간격을 두고 거듭 수령을 최고하면 이행의 제공을 다한 것이 되고 그러한 상태가 계속된 기간 동안은 매수인이 이행지체로 된다 할 것이다."라고 한시한 바 있습니다(대법원 2001. 5. 8. 선고 2001다6053,6060,6077 판결).

따라서 甲이. 乙에게 소유권이전등기에 필요한 서류들을 준비하는 중에 있음을 알리면서 잔금 지급기일에 잔금을 지급할 것을 최고하고, 그 해 4월 29일 발급받은 부동산매도용 인감증명서와 주민등록등본 및 위임장을 법무사 사무실에 맡겨 두었다면 이는 甲의 이행제공을 한 것에 해당하고, 乙의 이행지체 책임을 인정할 수 있다고 할 것입니다.

(관련판례)

부동산매매계약서상 특약조건이라 하여 "매수인은 매도인이 대리매도한 데에 대하여 차후 민·형사사건을 제시치 안하기로 한다"고 되어 있는 경우, 매매계약의 경위에 비추어 위 특약의 의미는 매도인이 실질적인 소유자가 아니어서 매수인이 토지의 소유권을 유효하게 취득하지 못하는 경우에도 매수인이 매도인에게 형사책임이나 손해배상 등의 책임을 구하지 아니하고 원상회복으로 만족하겠다는 취지로서 이는 매수인이 그 토지가 매도인의 권리에 속하지 아니함을 안 경우와 같이 취급받겠다는 의미라고 봄이 상당하다(대법원 1994. 6. 14. 선고 93다29631 판결).

■ **대지면적이 사실상 다른 경우, 차액분 상당의 손해배상을 청구하는 것이 가능한가요?**

Q. 甲은 乙로부터 아파트를 매수하였고, 계약서상 대지지분 면적은 65㎡으로 기재되어 있었습니다. 계약서에는 "등기상 평수와 분양 평수는 약간의 차이가 있어도 매수인은 이를 인정한다"는 문구가 기재되어 있었고, 甲은 계약서에 표시된 대지면적에 관하여 아무런 의심을 품지 아니하였습니다. 그런데 뒤늦게 아파트의 등기부등본을 확인하여 보니 대지면적이 39㎡으로 기재되어 있는 사실을 확인할 수 있었습니다. 현재 위 아파트는 甲의 명의로 소유권이전등기가 마쳐진 상태입니다. 甲이 乙을 상대로 잘못 표시된 대지면적 만큼의 차액분 상당의 손해배상을 청구하는 것이 가능한가요?

A. 민법 제574조에 의하면, 수량을 지정한 매매의 목적물이 부족한 경우와 매매목적물의 일부가 계약당시에 이미 멸실된 경우에는 매수인은 대금감액을 청구할 수 있다고 정하고 있습니다.
이에 관하여 대법원에서는 "'수량을 지정한 매매'라 함은 당사자가 매매의 목적인 특정물이 일정한 수량을 가지고 있다는 데 주안을 두고 대금도 그 수량을 기준으로 하여 정한 경우를 말하는 것이므로, 토지의 매매에 있어 목적물을 등기부상의 면적에 따라 특정한 경우라도 당사자가 그 지정된 구획을 전체로서 평가하였고 면적에 의한 계산이 하나의 표준에 지나지 아니하여 그것이 당사자들 사이에 대상토지를 특정하고 그 대금을 결정하기 위한 방편이었다고 보일 때에는 이를 가리켜 수량을 지정한 매매라 할 수 없다(대법원 2003. 1. 24. 선고 2002다65189 판결)."고 판시하여, 수량지정매매에 해당하는지 여부는 매매계약 당사자의 의사해석의 문제로 판단하고 있습니다.
이 사건 甲과 乙사이의 매매계약은 아파트가 완공되고 위 아파트에 관한 부동산등기부가 작성되어 그 현황을 확인할 수 있는 상태에서 체결된 점, 위 계약서에 등기부상 평수와 계약 평수는 약간의 차이가 있어도 매수인은 이를 인정한다는 문구가 기재되어 있었던 점, 매매계약 당시 대지면적을 갖출 것에 주안점을 두고 매매계약이 체결하였다거나 대지면적에 따라 매매대금을 결정하였다고 보기 어렵기 때문에 수량을 지정한 매매에 해당된다고 보기는 어렵습니다. 따라서 민법 제574조에 근거한 감액청구는 어렵다고 할 것입니다.

(관련판례)

부동산매매에 있어 매도인이 매매목적물을 2중으로 양도하여 제3자에게 소유권이전등기를 하여 줌으로써 매수인에 대한 소유권이전등기의무가 이행불능된 경우 그 손해배상의 액은 특별한 사정이 없는 한 제3자에게 소유권이전등기를 넘겨준 날 현재의 시가상당액이라고 할 것이나, 매매계약시에 미리 손해배상의 예정에 관한 특약을 하였다면 매수인은 매도인에 대하여 예정된 손해배상액만을 청구할 수 있다(대법원 1994. 1. 11. 선고 93다17638 판결).

■ 약정한 계약금을 지급하지 않은 경우 주계약도 해제할 수 있는지요?

Q. 매수인 甲과 매도인 乙의 대리인 丙은 乙소유 부동산에 관한 매매계약을 체결하면서, 매매계약 체결 당시 계약금 2,000만 원 중 1,000만 원은 계약 당일 지급하고, 나머지 1,000만 원은 그 다음날 지급하기로 약정했습니다. 그런데 丙이 계약한 날 밤에 매도인 乙이 위 부동산을 처분할 의사가 없다는 것을 확인했습니다. 丙은 그 다음날 甲이 계약금을 입금하기 전에 甲에게 민법 제565조 제1항에 따라 매매계약을 임의로 해제할 수 있나요?

A. 계약금계약은 금전 기타 유가물의 교부를 요건으로 하며, 주된 계약과 더불어 체결되는 것이 보통입니다. 계약금 계약이 성립되었다면 당사자는 민법 제565조 제1항의 규정에 따라 주된 계약을 임의해제 할 수 있습니다. 그러나 금전 기타 유가물의 교부가 없어 계약금계약이 성립되지 않고, 단지 계약금을 지급하기로 약정만 한 단계에서는 아직 계약금으로서의 효력, 즉 위 민법 규정에 의해 계약해제를 할 수 있는 권리는 발생하지 않는다고 할 것입니다. 따라서 매매계약 당사자가 계약금의 일부만을 먼저 지급하고 잔액은 나중에 지급하기로 약정하거나 계약금 전부를 나중에 지급하기로 약정한 경우, 매수인이 계약금의 잔금이나 전부를 약정대로 지급하지 않으면 매도인은 계약금 지급의무의 이행을 청구하거나 채무불이행을 이유로 계약금약정을 해제할 수 있고, 나아가 위 약정이 없었더라면 주계약을 체결하지 않았을 것이라는 사정이 인정된다면 주계약도 해제할 수도 있습니다. 그러나 매수인이 계약금의 잔금 또는 전부를 지급하지 아니하는 한 계약금계약은 성립하지 아니하므로 당사자는 민법 제565조 제1항에 의거하여 임의로 주계약을 해제할 수는 없다 할 것입니다.

위 사안의 경우, 甲이 乙에게 계약금 전부를 지급하지 않아서 아직 계약금계약은 성립되지 아니하였다고 보아야 합니다. 그렇다면 乙을 대리한 丙 은 甲의 채무불이행이 없는 한 매매계약을 임의로 해제할 수 없으므로, 乙 이 계약금을 수령하기 전에 甲을 상대로 한 이 사건 매매계약 해제의 의사표시는 부적법하여 효력이 없다고 할 것입니다.

■ 양 당사자 사이의 책임없는 사유로 계약을 이행할 수 없게 된 경우, 서로에게 어떤 청구를 할 수 있을까요?

Q. 甲은 乙에게 甲소유인 부동산을 매도하기로 계약하였습니다. 乙이 甲에게 계약금만을 지급한 상황에서 甲과 乙 모두에게 책임이 없는 사유로 인하여 甲의 부동산이 경매되어 甲이 乙에게 부동산을 매도할 수 없게 되었습니다. 이 경우 甲과 乙은 서로에게 어떤 청구를 할 수 있을까요?

A. 민법 제537조 는 '쌍무계약의 당사자 일방의 채무가 당사자 쌍방의 책임없는 사유로 이행 할 수 없게 된 때에는 채무자는 상대방의 이행을 청구하지 못한다'라고 규정하여 채무자는 급부의무를 면함과 더불어 반대급부도 청구하지 못하는 것이 원칙입니다.

따라서 이 경우 乙은 甲에게 부동산을 인도해달라고 청구하지 못하는 한편 甲도 乙에게 잔금을 청구할 수 없고 이미 지급한 계약금은 乙에게 부당이득으로 반환하여야 합니다. 한편, 매매계약 체결 후 위 부동산이 경락되기 전에 乙이 甲 소유의 부동산을 점유하여 사용하였다면, 乙은 甲에게 그 기간의 차임상당액의 부당이득금을 반환하여야 할 것입니다(대법원 2009. 5. 28. 선고 2008다98655 판결).

■ 의사무능력자가 한 매매계약의 무효를 주장할 수 있나요?

Q. 甲은 심각한 치매로 의사능력이 없는 상태인데, 조카 乙은 이를 이용하여 甲으로부터 위임장 등을 교부받아 甲 명의의 부동산을 丙에게 매도하였습니다. 뒤늦게 정신이 돌아 온 甲이 매매계약의 무효를 주장할 수 있나요.

A. 의사능력이란 자신의 행위의 의미나 결과를 정상적인 인식력과 예기력을 바탕으로 합리적으로 판단할 수 있는 정신적 능력 내지는 지능을 말하는 것으로서, 의사능력의 유무는 구체적인 법률행위와 관련하여 개별적으로 판단되어야 합니다. 특히 어떤 법률행위가 그 일상적인 의미만을 이해하여서는 알기 어려운 특별한 법률적인 의미나 효과가 부여되어 있는 경우에는 그 행위의 일상적인 의미뿐만 아니라 법률적인 의미나 효과에 대하여도 이해할 수 있어야 의사능력이 인정됩니다(대법원 2009. 1. 15. 선고 2008다58367 판결 등 참조).

위임약정서와 위임장 작성 당시 甲은 의사무능력 상태에 있었으므로, 甲이 조카 乙에게 이 사건 토지와 건물 처분 등에 관한 권한을 위임한 행위는 무효입니다. 따라서 乙은 甲을 대리하여 이 사건 토지와 건물을 매도할 권한이 없으므로, 이 사건 매매계약은 무권대리행위로서 무효입니다. 위와 같은 甲의 정신상태, 이 사건 위임약정서 및 위임장 작성 경위, 그 내용, 그 무렵 작성된 이 사건 유언공정증서의 내용 등에 비추어, 만일 甲이 이 사건 위임약정서 및 위임장의 법률적 의미와 효과를 이해하고 있었다면, 이를 작성하였을 리가 없다고 보입니다.

따라서 이 사건 매매계약은 甲에 대하여 효력이 없고, 이에 따른 이 사건 소유권이전등기 역시 원인무효의 등기이므로, 丙은 이 사건 토지와 건물의 소유자인 甲에게 이 사건 소유권이전등기의 말소등기절차를 이행할 의무가 있습니다.

■ 이행인수와 인수채무 불이행할 경우 매매계약해제가 가능한지요?

Q. 甲은 乙에게 甲의 건물 및 대지를 매도하는 매매계약을 체결하였고, 乙은 甲에게 계약금 및 중도금을 지급하면서 그 부동산에 관한 근저당권의 피담보채무를 乙이 인수하고, 나머지 잔금을 소유권이전등기서류와 상환하여 지급하기로 하였으나, 乙이 위 피담보채무변제를 게을리 함으로써 위 건물이 근저당권 실행으로 경매개시 되었습니다. 甲은 경매절차진행을 막기 위해 피담보채무를 변제하였는데, 이 경우 甲은 乙에게 매매계약을 해제할 수 있는지요?

A. 위 사안에서 매수인 乙이 부동산에 관한 근저당권의 피담보채무를 인수하면서 그 채무액을 매매대금에서 공제하기로 약정하였는데, 그 약정의 성질이 무엇이고, 乙이 매매대금에서 그 채무액을 공제한 나머지를 지급함으로써 잔금지급의무를 다하게 되는 것인지, 乙이 피담보채무 변제를 게을리 한 경우 매도인 甲이 매매계약을 해제할 수 있는지 등이 문제됩니다.

그런데 부동산매수인이 매매목적물에 관한 채무를 인수하고 그 채무액을 매매대금에서 공제하기로 약정한 경우, 그 인수의 법적성질, 매수인이 인수채무를 이행하지 아니하였을 때 계약해제권 발생요건과 그 판단기준에 관한 판례를 보면, 부동산매수인이 매매목적물에 관한 채무를 인수하는 한편, 그 채무액을 매매대금에서 공제하기로 약정한 경우, 그 인수는 특별한 사정이 없는 한 매도인을 면책시키는 채무인수가 아니라 이행인수{매수인은 채무이행책임을 채권자에 대해서가 아니라 채무자(매도인)에게만 부담하는 것임}로 보아야 하고, 매수인은 매매계약을 할 때 인수한 채무를 현실적으로 변제할 의무를 부담하는 것은 아니며, 특별한 사정이 없는 한 매수인이 매매대금에서 그 채무액을 공제한 나머지를 지급함으로써 잔금지급의무를 다하였다 할 것이므로, 설사 매수인이 위 채무를 현실적으로 변제하지 아니하였더라도 그러한 사정만으로는 매도인은 매매계약을 해제할 수 없는 것이지만, 매수인이 인수채무를 이행하지 아니함으로써 매매대금일부를 지급하지 아니한 것과 동일하다고 평가할 수 있는 특별한 사유가 있을 때에는 계약해제권이 발생하고, 그러한 '특별한 사정'이 있는지는, 매매계약의 당사자들이 그러한 내용의 매매계약에 이르게 된 경위, 매수인의 인수채무불이행으로 인하여 매도인이 입게 되는 구체적인 불이익의 내용과 그 정도 등 제반사정을 종합적으로 고려하여 '매매대금의 일부를 지급하지 아니한 것과 동일하다고 평가할 수 있는 경우'에 해당하는지 여부를 판단하여야 한다고 하였으며(대법원 2007. 9. 21. 선고 2006다69479, 69486 판결), 채무인수인이 인수채무의 일부인 근저당권의 피담보채무의 변제를 게을리 함으로써 매매목적물에 관하여 근저당권실행으로 임의경매절차가 개시되고 매도인이 경매절차진행을 막기 위하여 피담보채무를 변제하였다면, 매도인은 채무인수인에 대하여 손해배상채권을 취득하는 이외에 이 사유를 들어 매매계약을 해제할 수 있다고 하였습니다(대법원 2004. 7. 9. 선고 2004다13083 판결).

따라서 위 사안의 경우 甲과 乙의 위와 같은 근저당권피담보채무 인수약정은 채권자의 승낙을 받거나, 채권자에게 그 사실을 통지한 바도 전혀 없다면, 그 약정은 이행인수로 보아야 할 듯하고, 甲은 乙이 위 피담보채무의 변제를 게을리 함으로써 경매절차가 개시되고 甲이 경매절차진행을 막기 위하여 그 피담보채무를 변제하였으므로 매매계약을 해제할 수 있을 것으로 보입니다.

■ **매매잔대금이 예치되어 있는 예금통장의 사본을 제시한 후 그 불이행을 이유로 매매계약을 해제할 수 있나요?**

Q. 甲은 乙과 사이에 부동산을 대금 6억 원에 매수하되, 계약금 1억 원 및 중도금 2억 원은 계약 당일, 잔금 3억 원은 2017. 6. 30. 지급하기로 하는 매매계약을 체결하였습니다. 그런데 乙이 계약을 파기하겠다는 언사를 반복함에 따라 甲은 공인중개사 사무실에 부동산 매도용 인감증명, 매매계약서, 위임장, 등기부등본 등 부동산의 소유권이전등기에 필요한 서류와 금 3억 원이 입금되어 있는 甲 명의의 은행 통장 사본을 보관시키고, 乙에게 그 뜻을 통지하여 1월 이내에 부동산에 관한 소유권이전등기절차의 이행을 최고하였습니다. 매수인인 甲이 매매잔대금이 예치되어 있는 예금통장의 사본을 乙에게 제시한 후 그 불이행을 이유로 매매계약을 해제할 수 있나요?

A. 채권자가 미리 변제받기를 거절하는 경우 구두의 제공만으로 적법한 이행 제공이 있었다고 보아야 하고(민법 제460조 단서), 쌍무계약에 있어서 채무자가 채무를 이행하지 아니할 의사를 명백히 표시한 경우에 채권자는 자신의 채무의 이행 제공 없이 계약을 해제하거나 손해배상을 청구할 수 있고, 채무자가 채무를 이행하지 아니할 의사를 명백히 표시하였는지 여부는 채무 이행에 관한 당사자의 행동과 계약 전후의 구체적인 사정 등을 종합적으로 살펴서 판단하여야 합니다(대법원 2008. 10. 23. 선고 2007다54979 판결, 대법원 2007. 9. 20. 선고 2005다63337 판결 등 참조).

동시이행의 관계에 있는 쌍무계약에 있어서 상대방의 채무불이행을 이유로 계약을 해제하려고 하는 자는 동시이행관계에 있는 자기 채무의 이행을 제공하여야 하고, 그 채무를 이행함에 있어 상대방의 행위를 필요로 할 때에는 언제든지 현실로 이행을 할 수 있는 준비를 완료하고 그 뜻을 상대방에게 통지하여 그 수령을 최고하여야만 상대방으로 하여금 이행지체에 빠지게 할 수 있는 것이며 단순히 이행의 준비태세를 갖추고 있는 것만으로는 안 됩니다(대법원 2008. 4. 24. 선고 2008다3053, 3060 판결 등 참조). 또, 매수인이 매매잔대금이 예치되어 있는 예금통장의 사본을 제시한 것은 그 준비에 불과한 뿐 적법한 이행 제공이라고 할 수 없습니다(대법원 2004. 12. 9. 선고 2004다49525 판결 참조).

따라서 甲이 자신의 계좌에 매매잔대금 상당의 금원을 입금한 후 乙에게 위

통장사본을 제시한 것은 잔금의 준비에 불과하여 적법한 이행 제공이라고 할 수 없고, 달리 적법한 이행 제공이 있었다는 점을 인정할 증거가 없으므로, 이러한 매매계약 해제는 효력이 없다고 보입니다,

■ **주택 매매시 매도인이 안내한 집의 구조와 실제 구매한 집의 구조가 다른 경우, 매매계약의 해제가 가능한지요?**

Q. 갑과 을은 주택을 매매하는 매매계약을 체결하였는데, 매매계약 당시 매도인은 실제로 매수인에게 보여준 A주택과 매매 목적물인 B주택이 층만 다를 뿐 구조가 같은 주택이라고 하였습니다. 매수인 을이 실제 B주택을 인도받아 보니, 매매계약시 본 A주택의 구조와 전혀 다른 구조의 집이었던 경우, 매매계약을 해제하고 대금을 돌려받을 수 있을까요?

A. 일반적으로 부동산매매계약서상에는, 매도인 또는 매수인이 계약상 의무를 이행하지 아니하는 경우 서면으로 그 이행을 최고하고 계약을 해제할 수 있다는 규정을 두고 있습니다. 또한 민법 제110조는 사기에 의한 의사표시는 취소할 수 있다고 규정하고 있으며, 의무이행이 불완전한 경우, 그 내용을 보완할 수 없다면 계약의 해제를 할 수 있다고 할 것입니다. 매도인의 설명과 구조가 다르다는 이유로 계약을 해제하기 위해서는 101호와 같은 구조를 가진 집을 인도할 것이 계약의 내용이 되었으며, 이를 전제로 매매계약이 체결되었다고 인정되어야 합니다. 구두로 한 약정 또한 계약의 내용으로 유효하다고 할 것이나, 이를 입증할 자료가 있어야 할 것입니다.

따라서 매매계약을 해지하기 위해서는 매도인이 A주택과와 B주택의 구조가 같다는 것을 설명하였고, 매수인이 그 점을 전제로 A주택을 확인하고 B주택을 매수하였다는 것을 증명하여야 할 것입니다. 매매계약서 상 이러한 내용이 표시되어 있거나 다른 서면으로 위 사항을 약속했거나 녹음을 하셨다면 증명이 쉬울 것입니다. 이 경우 주택의 소유권이전등기가 경료된 경우, 주택 매매계약이 적법하게 해제되면 부동산의 소유권은 등기의 이전이나 인도 없이 당연히 그 계약이 없었던 원상태로 복귀한다는 것이 대법원의 입장(대법원 1977.5.24, 75다1394 판결 참조)입니다.

그리고 계약 당사자 쌍방은 그 계약이 해제된 것을 이유로 계약이 없었던 상태로 원상회복을 할 의무를 집니다. 그러므로 매수인은 매수인 명의의 등기를 말소해 줄 의무를 지며, 동시에 매도인은 귀하로부터 받은 매매대금을 돌려줘야 할 것입니다.

■ **중도금을 지급하여 이행에 착수한 매수인이 계약금을 포기하고 매매계약을 해제할 수 있는지요?**

Q. 甲은 2000. 1. 1. 乙로부터 부동산을 10억원에 매수하면서, 계약 당일 乙에게 계약금 1억원을 지급하는 한편, 나머지 대금에 대하여는 할부이자를 붙여 6회에 걸쳐 분납하기로 하였습니다. 그 후 甲은 乙에게 1,2차 중도금과 그에 따른 할부이자 및 지체이자까지 지급한 상태에서 마음이 바뀌어, 乙이 위 매매계약을 이행하는 데 전혀 착수한 바가 없다는 이유를 들며 민법 제565조에 의하여 지급한 계약금을 포기하고 매매계약이 해제하였으니 계약금을 제외한 나머지 중도금 등 지급액을 반환하라고 乙에게 주장하였다. 甲은 이렇게 계약금을 포기하고 매매계약을 해제할 수 있는지요?

A. 민법 제565조 제1항에는 매매 당사자 일방이 계약당시에 계약금을 상대방에게 교부한 때에는 당사자 일방이 이행에 착수할 때까지 교부자는 이를 포기하고 수령자는 그 배액을 상환하여 매매계약을 해제할 수 있다고 규정되어 있는데, 위 규정에는 '당사자 일방이 이행에 착수할 때까지'로 되어 있을 뿐 '상대방이 이행에 착수할 때까지'라고 되어 있지 아니하고, 또 매매 당사자 어느 일방이라도 그 이행에 착수한 경우에는 그 상대방에게 자기는 매매계약을 해제할 뜻이 없음을 나타낸 것이라 볼 수 있으므로, 위 규정에서 말하는 당사자 일방이라는 것은 매매쌍방 중 어느 일방을 지칭하는 것이지 상대방이라고 국한하여 해석할 것은 아니라 할 것이고, 따라서 매매계약의 일부 이행에 착수한 당사자는 비록 상대방이 이행에 착수하지 않았다 하더라도 위 해제권을 행사할 수 없다고 봄이 상당하다 할 것입니다(대법원 2000. 2. 11. 선고 99다62074 판결, 대법원 1970. 4. 28. 선고 70다105 판결 참조).

따라서 甲은 乙로부터 부동산을 매수하고, 그 계약 당일에 계약금을 지급하고, 그 계약 내용에 따라 1, 2차 중도금을 지급하였음을 자인하고 있으므로, 비록 상대방인 乙이 위 매매계약의 이행에는 전혀 착수한 바가 없다 하더라도 甲이 이미 이행에 착수한 이상 甲은 민법 제565조에 의하여 위 계약금을 포기하고 위 매매계약을 해제할 수 없다고 할 것입니다. 즉, 이미 중도금까지 지급하여 이행에 착수한 매수인인 甲은 계약금을 포기하고 매매계약을 해제할 수 없습니다.

■ 이중매매 된 부동산의 취득자를 장물죄로 처벌할 수 있는지요?

Q. 乙은 丙에게 A토지를 매도하고 중도금까지 지급받았음에도 갑자기 A토지의 시세가 크게 오르자 丙과의 계약관계를 잘 알고 있던 丁에게 이중으로 토지를 매도했고, 이후 甲은 이러한 사실을 잘 알고 있음에도 다시 丁으로부터 A토지를 매수하였습니다. 이 경우 甲은 丁이 부당하게 취득한 토지임을 알고도 매수하였으므로 장물취득죄가 성립하는 것은 아닌가요?

A. 형법 제362조는 장물취득죄에 관하여 7년 이하의 징역 또는 1천500만원 이하의 벌금에 처하는 것으로 규정하고 있고, 여기서 장물이라 함은 절도, 강도, 사기, 공갈, 횡령 등 재산범죄로 인하여 취득한 물건 그 자체를 말하는 것입니다.

그런데 위 사안과 같이 부동산 이중매매의 경우 매도인이나 그 취득자 또는 전득자는 배임죄나 그 공범이 성립할 여지가 있는 것이고, 이러한 경우 이중매매된 부동산은 배임죄에 제공된 물건이지 영득한 물건 그 자체로 보기는 어렵습니다.

관련 대법원 판례에서도 “형법상 장물죄의 객체인 장물이라 함은 재산권상의 침해를 가져 올 위법행위로 인하여 영득한 물건으로서 피해자가 반환청구권을 가지는 것을 말하고 본건 대지에 관하여 매수인 갑에게 소유권 이전등기를 하여 줄 임무가 있는 소유자가 그 임무에 위반하여 이를 을에게 매도하고 소유권이전등기를 경유하여 준 경우에는 위 부동산소유자가 배임행위로 인하여 영득한 것은 재산상의 이익이고 위 배임범죄에 제공된 대지는 범죄로 인하여 영득한 것 자체는 아니므로 그 취득자 또는 전득자에게 대하여 배임죄의 가공여부를 논함은 별문제로 하고 장물취득죄로 처단할 수 없다.” 라고 판시하고 있습니다.(대법원 1975. 12. 9. 선고 74도2804 판결)

따라서 사안의 경우 甲에게 장물취득죄가 성립한다고 할 수는 없습니다.

■ **약정내용만으로는 매도인의 계약 불이행시 이미 지급한 가계약금의 반환청구를 포기하기로 하는 위약금 약정이 있었던 것으로 볼 수 있는지요?**

Q. 甲은 乙과 乙 소유의 부동산 매매협상을 하면서, 은행에 시급히 납부할 돈이 필요하다는 乙의 요청에 의하여 가계약을 먼저 체결하면서 작성한 약정서 중 '매수인은 가계약일로부터 10일 이내에 본계약을 체결하기로 하고 만약 불이행시는 본계약을 무효로 하고, 매수인은 어떤 이의도 민·형사상의 문제를 제기할 수 없다'고 약정하고 가계약금으로 1억원을 지급하였습니다. 이 약정내용만으로 매도인의 계약 불이행시 이미 지급한 가계약금의 반환청구를 포기하기로 하는 위약금 약정이 있었던 것으로 볼 수 있는지요?

A. 甲과 乙이 가계약금으로 지급된 1억 원에 대하여 위약금 약정을 하였다고 인정하기 위하여는, 앞서 본 약정내용, 계약이 이루어지게 된 동기 및 경위, 당사자가 계약에 의하여 달성하려고 하는 목적과 진정한 의사, 거래의 관행 등에 비추어 甲과 乙 사이에 甲이 계약을 위반한 경우에 위 1억 원을 포기하기로 하였음이 명백하게 인정되어야 합니다.

그런데 甲이 어떤 이의도 제기하지 않겠다고 하는 약정내용만으로는 甲과 乙 사이에 甲의 계약 불이행시 위 1억 원의 반환청구를 포기하기로 하는 내용의 위약금 약정이 있었음이 명백하다고 볼 수 없습니다. 또한 매수인의 귀책사유로 인하여 매매계약이 해제되는 경우에는 위약금 약정을 두지 않고, 매도인의 귀책사유로 인하여 매매계약이 해제된 경우에 대해서만 위약금 약정을 두었다 하더라도 그 위약금 약정이 무효로 되는지 여부는 별론으로 하고, 매도인에 대한 위약금 규정이 있다고 하여 공평의 원칙상 매수인의 귀책사유로 매매계약이 해제되는 경우에도 매도인의 귀책사유로 인한 해제의 경우와 마찬가지로 매수인에게 위약금 지급의무가 인정되는 것은 아니라고 할 것입니다(대법원 2007. 10. 25. 선고 2007다40765 판결, 대법원 2000. 1. 18. 선고 99다49095 판결 등 참조)

설령 甲이 乙과의 사이에 위와 같은 위약금 약정을 하였다 하더라도, 이러한 위약금 약정은 민법 제398조 제1항에서 말하는 손해배상액의 예정으로서의 성질을 가진다 할 것인데, 민법 제398조 제2항은 손해배상액이 부당하게 과다한 경우에 법원으로 하여금 이를 감액할 수 있도록 규정하고 있고, 위 규정은 강행법규로서 위 규정에 기한 감액주장을 사전에 배제하는 약정은 허용되지 아니하는바, 위 위약금 약정은 위 규정에 반하는 것이므로 그 효력을 인정할 수 없다고 할 것입니다.

■ **매매잔대금이 예치되어 있는 예금통장의 사본을 매도인에게 제시한 것을 적법한 이행의 제공이라고 보아 그를 상대로 매매계약을 해제할 수 있는지요?**

Q. 부동산 매매계약을 체결하여 매매대금 지급의무가 있는 매수인 甲이, 매매잔대금이 예치되어 있는 예금통장의 사본을 매도인 乙에게 제시한 것을 적법한 이행의 제공이라고 보아 매도인 乙을 상대로 매매계약을 해제할 수 있는지요?

A. 유사한 사안을 다룬 하급심 판결에서 재판부는, "동시이행의 관계에 있는 쌍무계약에 있어서 상대방의 채무불이행을 이유로 계약을 해제하려고 하는 자는 동시이행관계에 있는 자기 채무의 이행을 제공하여야 하고, 그 채무를 이행함에 있어 상대방의 행위를 필요로 할 때에는 언제든지 현실로 이행을 할 수 있는 준비를 완료하고 그 뜻을 상대방에게 통지하여 그 수령을 최고하여야만 상대방으로 하여금 이행지체에 빠지게 할 수 있는 것이며 단순히 이행의 준비태세를 갖추고 있는 것만으로는 안 된다(대법원 2008. 4. 24. 선고 2008다3053, 3060 판결 등 참조).

또, 매수인이 매매잔대금이 예치되어 있는 예금통장의 사본을 제시한 것은 그 준비에 불과한 뿐 적법한 이행 제공이라고 할 수 없다(대법원 2004. 12. 9. 선고 2004다49525 판결 참조)."고 판시한 다음 "이 사건으로 돌아와 살피건대, 우선 위 금 2억 3,200만 원의 이행 제공 여부에 관하여 보면, 앞서 본 바와 같이 원고가 자신의 계좌에 매매잔대금 상당의 금원을 입금한 후 피고에게 위 통장사본을 제시한 것은 잔금의 준비에 불과하여 적법한 이행 제공이라고 할 수 없다"고 판시하였습니다(부산지방법원 2010. 3. 31. 선고 2009가합17403).

이에 따르면, 甲은 乙의 소유권이전등기 의무와 동시이행관계에 있는 매매대금 지급의무가 있는데, 乙에게 통장사본을 제시한 것만으로는 적법한 이행의 제공이 있었다고 볼 수 없으므로 乙에게 계약의 해제를 주장할 수 없을 것입니다.

■ 매도인을 위한 손해배상액예정만 있는 경우, 매수인에게 손해배상을 청구할 수 없는지요?

Q. 甲은 乙로부터 부동산을 매수하기로 하는 계약을 체결하면서 계약금으로 매매대금의 10%를 지급하였는데, 그 계약서에는 계약이 해제될 경우에 관하여 '이 계약이 해제되었을 때에는 매도인은 매수인에게 그로부터 받은 매매대금 중 계약보증금을 공제한 금액을 반환하며 매수인이 매도인에게 지급한 계약보증금은 위약금으로서 당연히 매도인에게 귀속한다.'라고 정하였으며, '매도인의 귀책사유로 인하여 이 계약이 해제되었을 때에는 매도인은 매수인에게 그로부터 받은 계약보증금 등 매매대금전액을 반환하며 매매대금을 받은 날로부터 반환할 때까지의 법정이자를 이에 가산하여 반환한다.'라고 규정하고 있을 뿐입니다. 이러한 경우 매도인 乙이 계약을 위반하였을 경우 매수인 甲은 손해배상을 청구할 수 없는지요?

A. 먼저 매매계약해제의 경우 매도인을 위한 손해배상액예정조항은 있는 반면, 매수인을 위한 손해배상액예정조항은 없는 경우에 관하여 판례를 보면, 매도인을 위한 손해배상액예정조항은 있는 반면, 매수인을 위한 손해배상액예정조항은 없는 경우, 매도인 일방만을 위한 손해배상액예정조항을 두었다고 하여 곧 그 조항이 약관의 규제에 관한 법률에 위배되어 무효라 할 수는 없는데, 그것은 이러한 손해배상액예정에 관한 조항은 법률상 허용되는 임의법규의 규정(민법 제398조)을 그대로 따른 것에 불과할 뿐 조금도 임의법규로부터 이탈한 것은 아니고, 손해배상액예정이 있는 경우 손해액에 대한 입증이 없어도 손해배상으로 그 예정액을 청구할 수 있는 이점이 있는 반면, 다른 특약이 없는 한 채권자의 손해가 예정액을 초과하더라도 초과부분을 따로 청구할 수 없는 불이익도 있는데다가, 매수인은 그를 위한 손해배상액예정의 약관조항이 없더라도 일반채무불이행책임을 물어 실제 손해액을 입증함으로써 그 손해전액의 배상을 구할 수 있는 점 등을 고려해보면, 매도인을 위한 손해배상액예정에 관한 조항을 두면서 매수인을 위한 손해배상액예정에 관한 조항을 두지 않았더라도 단지 그러한 사정만으로는 그 약관조항이 고객에 대하여 부당하게 불리하다거나 신의성실의 원칙에 반하여 불공정하다고 보기에 부족하다고 한 사례가 있습니다(대법원 2000. 9. 22. 선고 99다53759, 53766 판결).

위 사안에서는 계약서가 甲과 乙의 매매계약에 관해서만 정하고 있으므로 약관에 해당되지는 않지만, 위 판례의 취지는 그대로 적용될 수 있다고 할 것이어서 위 계약서의 내용이 신의성실의 원칙에 반하여 불공정하다고 할 수는 없을 듯합니다. 즉, 위 사안에서 매도인을 위한 손해배상액예정의 조항은 매수인의 귀책사유로 매도인이 매매계약을 해제한 경우에 있어서 그로 인한 원상회복방법 및 매수인의 손해배상의무를 정하는 취지이고, 그에 따른 계약보증금귀속은 계약관계청산에 대비한 손해배상액예정으로서의 성질을 가지고 있다 할 것이며, 한편 '매도인의 귀책사유로 인하여 이 계약이 해제되었을 때에는 매도인은 매수인에게 그로부터 받은 계약보증금 등 매매대금 전액을 반환하며 매매대금을 받은 날로부터 반환할 때까지의 법정이자를 이에 가산하여 반환한다.'는 조항은 매도인의 귀책사유로 인하여 매매계약이 해제되었을 때 매도인의 원상회복의무의 범위만을 밝혀 두고 있는 것이라 할 것이지, 더 나아가 매도인의 일반채무불이행에 따른 손해배상의무를 면하게 하거나 제한하는 취지라고는 보이지 않는다고 할 것입니다.

따라서 위 사안에서 甲은 乙의 귀책사유로 인하여 매매계약이 해제된다면 원상회복으로서 甲이 乙에게 지급한 매매대금전액 및 그 매매대금을 받은 날로부터 반환할 때까지 법정이자를 청구함과 동시에 위 매매계약해제로 인한 손해액을 입증함으로써 그 손해전액의 배상을 청구할 수 있을 것입니다. 그리고 이 경우 甲은 乙의 이행을 믿고 지출한 비용도 그러한 지출사실을 상대방이 알았거나 알 수 있었고, 또한 그것이 통상적인 지출비용범위 내에 속한다면 그에 대하여도 이행이익의 한도 내에서 배상을 청구할 수 있을 것입니다(대법원 2002. 10. 25. 선고 2002다21769 판결).

■ **매수인이 매도인의 동의하에 매매계약의 계약금 및 중도금 지급을 위하여 은행도어음을 교부한 경우 매수인은 계약의 이행에 착수하였다고 볼 수 있는지요?**

Q. 甲은 乙과 乙소유의 부동산에 관하여 계약금 5,000만원, 중도금 2억 5,000만원, 잔금 2억원으로 하는 매매계약을 체결하면서, 계약 당일 乙의 동의하에 계약금과 중도금을 합한 3억원의 지급을 위하여 액면 금 1억원인 약속어음 3매를 乙에게 교부하였습니다. 이후 乙은 마음이 바뀌어 계약금의 배액인 1억원에 상당하는 약속어음과 중도금으로 수령한 2억 5,000만원을 반환하겠다는 의사표시와 함께 이 사건 부동산 매매계약의 해제를 주장하는바 이러한 해제가 가능한지요?

A. 매도인이 민법 제565조 에 의하여 계약금의 배액을 상환하고 계약을 해제하려면 매수인이 이행에 착수할 때까지 하여야 할 것인바, 여기에서 이행에 착수한다는 것은 객관적으로 외부에서 인식할 수 있는 정도로 채무의 이행행위의 일부를 하거나 또는 이행을 하기 위하여 필요한 전제행위를 하는 경우를 말하는 것으로서, 단순히 이행의 준비를 하는 것만으로는 부족하나 반드시 계약내용에 들어맞는 이행의 제공의 정도에까지 이르러야 하는 것은 아니라 할 것이고(대법원 1993. 5. 25. 선고 93다1114 판결 , 1994. 5. 13. 선고 93다56954 판결 등 참조), 그와 같은 경우에 이행기의 약정이 있다 하더라도 당사자가 채무의 이행기 전에는 착수하지 아니하기로 하는 특약을 하는 등 특별한 사정이 없는 한 그 이행기 전에 이행에 착수할 수도 있는 것입니다(대법원 2002. 11. 26. 선고 2002다46492 판결, 대법원 1993. 1. 19. 선고 92다31323 판결 등 참조).

따라서 위와 같은 법리에 비추어 보면, 甲이 乙의 동의하에 이 사건 부동산 매매계약의 계약금 및 중도금의 지급을 위하여 어음을 교부하였다면 甲은 이 사건 부동산 매매계약의 이행에 착수하였다고 볼 수 있으므로, 乙은 더 이상 계약금의 배액을 제공하고 이 사건 부동산 매매계약을 해제할 수 없다고 할 것입니다.

■ 매도인이 계약해제를 원인으로 공탁한 금원을 매수인이 이의 없이 수령한 경우, 매매계약이 합의해제되었다고 볼 수 있는지요?

Q. 매도인 甲과 매수인 乙은 A 부동산에 관하여 매매계약을 체결했습니다. 甲은 계약해제를 원인으로 금원을 공탁했고, 乙은 위 금원을 이의 없이 수령한 경우, 위 매매계약이 합의해제되었다고 볼 수 있는지요?

A. 계약이 합의해제되기 위하여는 일반적으로 계약이 성립하는 경우와 마찬가지로 계약의 청약과 승낙이라는 서로 대립하는 의사표시가 합치될 것을 그 요건으로 하는 것이지만, 계약의 합의해제는 명시적인 경우뿐만 아니라 묵시적으로도 이루어질 수 있는 것이므로 계약 후 당사자 쌍방의 계약 실현 의사의 결여 또는 포기가 쌍방 당사자의 표시행위에 나타난 의사의 내용에 의하여 객관적으로 일치하는 경우에는, 그 계약은 계약을 실현하지 아니할 당사자 쌍방의 의사가 일치됨으로써 묵시적으로 해제되었다고 해석하여야 할 것입니다(대법원 2002. 1. 25. 선고 2001다63575 판결 참조).

그러므로 위 사안의 경우처럼 매도인 甲이 잔대금 지급기일 경과 후 계약해제를 주장하여 이미 지급받은 계약금과 중도금을 반환하는 공탁을 하였을 때, 매수인 乙이 아무런 이의 없이 그 공탁금을 수령하였다면 위 매매계약은 특단의 사정이 없는 한 합의해제된 것으로 보아야 할 것입니다(대법원 1979. 7. 24. 선고 79다643 판결 , 1979. 10. 10. 선고 79다1457 판결 , 1979. 10. 30. 선고 79다1455 판결 등 참조).

(관련판례)

부동산의 매도인인 원고와 매수인들 사이에 부동산에 대한 매매계약이 합의해제되었다면 매매계약의 효력은 상실되어 양도가 이루어지지 않은 것이 되므로 양도소득세의 과세요건인 자산의 양도가 있다고 볼 수 없다(대법원 1990. 7. 13. 선고 90누1991 판결).

■ 매도인의 적법한 계약해제 후 매수인도 계약취소 할 수 있는지요?

Q. 甲은 乙로부터 2필지의 토지 및 그 지상의 무허가건물을 매수하기로 하였는데, 그 2필지의 토지 중 170평 토지는 시유지(市有地)를 乙이 점유하고 있음을 근거로 장차 이를 불하받을 것을 기대하여 이른바 연고권을 매수한 것이어서 관계서류에 하자가 있을 경우 乙이 甲에게 그 손해를 배상하기로 약정하였습니다. 그런데 乙은 甲의 중도금지급채무불이행을 이유로 상당기간을 정하여 이행을 촉구한 후 매매계약을 해제하였지만, 위 무허가건물은 무허가건물대장상 지번이 잘못 기재되어 있었으므로 위 시유지의 불하여부가 불투명할 뿐만 아니라, 甲이 알아본 바로는 위 매매대상 토지 중 171평에 관하여 불하가 된다고 하여도 60평 이상은 불하가 불가능하다고 합니다.

이 경우 甲은 乙로부터 위 토지를 매수하기로 계약을 체결할 당시 171평의 시유지를 모두 불하받을 목적에서 매매계약을 체결하였고, 매매가격 역시 그 부동산을 모두 불하 받을 수 있으리라는 전제에서 결정되었는데 실제로는 건물지번이 달라서 불하받기 어렵거나, 불하받더라도 그 일부분에 그친다는 것을 甲이 알았더라면 이를 매수하지 않았으리라는 것은 쉽사리 짐작할 수 있고, 이러한 甲의 의사는 매매계약 당시 표시되어 乙도 이를 알고 있었습니다. 이 경우 甲이 위와 같은 착오는 계약의 중요부분의 착오에 해당한다고 주장하여 위 계약을 취소할 수 있는지요?

A. 착오로 인한 의사표시에 관하여 민법에서 의사표시는 법률행위의 내용의 중요부분에 착오가 있는 때에는 취소할 수 있으나, 그 착오가 표의자의 중대한 과실로 인한 때에는 취소하지 못하고, 이러한 의사표시의 취소는 선의의 제3자에게 대항하지 못한다고 규정하고 있습니다(민법 제109조). 그리고 동기의 착오가 있을 경우 착오를 이유로 계약을 취소할 수 있을 것인지 판례를 보면, 동기의 착오가 법률행위의 내용의 중요부분의 착오에 해당함을 이유로 표의자가 법률행위를 취소하려면 그 동기를 당해 의사표시내용으로 삼을 것을 상대방에게 표시하고 의사표시의 해석상 법률행위내용으로 되어 있다고 인정되면 충분하고 당사자들 사이에 별도로 그 동기를 의사표시내용으로 삼기로 하는 합의까지 이루어질 필요는 없지만(대법원 2010. 4. 29. 선고 2009다97864 판결), 그 법률행위내용의 착오는 보통 일반인이 표의자의 입장에 섰더라면 그러한 의사표시를 하지 아니하였으리라고 여겨질 정도로 그 착오가

중요한 부분에 관한 것이어야 하며, 착오에 의한 의사표시에서 취소할 수 없는 표의자의 '중대한 과실'이란 표의자의 직업, 행위의 종류, 목적 등에 비추어 보통 요구되는 주의를 현저히 결여하는 것을 의미한다고 하였습니다(대법원 2000. 5. 12. 선고 2000다12259 판결).

그런데 매도인이 매매계약을 적법하게 해제한 후에도 매수인이 착오를 이유로 매매계약을 취소할 수 있는지 판례를 보면, 매도인이 매수인의 중도금지급채무불이행을 이유로 매매계약을 적법하게 해제한 후라도 매수인으로서는 상대방이 한 계약해제의 효과로서 발생하는 손해배상책임을 지거나 매매계약에 따른 계약금의 반환을 받을 수 없는 불이익을 면하기 위하여 착오를 이유로 한 취소권을 행사하여 매매계약전체를 무효로 돌리게 할 수 있다고 하였습니다.

따라서 위 사안에서 甲은 위 171평의 시유지 전체를 불하받을 것을 목적으로 위 토지매매계약을 체결하였고, 매매가격 역시 그 부동산을 모두 불하받을 수 있으리라는 전제하에서 결정되었으며, 乙도 그러한 사실을 알고 있었으므로 甲은 비록 乙이 중도금지급채무불이행을 이유로 적법하게 계약을 해제였다고 하여도, 위와 같은 착오를 이유로 위 매매계약의 취소를 해볼 수 있을 것으로 보입니다.

■ **토지매수인의 중도금지급 후 그 토지가 도로부지로 수용된 경우, 잔금지급기일에 지급의무를 이행하여야 하는지요?**

Q. 저는 甲소유 대지를 매수하기로 하는 매매계약을 체결하고 계약금 및 중도금을 지급하였으나, 그 후 도시계획에 의하여 대지의 일부가 도로부지로 수용되는 결정이 났습니다. 저는 잔금지급기일에 지급의무를 이행하여야 하는지요?

A. 민법에서 매매의 목적이 된 권리의 일부가 타인에게 속함으로 인하여 매도인이 그 권리를 취득하여 매수인에게 이전할 수 없는 때에는 매수인은 그 부분의 비율로 대금의 감액을 청구할 수 있고, 이 경우에 잔존한 부분만이면 매수인이 이를 매수하지 아니하였을 때에는 선의의 매수인은 계약전부를 해제할 수 있으며, 선의의 매수인은 감액청구 또는 계약해제 외에 손해배상을 청구할 수 있다고 규정하고 있습니다(민법 제572조).

매매목적물 중 일부토지에 대한 수용결정과 관련된 판례를 보면, 매매목적물 중 일부 대지에 대한 수용결정이 있었으면, 그로 인한 소유권의 상실에까지는 이르지 아니하였다 하여도 그 수용결정이 있는 자체로써 매매목적물에 하자가 있는 경우에 해당한다고 할 것이므로, 그 부분에 대한 매매대금감액 여부가 다투어지고 있을 때에는 감액합의가 이루어지기 전이라도 매수인은 매도인의 잔대금 전액지급요구를 거절할 수 있다고 하였고(대법원 1981. 7. 28. 선고 80다2400 판결), 또한 매매계약을 체결함에 있어 토지면적을 기초로 하여 평수에 따라 대금을 산정하였는데, 토지일부가 매매계약당시에 이미 도로부지로 편입되어 있었고, 매수인이 그러한 사실을 알지 못하고 매매계약을 체결한 경우 매수인은 민법 제574조에 따라 매도인에 대하여 토지 중 도로부지로 편입된 부분의 비율로 대금감액을 청구할 수 있다고 하였습니다.

따라서 귀하는 매매대금감액에 관하여 합의가 이루어지기 전까지 甲의 잔대금 전액지급요구를 거절할 수 있고, 나머지 부분만이면 귀하가 위 부동산매매계약을 체결하지 않았을 정도라면 위 계약의 전부해제를 주장할 수도 있을 것입니다.

■ **하자담보에 기한 매수인의 손해배상청구권이 소멸시효의 대상이 되는지요?**

Q. 甲은 20년 전 乙에게 부동산을 매도하여 그 무렵 乙 명의로 소유권이전등기를 마쳤고, 乙은 위 부동산을 丙에게 전매하였습니다. 丙은 위 부동산의 지하에 매립되어 있는 폐기물을 처리한 후 乙상대로 손해배상청구 소송을 제기하였고, 乙은 위 판결에 따라서 丙에게 손해배상금을 지급하였습니다. 乙이 위 토지를 매수할 당시 부동산에 폐기물이 매립되었다는 사실을 알지 못했고, 최초 매도인인 甲을 상대로 손해배상 청구하겠다고 합니다. 乙은 폐기물 매립사실을 안 날로부터 6개월이 도과하지 않았으므로, 甲 이 하자담보책임을 부담한다고 주장합니다. 乙의 주장이 정당한지요.

A. 매매의 목적물에 하자가 있는 경우, 매수인은 매도인에게 손해배상을 청구할 수 있습니다(민법 제580조 제1항, 제575조 제1항). 다만 민법 제582조에서는 민법상 하자담보책임의 행사에 대하여 "매수인이 하자가 있음을 안 날"로부터 6월내에 행사하여야 한다고 규정하고 있어, 그 기간이 문제됩니다. 이에 관하여 판례는 "매도인에 대한 하자담보에 기한 손해배상청구권에 대하여는 민법 제582조의 제척기간이 적용되고, 이는 법률관계의 조속한 안정을 도모하고자 하는 데에 취지가 있다. 그런데 하자담보에 기한 매수인의 손해배상청구권은 권리의 내용·성질 및 취지에 비추어 민법 제162조 제1항의 채권 소멸시효의 규정이 적용되고, 민법 제582조의 제척기간 규정으로 인하여 소멸시효 규정의 적용이 배제된다고 볼 수 없으며, 이때 다른 특별한 사정이 없는 한 무엇보다도 매수인이 매매 목적물을 인도받은 때부터 소멸시효가 진행한다고 해석함이 타당하다(대법원 2011. 10. 13. 선고 2011다10266 판결)"고 판단하였습니다.

민법 제162조 제1항은 "채권은 10년간 행사하지 아니하면 소멸시효가 완성된다."고 규정하고 있고, 乙의 하자담보에 기한 손해배상 청구권은 甲이 이 부동산을 인도한 무렵인 20년 전부터 기산합니다. 따라서 乙의 하자담보에 기한 손해배상 청구권의 시효기간인 10년이 경과한 이 사건에서, 乙의 손해배상청구가 부동산에 하자가 있음을 알게 된 때로부터 6개월 이내에 이루어졌다고 하더라도, 그의 손해배상 청구권은 시효로 소멸한 것으로 볼 수 있습니다. 결국 선례에 비추어 乙의 주장은 받아들여지기 어렵습니다.

(관련판례)

매매목적부동산을 사용하여온 임차인이 부동산매매계약체결 이전에 그 부동산의 임차부분을 수선하여 발생한 유익비는 그로 인한 가치증가가 매매대금결정에 반영되었다 할 것이므로 특별한 사정이 없는 한 매도인이 이를 부담할 성질의 것이라 할 것이니 매수인이 임차인의 점유부분을 명도받기 위하여 임차인을 상대로 명도청구소송을 제기한 결과 임차인의 유익비상환청구권이 인정되어 이를 상환하였다면 매도인에 대하여 명도채무불이행으로 인한 손해배상으로서 구상할 수 있다(대법원 1990. 2. 23. 선고 88다카32425,32432(반소) 판결).

■ **계약금만을 수수한 매도인이 제3자에게 매매대상 부동산을 처분한 경우, 배임죄가 성립되는지요?**

Q. 乙은 甲으로부터 부동산을 매수하기로 계약을 체결하고 일단 계약금을 지불하였는데, 甲은 중도금 지급기일전에 乙 모르게 부동산을 丙에게 매도하고 등기까지 마쳐 주었습니다. 이러한 경우 乙은 甲에게 배임죄의 형사책임을 물을 수 있는 것인가요?

A. 형법 제355조 제2항은 배임죄에 관하여 "타인의 사무를 처리하는 자가 그 임무에 위배하는 행위로써 재산상의 이익을 취득하거나 제삼자로 하여금 이를 취득하게 하여 본인에게 손해를 가한 때에는 5년 이하의 징역 또는 1,500만원 이하의 벌금에 처한다."라고 규정하고 있습니다. 따라서 배임죄가 성립하려면 그 행위의 주체가 타인의 사무를 처리하는 자에 해당하여야 할 것입니다.

그런데 유사 사안에 관한 대법원 판례를 보면, "매도인이 매수인에게 부동산을 매도하고 계약금만을 수수한 상태에서 매수인이 잔대금의 지급을 거절한 이상 매도인으로서는 이행을 최고할 필요 없이 매매계약을 해제할 수 있는 지위에 있었으므로 위 매도인을 타인의 사무를 처리하는 자라고 볼 수 없다." 라고 판시하고 있습니다. (대법원 1984. 5. 15. 선고 84도315 판결)

그리고 민법 제565조 제1항에 의하면, "매매의 당사자 일방이 계약당시에 금전 기타 물건을 계약금, 보증금등의 명목으로 상대방에게 교부한 때에는 당사자 간에 다른 약정이 없는 한 당사자의 일방이 이행에 착수할 때까지 교부자는 이를 포기하고 수령자는 그 배액을 상환하여 매매계약을 해제할 수 있다." 고 정하고 있습니다. 따라서 사안의 경우에도 다른 특별한 사정이 없는 한 甲은 계약금의 배액을 상환하고 매매계약을 해제할 수 있는 지위에 있다고 할 것이고, 그렇다면 乙과의 관계에서 乙의 사무를 처리하는 지위(신임관계에 기초하여 乙의 재산을 보호·관리해야 하는 지위)에 있다고 까지 보기는 어렵습니다.

따라서 사안의 경우 甲에게 배임죄의 형사책임을 묻기 어려울 것으로 보입니다.

■ **대리인이 매매계약서에 실제보다 낮은 금액 기재한 경우, 자격모용사문서작성죄가 해당하는지요?**

Q. 甲은 乙로부터 부동산을 3억 원에 매수할 대리권을 부여 받고, 부동산의 소유자인 A종중의 대표인 丙과 3억 원의 매매계약을 체결하였으나, 丙이 매도대금 중 일부를 횡령하기 위하여 甲에게 매매대금을 2억 5,000만원으로 하는 매매계약서를 작성하여 주면 그 중 일부를 甲에게 주겠다고 하여 甲을 乙의 대리인으로 하는 매매대금 2억 5,000만원의 매매계약서를 작성한 경우에도 甲은 사문서위조죄 또는 자격모용사문서작성죄가 성립하나요?

A. 대리인이 본인으로부터 부여 받은 특정 매매대금보다 낮은 금액으로 매매계약서를 작성한 경우 권한 범위를 초과하여 타인의 자격을 모용하였다고 하여 자격모용사문서작성죄가 성립하거나, 본인의 명의를 위조하여 사문서위조죄가 성립 할 수 있는지 여부가 문제됩니다.

우선, 甲이 乙의 명의를 사용한 것이 아니라, 甲을 乙의 대리인으로 표시를 한 이상 작성명의인은 어디까지나 乙이 아닌 甲이므로 甲이 자신의 명의를 사용하여 문서를 작성한 것이므로 사문서위조죄가 성립될 여지는 없습니다.

더 나아가 자격모용사문서작성죄와 관련하여, 대법원은 "자격모용 사문서작성죄를 구성하는지 여부는 그 문서를 작성함에 있어 타인의 자격을 모용하였는지 아닌지의 형식에 의하여 결정하여야 하고, 그 문서의 내용이 진실한지 아닌지는 이에 아무런 영향을 미칠 수 없으므로, 타인의 대표자 또는 대리자가 그 대표 또는 대리명의로 문서를 작성할 권한을 가지는 경우에 그 지위를 남용하여 단순히 자기 또는 제3자의 이익을 도모할 목적으로 문서를 작성하였다 하더라도 자격모용 사문서작성죄는 성립하지 아니한다."면서, " 매수인이 그 대리인에게 특정 금액에 부동산을 매수할 권한을 위임한 경우 특별한 사정이 없는 한 그 특정 금액은 물론, 그보다 낮은 금액에 부동산을 매수할 권한까지 대리인에게 위임한 것이라고 봄이 매수인의 추정적 의사에 부합한다고 할 것이므로, 피고인 2가 자기 또는 제3자의 이익을 도모할 목적으로 위임받은 매매금액 범위 내에서 매매대금을 허위로 기재한 이 사건 매매계약서를 작성한 행위는 그 작성 권한을 남용한 경우로 볼 수 있을 뿐 자격모용 사문서작성죄를 구성한다고 볼 수는 없다(대법원 2007. 10. 11. 선고 2007도5838 판결)고 판단하였습니다.

따라서 乙이 반드시 3억 원으로 매매계약서를 작성할 권한만을 부여한 것이 아니라면, 비록 甲이 丙으로부터 丙이 횡령한 금원을 나누어 가질 목적으로 매매계약서를 위임 받은 금액보다 낮은 금액으로 작성하였더라도, 丙의 A종중에 대한 횡령죄의 공범으로 처벌되는 것은 별론으로 하더라도, 그보다 낮은 금액의 매매계약서를 작성한 것으로는 자격모용사문서작성죄 또는 사문서 위조죄에 해당한다고 할 수 없습니다.

■ 부동산 거래가액을 허위로 신고한 경우, 공전자기록불실기재죄가 성립되는지요?

Q. 甲은 乙과 부동산 매매계약을 체결한 뒤, 실제 거래가액보다 낮은 가액을 거래가액으로 신고하여 허위의 거래가액이 부동산등기부에 등재되었습니다. 甲이 공전자기록불실기재죄 및 동행사죄로 처벌될 수 있는가요?

A. 형법 제228조 제1항은 "공무원에 대하여 허위신고를 하여 공정증서원본 또는 이와 동일한 전자기록등 특수매체기록에 부실의 사실을 기재 또는 기록하게 한 자는 5년 이하의 징역 또는 1천만 원 이하의 벌금에 처한다."고 규정하고 있습니다. 위 사례의 경우, 부동산등기부에 허위의 거래가액이 등재되도록 한 것이 '부실의 사실'이 등재되도록 한 것인지가 문제됩니다.
이와 관련하여 대법원은 "부동산등기법이 2005.12.29.법률 제7764호로 개정되면서 매매를 원인으로 하는 소유권이전등기를 신청하는 경우에는 등기신청서에 거래신고필증에 기재된 거래가액을 기재하고, 신청서에 기재된 거래가액을 부동산등기부 갑구의 권리자 및 기타 사항란에 기재하도록 하였는데, 이는 부동산거래 시 거래당사자나 중개업자가 실제 거래가액을 시장, 군수 또는 구청장에게 신고하여 신고필증을 받도록 의무화하면서 거짓 신고 등을 한 경우에는 과태료를 부과하기로 하여 2005.7.29.법률 제7638호로 전부개정된 '공인중개사의 업무 및 부동산 거래신고에 관한 법률'과 아울러 부동산 종합대책의 일환으로 실시된 것으로서, 그 개정 취지는 부동산거래의 투명성을 확보하기 위한 데에 있을 뿐이므로, 부동산등기부에 기재되는 거래가액은 당해 부동산의 권리의무관계에 중요한 의미를 갖는 사항에 해당한다고 볼 수 없다. 따라서 부동산의 거래당사자가 거래가액을 시장 등에게 거짓으로 신고하여 신고필증을 받은 뒤 이를 기초로 사실과 다른 내용의 거래가액이 부동산등기부에 등재되도록 하였다면, '공인중개사의 업무 및 부동산 거래신고에 관한 법률'에 따른 과태료의 제재를 받게 됨은 별론으로 하고, 형법상의 공전자기록등불실기재죄 및 불실기재공전자기록등행사죄가 성립하지는 아니한다."고 판단한 바 있습니다(대법원 2013. 1. 24. 선고 2012도12363 판결 참조).
위 사례의 경우, 甲은 허위의 거래가액을 신고한 것이므로 부동산 거래신고에 관한 법률위반으로 과태료를 부과 받을 수는 있으나, 부동산의 거래가액은 '부동산의 권리의무관계에 중요한 의미를 갖는 사항'에 해당하지는 아니하므로 '부실의 사실'을 기재한 것이 아니고, 따라서 형법 제228조 제1항의 공전자기록불실기재죄 및 동행사죄는 성립하지 않습니다.

■ 계약의 자동해제를 위하여 매도인이 자기 채무에 이행제공하여 매수인을 이행지체에 빠지게 하여야 하는지요?

Q. 甲과 乙은 부동산 매매계약을 체결하면서 "잔대금지급기일까지 잔대금을 지급하지 아니할 때에는 위 매매계약은 자동적으로 해제된다"고 하는 약정을 하였습니다. 매수인 乙이 잔대금지급기일에 잔대금을 지급하지 않았다면, 매도인 甲 이 이행제공이 없는 경우라도 그 약정기한의 도과만으로 자동적으로 매매계약이 해제되는 것인지요? 그리고 매도인은 자신과 가등기명의자의 각 인감증명서와 등기권리증 및 인감도장을 준비한 경우 자기 채무의 이행제공을 다 한 것인지요?

A. 판례는 "부동산 매매계약에 잔대금지급기일까지 잔대금을 지급하지 아니할 때에는 위 매매계약은 자동적으로 해제된다고 하는 약정이 있더라도 매도인이 그 대금지급기일에 자기 채무의 이행제공을 하여 매수인으로 하여금 이행지체에 빠지게 하여야 비로소 자동적으로 매매계약이 해제되는 것이고 매수인이 그 약정기한을 도과하였다고 하더라도 이행지체에 빠진 것이 아니라면 대금 미지급으로 계약이 자동해제되는 것은 아니"라면서, "매도인이 대금지급기일에 매도인의 부동산 매도용 인감증명서와 위 부동산에 대한 가등기말소용 인감증명서 및 그 외 각 등기권리증, 인감도장 등을 준비하였다면 비록 매도인이 준비한 위 각 인감증명서에 기재된 매도인 및 가등기명의자의 주소가 각자의 등기부상 주소와 일치하지 않더라도 매수인이 요구하는 매도증서, 매매예약해제증서나 위임장 등은 매도인이 준비해 간 인감도장과 법무사 사무실에 비치된 용지를 이용하여 그 자리에서 쉽게 마련할 수 있는 것들이고, 위와 같은 등기부상 주소와 인감증명서상 주소의 불일치는 매수인이 매도인 및 가등기명의자의 주민등록표등본을 발급받아 표시변경등기를 함께 신청하는 방법으로 쉽게 해결할 수 있으니, 신의칙에 비추어 볼 때 매도인은 자신과 가등기명의자의 각 인감증명서와 등기권리증 및 인감도장을 준비함으로써 비록 완전하다고는 할 수 없지만 일응 자기 채무의 이행제공을 하였다고 봄이 상당하다"라고 판시하였습니다 (대법원 1992. 7. 24. 선고 91다15614 판결).
따라서 "잔대금지급기일까지 잔대금을 지급하지 아니할 때에는 위 매매계약은 자동적으로 해제된다"는 약정이 있는 경우 매수인 乙이 잔대금지급기일에 잔대금을 지급하지 않은 사실 만으로 자동적으로 매매계약이 해제되는 것은 아니지만, 매도인 甲이 자신과 가등기명의자의 각 인감증명서와 등기권리증 및 인감도장을 준비한 경우라면 비록 완전하다고는 할 수 없지만 일응 자기 채무의 이행제공을 한 것이므로 매매계약은 자동으로 해제되었다고 볼 수 있을 것입니다.

(관련판례)

부동산매매계약과 관련하여 매도인 등이 매수인에게 매매부동산에 대한 시장개설허가 문제에 협조하여 주기로 한 약정은 어디까지나 매매계약의 내용에 포함되지 아니하는, 그에 부수하여 이루어진 약정에 지나지 아니하므로 그와 같은 약정의 불이행을 이유로 매수인이 잔대금지급을 거절할 수 없음은 물론이지만 그러한 약정이 있는 이상 매수인이 그 이행을 촉구하였다 하여 채무이행의 의사가 없음을 추단케 하는 과다최고라고 할 수 없다(대법원 1989. 10. 27. 선고 88다카17457, 17464 판결).

■ **부동산 매수인의 매매잔금지급의무 해태와 배임죄 및 배임행위에 대한 손해배상의 청구가 가능한지요?**

Q. 乙이 甲에게서 부동산을 매수하면서, 계약금을 지급하는 즉시 乙 앞으로 소유권을 이전받되 매매잔금은 일정기간 내에 이를 담보로 대출을 받아 지급하고 건축허가를 받지 못하면 계약을 해제하여 원상회복해 주기로 약정하였는데도, 소유권을 이전받은 직후 이에 관하여 다른 용도로 근저당권을 설정하였습니다. 甲이 乙을 배임죄로 고소하며, 이로 인한 손해배상을 청구하였습니다. 乙에게는 배임행위로 인한 손해배상책임이 있습니까?

A. 일정한 신임관계의 고의적 외면에 대한 형사적 징벌을 핵심으로 하는 배임의 관점에서 보면, 부동산매매에서 매수인이 대금을 지급하는 것에 대하여 매도인이 계약상 권리의 만족이라는 이익이 있다고 하여도 대금의 지급은 어디까지나 매수인의 법적 의무로서 행하여지는 것이고, 그 사무의 처리에 관하여 통상의 계약에서의 이익대립관계를 넘는 신임관계가 당사자 사이에 발생한다고 할 수 없습니다. 따라서 그 대금의 지급은 당사자 사이의 신임관계에 기하여 매수인에게 위탁된 매도인의 사무가 아니라 애초부터 매수인 자신의 사무입니다. 또한 매도인이 대금을 모두 지급받지 못한 상태에서 매수인 앞으로 목적물에 관한 소유권이전등기를 경료하였다면, 이는 법이 동시이행의 항변권 등으로 마련한 대금 수령의 보장을 매도인이 자신의 의사에 기하여 포기한 것으로서, 다른 특별한 사정이 없는 한 대금을 받지 못하는 위험을 스스로 인수한 것입니다. 그리고 그와 같이 미리 부동산을 이전받은 매수인이 이를 담보로 제공하여 매매대금 지급을 위한 자금을 마련하고 이를 매도인에게 제공함으로써 잔금을 지급하기로 당사자 사이에 약정하였다고 하더라도, 이는 기본적으로 매수인이 매매대금의 재원을 마련하는 방편에 관한 것이고, 그 성실한 이행에 의하여 매도인이 대금을 모두 받게 되는 이익을 얻는다는 것만으로 매수인이 신임관계에 기하여 매도인의 사무를 처리하는 것이 된다고 할 수 없습니다.[대법원 2011.4.28, 선고, 2011도3247, 판결]
따라서 乙에게는 배임죄가 성립하지 아니하는 바, 민사상 채무불이행 등에 따른 손해배상책임은 별론으로 하더라도, 배임죄의 피해로 인한 손해배상책임은 인정되지 않습니다.

(관련판례)

부동산매매계약에 있어 특별한 약정이 없는 한 매수인은 그 부동산에 설정된 근저당권설정등기가 있어 완전한 소유권이전을 받지 못할 우려가 있으면 그 근저당권의 말소등기가 될 때까지 그 등기상의 담보한도금액에 상당한 대금지급을 거절할 수 있다(대법원 1988. 9. 27. 선고 판결).

(관련판례)

부동산매매 당사자간에 작성된 매매계약서에 잔대금을 소유권이전등기절차의 완비서류와 교환하여 수도하기로 되어 있고 매수인이 그 계약에 의한 동시이행항변권을 포기하였다고 볼 만한 사정이 없는 경우에는 매도인이 매매계약을 해제하려면 매수인에게 부동산소유권이전등기에 필요한 서류를 완비하여 제시한 후 잔대금의 지급을 최고하고 그래도 잔대금을 지급하지 아니할 때에 한한다(대법원 1988. 11. 22. 선고 판결).

제5장

부동산 매매계약을 한 후 처리할 사항은?

제5장 부동산 매매계약을 한 후 처리할 사항은?

제1절 소유권이전등기하기

1. 부동산 소유권이전등기

1-1. 부동산 소유권이전등기의 개념

"부동산 소유권이전등기"란 부동산의 소유권에 변동이 생기는 경우 이를 부동산등기부에 등기하는 것을 말합니다. 매매계약으로 인해 부동산의 소유자가 변경되는 경우 이를 등기해야 소유권의 변동 효력이 생깁니다(민법 제186조).

1-2. 부동산 소유권이전등기 신청인 및 기간

① 부동산 매매계약이 체결된 경우 매도인은 매수인에게 부동산 소유권을 이전할 의무를 지게 됩니다. 부동산 소유권이전등기는 매도인과 매수인이 서로의 채무를 모두 이행한 60일 이내에 등기의무자인 매도인과 등기권리자인 매수인이 함께 등기소에 신청합니다(부동산등기법 제23조제1항 및 부동산등기 특별조치법 제2조제1항).

② 부동산 소유권 이전등기를 신청할 수 있는 대리인은 변호사(법무법인, 법무법인(유한) 및 법무조합을 포함)나 법무사(법무사법인·법무사법인(유한)을 포함)의 사무원 중 자격자대리인의 사무소 소재지를 관할하는 지방법원장이 허가하는 1명으로 합니다(부동산등기법 제24조제1항제1호 단서 및 부동산등기규칙 제58조제1항 본문).

1-3. 부동산 소유권이전등기

1-3-1. 신청방법

① 부동산 소유권이전등기를 신청하는 경우 신청인 또는 그 대리인(代理人)이 등기소에 출석하여 신청정보 및 첨부정보를 적은 서면을 제출하는 방법과 대법원 인터넷등기소(www.iros.go.kr)를 이용하여 신청정보 및 첨부정보를 보내는 방법(법원행정처장이 지정하는 등기유형으로 한정함)이 있습니다(부동산등기법 제24조제1항).

1-3-2. 방문신청

① 등기소에 방문하여 부동산 소유권이전등기를 신청을 하는 경우에는 등기 신청서에 다음의 신청정보를 적어 신청인 또는 그 대리인이 기명날인하거나 서명하고 다음의 첨부정보를 담고 있는 서면을 첨부해야 합니다(부동산등기규칙 제43조, 제46조 및 제56조제1항, 제3항).

정보의 종류	제공할 정보
신청정보	1. 토지의 표시에 관한 사항 - 소재와 지번(地番) - 지목(地目) - 면적 2. 건물의 표시에 관한 사항 - 소재, 지번 및 건물번호(같은 지번 위에 1개의 건물만 있는 경우에는 건물번호는 기록하지 않음) - 건물의 종류, 구조와 면적(부속건물이 있는 경우에는 부속건물의 종류, 구조와 면적도 함께 기록함) 3. 구분건물의 표시에 관한 사항 - 1동 건물의 표시로서 소재지번·건물명칭 및 번호·구조·종류·면적(1동 건물의 구조·종류·면적은 건물의 표시에 관한 등기나 소유권보존등기를 신청하는 경우로 한정함) - 전유부분의 건물의 표시로서 건물번호·구조·면적 - 대지권이 있는 경우 그 권리의 표시, 신청인의 성명(또는 명칭), 주소(또는 사무소 소재지) 및 주민등록번호(또는 부동산등기용등록번호) 4. 신청인이 법인인 경우: 그 대표자의 성명과 주소 5. 대리인이 등기를 신청하는 경우: 그 성명과 주소 6. 등기원인과 그 연월일 7. 등기의 목적 8. 등기필정보(공동신청 또는 승소한 등기의무자의 단독신청에 의해 권리에 관한 등기를 신청하는 경우로 한정함) 9. 등기소의 표시 10. 신청연월일
첨부정보	1. 등기원인을 증명하는 정보 2. 등기원인에 대해 제3자의 허가, 동의 또는 승낙이 필요한 경우 : 이를 증명하는 정보 3. 등기상 이해관계 있는 제3자의 승낙이 필요한 경우 : 이를 증명하는 정보 또는 이에 대항할 수 있는 재판이 있음을 증명하는 정보

	4. 신청인이 법인인 경우 : 그 대표자의 자격을 증명하는 정보 5. 대리인이 등기를 신청하는 경우 : 그 권한을 증명하는 정보 6. 등기권리자(새로 등기명의인이 되는 경우로 한정)의 주소(또는 사무소 소재지) 및 주민등록번호(또는 부동산등기용등록번호)를 증명하는 정보 7. 소유권이전등기를 신청하는 경우 : 등기의무자의 주소(또는 사무소 소재지)를 증명하는 정보 8. 소유권이전등기를 신청하는 경우 : 토지대장·임야대장·건축물대장 정보나 그 밖에 부동산의 표시를 증명하는 정보

② 방문신청을 하는 경우에는 다음의 인감증명 중 발행일로부터 3개월 이내의 것을 제출해야 합니다. 이 경우 해당 등기신청서(위임에 의한 대리인이 신청하는 경우에는 위임장)나 첨부서면에는 그 인감을 날인해야 합니다(부동산등기규칙 제60조제1항 및 제62조).

1) 소유권의 등기명의인이 등기의무자로서 등기를 신청하는 경우 : 등기의무자의 인감증명

2) 소유권에 관한 가등기명의인이 가등기의 말소등기를 신청하는 경우 : 가등기명의인의 인감증명

3) 등기신청서에 제3자의 동의 또는 승낙을 증명하는 서면을 첨부하는 경우 : 그 제3자의 인감증명

4) 법인 아닌 사단이나 재단의 등기신청에서 대법원예규로 정한 경우

③ 방문신청 시 매도인 및 매수인 또는 법인 아닌 사단이나 재단이 직접 등기신청을 하거나 자격자대리인이 아닌 사람에게 위임하여 등기신청을 하는 경우에는 도면을 서면으로 작성하여 등기소에 제출할 수 있습니다(부동산등기규칙 제63조).

1-3-3. 전자신청

① 대법원 인터넷등기소(www.iros.go.kr)를 이용하여 부동산 소유권 이전등기를 신청하는 경우에는 신청인이 직접 신청하거나 자격자대리인이 신청인을 대리하여 신청할 수 있으나 법인 아닌 사단이나 재단은 신청할 수 없습니다. 외국인의 경우에는 외국인등록을 하거나 국내거소신고를 한 경우에만 신청할 수 있습

니다(부동산등기규칙 제67조제1항).

② 전자신청을 하는 경우에는 위의 신청정보와 첨부정보를 사용자등록번호와 다음의 전자서명정보를 함께 전자문서로 등기소에 송신해야 합니다(부동산등기규칙 제67조제2항, 제3항 및 제4항).

1) 개인 : 공인인증서

2) 법인 : 전자증명서

3) 관공서 : 전자인증서

③ 전자신청을 하기 위해서는 부동산 소유권이전등기를 신청을 하는 신청인 또는 자격자대리인이 최초의 등기신청 전에 사용자등록을 해야 합니다(부동산등기규칙 제68조제1항).

④ 사용자등록을 신청하는 신청인 또는 자격자대리인은 등기소에 출석하여 사용자등록 신청서를 제출해야 합니다(부동산등기규칙 제68조제2항).

⑤ 사용자등록 신청서에는 신고한 인감을 날인하고, 그 인감증명과 함께 주소를 증명하는 서면을 첨부해야 합니다. 신청인이 자격대리인인 경우에는 그 자격을 증명하는 서면의 사본도 첨부해야 합니다(부동산등기규칙 제68조제3항 및 제4항).

1-4. 수수료

부동산 소유권이전등기를 하는 경우 신청인은 매 부동산마다 15,000원의 수수료를 내야 합니다(부동산등기법 제22조제3항 및 등기사항증명서 등 수수료규칙 제5조의2제1항제2호).

1-5. 관할 등기소

① 등기소의 개념

"등기소"란 부동산등기, 상업등기, 선박등기 등 등기사무를 관장하는 지방법원이 그 관할구역 내에서 등기사무의 일부를 처리하기 위해 마련된 기관입니다(부동산등기법 제7조제1항 및 대법원 인터넷등기소).

② 등기소의 관할

등기사무는 부동산의 소재지를 관할하는 지방법원, 그 지원(支院) 또는 등기소에서 담당합니다(부동산등기법 제7조제1항).

③ 관할 등기소 찾기

관할 등기소 위치 및 관련정보는 < 대법원 인터넷등기소-등기소소개-등기소찾기 > 에서 확인하실 수 있습니다.

2. 부동산 명의신탁

2-1. 명의신탁의 개념

"명의신탁약정"이란 부동산에 관한 소유권을 보유한 자 또는 사실상 취득하거나 취득하려는 자(이하 "실권리자"라 함)가 타인과의 사이에서 대내적으로는 실권리자가 부동산에 관한 물권을 보유하거나 보유하기로 하고 그에 관한 등기(가등기 포함)는 그 타인의 명의로 하기로 하는 약정을 말합니다(「부동산 실권리자명의 등기에 관한 법률」 제2조제1호).

2-2. 명의신탁약정 및 등기의 효과

① 부동산에 관한 물권을 명의신탁약정에 따라 명의수탁자의 명의로 등기해서는 안 됩니다(부동산 실권리자명의 등기에 관한 법률 제3조제1항).

② 명의신탁약정은 무효이므로 명의신탁약정에 따라 행해진 등기에 의한 부동산 물권변동은 무효가 됩니다(부동산 실권리자명의 등기에 관한 법률 제4조제1항 및 제2항 본문).

③ 부동산에 관한 물권을 취득하기 위한 계약에서 명의수탁자가 그 일방 당사자가 되고 그 타방 당사자는 명의신탁약정이 있다는 사실을 알지 못한 경우에는 유효합니다(부동산 실권리자명의 등기에 관한 법률 제4조제2항 단서).

2-3. 예외적 허용

다음에 해당하는 경우로서 조세포탈, 강제집행의 면탈 또는 법령상 제한의 회피를 목적으로 하지 않는 경우에만 명의신탁이 허용됩니다(부동산 실권리자명의 등기에 관한 법률 제8조).

1) 종중이 보유한 부동산에 관한 물권을 종중(종중과 그 대표자를 같이 표시하여 등기한 경우 포함)외의 자의 명의로 등기한 경우

2) 배우자 명의로 부동산에 관한 물권을 등기한 경우

3) 종교단체의 명의로 그 산하 조직이 보유한 부동산에 관한 물권을 등기한 경우

2-4. 과징금 · 이행강제금 및 형사처벌

① 과징금

명의신탁약정을 한 명의신탁자는 다음의 과징금 부과율을 합한 과징금 부과율에 부동산평가액(소유권의 경우 소득세법 제99조에 따른 기준시가를 말함)을 곱한 과징금을 납부해야 합니다(부동산 실권리자명의 등기에 관한 법률 제5조제1항, 제2항, 제3항 및 동법 시행령 제3조의2, 별표).

② 부동산평가액을 기준으로 하는 과징금 부과율

부동산평가액	과징금 부과율
5억원 이하	5%
5억원 초과 30억원 이하	10%
30억원 초과	15%

③ 의무위반 경과기간을 기준으로 하는 과징금 부과율

의무위반 경과기간	과징금 부과율
1년 이하	5%
1년 초과 2년 이하	10%
2년 초과	15%

④ 이행강제금

과징금이 부과되면 지체 없이 실명으로 등기해야 하고, 이를 위반한 자에 대해서는 과징금 부과일부터 1년이 경과한 때에 부동산평가액의 10%에 해당하는 금액과, 다시 1년이 경과한 때에 부동산평가액의 20%에 해당하는 금액이 각각 이행강제금으로 부과됩니다(부동산 실권리자명의 등기에 관한 법률 제6조).

⑤ 위반 시 처벌

명의신탁자는 5년 이하의 징역 또는 2억원 이하의 벌금에 처해집니다(부동산 실권리자명의 등기에 관한 법률 제7조제1항).

[서식 예] 소유권이전등기절차이행 및 인도청구의 소(건물)

소　　　장

원　고　○○○ (주민등록번호)
○○시 ○○구 ○○길 ○○(우편번호 ○○○-○○○)
전화.휴대폰번호:
팩스번호, 전자우편(e-mail)주소:
피　고　◇◇◇ (주민등록번호)
○○시 ○○구 ○○길 ○○(우편번호 ○○○-○○○)
전화.휴대폰번호:
팩스번호, 전자우편(e-mail)주소:

소유권이전등기절차이행 및 인도청구의 소

청 구 취 지

1. 피고는 원고에게 별지목록 기재 건물에 관하여 20○○. ○. ○. 매매를 원인으로 한 소유권이전등기절차를 이행하고, 별지목록 기재 건물을 인도하라.
2. 소송비용은 피고의 부담으로 한다.
3. 위 제1항 중 건물인도부분은 가집행 할 수 있다.

라는 판결을 구합니다.

청 구 원 인

1. 원고는 20○○. ○. ○. 피고와의 사이에 피고로부터 별지목록 기재의 건물을 금 50,000,000원에 매수하는 내용의 매매계약을 체결하고 계약금으로 금5,000,000원을 지불하였습니다.
2. 원고는 잔금지불일자인 20○○. ○. ○○. 금 45,000,000원을 피고에게 지불하고자 연락을 하니, 피고는 몸이 아파 병원에 입원을 해야한다며 잔금지불기일을 연기하자고 하여 처음에서 선의적으로 생각하고 퇴원하면 연락해달라고 하며 합의 하에 연기하였습니다.
3. 그 이후 피고로부터 한 달이 지나도 연락이 오지 않아, 혹시나 하는 마음

으로 피고에게 연락을 해보니 오히려 잔금을 이행치 않아 계약을 취소하겠다며 큰소리를 쳤습니다.

4. 이에 원고는 잔금을 20○○. ○○. ○○. ○○지방법원에 변제공탁을 하고, 피고에게 위 부동산의 소유권이전등기절차에 필요한 서류를 요구하니 피고는 마음대로 하라며 응하지 않고 있습니다.
5. 따라서 원고로서는 피고로부터 별지목록 기재의 건물에 관하여 매매계약을 원인으로 한 소유권이전등기절차의 이행을 구하고, 별지목록 기재의 건물을 인도 받고자 이 사건 소를 제기합니다.

입 증 방 법

1. 갑 제1호증 부동산등기사항증명서
1. 갑 제2호증 건축물대장등본
1. 갑 제3호증 매매계약서
1. 갑 제4호증 공탁서사본

첨 부 서 류

1. 위 입증방법 각 1통
1. 소장부본 1통
1. 송달료납부서 1통

20○○. ○. ○.

위 원고 ○○○ (서명 또는 날인)

○○지방법원 귀중

[서식 예] 소유권이전등기절차이행 및 인도청구의 소(매매, 토지)

소　　　장

원　고　○○○ (주민등록번호)
○○시 ○○구 ○○길 ○○(우편번호 ○○○-○○○)
전화.휴대폰번호:
팩스번호, 전자우편(e-mail)주소:
피　고　◇◇◇ (주민등록번호)
○○시 ○○구 ○○길 ○○(우편번호 ○○○-○○○)
전화.휴대폰번호:
팩스번호, 전자우편(e-mail)주소:

소유권이전등기절차이행 및 인도청구의 소

청 구 취 지

1. 피고는 원고로부터 금 40,000,000원을 지급 받음과 동시에 원고에게 별지목록 기재 토지에 관하여 20○○. ○. ○. 매매를 원인으로 한 소유권이전등기절차를 이행하고, 별지목록 기재 토지를 인도하라.
2. 소송비용은 피고의 부담으로 한다.
3. 위 제1항 중 소유권이전등기절차이행부분을 제외한 나머지 부분은 가집행할 수 있다.

라는 판결을 구합니다.

청 구 원 인

1. 원고는 20○○. ○. ○. 피고와의 사이에 피고로부터 별지목록 기재 토지를 금 78,000,000원에 매수하기로 하는 내용의 매매계약을 체결하였습니다.
2. 원고는 20○○. ○. ○. 피고로부터 피고의 소유인 별지목록 기재의 토지를 매매대금 78,000,000원에 매수하기로 하는 매매계약을 체결하고, 그 계약내용에 따라 계약금 7,800,000원은 계약당일에 지급하고, 같은 해 ○. ○○.에 중도금 30,200,000원을 지급하였습니다.
3. 그런데 원고가 별지목록 기재 부동산의 매매대금 중 잔금 40,000,000원을 그 지급기일인 20○○. ○○. ○○. 피고에게 지급제시하고 별지목록 기재 토

지의 소유권이전에 필요한 서류의 교부와 별지목록 기재 토지의 인도를 요구였으나, 피고는 별지목록 기재 토지를 싸게 팔았다는 이유로 잔금의 수령을 거절하고 현재까지 별지목록 기재 토지의 소유권이전등기절차를 이행하지 않고, 별지목록 기재 토지의 인도도 이행하지 않고 있습니다.

4. 따라서 원고는 피고에 대하여 원고로부터 금 40,000,000원을 지급 받음과 동시에 원고에게 별지목록 기재 토지에 관하여 20○○. ○. ○. 매매를 원인으로 하는 소유권이전등기절차의 이행과 별지목록 기재 토지의 인도를 구하기 위하여 이 사건 소송제기에 이른 것입니다.

입 증 방 법

1. 갑 제1호증	매매계약서
1. 갑 제2호증	부동산등기사항증명서
1. 갑 제3호증	토지대장등본

첨 부 서 류

1. 위 입증방법	각 1통
1. 공시지가확인원	1통
1. 소장부본	1통
1. 송달료납부서	1통

20○○. ○. ○.

위 원고 ○○○ (서명 또는 날인)

○○지방법원 귀중

[서식 예] 소유권이전등기청구의 소(매도인이 매수인을 상대로)

소　　　장

원　고　○○○ (주민등록번호)
　　　　○○시 ○○구 ○○길 ○○(우편번호 ○○○-○○○)
　　　　전화.휴대폰번호:
　　　　팩스번호, 전자우편(e-mail)주소:
피　고　◇◇◇ (주민등록번호)
　　　　○○시 ○○구 ○○길 ○○(우편번호 ○○○-○○○)
　　　　전화.휴대폰번호:
　　　　팩스번호, 전자우편(e-mail)주소:

소유권이전등기청구의 소

청 구 취 지

1. 피고는 원고로부터 별지목록 기재의 부동산에 관하여 20○○. ○. ○. 매매를 원인으로 한 소유권이전등기절차를 인수하라.
2. 소송비용은 피고의 부담으로 한다.

라는 판결을 구합니다.

청 구 원 인

1. 원고는 20○○. ○. ○. 피고에게 별지목록 기재의 부동산을 매매대금 ○○○만원에 매도하기로 하는 매매계약을 체결하고서 피고로부터 계약금으로 ○○만원을 계약당일 지급 받고, 중도금 ○○만원은 같은 해 ○. ○○.에 지급받았으며, 잔금 ○○만원은 같은 해 ○○. ○○. 지급 받고 피고에게 별지목록 기재 부동산의 인도와 소유권이전등기신청에 필요한 서류 모두를 교부하였습니다.
2. 그러나 피고는 원고로부터 별지목록 기재 부동산을 인도 받고 소유권이전등기신청에 필요한 서류 모두를 교부받은 뒤 1년이 다 지나가도록 별지목록 기재 부동산의 소유권을 이전해가지 않음으로 인하여 별지목록 기재의 부동산에 대한 각종 세금이 원고에게 부과될 뿐만 아니라, 원고의 국민건

강보험료산정에 있어서도 별지목록 기재 부동산이 원고소유재산으로 고려되는 등 각종 불이익을 받고 있습니다. 그러므로 원고는 피고에게 여러 차례에 걸쳐 별지목록 기재 부동산의 소유권이전등기절차의 인수를 요구하였으나 피고는 계속 미루기만 하고 별지목록 기재 부동산의 소유권이전을 해가지 않고 있습니다.

3. 그런데 매매계약에 따른 등기의무자가 등기권리자에 대하여 매매부동산에 관하여 소유권이전등기를 인수할 것을 청구할 수 있는지에 관하여 살펴보면 ①통상의 채권채무관계에서는 채권자가 수령을 지체하는 경우 채무자는 공탁 등에 의한 방법으로 채권채무관계에서 벗어날 수 있으나, 등기에 관한 채권채무관계에 있어서는 이러한 방법을 사용할 수 없어 등기의무자가 자기 명의로 있어서는 안 될 등기가 자기명의로 있기 때문에 사회생활상, 공법상 불이익(각종 조세의 부담 등) 내지 사법상 불이익(민법 제758조에 의한 소유자책임 등)을 입을 우려가 있는 점, ②채권채무관계는 권리. 의무의 엄격한 대립관계가 아니고 사회생활상의 공동목적달성을 위한 유기적 관계로 파악하여야 한다는 점, ③등기제도는 단순한 사법(私法)관계의 보조적 기능을 넘어 진정한 등기부의 유지라는 공익과 관련된 공적 제도로 형성되어 있다고 보아야 할 것이고, 따라서 진실한 권리관계에 합치하지 않는 등기가 있는 경우 그 등기의 당사자 일방은 타방 당사자에 대하여 등기가 진실에 합치하도록 함을 내용으로 하는 등기청구권을 갖는 동시에 타방 당사자는 그 등기청구에 응하여 이에 협력할 의무가 있는 점, ④부동산등기법 제29조는 “판결에 의한 등기는 승소한 등기권리자 또는 등기의무자만으로 이를 신청할 수 있다.”라고 규정하여 등기인수청구를 인용하는 판결에 의한 등기의무자의 단독등기신청이 가능한 점 등을 종합하여 보면, 등기의무자도 등기권리자에 대하여 소유권이전등기를 구할 수 있는 등기인수청구권 내지 등기수취청구권을 행사할 수 있다고 봄이 상당하다고 할 것입니다.

4. 따라서 원고는 피고에게 등기인수청구권을 행사하여 별지목록 기재 부동산에 관하여 20○○. ○. ○. 매매를 원인으로 한 소유권이전등기절차의 인수를 구하지 위하여 이 사건 소송제기에 이른 것입니다.

입 증 방 법

1. 갑 제1호증의 1, 2　　　　부동산등기사항전부증명서
1. 갑 제2호증　　　　부동산매매계약서

1. 갑 제3호증의 1 내지 3 세금납입고지서

첨 부 서 류

1. 위 입증방법 각 1통
1. 토지대장등본 1통
1. 건축물대장등본 1통
1. 소장부본 1통
1. 송달료납부서 1통

20○○. ○. ○.
위 원고 ○○○ (서명 또는 날인)

○○지방법원 귀중

[서식 예] 소유권이전등기청구의 소(매매, 여러 명에게 차례로 이전청구)

소 장

원 고 ○○○ (주민등록번호)
○○시 ○○구 ○○길 ○○(우편번호 ○○○-○○○)
전화.휴대폰번호:
팩스번호, 전자우편(e-mail)주소:

피 고 1. ◇●◇ (주민등록번호)
○○시 ○○구 ○○길 ○○(우편번호 ○○○-○○○)
전화.휴대폰번호:
팩스번호, 전자우편(e-mail)주소:

2. ◇①◇ (주민등록번호)
○○시 ○○구 ○○길 ○○(우편번호 ○○○-○○○)
등기부상 주소 ○○시 ○○구 ○○길 ○○
전화.휴대폰번호:
팩스번호, 전자우편(e-mail)주소:

3. ◇②◇ (주민등록번호)
○○시 ○○구 ○○길 ○○(우편번호 ○○○-○○○)
전화.휴대폰번호:
팩스번호, 전자우편(e-mail)주소:

4. ◇③◇ (주민등록번호)
○○시 ○○구 ○○길 ○○(우편번호 ○○○-○○○)
전화.휴대폰번호:
팩스번호, 전자우편(e-mail)주소:

5. ◇④◇ (주민등록번호)
○○시 ○○구 ○○길 ○○(우편번호 ○○○-○○○)
전화.휴대폰번호:
팩스번호, 전자우편(e-mail)주소:

6. ◇⑤◇ (주민등록번호)
○○시 ○○구 ○○길 ○○(우편번호 ○○○-○○○)
전화.휴대폰번호:
팩스번호, 전자우편(e-mail)주소:

7. ◇⑥◇ (주민등록번호)

○○시 ○○구 ○○길 ○○(우편번호 ○○○-○○○)
전화.휴대폰번호:
팩스번호, 전자우편(e-mail)주소:

8. ◆◆◆ (주민등록번호)
○○시 ○○구 ○○길 ○○(우편번호 ○○○-○○○)
전화.휴대폰번호:
팩스번호, 전자우편(e-mail)주소:

9. ◈◈◈ (주민등록번호)
○○시 ○○구 ○○길 ○○(우편번호 ○○○-○○○)
전화.휴대폰번호:
팩스번호, 전자우편(e-mail)주소:

소유권이전등기청구의 소

청 구 취 지

1. 피고 ◆◆◆에게, 별지목록 기재 부동산 중
 가. 피고 ◇●◇는 3/15지분에 관하여,
 나. 피고 ◇①◇, 피고 ◇②◇, 피고 ◇③◇, 피고 ◇④◇, 피고 ◇⑤◇, 피고 ◇⑥◇는 각 2/15지분에 관하여
 각 1973. 11. 13. 매매를 원인으로 한 소유권이전등기절차를 이행하고,
2. 피고 ◆◆◆는 피고 ◈◈◈에게 별지목록 기재 부동산에 관하여 1978. 11. 30. 매매를 원인으로 한 소유권이전등기절차를 이행하고,
3. 피고 ◈◈◈는 원고에게 별지목록 기재 부동산에 관하여 1982. 12. 29. 매매를 원인으로 한 소유권이전등기절차를 이행하라.
4. 소송비용은 피고들의 부담으로 한다.

라는 판결을 구합니다.

청 구 원 인

1. 피고 ◆◆◆는 1973. 11. 23. 소외 망 ◉◉◉로부터 별지목록 기재 부동산(다음부터 "이 사건 부동산"이라고 함)을 매수하였습니다
2. 당시 소외 망 ◉◉◉는 이 사건 부동산을 비롯하여 주위의 대부분의 토지를 소유하고 있었던 바, 그 소유권의 일부는 자신의 명의로 하고 있었으나 일

부는 동생인 소외 ◎◎◎ 명의로 하고 있었습니다. 그런데 소외 망 ◉◉◉는 ○○ ○○군 ○○면 ○○리 ○○-2에서 분할된 이 사건 부동산에 관한 자신 명의의 진정한 등기의 존재를 알지 못한 채, 같은 리 ○○-3에서 분할된 것으로 잘못 등기된 원인무효의 소외 ◎◎◎ 명의의 등기를 진정한 등기로 알고 그에 터 잡아 피고 ◆◆◆ 명의의 소유권이전등기를 하여 주었습니다.

3. 그 뒤 피고 ◆◆◆는 이 사건 부동산을 경작하여 오다가 1978. 11. 30. 피고 ◈◈◈에게, 피고 ◈◈◈는 자신 명의의 등기를 하지 아니하고 1982. 12. 29. 원고에게 각 이 사건 부동산을 매도하였습니다.
4. 그리고 위 원인무효인 피고 ◆◆◆ 명의의 소유권이전등기에 터 잡아 1986. 8. 4. 원고 명의의 소유권이전등기가 되었습니다.
5. 한편, 소외 망 ◉◉◉는 1991. 3. 27. 사망하여 피고 ◇●◇, 피고 ◇①◇, 피고 ◇②◇, 피고 ◇③◇, 피고 ◇④◇, 피고 ◇⑤◇, 피고 ◇⑥◇가 이 사건 부동산을 청구취지 기재 해당지분만큼씩 각 공동상속 하여 권리, 의무를 승계 하였습니다.
6. 그러므로 이 사건 부동산에 관하여 피고 ◇●◇, 피고 ◇①◇, 피고 ◇②◇, 피고 ◇③◇, 피고 ◇④◇, 피고 ◇⑤◇, 피고 ◇⑥◇는 청구취지 기재 각 해당지분만큼씩 피고 ◆◆◆에게, 피고 ◆◆◆는 피고 ◈◈◈에게, 피고 ◈◈◈는 원고에게 각 소유권이전등기를 하여 줄 의무가 있다고 할 것인데, 피고들은 현재 이를 거절하고 있습니다.
7. 그렇다면 원고는 이 사건 부동산이 원고 소유의 다른 토지와 함께 같은 리 249 토지로 환지 됨으로써 환지등기를 하기 위하여 소외 망 ◉◉◉의 상속인들을 상대로 한 중복등기말소소송을 제기하여 재판이 진행되는 과정에서 자신 명의의 등기가 원인무효인 중복등기임을 발견하여 위 소송을 취하하고 피고들을 상대로 부득이 이 사건 소송을 제기하게 된 것입니다.

입 증 방 법

1. 갑 제1호증 제적등본
   (단, 2008. 1. 1. 이후 사망한 경우 기본증명서)
1. 갑 제2호증 상속관계를 확인할 수 있는 제적등본
   (또는, 가족관계등록사항에 관한 증명서)
1. 갑 제3호증의 1 내지 4 각 부동산등기사항증명서

1. 갑 제4호증의 1, 2 각 폐쇄등기부등본
1. 갑 제5호증의 1 내지 4 각 토지대장등본
1. 갑 제6호증 지적도등본

첨 부 서 류

1. 위 입증방법 각 1통
1. 소장부본 9통
1. 송달료납부서 1통

20○○. ○. ○.
위 원고 ○○○ (서명 또는 날인)

○○지방법원 귀중

[서식 예] 소유권이전등기청구의 소(임야, 매매대금을 모두 지급한 경우)

소　　　장

원　고　○○○ (주민등록번호)
○○시 ○○구 ○○길 ○○(우편번호 ○○○-○○○)
전화.휴대폰번호:
팩스번호, 전자우편(e-mail)주소:
피　고　◇◇◇ (주민등록번호)
○○시 ○○구 ○○길 ○○(우편번호 ○○○-○○○)
전화.휴대폰번호:
팩스번호, 전자우편(e-mail)주소:

소유권이전등기청구의 소

청 구 취 지

1. 피고는 원고에게 별지목록 기재 부동산에 관하여 20○○. ○. ○. 매매를 원인으로 한 소유권이전등기절차를 이행하라.
2. 소송비용은 피고의 부담으로 한다.

라는 판결을 구합니다.

청 구 원 인

1. 원고는 20○○. ○. ○. 피고로부터 별지목록 기재 부동산을 매매대금 ○○○만원에 매수함에 있어서 계약금 ○○○만원은 계약당일 지급하고, 중도금 ○○○만원은 같은 해 ○. ○○.에 지급한 바 있으며, 잔금은 같은 해 ○. ○○. 지급하기로 약정하였습니다.
2. 그런데 원고가 위 중도금 및 잔금을 각 지급기일에 지급하여 매매대금 전액이 지급되었음에도 피고는 별지목록 기재 부동산을 원고에게 인도하였을 뿐이고, 지금까지 원고에게 별지목록 기재 부동산에 대한 소유권이전등기절차에 협력하지 않고 있습니다.
3. 따라서 원고는 피고에 대하여 별지목록 기재 부동산에 관하여 위 매매계약을 원인으로 한 소유권이전등기절차의 이행을 청구하기 위하여 이 사건

소송을 제기합니다.

입 증 방 법

1. 갑 제1호증 부동산등기사항증명서
1. 갑 제2호증 임야매매계약서
1. 갑 제3호증의 1, 2 각 영수증

첨 부 서 류

1. 위 입증방법 각 1통
1. 임야대장등본 1통
1. 공시지가확인원 1통
1. 소장부본 1통
1. 송달료납부서 1통

20○○. ○. ○.
위 원고 ○○○ (서명 또는 날인)

○○지방법원 귀중

[서식 예] 소유권이전등기청구의 소(토지, 매도인의 상속인들을 상대로)

소　　　　장

원　고　○○○ (주민등록번호)
○○시 ○○구 ○○길 ○○(우편번호 ○○○-○○○)
전화.휴대폰번호:
팩스번호, 전자우편(e-mail)주소:

피　고　1. 김◇◇ (주민등록번호)
○○시 ○○구 ○○길 ○○(우편번호 ○○○-○○○)
전화.휴대폰번호:
팩스번호, 전자우편(e-mail)주소:
2. 박①◇ (주민등록번호)
○○시 ○○구 ○○길 ○○(우편번호 ○○○-○○○)
전화.휴대폰번호:
팩스번호, 전자우편(e-mail)주소:
3. 박②◇ (주민등록번호)
○○시 ○○구 ○○길 ○○(우편번호 ○○○-○○○)
전화.휴대폰번호:
팩스번호, 전자우편(e-mail)주소:
4. 박③◇ (주민등록번호)
○○시 ○○구 ○○길 ○○(우편번호 ○○○-○○○)
전화.휴대폰번호:
팩스번호, 전자우편(e-mail)주소:

소유권이전등기청구의 소

청 구 취 지

1. 피고들은 원고에게 별지 제1목록 기재 부동산에 대한 별지 제2목록 기재 각 피고별 해당지분에 관하여 20○○. ○. ○. 매매를 원인으로 한 소유권이전등기절차를 이행하라.
2. 소송비용은 피고들의 부담으로 한다.

라는 판결을 구합니다.

청 구 원 인

1. 원고는 별지 제1목록 기재 부동산의 소유권자인 소외 망 ◈◈◈와 20○○.

○. ○. 금 ○○○만원에 매수하기로 하는 계약을 맺고 계약금, 중도금, 잔금을 20○○. ○○. ○.까지 모두 지불하였습니다.

2. 그러나 소외 망 ◈◈◈는 잔금을 지급 받고 소유권이전등기절차를 마치지 아니한 채 20○○. ○○. ○○. 사망하였고, 그 상속인들인 피고인들이 위 부동산을 공동 상속하여 그 상속지분은 별지 제2목록 기재 상속지분의 표시와 같습니다.
3. 따라서 피고들은 원고에게 별지 제2목록 기재 각 상속지분에 의한 각 지분에 대하여 20○○. ○. ○. 매매를 원인으로 한 소유권이전등기를 해주어야 할 의무가 있으나 이를 이행하지 아니 하므로, 원고는 이 사건 소유권이전등기절차이행청구의 소를 제기하게 되었습니다.

입 증 방 법

1. 갑 제1호증 부동산매매계약서
1. 갑 제2호증의 1 내지 3 각 영수증
1. 갑 제3호증 기본증명서
(단, 2007.12.31. 이전 사망한 경우 제적등본)
1. 갑 제4호증 가족관계증명서
(또는, 상속관계를 확인할 수 있는 제적등본)
1. 갑 제5호증 부동산등기사항증명서

첨 부 서 류

1. 위 입증방법 각 1통
1. 토지대장등본 1통
1. 소장부본 4통
1. 송달료납부서 1통

20○○. ○. ○.
위 원고 ○○○ (서명 또는 날인)

○○지방법원 귀중

[서식 예] 가등기의 본등기절차이행청구의 소(매매예약완결)

소　　　　장

원　고　○○○ (주민등록번호)
　　　　○○시 ○○구 ○○길 ○○(우편번호 ○○○-○○○)
　　　　전화.휴대폰번호:
　　　　팩스번호, 전자우편(e-mail)주소:
피　고　◇◇◇ (주민등록번호)
　　　　○○시 ○○구 ○○길 ○○(우편번호 ○○○-○○○)
　　　　전화.휴대폰번호:
　　　　팩스번호, 전자우편(e-mail)주소:

가등기의 본등기절차이행청구의 소

청 구 취 지

1. 피고는 원고에게 별지목록 기재 부동산에 관하여 ○○지방법원 20○○. ○. ○○. 접수 제 ○○○○호로 마친 가등기에 기하여 20○○. ○○. ○○. 매매예약완결을 원인으로 한 소유권이전등기절차를 이행하라.
2. 소송비용은 피고가 부담한다.

라는 판결을 구합니다.

청 구 원 인

1. 원고는 20○○. ○. ○○. 피고에게 금 50,000,000원을 월 2.5%, 변제기 20○○. ○○. ○○.로 정하여 대여해 주면서, 만약 피고가 변제기까지 위 금원을 지급하지 아니하면 피고 소유의 별지기재 부동산에 대하여 원고명의로 소유권이전등기를 해 주기로 하고, 우선 위 부동산에 관하여 원고명의로 소유권이전청구권가등기를 해두기로 약정하였습니다(갑 제1호증 부동산매매예약서). 이에 별지목록 기재 부동산에 관하여 ○○지방법원 20○○. ○. ○○. 접수 제 ○○○○호로 원고명의의 가등기가 경료되었습니다(갑 제2호증 부동산등기사항증명서).
2. 원고는 변제기인 20○○. ○○. ○○. 이후 피고에게 위 대여금에 대한 변

제를 요구하였으나 피고는 이를 지급하지 않고 있습니다.

3. 그러므로 원고는 별지목록 기재 부동산에 관한 원고명의의 위 소유권이전 청구권가등기에 기하여 20○○. ○○. ○○. 매매예약완결을 원인으로 한 소유권이전등기절차의 이행을 청구하기 위하여 이 사건 소를 제기하게 되었습니다.

입 증 방 법

1. 갑 제1호증　　　　부동산매매예약서
1. 갑 제2호증　　　　부동산등기사항증명서

첨 부 서 류

1. 위 입증방법　　　　각 1통
1. 건축물대장등본　　　　1통
1. 토지대장등본　　　　1통
1. 소장 부본　　　　1통
1. 송달료납부서　　　　1통

20○○. ○. ○.

위 원고　○○○ (서명 또는 날인)

○○지방법원　귀중

[서식 예] 소유권이전등기신청서(매매)

소유권이전등기신청(매매)

접수	년 월 일	처리인	접 수	기 입	교 합	각종 통지
	제 호					

① 부동산의 표시
1동의 건물의 표시 서울특별시 서초구 서초동 100 서울특별시 서초구 서초동 101 샛별아파트 가동 [도로명주소] 서울특별시 서초구 서초대로 88길 10 전유부분의 건물의 표시 건물의 번호 1-101 구 조 철근콘크리트조 면 적 1층 101호 8.03 ㎡ 대지권의 표시 토지의 표시 1. 서울특별시 서초구 서초동 100 대 1400 ㎡ 2. 서울특별시 서초구 서초동 101 대 1500 ㎡ 대지권의 종류 소유권 대지권의 비율 1,2 : 3,000분의 500 거래신고일련번호 : 12345-2006-4-1234560 거래가액 : 350,000,000 원 이 상

② 등기원인과 그 연월일	2013년 5월 1일 매매
③ 등 기 의 목 적	소 유 권 이 전
④ 이 전 할 지 분	

구분	성 명 (상호·명칭)	주민등록번호 (등기용등록번호)	주 소 (소 재 지)	지 분 (개인별)
⑤ 등기의무자	이 대 백	XXXXXX-XXXXXXX	서울특별시 서초구 서초대로 88길 20 (서초동)	
⑥ 등기권리자	김 갑 동	XXXXXX-XXXXXXX	서울특별시 서초구 서초대로 88길 10, 가동 101호(서초동, 샛별아파트)	

⑦ 시가표준액 및 국민주택채권매입금액		
부동산 표시	부동산별 시가표준액	부동산별 국민주택채권매입금액
1. 주 택	금 ○○,○○○,○○○원	금 ○○○,○○○ 원
2.	금 원	금 원
3.	금 원	금 원
⑦ 국 민 주 택 채 권 매 입 총 액		금 ○○○,○○○ 원
⑦ 국 민 주 택 채 권 발 행 번 호		○ ○ ○
⑧ 취득세(등록면허세) 금○○○,○○○원	⑧ 지 방 교 육 세 금 ○○,○○○원	
	⑧ 농어촌특별세 금 ○○,○○○원	
⑨ 세 액 합 계	금 ○○○,○○○ 원	
⑩ 등 기 신 청 수 수 료	금 15,000 원	
	납부번호 : ○○-○○-○○○○○○○○-○	
	일괄납부 : 건 원	
⑪ 등기의무자의 등기필정보		
부동산고유번호	1102-2006-002095	
성명(명칭)	일련번호	비밀번호
이대백	Q77C-LO71-35J5	40-4636

⑫ 첨 부 서 면	
.매매계약서 1통	.토지대장등본 2통
.취득세(등록면허세)영수필확인서 1통	.집합건축물대장등본 1통
.등기신청수수료 영수필확인서 1통	.주민등록표등(초)본 각1통
.등기필증 1통	.부동산거래계약신고필증 1통
~~.매매목록 통~~	.인감증명서 또는 본인서명사실
~~.위임장 통~~	확인서 1통
	〈기 타〉

2013년 5월 1일

⑬ 위 신청인 이 대 백 ㉞ (전화 : 200-7766)

김 갑 동 ㉞ (전화 : 300-7766)

(또는)위 대리인 (전화 :)

서울중앙 지방법원 등기국 귀중

- 신청서 작성요령 -

* 1. 부동산표시란에 2개 이상의 부동산을 기재하는 경우에는 부동산의 일련번호를 기재하여야 합니다.

2. 신청인란등 해당란에 기재할 여백이 없을 경우에는 별지를 이용합니다.

등기신청안내서 - 소유권이전등기신청

▣ **매매로 인한 소유권이전등기란**

부동산매매계약에 의하여 소유권을 이전하는 등기로, 이 신청에서는 매수인을 등기권리자, 매도인을 등기의무자라고 합니다.

▣ **등기신청방법**

① **공동신청**

매매계약서에 의한 등기신청인 경우에는 매도인과 매수인이 본인임을 확인할 수 있는 주민등록증 등을 가지고 직접 등기소에 출석하여 공동으로 신청함이 원칙입니다.

② **단독신청**

판결에 의한 등기신청인 경우에는 승소한 등기권리자 또는 등기의무자가 단독으로 신청할 수 있습니다.

③ **대리인에 의한 신청**

등기신청은 반드시 신청인 본인이 하여야 하는 것은 아니고 대리인이 하여도 됩니다. 등기권리자 또는 등기의무자 일방이 상대방의 대리인이 되거나 쌍방이 제3자에게 위임하여 등기신청을 할 수 있으나, 변호사 또는 법무사가 아닌 자는 신청서의 작성이나 그 서류의 제출대행을 업(業)으로 할 수 없습니다.

▣ **등기신청서 기재요령**

※ 신청서는 한글과 아라비아 숫자로 기재합니다. 부동산의 표시란이나 신청인란 등이 부족할 경우에는 별지를 사용하고, 별지를 포함한 신청서의 각 장 사이에는 간인(신청서에 서명을 하였을 때에는 각 장마다 연결되는 서명)을 하여야 합니다.

① **부동산의 표시란**

매매목적물을 기재하되, 등기기록상 부동산의 표시와 일치하여야 합니다.

㉮ 1동의 건물의 표시

1동의 건물 전체의 소재, 지번, 건물명칭 및 번호, 도로명주소(등기기록 표제부에 기록되어 있는 경우)를 기재합니다.

㉯ 전유부분의 건물의 표시

건물의 번호, 구조, 면적을 기재합니다.

㉰ 대지권의 표시

대지권의 목적인 토지의 표시, 대지권의 종류, 비율을 기재합니다.

(ⅰ) 대지권의 목적인 토지의 표시는 토지의 일련번호, 토지의 소재, 지번, 지목, 면적을,

(ⅱ) 대지권의 종류는 소유권, 지상권, 전세권, 임차권 등 권리의 종류에 따라 기재하며,

(ⅲ) 대지권의 비율은 대지권의 목적인 토지에 대한 지분비율을 기재합니다.

㉱ 부동산거래계약신고필증에 기재된 거래신고일련번호와 거래가액을 기재

합니다.

㉮ 만일 등기기록과 토지.집합건축물대장의 부동산표시가 다른 때에는 먼저 부동산표시변경(또는 경정)등기를 하여야 합니다.

② 등기원인과 그 연월일란

등기원인은 "매매"로, 연월일은 매매계약서상 계약일을 기재합니다.

③ 등기의 목적란

소유권 전부이전의 경우에는 “소유권이전”으로, 소유권 일부이전의 경우에는 "소유권 일부이전"으로 기재합니다.

④ 이전할 지분란

소유권 일부이전의 경우에만 그 지분을 기재합니다.

(예) “○○○지분 전부” 또는 “○번 ○○○지분 ○중 일부(○분의 ○)”

⑤ 등기의무자란

매도인의 성명, 주민등록번호, 주소를 기재하되, 등기기록상 소유자 표시와 일치하여야 합니다. 그러나 매도인이 법인인 경우에는 상호(명칭), 본점(주사무소 소재지), 등기용등록번호 및 대표자의 성명과 주소를 기재하고, 법인 아닌 사단이나 재단인 경우에는 상호(명칭), 본점(주사무소 소재지), 등기용등록번호 및 대표자(관리인)의 성명, 주민등록번호, 주소를 각 기재합니다.

⑥ 등기권리자란

매수인을 기재하는 란으로, 그 기재방법은 등기의무자란과 같습니다.

⑦ 시가표준액 및 국민주택채권매입금액, 국민주택채권매입총액란, 국민주택채권발행번호란

㉮ 부동산별 시가표준액란은 취득세(등록면허세)납부서(OCR용지)에 기재된 시가표준액을 기재하고 부동산별 국민주택채권매입금액란에는 시가표준액의 일정비율에 해당하는 국민주택채권매입금액을 기재합니다.

㉯ 부동산이 2개 이상인 경우에는 각 부동산별로 시가표준액 및 국민주택채권매입금액을 기재한 다음 국민주택채권 매입총액을 기재합니다.

㉰ 국민주택채권발행번호란에는 국민주택채권 매입시 국민주택채권사무취급기관에서 고지하는 채권발행번호를 기재하며, 하나의 신청사건에 하나의 채권발행번호를 기재하는 것이 원칙이며, 동일한 채권발행번호를 수 개 신청사건에 중복 기재할 수 없습니다.

⑧ 취득세(등록면허세).지방교육세.농어촌특별세란

취득세(등록면허세)영수필확인서에 의하여 기재하며, 농어촌특별세는 납부액이 없는 경우 기재하지 않습니다.

⑨ 세액합계란

취득세(등록면허세)액, 지방교육세액, 농어촌특별세액의 합계를 기재합니다.

⑩ 등기신청수수료란

㉮ 부동산 1개당 15,000원의 등기신청수수료 납부액을 기재하며, 등기신청수수료를 은행 현금납부, 전자납부, 무인발급기 납부 등의 방법에 따라 납부한 후 등기신청서에 등기신청수수료 영수필확인서를 첨부하고 납부

번호를 기재하여 제출합니다.

㉯ 여러 건의 등기신청에 대하여 수납금융기관에 현금으로 일괄납부하는 경우 첫 번째 등기신청서에 등기신청수수료 영수필확인서를 첨부하고 해당 등기신청수수료, 납부번호와 일괄납부 건수 및 일괄납부액을 기재하며, 나머지 신청서에는 해당 등기신청수수료와 전 사건에 일괄 납부한 취지를 기재합니다(일괄납부는 은행에 현금으로 납부하는 경우에만 가능함).

⑪ **등기의무자의 등기필정보란**

㉮ 소유권 취득에 관한 등기를 완료하고 등기필정보를 교부받은 경우, 그 등기필정보 상에 기재된 부동산고유번호, 성명, 일련번호, 비밀번호를 각 기재(등기필정보를 제출하는 것이 아니며 한번 사용한 비밀번호는 재사용을 못함)합니다. 다만 교부받은 등기필정보를 멸실한 경우에는 부동산등기법 제51조에 의하여 확인서면이나 확인조서 또는 공증서면 중 하나를 첨부합니다.

㉯ 등기신청서에 등기필증이나 확인서면 등을 첨부한 경우 이 란은 기재할 필요가 없습니다.

⑫ **첨부서면란**

등기신청서에 첨부한 서면을 각 기재합니다.

⑬ **신청인등란**

㉮ 등기의무자와 등기권리자의 성명 및 전화번호를 기재하고, 각자의 인장을 날인하되, 등기의무자는 그의 인감을 날인하거나 본인서명사실확인서에 기재한 서명을 합니다. 그러나 신청인이 법인 또는 법인 아닌 사단이나 재단인 경우에는 상호(명칭)와 대표자(관리인)의 자격 및 성명을 기재하고, 법인이 등기의무자인 때에는 등기소의 증명을 얻은 그 대표자의 인감, 법인 아닌 사단이나 재단인 경우에는 대표자(관리인)의 개인인감을 날인하거나 본인서명사실확인서에 기재한 서명을 합니다.

㉯ 대리인이 등기신청을 하는 경우에는 그 대리인의 성명, 주소, 전화번호를 기재하고 대리인의 인장을 날인 또는 서명합니다.

▣ 등기신청서에 첨부할 서면

< 신청인 >

① **위임장**

등기신청을 법무사 등 대리인에게 위임하는 경우에 첨부합니다.

② **등기필증**

등기의무자의 소유권에 관한 등기필증으로서 등기의무자가 소유권 취득시 등기소로부터 교부받은 등기필증을 첨부합니다. 단, 소유권 취득의 등기를 완료하고 등기필정보를 교부받은 경우에는 신청서에 그 등기필정보 상에 기재된 부동산고유번호, 성명, 일련번호, 비밀번호를 각 기재(등기필정보를 제출하는 것이 아니며 한번 사용한 비밀번호는 재사용을 못함)함으로써 등기필증 첨부에 갈음합니다.
다만, 등기필증(등기필정보)을 멸실하여 첨부(기재)할 수 없는 경우에는 부동산등기법 제51조에 의하여 확인서면이나 확인조서 또는 공증서면 중 하나를 첨부합니다.

③ **매매계약서**
계약으로 인한 소유권이전등기를 신청하는 경우에는 그 계약서에 기재된 거래금액이 1,000만원을 초과하는 경우에는 일정액의 정부수입인지를 붙여야 합니다. 단, 계약서에 기재된 거래금액이 1억원 이하인 주택의 경우 정부수입인지를 붙이지 않아도 됩니다.

④ **매매목록**
거래신고의 대상이 되는 부동산이 2개 이상인 경우에 작성하고, 그 매매목록에는 거래가액과 목적 부동산을 기재합니다. 단, 거래되는 부동산이 1개라 하더라도 여러 사람의 매도인과 여러 사람의 매수인 사이의 매매계약인 경우에는 매매목록을 작성합니다.

< 시·구·군청, 읍·면 사무소, 동 주민센터 >

① **부동산거래계약신고필증**
2006. 1. 1. 이후 작성된 매매계약서를 등기원인증서로 하여 소유권이전등기를 신청하는 경우에는 관할 관청이 발급한 거래계약신고필증을 첨부하여야 합니다.

② **취득세(등록면허세)영수필확인서**
시장, 구청장, 군수 등으로부터 취득세(등록면허세)납부서(OCR용지)를 발급받아 납세지를 관할하는 해당 금융기관에 세금을 납부한 후 취득세(등록면허세)영수필확인서와 영수증을 교부받아 영수증은 본인이 보관하고 취득세(등록면허세)영수필확인서만 신청서의 취득세(등록면허세)액표시란의 좌측상단 여백에 첨부하거나, 또는 지방세인터넷납부시스템에서 출력한 시가표준액이 표시되어 있는 취득세(등록면허세)납부확인서를 첨부합니다.

③ **토지.집합건축물대장등본**
등기신청대상 부동산의 토지.집합건축물대장등본(발행일로부터 3월 이내)을 첨부합니다.

④ **인감증명서 또는 본인서명사실확인서**
부동산매수자란에 매수인의 성명(법인은 법인명), 주민등록번호(부동산등기용등록번호) 및 주소가 기재되어 있는 매도인의 부동산매도용 인감증명서(발행일로부터 3월 이내)를 첨부하거나, 인감증명을 갈음하여 『본인서명사실 확인 등에 관한 법률』에 따라 발급된 본인서명사실확인서를 첨부할 수 있습니다.

⑤ **주민등록표등(초)본**
등기의무자 및 등기권리자의 주민등록표등본 또는 초본(각, 발행일로부터 3월 이내)을 첨부합니다.

< 대한민국법원 인터넷등기소, 금융기관 등 >

등기신청수수료

대한민국법원 인터넷등기소(http://www.iros.go.kr/PMainJ.jsp)를 이용하여 전자적인 방법(신용카드, 계좌이체, 선불형지급수단)으로 납부하고 출력한 등기신청수수료 영수필확인서를 첨부하거나, 법원행정처장이 지정하는 수납금융기관 또는 신청수수료 납부기능이 있는 무인발급기에 현금으로 납부한 후 발급받은 등기신청수수료 영수필확인서를 첨부합니다.

< 등기과, 소 >

법인등기사항전부(일부)증명서

신청인이 법인인 경우에는 법인등기사항전부증명서 또는 법인등기사항일부증명서(각, 발행일로 부터 3월 이내)를 첨부합니다.

< 기　　타 >

1. ① 신청인이 재외국민이나 외국인 또는 법인 아닌 사단 또는 재단인 경우에는 신청서의 기재사항과 첨부서면이 다르거나 추가될 수 있으므로, "대법원 종합법률정보(http://glaw.scourt.go.kr)" 의 규칙/예규/선례에서『외국인 및 재외국민의 국내 부동산 처분 등에 따른 등기신청절차, 등기예규 제1393호』 및『법인 아닌 사단의 등기신청에 관한 업무처리지침, 등기예규 제1435호』등을 참고하시고, 기타 궁금한 사항은 변호사, 법무사 등 등기와 관련된 전문가나 등기과.소의 민원담당자에게 문의하시기 바랍니다.

   ② 제3자의 허가, 동의 또는 승낙을 증명하는 서면 등, 즉 부동산이 농지인 경우에는 농지취득자격증명(시, 읍, 면사무소 발급), 토지거래허가구역인 경우에는 토지거래허가증(시, 군, 구청 발급) 등을 첨부하여야 합니다.

▣ **등기신청서류 편철순서**

신청서, 취득세(등록면허세)영수필확인서, 등기신청수수료 영수필확인서, 매매목록, 위임장, 인감증명서 또는 본인서명사실확인서, 주민등록표등(초)본, 토지.집합건축물대장등본, 부동산거래계약신고필증, 매매계약서, 등기필증 등의 순으로 편철해 주시면 업무처리에 편리합니다.

[서식 예] 부동산처분금지가처분신청서(매매, 1필지 토지의 일부에 대한)

부동산처분금지가처분신청

채권자 ○○○
　　○○시 ○○구 ○○길 ○○(우편번호 ○○○-○○○)
　　전화.휴대폰번호:
　　팩스번호, 전자우편(e-mail)주소:
채무자 ◇◇◇
　　○○시 ○○구 ○○길 ○○(우편번호 ○○○-○○○)
　　등기부상 주소 ○○시 ○○구 ○○길 ○○○
　　전화.휴대폰번호:
　　팩스번호, 전자우편(e-mail)주소:

목적물의 표시　　별지 목록 기재와 같습니다.
피보전권리의 내용　　20○○. ○. 매매를 원인으로 한 소유권이전등기청구권
목적물의 가격　　○○○원

신 청 취 지

채무자는 별지 목록 기재 부동산에 대하여 매매, 증여, 저당권설정 그 밖의 일체의 처분행위를 하여서는 아니 된다.
라는 결정을 구합니다.

신 청 이 유

1. 매매계약의 체결
   별지 목록 기재 부동산은 원래 채무자 소유의 부동산이었던 바, 채권자는 20○○. ○.초 별지 목록 기재 부동산 중 132㎡를 금 ○○○원에 매수하기로 하고 같은 달 7. 계약금으로 금 ○○○원을 지급하고, 나머지 대금 ○○○원은 같은 달 23. 지급하기로 약정하였습니다
2. 매매대금의 지급
   채권자는 20○○. ○. 7.에 계약금을 지급하고 다시 20○○. ○. 23. 나머지 잔금을 지급하였으며, 위와 같이 매수한 132㎡의 대지 위에 주택을 신축하고 현재까지 거주하고 있는바, 채무자에게 매도 당시 약정에 따라 위 부동산의 분필절차를 밟아 소유권이전등기에 필요한 일체의 서류를 달라

고 하였으나 채무자는 이를 이행하지 아니하고 있습니다.

3. 결 어

따라서 채권자는 채무자를 상대로 소유권이전등기절차이행청구의 소를 준비중에 있으나 채무자는 채권자가 매수한 부분의 사용을 방해하고 있을 뿐만 아니라, 채무자가 위 부동산을 다른 사람에게 매도하거나 담보로 제공하고 등기를 마치게 되면 나중에 채권자가 채무자를 상대로 한 본안소송에서 승소한다 하더라도 소송의 목적을 달성할 수 없을 우려가 있어 별지목록 기재 토지 전체에 대한 이 사건 가처분신청에 이르렀습니다.

4. 담보제공

한편, 이 사건 부동산처분금지가처분명령의 손해담보에 대한 담보제공은 민사집행법 제19조 제3항, 민사소송법 제122조에 의하여 보증보험주식회사와 지급보증위탁계약을 맺은 문서를 제출하는 방법으로 담보제공을 할 수 있도록 허가하여 주시기 바랍니다.

소 명 방 법

1. 소갑 제1호증	매매계약서
1. 소갑 제2호증	부동산등기사항전부증명서
1. 소갑 제3호증	토지대장등본
1. 소갑 제4호증의 1, 2	영수증(계약금 및 잔금)
1. 소갑 제5호증	사실확인서(신청외 ◉◉◉)

첨 부 서 류

1. 위 소명방법	각 1통
1. 송달료납부서	1통

20○○. ○. ○.

위 채권자 ○○○ (서명 또는 날인)

○○지방법원 ○○지원 귀중

[별 지]

부동산의 표시

○○시 ○○구 ○○동 ○○ 잡종지 271㎡. 끝.

[서식 예] 부동산처분금지가처분신청서(매매, 공유지분)

부동산처분금지가처분신청

채권자 ○○○

○○시 ○○구 ○○길 ○○(우편번호 ○○○-○○○)

전화.휴대폰번호:

팩스번호, 전자우편(e-mail)주소:

채무자 ◇◇◇

○○시 ○○구 ○○길 ○○(우편번호 ○○○-○○○)

등기부상 주소 ○○시 ○○구 ○○길 ○○○

전화.휴대폰번호:

팩스번호, 전자우편(e-mail)주소:

목적물의 표시 별지 목록 기재와 같습니다.

피보전권리의 내용 20○○. ○. ○. 매매를 원인으로 한 소유권이전등기청구권

목적물의 가격 ○○○원

신 청 취 지

채무자는 별지 목록 기재 부동산에 대하여 매매, 증여, 저당권설정 그 밖의 일체의 처분행위를 하여서는 아니 된다.
라는 재판을 구합니다.

신 청 이 유

1. 매매계약의 체결

20○○. ○. ○.경 채권자는 채무자와 사이에 채무자 소유인 ○○시 ○○구 ○○동 ○○에 있는 별지 목록 기재 부동산에 대하여 매매대금 5,000만원, 계약금 500만원, 잔금 4,500만원, 잔금지급기일은 20○○. ○. ○○.로

하는 매매계약을 체결하고, 채권자는 계약금 500만원을 채무자에게 당일 지급하였으며 20○○. ○. ○○. 잔금 4,500만원을 지급하였습니다.

2. 당사자 사이의 특약

별지 목록 기재 부동산은 토지거래허가구역내의 부동산으로서 매매를 위해서는 해당관청의 허가가 필요하였고, 채권자와 채무자는 당사자 사이의 약정으로 별지 목록 기재 부동산의 이전에 필요한 허가절차를 채무자가 책임지고 전부 완료하여 늦어도 20○○. ○. ○○.까지는 채권자에게 공유지분권이전등기에 필요한 서류일체를 구비하여 주기로 하였습니다.

3. 채무자의 이행지체

계약이후 별지 목록 기재 부동산의 가격은 인근의 개발로 인해 상당한 가격 향상이 있었고, 이를 뒤늦게 알게 된 채무자는 토지거래허가절차가 이미 완료되었음에도 별지 목록 기재 부동산의 공유지분권이전절차를 계속 미루다가 이제 와서는 아무런 이유없이 위 매매계약의 해제를 요구하고 있습니다.

4. 보전의 필요성

사정이 위와 같으므로 채권자는 채무자를 상대로 매매계약에 기초한 공유지분권이전등기청구의 소를 준비중에 있으나, 채무자는 토지가격상승에 따른 이득을 취할 목적으로 채권자와 채무자의 매매계약목적물인 별지 목록 기재의 부동산을 또 다시 다른 사람에게 처분할 염려가 짙으므로 장차 채권자의 승소판결의 집행보전을 위하여 이 사건 가처분신청에 이르렀습니다.

5. 담보제공

한편, 이 사건 부동산처분금지가처분명령의 손해담보에 대한 담보제공은 민사집행법 제19조 제3항, 민사소송법 제122조에 의하여 보증보험주식회사와 지급보증위탁계약을 맺은 문서를 제출하는 방법으로 담보제공을 할 수 있도록 허가하여 주시기 바랍니다.

소 명 방 법

1. 소갑 제1호증 부동산매매계약서
1. 소갑 제2호증의 1, 2 영수증(계약금 및 잔금)

첨 부 서 류

1. 위 소명방법 각 1통
1. 부동산등기사항전부증명서 1통
1. 토지대장등본 1통
1. 송달료납부서 1통

20○○. ○. ○.

위 채권자 ○○○ (서명 또는 날인)

○○지방법원 귀중

[별 지]

부동산의 표시

○○시 ○○구 ○○동 ○○ 대 1,000㎡의 공유지분 1/2. 끝.

[서식 예] 부동산처분금지가처분신청서(매매, 다가구주택)

부동산처분금지가처분신청

채권자 ○○○
　　　　○○시 ○○구 ○○길 ○○(우편번호 ○○○-○○○)
　　　　전화.휴대폰번호:
　　　　팩스번호, 전자우편(e-mail)주소:
채무자 ◇◇◇
　　　　○○시 ○○구 ○○길 ○○(우편번호 ○○○-○○○)
　　　　등기부상 주소 ○○시 ○○구 ○○길 ○○○
　　　　전화.휴대폰번호:
　　　　팩스번호, 전자우편(e-mail)주소:

목적물의 표시　　　별지 목록 기재와 같습니다.
피보전권리의 내용　20○○. ○. ○. 매매를 원인으로 한 소유권이전등기청구권
목적물의 가격　　　　○○○원

신 청 취 지

채무자는 별지 목록 기재 부동산에 대하여 매매, 증여, 저당권설정 그 밖의 일체의 처분행위를 하여서는 아니 된다.
라는 결정을 구합니다.

신 청 이 유

1. 채권자는 20○○. ○. ○. 채무자와의 사이에, 채무자 소유의 별지 목록 기재 부동산에 관하여, 대금은 1억 2,000만원에 매수하기로 하고 계약 당일 계약금으로 금 1,200만원을 지급하고, 20○○. ○. ○. 중도금으로 금 3,000만원, 20○○. ○. ○. 잔금 7,800만원을 지급하되, 채무자는 잔금의 지급과 동시에 소유권이전등기에 필요한 서류일체를 교부하기로 약정한바 있습니다.
2. 그 뒤 채권자는 중도금지급날짜에 중도금을 지급하고, 잔금기일에 채무자를 만나서 잔금을 제공하려 하였으나, 채무자는 별지 목록 기재 부동산을 중개

한 중개업자인 신청외 ▣▣▣와 채권자가 채무자를 기망한 사실이 있으므로 계약이 무효라고 주장하며 잔금의 수령을 거절하여, 채권자는 20○○. ○. ○. 위 잔금을 ○○지방법원 ○○지원 20○○년 금 제○○○호로 변제공탁 하였습니다.

3. 따라서 채권자는 채무자에 대해 별지 목록 기재 부동산에 관하여 채무자를 상대로 소유권이전등기절차 이행청구소송을 준비중에 있는바, 채무자가 별지 목록 기재 부동산을 다른 사람에게 처분하게 되면 나중에 채권자가 본안소송에서 승소하더라도 집행이 불가능할 우려가 있으므로 이 사건 신청에 이른 것입니다.

4. 한편, 이 사건 부동산처분금지가처분명령의 손해담보에 대한 담보제공은 민사집행법 제19조 제3항, 민사소송법 제122조에 의하여 보증보험주식회사와 지급보증위탁계약을 맺은 문서를 제출하는 방법으로 담보제공을 할 수 있도록 허가하여 주시기 바랍니다.

소 명 방 법

1. 소갑 제1호증 부동산매매계약서
1. 소갑 제2호증의 1내지3 영수증(계약금, 중도금 및 잔금)

첨 부 서 류

1. 위 소명방법 각 1통
1. 부동산등기사항전부증명서 2통
1. 토지대장등본 1통
1. 송달료납부서 1통

20○○. ○. ○.

위 채권자 ○○○ (서명 또는 날인)

○○지방법원 ○○지원 귀중

[별 지]

부동산의 표시

1. ○○시 ○○구 ○○동 ○○ 대 234㎡

2. 위 지상

철근콘크리트조 및 평슬래브지붕 3층 다가구 주택

지층 131.98㎡

1층 131.98㎡

2층 136.80㎡

3층 136.80㎡

옥탑 17.04㎡. 끝.

[서식 예] 부동산처분금지가처분신청서(매매, 대지)

부동산처분금지가처분신청

채권자 ○○○
　　　○○시 ○○구 ○○길 ○○(우편번호 ○○○-○○○)
　　　전화.휴대폰번호:
　　　팩스번호, 전자우편(e-mail)주소:
채무자 ◇◇◇
　　　○○시 ○○구 ○○길 ○○(우편번호 ○○○-○○○)
　　　등기부상 주소 ○○시 ○○구 ○○길 ○○○
　　　전화.휴대폰번호:
　　　팩스번호, 전자우편(e-mail)주소:

목적물의 표시　　　별지 목록 기재와 같습니다.
피보전권리의 내용 20○○. ○. ○. 매매를 원인으로 한 소유권이전등기청구권
목적물의 가격　　　　○○○원

신 청 취 지

채무자는 별지 목록 기재 부동산에 대하여 매매, 증여, 저당권설정 그 밖의 일체의 처분행위를 하여서는 아니 된다.
라는 결정을 구합니다.

신 청 이 유

1. 채권자는 20○○. ○. ○. 채무자와 사이에 ○○시 ○○구 ○○동 ○○에 있는 채무자 소유 대지 1,000㎡를, 매매대금은 금 300,000,000원으로 정하고 대금지급방법은 계약당일 계약금조로 금 30,000,000원을 지급하고, 나머지 금액은 같은 해 ○. ○. 지급하기로 하는 부동산매매계약을 체결하였습니다. 그리고 소유권이전등기는 잔금지급과 동시에 이전하기로 하였습니다.
2. 그런데 채무자는 채권자가 위 매매대금의 잔금을 전부 지급하였는데도 불구하고 정당한 사유 없이 계속 미루면서 소유권이전등기의무를 이행하지 않고 있습니다.
3. 따라서 채권자는 채무자를 상대로 위 부동산에 대하여 소유권이전등기절차

의 이행청구의 소를 제기할 준비를 하고 있습니다. 그러나 본안소송은 오랜 시일이 걸릴 뿐만 아니라 그 동안 채무자가 이 사건 부동산을 처분할 우려가 있습니다. 그러므로 가처분을 하지 아니하면 위 본안소송의 판결의 집행이 불가능하거나, 현저히 곤란할 염려가 있어 이 사건 신청에 이른 것입니다.

4. 한편, 채권자는 경제적 여유가 없으므로 이 사건 부동산처분금지가처분명령의 손해담보에 대한 담보제공은 민사집행법 제19조 제3항, 민사소송법 제122조에 의하여 보증보험주식회사와 지급보증위탁계약을 맺은 문서를 제출하는 방법으로 담보제공을 할 수 있도록 허가하여 주시기 바랍니다.

소 명 방 법

1. 소갑 제1호증	부동산매매계약서
1. 소갑 제2호증의 1, 2	영수증(계약금 및 잔금)

첨 부 서 류

1. 위 소명방법	각 1통
1. 부동산등기사항전부증명서	1통
1. 토지대장등본	1통
1. 송달료납부서	1통

20○○. ○. ○.

위 채권자 ○○○ (서명 또는 날인)

○○지방법원 귀중

[별 지]

부동산의 표시

○○시 ○○구 ○○동 ○○ 대 1,000㎡. 끝.

[서식 예] 부동산처분금지가처분신청서(매매, 아파트)

부동산처분금지가처분신청

채권자 ○○○
○○시 ○○구 ○○길 ○○(우편번호 ○○○-○○○)
전화.휴대폰번호:
팩스번호, 전자우편(e-mail)주소:
채무자 ◇◇◇
○○시 ○○구 ○○길 ○○(우편번호 ○○○-○○○)
등기부상 주소 ○○시 ○○구 ○○길 ○○○
전화.휴대폰번호:
팩스번호, 전자우편(e-mail)주소:

목적물의 표시　별지 목록 기재와 같습니다.
피보전권리의 내용　20○○.○.○.매매를 원인으로 한 소유권이전등기청구권
목적물의 가격　○○○원

신 청 취 지

채무자는 별지 목록 기재 부동산에 대하여 매매, 증여, 저당권설정 그 밖의 일체의 처분행위를 하여서는 아니 된다.
라는 재판을 구합니다.

신 청 이 유

1. 채권자는 별지 목록 기재 부동산을 채무자로부터 20○○. ○. ○. 금 124,500,000원에 매수하기로 하는 매매계약을 체결하면서, 같은 해 10. 21. 금 10,000,000원을 계약금으로 지불하고, 같은 해 11. 13. 중도금으로 금 50,000,000원을 지불하였으며, 잔금은 같은 해 12. 15. 금 64,500,000원을 지불하기로 하였습니다.
2. 그 뒤 채권자는 위 매매계약에 정해진 날짜에 계약금과 중도금을 지급하고, 잔금지급기일에 잔금 64,500,000원을 지급제시 하였으나, 채무자는 매매대금을 올려줄 것을 요구하면서 소유권이전등기에 필요한 서류의 교부

를 거절하고 있습니다.

3. 따라서 채권자는 위 잔금 64,500,000원을 ○○지방법원 20○○년 금 제○○○호로 변제공탁하고 채무자를 상대로 소유권이전등기절차이행청구의 소송을 준비중에 있는데, 채무자는 별지 목록 기재 부동산을 다른 사람에게 처분할 우려가 있으므로, 위 청구권의 집행보전을 위하여 이 사건 신청에 이른 것입니다.
4. 한편, 채권자는 경제적 여유가 없으므로 이 사건 부동산처분금지가처분명령의 손해담보에 대한 담보제공은 민사집행법 제19조 제3항, 민사소송법 제122조에 의하여 보증보험주식회사와 지급보증위탁계약을 맺은 문서를 제출하는 방법으로 담보제공을 할 수 있도록 허가하여 주시기 바랍니다.

소 명 방 법

1. 소갑 제1호증 부동산매매계약서
1. 소갑 제2호증의 1, 2 영수증(계약금 및 중도금)
1. 소갑 제3호증 공탁서

첨 부 서 류

1. 위 소명방법 각 1통
1. 부동산등기사항전부증명서 1통
1. 토지대장등본 1통
1. 건축물대장등본 1통
1. 송달료납부서 1통

20○○. ○. ○.

위 채권자 ○○○ (서명 또는 날인)

○○지방법원 귀중

[별 지]

부동산의 표시

1. 1동의 건물의 표시

○○ ○○구 ○○동 ○○○ ○○아파트 제101동

[도로명주소] ○○시 ○○구 ○○로 ○○

철근콘크리트 평슬래브지붕 15층 아파트

1층 539.97㎡

2 내지 15층 각 519.12㎡

지층 454.98㎡

2. 전유부분의 건물의 표시

건물의 번호 101-4-405

구 조 철근콘크리트조

면 적 39.60㎡

3. 대지권의 목적인 토지의 표시

○○ ○○구 ○○동 ○○○ 대 39,883.1㎡

4. 대지권의 표시

소유권대지권 39,883.1분의 29.734. 끝.

[서식 예] 부동산처분금지가처분신청서(명의신탁해지, 다세대주택)

부동산처분금지가처분신청

채권자 ○○○
　　　○○시 ○○구 ○○길 ○○(우편번호 ○○○-○○○)
　　　전화.휴대폰번호:
　　　팩스번호, 전자우편(e-mail)주소:
채무자 ◇◇◇
　　　○○시 ○○구 ○○길 ○○(우편번호 ○○○-○○○)
　　　등기부상 주소 ○○시 ○○구 ○○길 ○○○
　　　전화.휴대폰번호:
　　　팩스번호, 전자우편(e-mail)주소:

목적물의 표시　　　별지 목록 기재와 같습니다.
피보전권리의 내용　명의신탁해지를 원인으로 한 소유권이전등기청구권
목적물의 가격　　　○○○원

신 청 취 지

채무자는 별지 목록 기재 부동산에 대하여 매매, 증여, 저당권설정 그 밖의 일체의 처분행위를 하여서는 아니 된다.
라는 결정을 구합니다.

신 청 이 유

1. 채권자와 채무자는 현재 법률상 부부 사이입니다.
2. 별지 목록 기재 부동산은 원래 채권자가 당시 고교를 막 졸업한 채권자의 장녀인 신청외 ◉◉◉와 함께 어렵게 벌어서 장만한 부동산입니다. 별지 목록 기재 부동산을 매수할 당시 계약금과 중도금은 채권자가 지급하였으나, 잔금은 채무자를 시켜 지급하도록 하였는바, 채무자는 별지 목록 기재 부동산의 소유자명의를 채무자로 하여 소유권이전등기를 마쳤습니다.
3. 채권자는 이 사실을 나중에 재산세 고지서를 받고 나서야 알게 되었고, 이에 대하여 소유권이전을 하려 하였으나 평소에도 자주 가출을 하던 채무자와

어렵게 이어지던 혼인생활을 계속하기 곤란할 것 같아 이제까지 묵인하고 있었던 것입니다.

4. 현재 채권자와 채무자가 살고 있는 별지 목록 기재 부동산은 198○. ○.경 ○○시 ○○구 ○○길 ○○에 있는 시민아파트를 금 ○○○원에 구입하여 거주하다가 아파트의 시세가 올라 199○년경에 금 ○○○원에 매도하면서 별지 목록 기재 부동산 매수자금의 기반이 되었습니다.
5. 그리고 위 시민아파트의 구입자금은 채권자의 친정오빠로부터 받은 금 ○○○원과 구입당시 부족했던 금 ○○○원은 부동산중개업자로부터 대출을 받아 충당을 하였고, 위 대출금은 채권자가 공공근로, 식당잡일 등을 한 수입과 채권자의 장녀 신청외 ◉◉◉가 야간학교를 다니며 회사를 다녀 벌었던 수입으로 갚아가며 생활을 한 것입니다.
6. 채무자는 채권자와 결혼 이후로 현재까지, 가족의 가장으로서 주택구입자금은 고사하고 생활비 및 자녀들 교육비도 제대로 채무자에게 지급한 적이 없었습니다.
7. 더구나 채무자는 채권자를 상대로 20○○. ○.경 서울 가정법원에 이혼청구의 소를 제기하였다가 기각된 사실이 있고, 더구나 현재는 별지 목록 기재의 부동산을 채무자가 장만한 것처럼 주장하면서 처분할 가능성까지 있습니다.
8. 따라서 채권자는 채무자의 명의로 신탁된 별지 목록 기재 부동산에 대하여 명의신탁해지를 원인으로 한 소유권이전등기절차 이행청구소송을 제기하기 위하여 준비중에 있으며, 위 명의신탁해지를 원인으로 한 소유권이전등기청구권의 집행보전을 위하여 이 사건 신청을 합니다.
9. 한편, 이 사건 부동산처분금지가처분명령의 손해담보에 대한 담보제공은 민사집행법 제19조 제3항, 민사소송법 제122조에 의하여 보증보험주식회사와 지급보증위탁계약을 맺은 문서를 제출하는 방법으로 담보제공을 할 수 있도록 허가하여 주시기 바랍니다.

소 명 방 법

1. 소갑 제1호증의 1, 2	부동산등기사항전부증명서 (토지 및 건물)
1. 소갑 제2호증	토지대장등본
1. 소갑 제3호증	공시지가확인원
1. 소갑 제4호증	건축물대장등본
1. 소갑 제5호증	혼인관계증명서

1. 소갑 제6호증　　　　　가족관계증명서
1. 소갑 제7호증　　　　　주민등록표등본
1. 소갑 제8호증　　　　　○○○의 진술서
1. 소갑 제9호증　　　　　증인신문조서(서울가정법원)

첨 부 서 류

1. 위 소명방법　　　　　　　각 1통
1. 송달료납부서　　　　　　　1통

20○○. ○. ○.

위 채권자 ○○○ (서명 또는 날인)

○○지방법원 ○○지원　귀중

[별 지]

부동산의 표시

1. 1동의 건물의 표시
   ○○ ○○○구 ○○동 ○○
   [도로명주소] ○○시 ○○구 ○○길 ○○
   철근콘크리트 슬래브지붕 4층 다세대주택(6세대)
   1층 115.95㎡다세대주택(1세대)
   49.02㎡ 주차장
   2층 161.37㎡ 다세대주택(2세대)
   3층 161.37㎡ 다세대주택(2세대)
   4층 146.12㎡ 다세대주택(1세대)
2. 전유부분의 건물의 표시
   철근콘크리트조
   1층 101호
   84.87㎡
3. 대지권의 목적인 토지의 표시
   ○○ ○○○구 ○○동 ○○○-○ 대 280.9㎡
4. 대지권의 표시
   소유권 280.9분의 40.43. 끝.

[서식 예] 부동산처분금지가처분신청서(이혼 재산분할, 다세대주택)

부동산처분금지가처분신청

채권자 ○○○
　　○○시 ○○구 ○○길 ○○(우편번호 ○○○-○○○)
　　전화.휴대폰번호:
　　팩스번호, 전자우편(e-mail)주소:
채무자 ◇◇◇
　　○○시 ○○구 ○○길 ○○(우편번호 ○○○-○○○)
　　등기부상 주소 ○○시 ○○구 ○○길 ○○○
　　전화.휴대폰번호:
　　팩스번호, 전자우편(e-mail)주소:

목적물의 표시　　　별지목록 기재와 같습니다.
피보전권리의 내용　20○○.○.○.재산분할을 원인으로 한 소유권이전등기청구권
목적물의 가격　　　○○○원

신 청 취 지

채무자는 별지 목록 기재 부동산에 대하여 매매, 증여, 저당권설정 그 밖의 일체의 처분행위를 하여서는 아니 된다.
라는 결정을 구합니다.

신 청 이 유

1. 당사자간의 협의이혼 및 재산분할약정
채권자는 19○○. ○. ○ 채무자와 혼인하여 19○○. ○. ○. 신청외 딸 ◉①◉를, 19○○. ○. ○. 신청외 아들 ◉②◉를, 19○○. ○. ○ 딸 ◉③◉를 각 낳고 살다가 채무자의 구타로 20○○. ○. ○. 협의이혼을 하였으며, 협의이혼 당시 채무자는 별지 목록 기재 부동산을 재산분할조로 채무자에게 소유권이전하기로 약정하였습니다.
2. 소유권이전등기의무의 불이행

채권자는 채무자와 협의이혼을 한 뒤 별지목록 기재 부동산에서 위 자녀들과 함께 거주하고 있는데, 채무자는 별지목록 기재 부동산에 대한 채권자의 여러 차례에 걸친 소유권이전등기요구에도 불구하고 계속 미루면서 "내명의로 등기되어 있는 동안에는 내가 소유자이기 때문에 내맘대로 들어오는데 네년이 무슨 소리냐?"라고 하면서 수시로 침입하여 술주정 등으로 가족을 괴롭히고 있습니다.

3. 결 론

따라서 채권자는 채무자를 상대로 별지목록 기재 부동산에 대한 소유권이전등기절차이행청구의 소를 제기하고자 준비중이나, 소송종료시까지 많은 시일이 걸리고 만약 채무자가 별지목록 기재의 부동산을 처분할 경우 채권자나 자녀들은 생활의 터전을 상실함은 물론 소송의 목적을 달성할 수 없으므로 그 집행을 보전하기 위하여 이 사건 신청에 이르렀습니다.

4. 담보제공

한편, 이 사건 부동산처분금지가처분명령의 손해담보에 대한 담보제공은 민사집행법 제19조 제3항, 민사소송법 제122조에 의하여 보증보험주식회사와 지급보증위탁계약을 맺은 문서를 제출하는 방법으로 담보제공을 할 수 있도록 허가하여 주시기 바랍니다.

소 명 방 법

1. 소갑 제1호증	혼인관계증명서
1. 소갑 제2호증의 1, 2, 3	가족관계증명서(자녀)
1. 소갑 제3호증의 1, 2, 3	각 재학증명서
1. 소갑 제4호증	각 서
1. 소갑 제5호증	주민등록표등본

첨 부 서 류

1. 위 소명방법	각 1통
1. 부동산등기사항전부증명서	1통
1. 토지대장등본	1통
1. 건축물대장등본	1통
1. 송달료납부서	1통

20○○. ○. ○.

위 채권자 ○○○ (서명 또는 날인)

○○지방법원 귀중

[별 지]

부동산의 표시

1. 1동의 건물의 표시

○○시 ○○구 ○○동 ○○ 제4동

[도로명주소] ○○시 ○○구 ○○로 ○○

철근콘크리트조 및 벽돌조 슬래브지붕 4층 다세대주택

1층 152.75㎡

2층 152.75㎡

3층 152.75㎡

4층 152.75㎡

2. 대지권의 목적인 토지의 표시

○○시 ○○구 ○○동 ○○ 대 747㎡

3. 전유부분의 건물의 표시

철근콘크리트조 및 벽돌조 1층 411호 72.80㎡

4. 대지권의 표시

소유권 7470분의 377 대지권. 끝.

[서식 예] 부동산처분금지가처분신청서(증여, 단독건물)

부동산처분금지가처분신청

채권자 ○○○
　　○○시 ○○구 ○○길 ○○(우편번호 ○○○-○○○)
　　전화.휴대폰번호:
　　팩스번호, 전자우편(e-mail)주소:
채무자 ◇◇◇
　　○○시 ○○구 ○○길 ○○(우편번호 ○○○-○○○)
　　등기부상 주소 ○○시 ○○구 ○○길 ○○○
　　전화.휴대폰번호:
　　팩스번호, 전자우편(e-mail)주소:

목적물의 표시　　별지 목록 기재와 같습니다.
피보전권리의 내용　20○○.○.○. 증여를 원인으로 한 소유권이전등기청구권
목적물의 가격　　○○○원

신 청 취 지

채무자는 별지 목록 기재 부동산에 대하여 매매, 증여, 저당권설정 그밖의 일체의 처분행위를 하여서는 아니 된다.
라는 재판을 구합니다.

신 청 이 유

1. 채권자는 채무자의 고향선배로서 채무자가 10년 전 시골에서 서울로 올라와 자수성가한 오늘까지 여러모로 도움을 많이 주었습니다. 처음 채무자가 상경하여 잘 곳도 없을 때 채권자는 홀어머니와 단칸방에서 살면서도 채무자를 데리고 와 숙식을 같이 했으며, 그 뒤 채무자가 결혼하여 오늘에 이르기까지 채무자에게 여러 가지로 도움을 주었다는 점은 채무자도 잘 알고 있습니다.
2. 그러다가 우연히 채무자의 처갓집 친척이 사망하여 직계상속자가 없게되자 채무자의 처가 막대한 부동산을 상속받기에 이르렀는데, 이에 채무자는 채권자에게 그 동안의 은혜에 보답한다며 상속받은 부동산 가운데 별지 목록 기재 부동산을 20○○. ○. ○. 채권자에게 증여하는 계약을 하였던 것

입니다.

3. 그런데 채무자는 아무런 이유도 없이 별지 목록 기재 부동산을 증여하기로 한 날짜가 지난 아직까지 채권자에게 소유권이전등기를 해주지 않고 있으며, 별지목록 기재 부동산을 다른 사람에게 처분하려고 하고 있으므로, 채권자는 채무자를 상대로 증여를 원인으로 한 소유권이전등기청구소송을 준비중에 있으며, 위 증여를 원인으로 한 소유권이전등기청구권의 집행보전을 위하여 이 사건 신청을 합니다.
4. 한편, 채권자는 경제적 여유가 없으므로 이 사건 부동산처분금지가처분명령의 손해담보에 대한 담보제공은 민사집행법 제19조 제3항, 민사소송법 제122조에 의하여 보증보험주식회사와 지급보증위탁계약을 맺은 문서를 제출하는 방법으로 담보제공을 할 수 있도록 허가하여 주시기 바랍니다.

소 명 방 법

1. 소갑 제1호증 증여계약서
1. 소갑 제2호증의 1, 2 부동산등기사항전부증명서 (토지 및 건물)

첨 부 서 류

1. 위 소명방법 각 1통
1. 토지대장등본 1통
1. 건축물대장등본 1통
1. 송달료납부서 1통

20○○. ○. ○.

위 채권자 ○○○ (서명 또는 날인)

○○지방법원 ○○지원 귀중

[별 지]

부동산의 표시

1. ○○시 ○○구 ○○동 ○○ 대 176.2㎡
2. 위 지상 목조 기와지붕, 시멘트블록조 슬래브지붕 2층주택
   1층 64.36㎡
   2층 60.27㎡

(내역 : 8.60㎡는 시멘트블록조 슬래브지붕임). 끝.

[서식 예] 부동산 처분금지가처분결정에 대한 이의신청서

부동산처분금지가처분결정에 대한 이의신청

신청인(채무자) ○○○
○○시 ○○구 ○○길 ○○(우편번호 ○○○-○○○)
전화.휴대폰번호:
팩스번호, 전자우편(e-mail)주소:
피신청인(채권자) ◇◇◇
○○시 ○○구 ○○길 ○○(우편번호 ○○○-○○○)
전화.휴대폰번호:
팩스번호, 전자우편(e-mail)주소:

신 청 취 지

1. 피신청인이 신청인을 상대로 한 ○○지방법원 ○○지원 20○○카합○○○호 부동산처분금지가처분사건에 관하여 귀원이 20○○. ○. ○.에 한 가처분결정은 이를 취소한다.
2. 피신청인의 가처분신청을 기각한다.
3. 소송비용은 피신청인의 부담으로 한다.
4. 위 제1항은 가집행 할 수 있다.

라는 재판을 구합니다.

신 청 이 유

1. 신청인(채무자)는 소외 ■■■의 소개로 피신청인(채권자)의 별지목록 기재 부동산을 금 1억원에 매매하기로 하고, 20○○. ○. ○. 계약금조로 금 1,000만원을, 같은 해 3. 3. 중도금조로 금 4,000만원을, 그리고 같은 해 4. 15. 소유권이전등기를 함과 동시에 잔금 5,000만원을 지급하였습니다.
2. 그러나 피신청인은 이사비용조로 금 500만원을 받기로 하였다는 이유로 20○○. ○. ○. ○○지방법원 20○○카단○○○호로 별지목록 기재 부동산에 대한 처분금지가처분을 한 바 있습니다.
3. 신청인은 피신청인을 상대로 20○○. ○. ○. ○○지방법원 20○○카단○○○호로 부동산처분금지가처분결정취소신청을 제소하여 위 가처분결정을 취소한다는 판결을 받았습니다.

4. 그럼에도 불구하고 피신청인은 아무런 권원없이 또 다시 귀원에 같은 내용으로 이 사건 부동산에 대한 처분금지가처분을 한 것은 부당한 것이므로 이 사건 가처분결정의 취소신청에 이른 것입니다.

소 명 방 법

1. 소을 제1호증 가처분결정취소판결
1. 소을 제2호증 위 판결송달증명
1. 소을 제3호증 위 판결확정증명
1. 소을 제4호증 부동산등기사항전부증명서

첨 부 서 류

1. 위 소명방법 각 1통
1. 송달료납부서 1통

20○○. ○. ○.

위 신청인(채무자) ○○○ (서명 또는 날인)

○○지방법원 귀중

■ **부동산에 대한 소유권이전등기를 제 친구 명의로 하기로 약속한 경우 이 소유권이전등기를 하는 것이 가능한가요?**

Q. 매도인과 부동산 매매계약을 체결한 후 저와 제 친구는 그 부동산에 대한 소유권이전등기를 제 친구 명의로 하기로 약속하였습니다. 이 경우 친구명의로 소유권이전등기를 하는 것이 가능한가요?

A. 부동산에 관한 물권을 명의신탁약정에 따라 명의수탁자의 명의로 등기해서는 안 됩니다. 명의신탁약정은 무효이므로 명의신탁약정에 따라 행해진 등기에 의한 부동산 물권변동은 무효가 됩니다.

◇ 부동산 명의신탁의 개념

"명의신탁약정"이란 부동산에 관한 소유권을 보유한 자 또는 사실상 취득하거나 취득하려는 자(이하 "실권리자"라 함)가 타인과의 사이에서 대내적으로는 실권리자가 부동산에 관한 물권을 보유하거나 보유하기로 하고 그에 관한 등기(가등기 포함)는 그 타인의 명의로 하기로 하는 약정을 말합니다.

◇ 예외적 허용

종중이 보유한 부동산에 관한 물권을 종중(종중과 그 대표자를 같이 표시하여 등기한 경우 포함)외의 자의 명의로 등기한 경우 또는 배우자 명의로 부동산에 관한 물권을 등기한 경우로서 조세포탈, 강제집행의 면탈 또는 법령상 제한의 회피를 목적으로 하지 않는 경우에만 명의신탁이 허용됩니다.

(관련판례)

사해행위의 취소는 채권자와 수익자의 관계에서 상대적으로 채무자와 수익자 사이의 법률행위를 무효로 하는 데에 그치고 채무자와 수익자 사이의 법률관계에는 영향을 미치지 아니하므로, 채무자와 수익자 사이의 부동산매매계약이 사해행위로 취소되고 그에 따른 원상회복으로 수익자 명의의 소유권이전등기가 말소되어 채무자의 등기명의가 회복되더라도, 그 부동산은 취소채권자나 민법 제407조에 따라 사해행위 취소와 원상회복의 효력을 받는 채권자와 수익자 사이에서 채무자의 책임재산으로 취급될 뿐, 채무자가 직접 부동산을 취득하여 권리자가 되는 것은 아니다(대법원 2017. 3. 9. 선고 2015다217980 판결).

■ **가압류등기가 있는 부동산의 매매계약에 있어서 매도인의 소유권이전등기 의무와 아울러 가압류등기의 말소의무도 매수인의 대금지급의무와 동시이행 관계에 있는지요?**

Q. 甲과 乙이 부동산 매매계약을 체결함 에 있어서 매매목적인 매도인 甲의 부동산에 지상권이 설정되어 있고 가압류등기가 되어 있었습니다. 이때 가압류 채권액이 매매가액에 비하여 소액인 경우, 매도인은 이와 같은 등기를 말소하여 완전한 소유권 이전등기를 해주어야 하나요?

A. 민법 제536조 제1항에서는 "쌍무계약의 당사자 일방은 상대방이 그 채무이행을 제공할 때 까지 자기의 채무이행을 거절할 수 있다. 그러나 상대방의 채무가 변제기에 있지 아니하는 때에는 그러하지 아니하다"고 하여 동시이행의 항변권을 규정하고 있습니다.

판례는 부동산의 매매계약이 체결된 경우에는 매도인의 소유권이전등기의무, 인도의무와 매수인의 잔대금지급의무는 동시이행의 관계에 있는 것이 원칙이고, 이 경우 매도인은 특별한 사정이 없는 한 제한이나 부담이 없는 완전한 소유권이전등기의무를 지는 것이므로 매매목적 부동산에 가압류등기 등이 되어 있는 경우에는 매도인은 이와 같은 등기도 말소하여 완전한 소유권이전등기를 해 주어야 하며(대법원 1991. 9. 10. 선고 91다6368 판결 참조), 따라서 가압류등기 등이 있는 부동산의 매매계약에 있어서는 매도인의 소유권이전등기 의무와 아울러 가압류등기의 말소의무도 매수인의 대금지급의무와 동시이행 관계에 있다는 태도입니다(대법원 2000. 11. 28. 선고 2000다8533 판결).

따라서 甲은 매매목적 부동산에 지상권이 설정되어 있고 가압류등기가 되어 있는 경우에는 비록 매매가액에 비하여 소액인 금원의 변제로써 언제든지 말소할 수 있는 것이라 할지라도 이와 같은 등기를 말소하여 완전한 소유권이전등기를 해 주어야 합니다.

(관련판례)

채권 담보를 위한 소유권이전청구권가등기를 경료하였으나 등기절차에서 착오로 일부 토지가 누락되어 추가등기절차를 위해 누락 토지에 관하여 별도의 매매대금, 매매완결 간주일 등을 정한 부동산매매예약서를 작성한 사안에서, 당사자의 의사는 당초 전체로서 담보가등기를 설정하기로 한 채권 중 별도의 매매대금으로 정한 금액 상당의 채권에 관하여 따로 누락 토지에 관한 담보가등기를 설정하기로 한 것이었다(대법원 2007. 3. 15. 선고 2006다12701 판결).

■ **매도인이 사망한 때, 바로 매수인에게 부동산소유권이전등기가 가능한지요?**

Q. 甲은 乙소유 부동산을 매수하여 잔금까지 모두 지급하였으나 소유권만 이전하지 않고 있던 중, 매도인 乙이 사망하였습니다. 상속인들도 매매사실을 모두 시인하고 협조하려고 하므로, 乙명의로 되어 있는 위 부동산을 상속등기 없이 바로 甲의 명의로 이전하려고 하는데 가능한지요?

A. 등기신청이 적법하지만 등기명의인의 사망 후에 행해진 등기의 효력에 관하여 판례를 보면, 등기원인이 이미 존재하고 있으나 아직 등기신청을 하지 않고 있는 동안 등기권리자 또는 등기의무자에 관하여 상속이 개시되어 피상속인이 살아있다면 그가 신청하였을 등기를 상속인이 신청하는 경우, 또는 등기신청을 등기공무원이 접수한 후 등기를 완료하기 전에 본인이나 그 대리인이 사망한 경우 등과 같이 그 등기신청이 적법한 이상 등기가 행해질 당시 등기명의인이 사망하였다는 이유만으로는 그 등기를 무효라고 할 수 없다고 하였으며(대법원 1989. 10. 27. 선고 88다카29986 판결), 상속관계를 표시한 기입등기의 촉탁이 있을 경우, 상속등기를 거침이 없이 처분금지가처분기입등기를 할 수 있는지에 관해서도, 피상속인소유의 부동산에 관하여 피상속인과의 사이에 매매 등의 원인행위가 있었으나 아직 등기신청을 하지 않고 있는 사이에 상속이 개시된 경우, 상속인은 신분을 증명할 수 있는 서류를 첨부하여 피상속인으로부터 바로 원인행위자인 매수인 등 앞으로 소유권이전등기를 신청할 수 있고, 그러한 경우에는 상속등기를 거칠 필요가 없이 바로 매수인 앞으로 등기명의를 이전할 수 있으며, 이러한 법리는 상속인과 등기권리자의 공동신청에 의한 경우뿐만 아니라 피상속인과의 원인행위에 의한 권리의 이전, 설정의 등기청구권을 보전하기 위한 처분금지가처분신청의 인용에 따른 법원의 직권에 의한 가처분기입등기촉탁에서도 그대로 적용되므로, 상속관계를 표시한 기입등기의 촉탁이 있을 경우 적법하게 상속등기를 거침없이 가처분기입등기를 할 수 있다고 하였습니다(대법원 1995. 2. 28. 선고 94다23999 판결).

따라서 甲은 사망한 乙의 상속인들의 협조를 얻어서 상속인들에게 상속하는 상속등기 없이 乙로부터 甲에게로 직접 소유권이전등기하면 될 것입니다.

참고로 등기의무자의 사망 전에 등기원인이 이미 존재한 상태에서 등기의무자의 사망 후 그로부터 행해진 등기의 추정력에 관하여 판례를 보면, 전 소유자가 사망한 후에 그 명의로 신청되어 행해진 소유권이전등기는, 그 등기원인이 이미 존재하고 있으나 아직 등기신청을 하지 않고 있는 동안에 등기의무자에 대하여 상속이 개시된 경우에 피상속인이 살아 있다면 그가 신청하였을 등기를 상속인이 신청한 경우 또는 등기신청을 등기공무원이 접수한 후 등기를 완료하기 전에 본인이나 그 대리인이 사망한 경우와 같은 특별한 사정이 인정되는 경우를 제외하고는, 원인무효의 등기라고 볼 것이어서 그 등기의 추정력을 인정할 여지가 없고, 구 지적법시행령(1970. 5. 16. 대통령령 제5015호로 전문 개정되기 전의 것)이 적용되는 구 토지대장상의 소유자변동의 기재에 있어서도 전 명의자가 사망한 후에 그 명의자로부터 특정인 앞으로 소유권이 이전된 것으로 등재되어 있다면, 그 특정인이 적법하게 소유권을 이전받았다는 특별한 사정이 인정되는 경우를 제외하고는 그 특정인이 소유권을 취득하였다고 추정할 여지가 없다고 하였습니다(대법원 2008. 4. 10. 선고 2007다82028 판결).

■ **대리권한을 넘은 부동산거래의 경우, 이미 이루어진 소유권이전등기를 말소할 수 있을까요?**

Q. 甲은 부동산중개업자인 乙에게 甲 소유의 부동산의 매도를 위임했는데, 乙은 丙에 대하여 부담하고 있던 채무 중 일부의 지급을 담보하기 위하여 위 부동산을 양도담보로 제공하기로 마음먹고, 甲으로부터 소유권이전등기에 필요한 서류 및 인감도장을 교부받아 甲을 대리하여 丙과 매매계약 형식으로 양도담보계약을 체결하였습니다. 甲이 뒤늦게 丙 명의로 이루어진 소유권이전등기를 말소할 수 있을까요?

A. 민법 제126조에서 말하는 권한을 넘은 표현대리의 효과를 주장하려면 자칭 대리인이 본인을 위한다는 의사를 명시 또는 묵시적으로 표시하거나 대리의사를 가지고 권한 외의 행위를 하는 경우에 상대방이 자칭 대리인에게 대리권이 있다고 믿고 그와 같이 믿는 데 정당한 이유가 있을 것을 요건으로 하는 것인바, 여기서 정당한 이유의 존부는 자칭 대리인의 대리행위가 행하여질 때에 존재하는 모든 사정을 객관적으로 관찰하여 판단하여야 합니다(대법원 1987. 7. 7. 선고 86다카2475 판결, 대법원 2002. 6. 28. 선고 2001다49814 판결, 대법원 2009. 2. 26. 선고 2007다30331 판결 등 참조).
위 사안에서 법원은 "乙이 甲으로부터 이 사건 제1부동산의 매도를 위임받고 그 소유권이전등기에 필요한 서류와 인감도장을 모두 교부받아 소지한 채 이를 丙에게 제시하며 위 부동산을 처분할 대리권이 있음을 표명하고 나섰다면 일응 丙으로서는 乙에게 甲을 대리하여 이 사건 제1부동산을 대물변제나 양도담보로 제공할 권한이 있다고 믿을 만한 정당한 이유가 있었다 할 것이고, 乙이 丙에 대하여 별건 부동산 매매대금채무를 부담하고 있었다 하여 더 나아가 甲에 대해 직접 대리권 수여 유무를 확인해보아야만 정당한 이유가 있다고 볼 것은 아니라 할 것이다"라고 판시하였습니다(대법원 2009. 11. 12. 선고 2009다46828 판결).

■ **토지매수인이 자기비용으로 건축한 건물소유권을 매도인으로 한 경우, 소유권보존등기는 말소되어야 하는지요?**

Q. 乙은 다세대주택의 신축과 분양을 목적으로 甲으로부터 甲의 대지 330㎡를 3억 원에 매수하되 그 대금은 乙이 위 토지위에 다세대주택을 신축·분양한 후 그 분양대금을 받아 지급하기로 하고, 乙은 위 토지의 소유명의자인 甲의 명의로 건축허가를 받아 다세대주택 1동을 건축하기로 하였는데, 乙은 일부 내부공사를 제외하고는 공사를 거의 완성한 단계에서 부도가 났고, 甲은 그 잔여공사를 완성한 후 甲명의로 각 세대별로 위 건물의 소유권보존등기와 함께 위 토지에 관한 대지권등기를 마쳤습니다. 그러나 乙은 위 건물의 공사를 자기의 노력과 재료로 거의 완성한 것이므로 甲의 위 건물에 대한 소유권보존등기는 말소되어야 한다고 주장하는바, 이러한 乙의 주장이 타당한지요?

A. 사회통념상 독립한 건물이라고 볼 수 있는 미완성건물을 인도받아 완공한 경우, 그 소유권의 원시취득자는 누구인지 판례를 보면, 건축허가는 행정관청이 건축행정상 목적을 수행하기 위하여 수허가자에게 일반적으로 행정관청의 허가 없이는 건축행위를 해서는 아니 된다는 상대적 금지를 관계법규에 적합한 일정한 경우에 해제하여 줌으로써 일정한 건축행위를 하여도 좋다는 자유를 회복시켜 주는 행정처분일 뿐 수허가자에게 어떤 새로운 권리나 능력을 부여하는 것이 아니므로, 자기비용과 노력으로 건물을 신축한 자는 특별한 사정이 없는 한 그 건축허가가 타인의 명의로 된 여부에 관계없이 그 소유권을 원시취득하고, 한편 건축주의 사정으로 건축공사가 중단되었던 미완성건물을 인도받아 나머지 공사를 마치고 완공한 경우, 그 건물이 공사가 중단된 시점에서 이미 사회통념상 독립한 건물이라고 볼 수 있는 형태와 구조를 갖추고 있었다면 원래의 건축주가 그 건물의 소유권을 원시취득하며, 최소한의 기둥과 지붕 그리고 주벽이 이루어지면 독립한 부동산으로서의 건물의 요건을 갖춘 것이라고 보아야 한다고 하였습니다(대법원 2005. 7. 15. 선고 2005다19415 판결).

그런데 건축업자가 타인의 대지를 매수하여 그 대금을 지급하지 아니한 채 자기의 노력과 재료를 들여 건물을 건축하면서 건축허가 명의를 대지소유자로 한 경우에 관하여 판례를 보면, 건축업자가 타인의 대지를 매수하여 그 대금을 전혀 지급하지 아니한 채 그 위에 자기의 노력과 재료를 들여 건물을 건축하면서 그 건물의 건축허가명의를 대지소유자로 한 경우에는, 구 「부동산등기법」 제131조(현행 부동산등기법 제65조)의 규정에 의하여 특별한 사정이 없는 한 건축허가명의인 앞으로 할 수 밖에 없는 점에 비추어 볼 때, 그 목적이 대지대금채무를 담보하기 위한 경우가 일반적이라 할 것이고, 이 경우 완성된 건물의 소유권은 일단 이를 건축한 채무자가 원시적으로 취득한 후 채권자명의로 소유권보존등기를 마침으로써 담보목적의 범위 내에서 위 채권자에게 그 소유권이 이전된다고 보아야 한다고 하였으며(대법원 2002. 4. 26. 선고 2000다16350 판결), 대금채무담보를 위하여 대지소유자 명의로 건축허가를 받은 것이라면 비록 건축업자가 건물을 원시취득 하였다고 할지라도 대지소유자 명의로 소유권보존등기가 마쳐짐으로써 법률행위에 의하여 담보물권이 설정되었다고 할 것이므로 피담보채무인 대금채무가 변제되지 않는 한 대지소유자에 대하여 건물의 소유권보존등기의 말소를 구할 수 없다고 하였습니다(대법원 1997. 4. 11. 선고 97다1976 판결).

그리고 토지소유자가 건축업자에게 토지를 매도하고 건축업자는 그 대금지급을 담보하기 위하여 토지소유자명의로 건축허가를 받아 건축업자의 비용으로 건물을 신축한 경우, 토지소유자의 건축업자에 대한 토지 및 건물에 관한 소유권이전등기의무와 건축업자의 토지소유자에 대한 토지잔대금지급의무가 동시이행관계에 있는지 판례를 보면, 토지매매계약과 아울러 그 토지대금지급을 담보하기 위하여 토지위에 건축업자의 비용으로 건축하여 완공될 건물을 담보로 제공하기로 하는 담보권설정계약이 상호 불가분적으로 결합되어 있는 경우, 건축업자가 신축한 건물과 그 대지의 분양대금에서 먼저 위 토지의 잔대금을 토지소유자에게 지급하면 토지소유자는 건물과 그 대지의 소유권이전등기에 필요한 서류를 수분양자들에게 직접 교부하기로 약정하였다면 이는 토지소유자가 건축업자로부터 담보권설정계약의 피담보채권인 토지의 잔대금을 그 분양대금에서 먼저 변제받는 경우에는 담보로 제공받은 건물에 대한 담보목적을 달성하기 때문에 토지소유자가 토지와 건물에 관하여 건축업자 또는 그가 지정하는 분양자들에게 소유권이전등기를 하여 주기로 약정한 것이라 할 것이고, 이러한 경우에 건축업자의 토지소유자에 대한 토지의 매매잔대금지급은 건물에 의해 담보된 피담보채권의 변제로서의 성격을 아울러 가지게 되므로, 건축업자의 매매잔대금지급의무는 토지소유자의 토지소유권이전등기의무와 동시이행의 관계에 있는 것이 아니라 그 소유권이전등기의무보다 선이행하기로 약정한 것이라고 보는 것이 담보권의 성질 및 당사자의 합리적 의사에 부합한다고 할 것이라고 하였습니다(대법원 2001. 6. 26. 선고 99다 47501 판결).

따라서 위 사안에서 乙이 甲명의로 건축허가를 받아 건물을 건축한 경우 그 것은 명의신탁이기 보다는 위 판례에서 보는 바와 같이 일종의 담보물권의 설정이라고 할 것이므로, 乙은 위 토지의 대금을 지급하기 전에는 甲명의로 마쳐진 건물의 소유권보존등기의 말소를 청구할 수 없을 것으로 보입니다.

■ **매매계약에 기하여 부동산 소유권이전등기절차의 이행을 구하는 것이 가능한지요?**

Q. 甲은 1년 전 乙로부터 수원시 소재의 대지와 그 지상의 건물을 매수하였습니다. 그런데 위 부동산은 실제로는 丙의 소유인 것으로 밝혀졌습니다. 이 경우 甲이 乙에게 매매계약에 기하여 부동산 소유권이전등기절차의 이행을 구하는 것이 가능한지요?

A. 매매계약의 목적물이 매도인의 소유에 속하지 않은 경우, 매매계약의 효력에 관하여 판례는 "민법 제569조 , 제570조에 비추어 보면, 양도계약의 목적물이 타인의 권리에 속하는 경우에 있어서도 그 양도계약은 계약당사자간에 있어서는 유효하고, 그 양도계약에 따라 양도인은 그 목적물을 취득하여 양수인에게 이전하여 줄 의무가 있다(대법원 1993. 8. 24. 선고 93다24445 판결)."고 판시하고 있습니다. 즉 매매 목적물이 타인의 소유에 속하는 경우에도 매매계약은 유효하고, 매도인 乙은 목적물의 소유권을 취득하여 甲에게 이전할 의무를 부담합니다(민법 제569조). 다만 매도인 乙이 부동산의 소유권이 丙에게 속한다는 사실을 알지 못하였고, 丙으로부터 그 소유권을 취득하여 甲에게 이전할 수 없는 경우에 매도인 乙은 甲에게 손해를 배상하고 계약을 해제할 수 있고(민법 제571조 제1항), 매수인 甲이 계약당시 실제로는 丙이 목적물에 대한 소유권을 가진다는 사실을 알았던 경우에 乙은 권리를 이전할 수 없음을 통지하고 계약을 해지할 수 있습니다(민법 제572조 제2항).

■ **선이행 의무가 이행되지 않던 중 상대방 의무의 이행기가 도달한 경우, 소유권을 이전 받기 위해서는 중도금을 먼저 지급하여야 하는지요?**

Q. 갑은 을 소유의 주택을 매수하고자 을과 매매계약을 체결하고, 위 매매계약에 따라 계약금을 지급하였으나 중도금은 정해진 날짜에 지급하지 아니하였습니다. 그러던 중 잔금 지급기일이 돌아오자 을은 갑이 중도금을 지급하지 않았으므로 중도금을 먼저 지급하여야 잔금을 지급받음과 동시에 소유권이전등기 관련 서류를 교부하겠다고 주장합니다. 갑이 을 소유의 주택에 대한 소유권을 이전받기 위해서는 중도금을 먼저 지급하여야 하는지요?

A. 매매계약에서 매수인의 중도금 지급의무는 원칙적으로 매도인의 소유권이전의무에 앞서 이행하여야 하는 선이행의무입니다. 이 경우에는 민법 제536조에서 규정한 동시이행의 항변권이 적용되지 않습니다.

그러나 선이행의무의 경우에도, 선이행의무자가 이행하지 않고 있는 동안에 상대방의 채무의 변제기가 된 때에는 선이행의무자였던 자에게 동시이행의 항변권을 인정합니다. 우리 대법원은 "매수인이 선이행하여야 할 중도금 지급을 하지 아니한 채 잔대금 지급일을 경과한 경우에는 매수인의 중도금 및 이에 대한 지급일 다음날부터 잔대금 지급일까지의 지연손해금과 잔대금의 지급채무는 매도인의 소유권이전등기의무와 특별한 사정이 없는 한 동시이행관계에 있다"고 판시하였습니다(대법원 1991. 3. 27. 90다19930).

따라서 이 사건의 경우 을은 갑에게 먼저 중도금을 지급할 의무는 없으며, 갑의 중도금 지급의무는 잔금 지급의무와 함께 을의 부동산 소유권이전의무와 동시이행관계에 있게 됩니다. 여기서 유의할 점은 갑의 중도금 지급기일부터 잔금 지급기일까지 중도금을 지급하지 않은 책임은 부담하여야 하므로 을은 위 기간 중의 지연손해금을 갑에게 지급하여야 하며, 그 지급의무 역시 을의 부동산 소유권이전의무와 동시이행관계에 서게 된다는 점입니다.

■ **강제경매절차의 기초가 된 채무자 명의의 소유권이 원인무효이어서 강제경매절차가 무효로 된 경우, 채무자에게 하자담보책임을 물어 손해배상을 청구할 수 있는가요?**

Q. 甲은 강제경매 절차에서 X건물을 경락받아 대금을 완납하고, 소유권 이전등기를 마쳤습니다. 그런데 경락받은 X건물의 소유자는 채무자 乙이 아니고, 丙이었던 사실이 밝혀져 강제경매 절차가 무효로 되었습니다. 이 경우 甲은 채권자나 채무자 乙에게 하자담보책임을 물어 손해배상을 청구할 수 있는가요?

A. 경락인이 강제경매절차를 통하여 부동산을 경락받아 대금을 완납하고 그 앞으로 소유권이전등기까지 마쳤으나, 그 후 강제경매절차의 기초가 된 채무자 명의의 소유권이전등기가 원인무효의 등기이어서 경매 부동산에 대한 소유권을 취득하지 못하게 된 경우, 이와 같은 강제경매는 무효라고 할 것이므로 경락인은 경매 채권자에게 경매대금 중 그가 배당받은 금액에 대하여 일반 부당이득의 법리에 따라 반환을 청구할 수 있고, 민법 제578조 제1항, 제2항에 따른 경매의 채무자나 채권자의 담보책임은 인정될 여지가 없습니다(대법원 2004. 6. 24. 선고 2003다59259 판결). 즉 매매계약이 유효임을 전제로 하는 민법 제578조 제1항, 제2항에 따른 경매의 채무자나 채권자의 담보책임은 인정되지 않습니다.
따라서 경락인 甲은 경락대금을 배당받은 채권자에 대하여 부당이득반환청구를 할 수 있고, 담보책임을 물어 손해배상을 청구할 수는 없습니다.

■ 경락받은 부동산을 가등기에 기한 본등기로 상실한 경우, 매도인에게 담보책임을 물을 수 있는지요?

Q. 甲은 乙로부터 乙이 경매절차에서 매수한 부동산을 매수하였으나, 그 부동산은 乙이 매수하기 이전부터 丙의 매매예약에 의한 소유권이전청구권가등기가 되어 있었으며, 매각으로 인하여도 말소되지 아니한 것을 甲과 乙이 모두 알지 못하였습니다. 그런데 최근에 丙은 위 가등기에 기한 본등기절차이행청구의 소에서 승소하여 위 가등기에 기한 본등기를 마쳤으므로 甲은 위 부동산의 소유권을 상실하게 되었습니다. 이 경우 甲이 매도인 乙에 대하여 담보책임을 물어 손해배상을 청구하고자 하는데, 민법의 어느 규정에 의하여 담보책임을 물을 수 있는지요?

A. 민법 제569조에서 매매의 목적이 된 권리가 타인에게 속한 경우에는 매도인은 그 권리를 취득하여 매수인에게 이전하여야 한다고 규정하고 있으며, 「민법」 제570조에서는 위의 경우에 매도인이 그 권리를 취득하여 매수인에게 이전할 수 없는 때에는 매수인은 계약을 해제할 수 있고, 다만 매수인이 계약당시 그 권리가 매도인에게 속하지 아니함을 안 때에는 손해배상을 청구하지 못한다고 규정하고 있습니다. 또한, 「민법」 제576조에서는 매매의 목적이 된 부동산에 설정된 저당권 또는 전세권의 행사로 인하여 매수인이 그 소유권을 취득할 수 없거나 취득한 소유권을 잃은 때에는 매수인은 계약을 해제할 수 있고, 이 경우에 매수인의 출재(出財)로 그 소유권을 보존한 때에는 매도인에 대하여 그 상환을 청구할 수 있으며, 이 경우에 매수인이 손해를 받은 때에는 그 배상을 청구할 수 있다고 규정하고 있습니다.

그런데 가등기의 목적이 된 부동산의 매수인이 그 뒤 가등기에 기한 본등기가 마쳐짐으로써 소유권을 상실하게 된 경우 담보책임에 관하여 준용되는 법조항은 어느 것인지 판례를 보면, 가등기의 목적이 된 부동산을 매수한 사람이 그 뒤 가등기에 기한 본등기가 마쳐짐으로써 그 부동산의 소유권을 상실하게 된 때에는 매매의 목적부동산에 설정된 저당권 또는 전세권의 행사로 인하여 매수인이 취득한 소유권을 상실한 경우와 유사하므로, 이러한 경우 「민법」 제576조의 규정이 준용된다고 보아 「민법」 제576조에서 정한 담보책임을 진다고 보는 것이 상당하고 「민법」 제570조에 의한 담보책임을 진다고 할 수 없다고 하였습니다(대법원 1992. 10. 27. 선고 92다21784 판결, 1997. 11. 11.자 96그64 결정).

따라서 위 사안에서 甲은 乙에게 민법 제576조에 의한 담보책임을 물어 손해배상청구를 해볼 수 있을 것입니다. 그런데 위와 같은 경우 乙이 甲에게 배상하여야 할 손해의 범위에 관하여 살펴보면, ①「민법」 제576조에 의한 매도인의 담보책임은 매도인의 귀책사유와 상관없이 매매의 목적인 권리에 하자가 있어서 그 매매계약이 결과적으로 원시적 불능에 해당하는 계약이 되어 무효로 되거나 실효되는 경우에 해당하는 법정의 무과실책임이므로, 매도인이 매수인에게 배상하여야 할 손해의 범위는 상대방이 그 계약의 유효로 믿었음으로 인하여 받은 손해, 즉 이른바 '신뢰이익의 배상'에 한정된다고 봄이 상당하고, 위 사안에 있어서 甲이 위 매매계약이 유효하다고 믿음으로 인하여 입게 된 손해는 매매대금 및 그에 대한 법정이자 상당액이라 할 것인데, ②「민법」 제569조, 제570조에 의할 경우에는 '이행이익의 배상' 즉 이행불능이 된 당시의 시가상당액을 배상하여야 하게 되는바, 「민법」 제569조의 타인의 권리매매는 애초부터 매도인이 타인으로부터 권리를 취득하여 매수인에게 이전해야 할 것을 전제로 하고 있어 그 경우의 매도인의 담보책임은 채무불이행책임으로서 이행이익의 배상이 인정됩니다.

그러나 위 사안은 일단 매매계약에 따라 소유권의 이전이 적법하게 이루어졌으나, 그 권리에 대한 원래부터의 하자에 의하여 사후적으로 소유권이 상실된 경우로 「민법」 제569조와 제570조에 의한 담보책임과는 그 법률적 성질을 달리하므로 「민법」 제576조에 의하여 甲이 위 매매계약이 유효하다고 믿음으로 인하여 입게 된 손해로써 매매대금 및 그에 대한 법정이자 상당액을 청구할 수 있다고 할 것입니다.

참고로 가압류목적이 된 부동산을 매수한 이후 가압류에 기초한 강제집행으로 부동산 소유권을 상실한 경우에 관한 판례를 보면, 가압류목적이 된 부동산을 매수한 사람이 그 후 가압류에 기초한 강제집행으로 부동산소유권을 상실하게 되었다면 이는 매매목적부동산에 설정된 저당권 또는 전세권의 행사로 인하여 매수인이 취득한 소유권을 상실한 경우와 유사하므로, 이러한 경우 매도인의 담보책임에 관한 「민법」 제576조의 규정이 준용된다고 보아 매수인은 같은 조 제1항에 따라 매매계약을 해제할 수 있고, 같은 조 제3항에 따라 손해배상을 청구할 수 있다고 보아야 한다고 하였습니다(대법원 2011. 5. 13. 선고 2011다1941 판결).

■ **동업약정에 따라 토지를 공동매수한 경우, 공동매수인이 각자 자기 지분에 관한 소유권 이전등기청구를 할 수 있는지요?**

Q. 저는 주로 자금을 투자하고 甲은 부동산에 관한 정보제공과 전매 등의 일처리를 도맡아 하기로 하여 이 사건 토지를 乙로부터 공동으로 매수하여 이를 전매하여 이익을 반분하기로 하는 약정을 하였고, 이에 따라 이 사건 토지를 공동매수하였습니다. 그런데 乙이 소유권이전등기를 경료해주지 않고 있어 소유권이전등기의 이행을 구하는 소를 제기하려고 하는데 저 혼자 제 지분에 관하여 소유권이전등기를 청구할 수 있을까요?

A. 대법원은 원고는 주로 자금을 투자하고 참가인은 부동산에 관한 정보제공과 전매 등의 일처리를 도맡아 하기로 하여 이 사건 토지를 피고로부터 공동으로 매수하여 이를 전매하여 이익을 반분하기로 하는 약정을 하였고, 이에 따라 이 사건 토지를 공동매수한 사실을 인정하였는바 이 사건 토지는 원고와 참가인을 조합원으로 하는 동업체에서 매수한 것이라고 할 것이고, 따라서 원고와 참가인은 이 사건 토지에 대한 소유권이전등기청구권을 준합유하는 관계에 있고, 합유재산에 관한 소는 이른바 고유필요적공동소송이라 할 것이므로, 위 매매계약에 기하여 소유권이전등기의 이행을 구하는 소를 제기하려면 원고와 참가인이 공동으로 하지 않으면 안된다고 판시하였습니다.(대법원 1994. 10. 25. 선고 93다54064 판결) 그러므로 귀하와 甲이 같이 공동으로 매도인을 상대로 토지에 대한 소유권이전등기의 이행을 구하는 소를 제기하여야 할 것입니다.

■ 소유권이전등기의무의 이행을 구하고 있는 경우, 매도인은 매매잔대금 전부에 대하여 동시이행의 항변권을 행사할 수 있는지요?

Q. 甲과 乙의 부동산 매매계약에 있어서 매수인 乙이 매도인 甲을 상대로 부동산 중 일부에 대해서만 소유권이전등기의무의 이행을 구하고 있습니다. 매도인 甲은 동시이행항변권을 행사하면서 매매잔대금 전부에 대하여 동시이행의 항변권을 행사할 수 있는지요? 아니면 해당 일부에 해당하는 금원 상당액에 대하여만 동시이행의 항변권을 행사할 수 있는지요?

A. 민법 제536조 제1항에서는 쌍무계약의 당사자 일방은 상대방이 그 채무이행을 제공할 때 까지 자기의 채무이행을 거절할 수 있다. 그러나 상대방의 채무가 변제기에 있지 아니하는 때에는 그러하지 아니하다고 하여 동시이행의 항변권을 규정하고 있습니다.

부동산매매계약에서 발생하는 매도인의 소유권이전등기의무와 매수인의 매매잔대금지급의무는 동시이행관계에 있고(대법원 1992. 2. 14. 선고 91다12349 판결 참조), 동시이행의 항변권은 상대방의 채무이행이 있기까지 자신의 채무이행을 거절할 수 있는 권리이므로, 매수인이 매도인을 상대로 매매목적 부동산 중 일부에 대해서만 소유권이전등기의무의 이행을 구하고 있는 경우에도 매도인은 특별한 사정이 없는 한 그 매매잔대금 전부에 대하여 동시이행의 항변권을 행사할 수 있다고 보는 것이 판례의 태도입니다(대법원 2006. 2. 23. 선고 2005다53187 판결).

따라서 매도인 甲은 동시이행항변권을 행사하면서 매매잔대금 전부에 대하여 동시이행의 항변권을 행사할 수 있다고 할 것입니다.

■ **매도인이 매매목적물에 대한 소유권을 상실한 경우, 매수인의 책임 있는 사유로 소유권 이전등기의무가 이행불능으로 된 경우에 해당하는지요?**

Q. 부동산 매매계약에서 부동산 매수인인 甲이 매매목적물에 설정된 근저당권의 피담보채무를 이행인수 하기로 약정하였습니다. 그러나 그 뒤 甲이 그 변제를 게을리 하여 근저당권이 실행됨으로써 매도인 乙은 매매목적물에 대한 소유권을 상실하였습니다. 이러한 경우 매수인 甲의 책임 있는 사유로 소유권이전등기의무가 이행불능으로 된 경우에 해당하는지요?

A. 우선 이행인수의 성격과 관련하여, 부동산의 매수인이 매매목적물에 관한 근저당권의 피담보채무를 인수하는 한편 그 채무액을 매매대금에서 공제하기로 약정한 경우, 다른 특별한 사정이 없는 이상, 이는 매도인을 면책시키는 채무인수가 아니라 이행인수로 보아야 하고, 매수인이 그 채무를 현실적으로 변제할 의무를 부담한다고도 해석할 수 없으며, 이 약정의 내용은 매도인과 매수인과의 계약으로 매수인이 매도인의 채무를 변제하기로 하는 것으로서 매수인은 제3자의 지위에서 매도인에 대하여만 그의 채무를 변제할 의무를 부담함에 그치는 것입니다(대법원 2002. 5. 10. 선고 2000다18578 판결 등 참조).

그리고 위와 같이 매수인이 매매목적물에 관한 근저당권의 피담보채무에 관하여 그 이행을 인수한 경우, 채권자에 대한 관계에서는 매도인이 여전히 채무를 부담한다고 하더라도, 매도인과 매수인 사이에서는 매수인에게 위 피담보채무를 변제할 책임이 있다고 할 것이므로, 매수인이 그 변제를 게을리 하여 근저당권이 실행됨으로써 매도인이 매매목적물에 관한 소유권을 상실하였다면, 특별한 사정이 없는 한, 이는 매수인에게 책임 있는 사유로 인하여 소유권이전등기의무가 이행불능으로 된 경우에 해당하고, 거기에 매도인의 과실이 있다고 할 수는 없습니다(대법원 2008. 8. 21. 선고 2007다8464, 8471 판결 참조).

따라서 이 경우 매수인 甲의 책임 있는 사유로 소유권이전등기의무가 이행불능으로 된 경우에 해당하지 않습니다.

■ **매수인의 소유권이전등기비용이 채무불이행으로 인한 손해인지요?**

Q. 甲은 乙로부터 부동산을 매수하기로 하고 매매대금을 전액지급한 후 소유권이전등기까지 하였는데, 그 부동산에는 매매계약 이전부터 乙의 채권자 丙에 의한 가압류가 되어 있었으므로, 乙은 잔금을 받은 후 3개월 이내에 위 가압류를 말소되도록 해주기로 약정하고, 가압류를 말소해주지 못하면 계약을 해제하기로 하였습니다. 그런데 乙은 甲의 여러 차례에 걸친 요구에도 불구하고 丙과의 채무액에 대한 분쟁으로 위 기간 내에 가압류를 해제시키지 못하고 위 부동산은 丙에 의하여 강제경매가 개시되었습니다. 이 경우 손해배상액의 예정액에 관하여 특별히 정한 것이 없는데, 甲이 위 매매계약을 해제하고 손해배상청구를 할 경우 소유권이전등기비용도 손해배상범위에 포함되는지요?

A. 계약해제의 효과에 관하여 민법에서 당사자일방이 계약을 해제한 때에는 각 당사자는 그 상대방에 대하여 원상회복의 의무가 있으나, 제3자의 권리를 해하지 못하고, 이 경우에 반환할 금전에는 그 받은 날로부터 이자를 가산하여야 한다고 규정하고 있습니다(민법 제548조).

그러므로 위 사안에서 甲은 위 부동산매매계약을 해제하고 乙에 대하여 매매대금 및 매매대금을 지급한 이후부터의 이자를 청구할 수 있을 것입니다. 그리고 민법 제551조에서 계약의 해지 또는 해제는 손해배상의 청구에 영향을 미치지 아니한다고 규정하고 있으므로, 甲은 위와 같이 계약해제로 인한 원상회복과 함께 乙의 채무불이행으로 인한 손해배상을 청구할 수 있는데, 위 부동산의 소유권이전등기비용을 乙의 채무불이행으로 인한 손해배상범위에 포함시킬 수 있는지 문제됩니다.

채무불이행으로 인한 손해배상범위에 관하여 민법 제393조에서 채무불이행으로 인한 손해배상은 통상의 손해를 그 한도로 하고, 특별한 사정으로 인한 손해는 채무자가 그 사정을 알았거나 알 수 있었을 때에 한하여 배상의 책임이 있다고 규정하고 있으며, 계약의 일방당사자가 상대방의 이행을 믿고 지출한 비용(신뢰이익의 손해)이 채무불이행으로 인한 손해범위에 포함되는지 판례를 보면, 채무불이행을 이유로 계약해제와 아울러 손해배상을 청구하는 경우 그 계약이행으로 인하여 채권자가 얻을 이익 즉 이행이익의 배상을 청구하는 것이 원칙이고, 다만 일정한 경우에는 그 계약이 이행되리라고 믿고 채권자가 지출한 비용 즉 신뢰이익의 배상도 청구할 수 있는 것이지만, 중복배상 및 과잉배상 금지원칙에 비추어 그 신뢰이익은 이행이익에 갈음하여서만 청구할 수 있고, 그 범위도 이행이익을 초과할 수 없다고 하였으며(대법원 2007. 1. 25. 선고 2004다51825 판결), 또한 채무불이행을 이유로 계약해지와 아울러 손해배상을 청구하는 경우에 채권자는 이행이익의 일부로서 그 계약이 이행되리라고 믿고 채권자가 지출한 비용의 배상을 청구할 수 있고, 그 지출비용 중 계약의 체결과 이행을 위하여 통상적으로 지출되는 비용은 통상의 손해로서 상대방이 알았거나 알 수 있었는지 여부와 관계없이 그 배상을 청구할 수 있고, 이를 초과하여 지출되는 비용은 특별한 사정으로 인한 손해로서 상대방이 이를 알았거나 알 수 있었던 경우에 한하여 그 배상을 청구할 수 있으며, 다만 그 지출비용 상당의 배상은 과잉배상금지의 원칙에 비추어 이행이익의 범위를 초과할 수 없다고 하였습니다(대법원 2006. 2. 10. 선고 2003다15501 판결).
그런데 부동산매매에 있어서 매수인이 소유권이전등기비용을 지출하리라는 것은 특별한 사정이 없는 한 매도인이 알았거나 알 수 있었다고 보아야 할 것이고, 소유권이전등기비용의 내용은 법무사보수, 등록세, 교육세, 인지대, 채권구입비 등으로서 통상적인 지출비용의 범위 내에 속한다고 할 것이므로 위와 같은 비용들도 부동산매도인이 매수인에게 배상하여야 할 손해를 이룬다고 보아야 할 것이며(대법원 1999. 7. 27. 선고 99다13621 판결),
채권입찰제방식의 아파트분양에서 수분양자가 주택채권을 액면가로 매입하였다가 그 액면가에 미달하는 금액으로 매각한 후 분양자의 채무불이행으로 인하여 아파트분양계약이 해제된 경우, 주택채권의 매입가와 그 시세에 상당하는 매각대금의 차액을 신뢰이익의 배상으로 청구할 수 있다고 한 사례가 있습니다(대법원 2002.6.11. 선고 2002다2539 판결).
따라서 위 사안에 있어서 甲은 乙에게 위 부동산매매계약불이행으로 인하여 계약이 해제됨으로 인한 손해배상의 범위에 위 부동산의 소유권이전등기비용도 포함시켜 요구할 수 있을 것으로 보입니다.

■ 부동산매수 후 이전등기 전에 매도인의 채권자가 한 압류의 효력은?

Q. 저는 甲소유 부동산을 매수하여 매매대금을 완불하였으나, 저의 사정으로 소유권이전등기를 미루고 있던 중, 매도인 甲이 체납한 지방세로 인하여 과세관청에 의해 위 부동산이 압류처분 된 경우 이에 대한 구제책은 없는지요?

A. 체납처분에 의한 재산압류 이전에 납세의무자로부터 제3자에게로 이전된 재산에 대한 국세채권의 추급권에 관한 판례를 보면, 납세의무자의 소유가 아닌 재산에 의하여 국세를 징수할 수는 없으므로, 국세체납처분 등에 의하여 납세의무자의 재산이 압류되기 전에 제3자가 그 소유권을 취득하였다면 그 재산에 대하여는 원칙적으로 국세우선징수권이 미치지 아니하므로, 부동산에 대한 강제집행절차가 진행되는 도중에 그 목적물이 제3자에게 양도된 경우에도 그 이전에 양도인의 체납국세에 관하여 체납처분 등으로 압류를 한 바 없다면, 그 이후에 그 체납국세에 관하여 교부청구를 하더라도 낙찰대금으로부터 우선배당을 받을 수 없고, 따라서 그러한 교부청구에 기초하여 우선배당을 받았다면 이는 다른 배당권자에 대한 관계에서 부당이득이 된다고 하였습니다(대법원 1998. 8. 21. 선고 98다24396 판결).

그런데 부동산물권변동의 효력에 관하여 민법에서 부동산에 관한 법률행위로 인한 물권의 득실변경은 등기하여야 그 효력이 생긴다고 규정하고 있으므로(민법 제186조), 매수인이 부동산매매대금을 완불하였다고 하여도 부동산소유권이전등기를 하지 못하였다면 매수인은 아직 그 부동산의 소유권을 취득하지 못한 것입니다.

그리고 위 사안과 관련된 판례를 보면, 부동산매수인이 그 매매대금을 완불하였더라도 압류등기 할 때까지 매수인 앞으로 소유권이전등기가 마쳐지지 아니하였다면, 아직 그 부동산은 여전히 매도인소유이므로, 과세관청이 매도인의 체납세액을 확보하기 위해 그 부동산을 압류처분 한 것은 적법하다고 하였습니다(대법원 1987. 4. 14. 선고 86누744 판결).

또한, 과세관청이 조세징수를 위해 납세의무자소유의 부동산을 압류한 경우, 그 부동산의 매수인이나 가압류권자는 그 압류처분에 대하여 사실상이고 간접적인 이해관계를 가질 뿐 법률상 직접적이고 구체적인 이익을 가지는 것은 아니어서 그 압류처분취소를 구할 당사자적격이 없다고 하였습니다(대법원 1997. 2. 14. 선고 96누3241 판결).

따라서 귀하는 과세관청을 상대로 압류처분취소를 청구할 수는 없다고 할 것입니다. 다만, 귀하는 매도인에게 위 체납세액을 납부하고 압류처분말소를 하도록 청구한 후, 이에 불응할 때에는 민법 제481조에 의한 변제할 정당한 이익이 있는 자로서 매도인의 체납세액을 대신 납부한 후 그 금액을 매도인에게 구상할 수 있는 것입니다.

■ **소유자 인감증명서의 소지자와 부동산매매계약체결 한 경우, 소유권이전등기청구권을 행사할 수 있는지요?**

Q. 저는 乙소유 아파트를 매수하는 매매계약을 乙의 대리인이라고 주장하는 甲과 체결하였으며, 그 당시 甲은 소유자인 乙의 인감증명서와 인감도장을 가지고 있었음을 확인하였고, 매매대금은 甲이 가르쳐준 乙의 통장(예금주 : 乙)에 입금하였는데, 乙은 이를 전혀 모르는 사실이라고 합니다. 이 경우 저는 위 계약이 유효함을 전제로 乙을 상대로 소유권이전등기청구권을 행사할 수 있는지요?

A. 민법 제125조에서 제3자에 대하여 타인에게 대리권을 수여함을 표시한 자는 그 대리권의 범위 내에서 행한 그 타인과 그 제3자간의 법률행위에 대하여 책임이 있고, 다만 제3자가 대리권 없음을 알았거나 알 수 있었을 때에는 그렇지 않다고 규정하고 있습니다. 이에 관련된 판례를 보면, 「민법」 제125조가 규정하는 대리권수여의 표시에 의한 표현대리는 본인과 대리행위를 한 자 사이의 기본적인 법률관계의 성질이나 그 효력의 유무와는 관계가 없이 어떤 자가 본인을 대리하여 제3자와 법률행위를 함에 있어 본인이 그 자에게 대리권을 수여하였다는 표시를 제3자에게 한 경우에 성립하는 것이고(대법원 2007. 8. 23. 선고 2007다23425 판결), 이때 서류를 교부하는 방법으로 「민법」 제125조에서 정한 대리권수여의 표시가 있었다고 하기 위해서는 본인을 대리한다고 하는 자가 제출하거나 소지하고 있는 서류내용과 그러한 서류가 작성되어 교부된 경위나 형태 및 대리행위라고 주장하는 행위의 종류와 성질 등을 종합하여 판단하여야 할 것이라고 하였습니다(대법원 2001. 8. 21. 선고 2001다31264 판결).

또한, 일반적으로 부동산소유자가 아닌 제3자로부터 근저당권을 취득하려는 자로서는 근저당권설정계약에 있어서 그 소유자에게 과연 담보제공의사가 있는지 및 그 제3자가 소유자로부터 담보제공에 관한 위임을 받았는지를 서류상 또는 기타의 방법으로 소유자에게 확인하여 보는 것이 보통이라 할 것이므로, 만약 그러한 조사를 하지 아니하였다면 그 제3자에게 소유자를 대리할 권한이 있다고 믿은 데에 과실이 있다고 하면서(대법원 1995. 2. 17. 선고 94다34425 판결), ①보증용인감증명서와 재산세납부증명서를 가지고 있었던 경우(대법원 1992. 2. 25. 선고 91다490 판결), ②등기권리증(현재는 등기필정보통지서)과 인감증명서·인감도장만 가지고 있었던 경우(대법원 1992. 11. 27. 선고 92다31842 판결), ③공증용인감증명서와 인감도장·주민등록증을 가지고 있었으나 등기필증(현재는 등기필정보통지서)이 없었던 경우(대법원 1994. 11. 8. 선고 94다29560 판결), ④등기필증(현재는 등기필정보통지서) 없이 인감증명서와 인감도장만을 가지고 있었던 경우(대법원 1995. 2. 17. 선고 94다34425 판결) 등에 모두 과실이 있다고 보아 표현대리성립을 부정한 바 있습니다.

그렇다면 표현대리의 성립여부는 무권대리인과 본인의 관계, 무권대리인의 행위 당시 여러 가지 사정 등에 따라 결정되어야 할 것이지만, 위 사안에 있어서 甲은 계약당사자가 아니고 위 서류의 소지경위에 대하여는 나타나 있지 아니하지만, 乙의 인감증명서와 인감도장만을 가지고 있었을 뿐이며, 귀하는 乙의 매매의사를 확인할 필요가 있었음에도 불구하고 확인하지 않은 과실이 있다고 볼 수 있을 것이므로, 乙에 대하여 표현대리책임을 물어 소유권이전등기청구권을 행사하기는 어려울 것으로 생각됩니다.다만, 이 경우 甲이 대리권을 증명하지 못하고 乙의 추인을 받지 못한 경우라면 甲에 대하여는 무권대리의 책임을 물어 계약의 이행이나 손해배상을 선택적으로 청구할 수 있을 것으로 보입니다(민법 제130조, 제135조).

■ **부동산의 매수인이 자신의 출재로 저당권을 소멸시킨 경우, 채무액을 지급받을 수 있는 방법은 있는지요?**

Q. 甲은 신축 중이던 오피스텔을 A회사로부터 분양받은 후 그 소유권이전등기를 마치지 않은 채 乙에게 매도하였습니다. 乙은 위 매매계약 체결과 소유권이전등기 경료가 순차로 이루어진 이후, 오피스텔의 등기부등본을 확인하였고, 매매계약을 체결하기 전부터 A회사의 대표이사를 채무자로 하는 근저당권설정등기가 설정되어 있다는 사실을 알게 되었습니다. 그러던 중 근저당권자의 경매신청으로 경매절차가 진행되었고, 乙은 오피스텔에 대한 소유권을 보존하기 위하여 담보된 채무를 직접 상환하였습니다. 이 경우 乙이 변제한 채무액을 지급받을 수 있는 방법은 있는지요?

A. 매도인 甲은 乙에게 근저당권이 설정되어 있지 아니한 완전한 소유권이전등기를 경료하여 주거나 사후에 그 근저당권설정등기를 말소하여 줄 의무가 있습니다. 따라서 甲이 乙에게 단순히 소유권이전등기절차를 이행하였다고 하더라도 자신의 의무를 완전히 이행하였다고 볼 수 없습니다.

한편 부동산의 매수인이 소유권을 보존하기 위하여 자신의 출재로 피담보채권을 변제함으로써 그 부동산에 설정된 저당권을 소멸시킨 경우, 매수인이 그 부동산 매수시 저당권이 설정되었는지 여부를 알았든 몰랐든 간에 이와 관계없이 민법 제576조 제2항 에 의하여 매도인에게 그 출재의 상환을 청구할 수 있습니다(대법원 1996. 4. 12. 선고 95다55245 판결). 따라서 乙이 甲과 매매계약을 체결할 당시 오피스텔의 등기부등본을 열람하여 근저당권설정 사실을 알 수 있었다고 하더라도, 민법 제576조 제2항에 근거하여 매매계약의 매도인 甲을 상대로 변제한 채무액의 상환을 청구할 수 있습니다.

■ 부가세를 포함한 매매대금지급의무와 소유권이전등기의무가 동시이행관계인지요?

Q. 저는 부동산분양업을 하면서 甲에게 매매대금 2억원에 분양하기로 하는 아파트분양계약을 체결하면서 甲이 부가가치세 2,000만원까지 납부하기로 약정을 하였으나, 甲은 위 부가가치세 2,000만원은 지급하지 않고, 매매대금 2억원만 지급한 채 위 아파트에 대한 소유권이전등기를 해달라고 요구하기에, 저는 부가가치세까지 납부하여야 소유권이전등기를 해줄 수 있다고 하자, 甲은 매매대금을 모두 지급하였으므로 이와 동시이행관계에 있는 저는 소유권이전등기의무를 해주어야 한다면서 저를 상대로 소유권이전등기청구소송을 제기하였습니다. 제가 부가가치세 2,000만원을 지급받지 아니한 상태에서 소유권이전등기를 해주어야 하는 것인지요?

A. 쌍무계약에서 동시이행의 항변권은 공평의 관념과 신의칙에 입각하여 각 당사자가 부담하는 채무가 서로 대가적 의미를 가지고 관련이 되었을 때 그 이행에 있어서 견련관계를 인정하여, 당사자 일방은 상대방이 채무를 이행하거나 이행제공을 하지 아니한 채 당사자 일방의 채무이행을 청구할 때에는 자기의 채무이행을 거절할 수 있도록 하는 제도인바(민법 제536조), 이러한 제도취지에서 볼 때 당사자가 부담하는 각 채무가 쌍무계약에 있어 고유의 대가관계가 있는 채무가 아니라고 하더라도 구체적인 계약관계에서 각 당사자가 부담하는 채무에 관한 내용에 따라 그것이 대가적 의미가 있어 이행상의 견련관계를 인정하여야 할 사정이 있는 경우에는 동시이행항변권을 인정할 수 있습니다(대법원 2006. 6. 9. 선고 2004다24557 판결).
또한, 관련 판례를 보면, 부동산매매계약에 있어 매수인이 부가가치세를 부담하기로 약정한 경우, 부가가치세를 매매대금과 별도로 지급하기로 했다는 등의 특별한 사정이 없는 한 부가가치세를 포함한 매매대금전부와 부동산의 소유권이전등기의무가 동시이행의 관계에 있다고 봄이 상당하다고 하였으며(대법원 2006. 2. 24. 선고 2005다58656, 58663 판결), 부동산매수인이 매매목적물에 관한 근저당권의 피담보채무를 인수하는 한편 그 채무액을 매매대금에서 공제하기로 약정한 경우, 매수인이 인수하기로 한 채무는 매매대금지급채무에 갈음한 것으로서 매도인이 그 채무를 대신 변제하였다면 그로 인한 매수인의 매도인에 대한 구상채무는 인수채무의 변형으로서 매매대금지급채무에 갈음한 것의 변형이므로, 매수인의 구상채무와 매도인의 소유권이전의무는 대가적 의미가 있어 이행상 견련관계에 있다고 인정되고, 따라서 양자는 동시이행의 관계에 있다고 해석함이 공평의 관념 및 신의칙에 합당하다고 하였습니다(대법원 2007. 6. 14. 선고 2007다3285 판결).

귀하의 경우에도 甲이 부가가치세를 매매대금과 별도로 지급하기로 하였다는 특별한 사정이 없는 한 甲의 부가가치세 2,000만원 및 매매대금 2억원 합계 2억 2,000만원을 지급할 의무와 귀하의 소유권이전등기의무는 동시이행관계에 있는 것이므로, 위 소송에서 甲이 부가가치세를 매매대금과 별도로 지급하기로 하였다는 특별한 사정이 밝혀지지 않는 이상(물론 그러한 특별한 사정에 대하여는 甲이 입증하여야 할 것임) 귀하의 소유권이전등기의무와 甲의 부가가치세 지급의무는 동시이행관계에 있다고 할 것입니다.

따라서 귀하는 甲으로부터 부가가치세 2,000만원을 지급받음과 동시에 甲에게 소유권이전등기를 해주면 될 것입니다.

■ 중도금을 지급한 후에도 약정해제권을 행사할 수 있는지요?

Q. 매수인 甲과 매도인 乙 간에 부동산매매계약을 체결함에 있어 잔대금지급기일 이전에 제3자인 丙이 매도인 乙에 대한 채무의 원리금을 모두 변제하면 甲와 乙 간의 매매계약을 해제하고 丙에게 소유권이전등기를 하기로 한다는 특약을 했습니다. 丙이 乙에게 채무의 원리금을 전액 변제하여 위 약정대로 매매계약을 해제하고 丙 앞으로 소유권이전등기를 한 것이라면, 위 계약해제가 중도금을 지급한 이후라고 할지라도 유효한 계약해제인지요?

A. 약정해제권은 당사자의 계약에 의하여 발생하는 해제권으로, 행사시기에 대해서 별도로 약정하지 않는 이상 계약이 종료되기 전에 행사할 수 있습니다.
위 사안의 경우, 매수인 甲과 매도인 乙 간에 토지의 매매계약을 체결함에 있어 甲이 乙에 대한 잔대금지급기일 이전에 丙이 乙에 대한 채무의 원리금을 모두 변제하면 甲, 乙 간의 매매계약을 해제하고, 丙에게 소유권이전등기를 하기로 한다는 특약이 있었다고 인정되는 이상 乙의 매매계약해제권은 약정해제권으로 행사할 수 있습니다. 丙이 위 약정해제권의 조건에 따라 乙에 대한 채무의 원리금을 모두 변제하였다면, 乙은 甲으로부터 중도금을 받은 이후의 계약해제라고 할지라도 유효한 계약해제라고 할 것입니다.

■ 재산분할 청구의 대상부동산을 허위양도한 경우에도 강제집행면탈죄가 성립되는지요?

Q. 甲은 乙과 부부관계에 있는바, 甲의 가정폭력 등의 귀책사유로 인해 乙로부터 이혼과 위자료 및 재산분할청구를 요구당하였습니다. 甲은 乙이 위자료 및 재산분할청구를 위해 가압류를 하려는 듯한 태도를 보이자 甲의 명의로 된 유일한 부동산인 A주택을 자신의 누나인 丙에게 이전하기로 공모를 하였습니다. 그 후 甲은 丙으로부터 1억원을 송금받고, 丙에게 차용증을 작성하여 준 후 丙으로부터 송금받은 1억원을 은행에서 인출하여 현금으로 丙에게 돌려주어 허위의 금전소비대차계약의 외관을 형성하였습니다. 그리고 丙은 위 금전소비대차계약에 근거하여 甲의 소유로 등기된 A 부동산에 담보목적으로 매매예약에 기한 소유권이전등기의 가등기를 경료하였습니다. 이때 甲의 위와 같은 행위가 강제집행면탈죄에 해당하나요?

A. 형법」제327조에는 "강제집행을 면할 목적으로 재산을 은닉, 손괴, 허위양도 또는 허위의 채무를 부담하여 채권자를 해한 자는 3년 이하의 징역 또는 1천만원 이하의 벌금에 처한다"라고 규정하고 있습니다.

강제집행면탈죄가 성립하기 위해서는 채권자의 권리가 해하여지는 결과가 발생하여야만 하는지 여부와 관련하여 대법원 2008.06.26. 선고 2008도3184 판결[강제집행면탈]에서는 " 형법 제327조의 강제집행면탈죄는 위태범으로서 현실적으로 민사집행법에 의한 강제집행 또는 가압류, 가처분의 집행을 받을 우려가 있는 객관적인 상태 아래, 즉 채권자가 본안 또는 보전소송을 제기하거나 제기할 태세를 보이고 있는 상태에서 주관적으로 강제집행을 면탈하려는 목적으로 재산을 은닉, 손괴, 허위양도하거나 허위의 채무를 부담하여 채권자를 해할 위험이 있으면 성립하는 것이고, 반드시 채권자를 해하는 결과가 야기되거나 행위자가 어떤 이득을 취하여야 범죄가 성립하는 것은 아니며, 현실적으로 강제집행을 받을 우려가 있는 상태에서 강제집행을 면탈할 목적으로 허위의 채무를 부담하는 등의 행위를 하는 경우에는 달리 특별한 사정이 없는 한 채권자를 해할 위험이 있다고 보아야 한다 (대법원 1996. 1. 26. 선고 95도2526 판결 등 참조)."라고 판시하였습니다.

이 사건에서 비록 丙이 A부동산의 소유권을 이전한 것은 아니지만 허위의 외관을 만들어서 A 주택에 소유권이전등기를 위한 가등기를 경료한 행위는 장차 이혼을 하면서 위자료 및 재산분할청구를 하려고 하는 乙의 권리를 해하는 행위에 해당하기 때문에 甲이 丙과 공모하여 행한 위 가등기행위는 강제집행면탈죄에 해당한다고 볼 수 있습니다.

■ **부동산 매매계약 해제에 따라 매수인이 원상회복의무를 이행한 것이 사해행위에 해당하는지요?**

Q. 甲에 대한 채무자인 乙은 丙과의 사이에 부동산 매매계약을 체결하여 부동산을 매수하였으나, 그 후에 매매계약이 해제되어 乙은 원상회복의무의 이행으로서 진정명의 회복을 위해 丙 앞으로 부동산 소유권이전등기를 경료하였습니다. 이러한 乙의 행위는 사해행위에 해당하는지요?

A. 채무자 乙이 원상회복의무를 이행한 것은 사해행위에 해당한다고 할 수 없습니다.

대법원 판례는 이와 유사한 사례에서 다음과 같이 판단한 바 있습니다. 즉, "계약이 적법하게 해제되면 그 계약의 이행으로 변동이 되었던 물권은 당연히 계약이 없었던 상태로 복귀하는 것이므로, 매수인이 매매에 의한 채무를 이행하지 아니하여 매매계약이 적법하게 해제된 것이라면, 매도인으로부터 매수인에게 넘어갔던 소유권은 당연히 복귀하여 매도인이 그 소유자가 되는 것이고(대법원 1995. 5. 12. 선고 94다18881, 18898, 18904 판결 참조), 따라서 부동산의 매수인이 매매계약 해제로 인한 원상회복의무의 이행으로서 자신의 명의로 경료된 소유권이전등기를 말소하거나 진정 명의회복을 위하여 매도인 앞으로 부동산의 소유권이전등기를 경료하는 행위는 기존채무의 이행으로서 사해행위를 구성하지 아니한다고 봄이 타당하다"는 것입니다(대법원 2009. 11. 12. 선고 2009다57675 판결, 대법원 2001. 8. 24. 선고 2001다35884 판결 참조).

따라서 채무자 乙이 丙과의 사이에 맺었던 부동산 매매계약이 해제되어 乙이 원상회복의무의 이행으로서 진정명의 회복을 위해 丙 앞으로 부동산 소유권이전등기를 경료한 행위는, 사해행위에 해당하지 않는다고 할 것입니다.

제2절 각종 사항 신고하기

1. 부동산거래 신고

1-1. 부동산거래 신고제도의 개념

"부동산 거래 신고제도"란 부동산 또는 부동산을 취득할 수 있는 권리의 매매계약을 체결한 경우 실거래가격 보다 낮게 계약서를 작성하는 이중계약의 관행을 없애고 부동산 거래를 투명하게 하기 위해 실제 거래가격 등 일정한 사항을 신고하게 하는 제도를 말합니다.

1-2. 부동산거래 신고의무자 및 기간

① 매수인 및 매도인(이하 "거래당사자"라 함)이 다음의 부동산 또는 부동산을 취득할 수 있는 권리에 관한 매매계약을 체결한 때에는 일정한 사항을 거래계약의 체결일부터 60일 이내에 매매대상 부동산(권리에 관한 매매계약의 경우에는 그 권리의 대상인 부동산) 소재지의 관할 시장·군수 또는 구청장에게 공동으로 신고하거나 <국토교통부 부동산거래관리시스템(http://rtms.molit.go.kr)>을 통해 신고해야 합니다(부동산 거래신고 등에 관한 법률 제3조제1항).

1) 부동산의 매매계약

2) 택지개발촉진법, 주택법 등 대통령령으로 정하는 법률에 따른 부동산에 대한 공급계약

3) 부동산 공급계약을 통해 부동산을 공급받는 자로 선정된 지위의 매매계약

4) 도시 및 주거환경정비법 제74조에 따른 관리처분계획의 인가 및 빈집 및 소규모주택 정비에 관한 특례법 제29조에 따른 사업시행계획인가로 취득한 입주자로 선정된 지위의 매매계약

② 부동산 개업공인중개사가 매매거래계약서를 작성·교부한 때에는 해당 부동산 개업공인중개사가 위에 따른 신고(공동으로 중개하는 경우에는 공동으로 신고)를 해야 합니다(부동산 거래신고 등에 관한 법률 제3조제3항).

1-3. 부동산거래 신고내용

① 부동산 거래를 신고하는 경우 다음의 사항을 신고해야 합니다(부동산 거래신고 등에 관한 법률 제3조제1항 및 동법 시행령 제3조제1항 본문).

1) 거래당사자의 인적사항

2) 계약 체결일, 중도금 지급일 및 잔금 지급일

3) 거래대상 부동산 등(부동산을 취득할 수 있는 권리에 관한 계약의 경우에는 그 권리의 종류 및 그 권리의 대상인 부동산)의 소재지·지번 및 지목

4) 거래대상 부동산 등의 종류(토지에 관한 소유권·지상권 또는 소유권·지상권의 취득을 목적으로 하는 권리를 이전하거나 설정하는 것을 말함)

5) 실제 거래가격

6) 계약의 조건이나 기한이 있는 경우에는 그 조건 또는 기한

7) 개업공인중개사의 인적사항 및 개업공인중개사가 개설등록한 중개사무소의 상호·전화번호 및 소재지(부동산 중개업자가 거래계약서를 작성·교부한 경우만 해당)

② 주택법 제63조에 따라 지정된 투기과열지구에 소재하는 주택(주택법 제2조제1호의 주택을 말함)으로서 실제 거래가격이 3억원 이상인 주택의 거래계약을 체결한 경우(거래당사자 중 매수인이 법 제3조제1항 단서에 따른 국가등인 경우는 제외)에는 아래의 사항을 추가로 신고해야 합니다(부동산 거래신고 등에 관한 법률 시행령 제3조제1항 단서).

1) 거래대상 주택의 취득에 필요한 자금의 조달계획

2) 거래대상 주택에 매수자 본인이 입주할지 여부와 입주 예정 시기

1-4. 부동산거래 신고 시 제출서류

부동산 거래를 신고하려면 부동산거래계약 신고서에 거래당사자가 공동으로 서명 또는 날인(전자인증 방법 포함)하여 거래당사자 중 1명이 시장(구가 설치되지 않은 시의 시장 및 특별자치시장과 특별자치도 행정시의 시장)·군수 또는 구청장에게 제출(전자문서 제출 포함)해야 합니다(부동산 거래신고 등에 관한 법률 제3조제1항 및 동법 시행규칙 제2조제1항, 별지 제1호서식).

1-5. 과태료

① 부동산 거래를 신고하지 않은 경우에는 과태료가 부과됩니다(부동산 거래신고 등에 관한 법률 제28조제2항 및 제3항).

② 부동산 거래를 신고하지 않은 경우 과태료 부과기준은 다음과 같습니다(부동산 거래신고 등에 관한 법률 시행령 제20조).

과태료의 부과기준(제20조 관련)

1. 일반기준

신고관청은 위반행위의 동기·결과 및 횟수 등을 고려하여 제2호의 개별기준에 따른 과태료의 2분의 1(법 제28조제1항 및 제3항을 위반한 경우에는 5분의 1) 범위에서 그 금액을 늘리거나 줄일 수 있다. 다만, 늘리는 경우에도 과태료의 총액은 법 제28조제1항부터 제5항까지에서 규정한 과태료의 상한을 초과할 수 없다.

2. 개별기준

가. 법 제28조제1항 관련

위반행위	과태료
법 제6조를 위반하여 거래대금 지급을 증명할 수 있는 자료를 제출하지 않거나 거짓으로 제출한 경우 또는 그 밖의 필요한 조치를 이행하지 않은 경우	
1) 신고가격이 1억5천만원 이하인 경우	500만원
2) 신고가격이 1억5천만원 초과 2억원 이하인 경우	700만원
3) 신고가격이 2억원 초과 2억5천만원 이하인 경우	900만원
4) 신고가격이 2억5천만원 초과 3억원 이하인 경우	1,100만원
5) 신고가격이 3억원 초과 3억5천만원 이하인 경우	1,300만원
6) 신고가격이 3억5천만원 초과 4억원 이하인 경우	1,500만원
7) 신고가격이 4억원 초과 4억5천만원 이하인 경우	1,700만원
8) 신고가격이 4억5천만원 초과 5억원 이하인 경우	1,900만원
9) 신고가격이 5억원 초과 6억원 이하인 경우	2,100만원
10) 신고가격이 6억원 초과 7억원 이하인 경우	2,300만원
11) 신고가격이 7억원 초과 8억원 이하인 경우	2,500만원
12) 신고가격이 8억원 초과 9억원 이하인 경우	2,700만원
13) 신고가격이 9억원 초과 10억원 이하인 경우	2,900만원
14) 신고가격이 10억원을 초과한 경우	3,000만원

비고

1) 부동산 매매계약의 신고가격이 시가표준액(「지방세법」 제4조에 따른 신고사유 발생연도의 시가표준액을 말한다) 미만인 경우에는 그 시가표준액을 신고가격으로 한다.

2) 부동산에 대한 공급계약 및 부동산을 취득할 수 있는 권리에 관한 계약의 신고가격이 해당 부동산등의 분양가격 미만인 경우에는 그 분양가격을 신고가격으로 한다.

나. 법 제28조제2항 관련

위반행위	근거 법조문	과태료
1) 법 제3조제1항, 제2항 또는 제3항을 위반하여 같은 항에 따른 신고를 하지 않은 경우(공동신고를 거부한 경우를 포함한다)	법 제28조제2항제1호	
가) 신고 해태기간이 3개월 이하인 경우		
(1) 실제 거래가격이 1억원 미만인 경우		10만원
(2) 실제 거래가격이 1억원 이상 5억원 미만인 경우		25만원
(3) 실제 거래가격이 5억원 이상인 경우		50만원
나) 신고 해태기간이 3개월을 초과하는 경우 또는 공동신고를 거부한 경우		
(1) 실제 거래가격이 1억원 미만인 경우		50만원
(2) 실제 거래가격이 1억원 이상 5억원 미만인 경우		200만원
(3) 실제 거래가격이 5억원 이상인 경우		300만원
2) 법 제4조제1호를 위반하여 개업공인중개사에게 법 제3조에 따른 신고를 하지 않게 하거나 거짓으로 신고하도록 요구한 경우	법 제28조제2항제2호	400만원
3) 법 제4조제3호를 위반하여 거짓으로 법 제3조에 따른 신고를 하는 행위를 조장하거나 방조한 경우	법 제28조제2항제3호	400만원
4) 법 제6조를 위반하여 거래대금 지급을 증명할 수 있는 자료 외의 자료를 제출하지 않거나 거짓으로 제출한 경우	법 제28조제2항제4호	500만원

비 고

"신고 해태기간"이란 신고기간 만료일의 다음 날부터 기산하여 신고를 하지 않은 기간을 말한다. 다만, 다음의 사유가 있는 기간은 신고 해태기간에 산입하지 아니할 수 있다.

1) 천재지변 등 불가항력적인 경우

2) 천재지변 등에 준하는 그 밖의 사유로 신고의무를 해태한 상당한 사유가 있다고 인정되는 경우

다. 법 제28조제3항 관련

위반행위	과태료
법 제3조제1항부터 제3항까지의 규정 또는 법 제4조제2호를 위반하여 그 신고를 거짓으로 한 경우	
1) 부동산등의 실제 거래가격 외의 사항을 거짓으로 신고한 경우	취득가액(실제 거래가격을 말한다. 이하 이 목에서 같다)의 100분의 2
2) 부동산등의 실제 거래가격을 거짓으로 신고한 경우	
가) 실제 거래가격과 신고가격의 차액이 실제 거래가격의 10퍼센트 미만인 경우	취득가액의 100분의 2
나) 실제 거래가격과 신고가격의 차액이 실제 거래가격의 10퍼센트 이상 20퍼센트 미만인 경우	취득가액의 100분의 4
다) 실제 거래가격과 신고가격의 차액이 실제 거래가격의 20퍼센트 이상인 경우	취득가액의 100분의 5

라. 법 제28조제4항 관련

위반행위	과태료
법 제8조제1항에 따른 부동산등의 취득 신고를 하지 않거나 거짓으로 신고한 경우	
1) 신고 해태기간이 3개월 이하인 경우	
가) 취득가액이 1억원 미만인 경우	10만원
나) 취득가액이 1억원 이상 5억원 미만인 경우	25만원
다) 취득가액이 5억원 이상인 경우	50만원
2) 신고 해태기간이 3개월을 초과하는 경우	
가) 취득가액이 1억원 미만인 경우	50만원
나) 취득가액이 1억원 이상 5억원 미만인 경우	200만원
다) 취득가액이 5억원 이상인 경우	300만원
3) 거짓으로 신고한 경우	300만원

비고

1) "신고 해태기간"이란 신고기간 만료일의 다음 날부터 기산하여 신고를 하지 않은 기간을 말한다. 다만, 다음의 사유가 기간은 신고 해태기간에 산입하지 아니할 수 있다.

가) 천재지변 등 불가항력적인 경우

나) 천재지변 등에 준하는 그 밖의 사유로 신고의무를 해태한 상당한 사유가 있

다고 인정되는 경우
2) 취득가액은 신고서에 기재된 취득가액을 기준으로 한다. 다만, 취득가액이 시가표준액(「지방세법」 제4조에 따른 신고사유 발생연도의 시가표준액을 말한다) 미만인 경우 또는 신고서에 취득가액을 기재하지 않은 경우에는 그 시가표준액을 취득가액으로 한다.

마. 법 제28조제5항 관련

위반행위	과태료
법 제8조제2항에 따른 부동산등의 취득신고 또는 법 제8조제3항에 따른 부동산등의 계속보유신고를 하지 않거나 거짓으로 신고한 경우	
1) 신고 해태기간이 3개월 이하인 경우	
가) 취득가액이 1억원 미만인 경우	5만원
나) 취득가액이 1억원 이상 5억원 미만인 경우	10만원
다) 취득가액이 5억원 이상인 경우	15만원
2) 신고 해태기간이 3개월 초과 6개월 이하인 경우	
가) 취득가액이 1억원 미만인 경우	15만원
나) 취득가액이 1억원 이상 5억원 미만인 경우	30만원
다) 취득가액이 5억원 이상인 경우	45만원
3) 신고 해태기간이 6개월 초과 1년 이하인 경우	
가) 취득가액이 1억원 미만인 경우	30만원
나) 취득가액이 1억원 이상 5억원 미만인 경우	50만원
다) 취득가액이 5억원 이상인 경우	70만원
4) 신고 해태기간이 1년 초과 3년 이하인 경우	
가) 취득가액이 1억원 미만인 경우	40만원
나) 취득가액이 1억원 이상 5억원 미만인 경우	60만원
다) 취득가액이 5억원 이상인 경우	80만원
5) 신고 해태기간이 3년 초과한 경우	
가) 취득가액이 1억원 미만인 경우	50만원
나) 취득가액이 1억원 이상 5억원 미만인 경우	80만원
다) 취득가액이 5억원 이상인 경우	100만원
6) 거짓으로 신고한 경우	100만원

비고
1) "신고 해태기간"이란 신고기간 만료일의 다음 날부터 기산하여 신고를 하지 않은 기간을 말한다. 다만, 다음의 사유가 기간은 신고 해태기간에 산입하지 아니할 수 있다.
가) 천재지변 등 불가항력적인 경우
나) 천재지변 등에 준하는 그 밖의 사유로 신고의무를 해태한 상당한 사유가 있다고 인정되는 경우

2) 취득가액은 신고서에 기재된 취득가액을 기준으로 한다. 다만, 취득가액이 시가표준액(「지방세법」 제4조에 따른 신고사유 발생연도의 시가표준액을 말한다) 미만인 경우 또는 신고서에 취득가액을 기재하지 않은 경우에는 그 시가표준액을 취득가액으로 한다.

■ **집을 마련한 경우 부동산거래 신고는 반드시 해야 하나요?**

Q. 결혼 5년 만에 처음으로 내집 마련을 하고 집들이를 하는데 친구가 부동산거래 신고를 해야 한다고 하네요. 집을 마련한 경우 부동산거래 신고는 반드시 해야 하나요?

A. 네, 매도인과 매수인(부동산 중개업체를 통해 매매계약을 체결한 경우에는 부동산 중개업체)은 매매계약의 체결일 60일 이내 매매대상 부동산 소재지의 관할 시장·군수 또는 구청장에게 또는 국토교통부 부동산거래관리시스템 통해 부동산거래 신고를 해야 합니다.

◇ 부동산거래 신고제도의 개념

"부동산 거래 신고제도"란 부동산 또는 부동산을 취득할 수 있는 권리의 매매계약을 체결한 경우 실거래가격 보다 낮게 계약서를 작성하는 이중계약의 관행을 없애고 부동산 거래를 투명하게 하기 위해 실제 거래가격 등 일정한 사항을 신고하게 하는 제도를 말합니다.

◇ 부동산거래 신고내용

부동산 거래를 신고하는 경우 다음의 사항을 신고해야 합니다.

- 매수인 및 매도인의 인적사항
- 계약일, 중도금 지급일 및 잔금 지급일
- 거래대상 부동산(부동산을 취득할 수 있는 권리에 관한 매매계약의 경우에는 그 권리의 종류 및 그 권리의 대상인 부동산을 말함)의 소재지·지번 및 지목
- 거래대상 부동산의 종류 및 계약대상 면적
- 실제 거래가격
- 계약의 조건이나 기한이 있는 경우에는 그 조건 또는 기한
- 부동산 개업공인중개사의 인적 사항 및 중개사무소 개설등록에 관한 사항(부동산 개업공인중개사가 거래계약서를 작성·교부한 경우에만 해당함)
- 거래대상 주택의 취득에 필요한 자금의 조달계획[「주택법」제63조에 따라 지정된 투기과열지구에 소재하는 주택(「주택법」 제2조제1호의 주택을 말함)으

로서 실제 거래가격이 3억원 이상인 주택의 거래계약을 체결한 경우(거래당사자 중 매수인이 법 제3조제1항 단서에 따른 국가등인 경우는 제외)만 해당]

- 거래대상 주택에의 매수자 본인이 입주할지 여부와 입주 예정 시기[주택법 제63조에 따라 지정된 투기과열지구에 소재하는 주택(주택법 제2조제1호의 주택을 말함)으로서 실제 거래가격이 3억원 이상인 주택의 거래계약을 체결한 경우(거래당사자 중 매수인이 법 제3조제1항 단서에 따른 국가등인 경우는 제외)만 해당]

2. 전입신고 및 자동차 주소지 변경등록

2-1. 전입신고

2-1-1. 전입신고 의무자 및 기간

① 하나의 세대에 속하는 사람의 전원 또는 그 일부가 거주지를 이동한 경우 다음의 신고의무자는 새로운 거주지에 전입한 날부터 14일 이내에 새로운 거주지의 시장·군수 또는 구청장에게 전입신고(轉入申告)를 해야 합니다(주민등록법 제16조제1항).

1) 세대주

2) 세대를 관리하는 사람

3) 본인

4) 세대주의 위임을 받은 세대주의 배우자

5) 세대주의 위임을 받은 세대주의 직계혈족

6) 세대주의 위임을 받은 세대주의 배우자의 직계혈족

7) 세대주의 위임을 받은 세대주의 직계혈족의 배우자

8) 기숙사나 여러 사람이 동거하는 숙소의 관리자

9) 기숙사나 여러 사람이 동거하는 숙소의 거주민

② 주민의 거주지 이동에 따른 주민등록의 전입신고가 있으면, 병역의무자의 거주지 이동 신고, 인감의 변경신고, 기초생활 수급자의 거주지 변경신고, 국민건강보험 가입자의 거주지 변경신고 및 장애인의 전출신고와 전입신고를 한 것으로 봅니다(주민등록법 제17조).

2-1-2. 전입신고 시 제출서류

① 전입신고를 하는 경우 전입신고서를 작성하여 새로운 거주지의 시장·군수 또는 구청장에게 제출합니다(주민등록법 제16조제1항 및 동법 시행령 제23조제1항, 별지 제15호서식, 별지 제15호의2 및 별지 제15호의3서식).

② 전입신고를 하는 경우 전입지의 세대주 또는 세대를 관리하는 사람과 전(前) 거주지의 세대주 또는 세대를 관리하는 사람이 다른 경우에는 전 거주지의 세대주, 세대를 관리하는 사람 또는 전입자의 확인을 받아야 합니다(주민등록법 시

행령 제23조제2항 본문).

③ 전 거주지의 세대주, 세대를 관리하는 사람 또는 전입자의 확인을 받기 어려운 경우에는 읍·면·동장 또는 출장소장의 사실조사로 대신할 수 있습니다(주민등록법 시행령 제23조제2항 단서).

2-1-3. 과태료

정당한 사유 없이 전입신고를 14일 이내에 하지 않은 경우 5만원 이하의 과태료가 부과됩니다(「주민등록법 제40조제4항).

2-2. 자동차 변경등록

2-2-1. 자동차 사용본거지 변경등록 의무자 및 기간

① 자동차 소유자가 매수한 주택으로 거주지를 이동하여 자동차 사용본거지가 변경된 경우에는 30일 이내에 시·도지사에게 변경등록을 신청해야 합니다(자동차관리법 제11조제1항 본문 및 자동차등록령 제22조제1항).

② "자동차의 사용본거지"란 자동차의 소유자가 자동차를 주로 보관·관리 또는 이용하는 곳으로서 자동차 소유자가 개인인 경우에는 그 소유자의 주민등록지가, 자동차 소유자가 법인 또는 법인이 아닌 사단 또는 재단인 경우에는 그 법인 등의 주사무소 소재지가 자동차의 사용본거지가 됩니다(자동차등록령 제2조제2호 및 자동차등록규칙 제3조제1항).

③ 주민등록지가 해당 자동차의 사용본거지인 자동차 소유자가 전입신고를 한 경우, 자동차 소유자가 해당 자동차의 사용본거지인 국내체류지 또는 국내거소에 전입신고를 한 경우, 재외동포가 국내거소 변경신고를 한 경우에는 변경등록을 신청한 것으로 봅니다(자동차등록령 제22조제2항제2호 및 제3호).

④ 주민등록지·국내체류지 또는 국내거소가 해당 자동차의 사용본거지가 아닌 자동차 소유자가 자동차의 사용본거지를 다른 시·도로 변경한 때에는 변경한 날부터 30일 이내에 시·도지사에게 변경등록을 신청해야 합니다(자동차등록령 제25조).

2-2-2. 자동차 변경등록 시 제출서류

자동차 변경등록을 신청하는 경우 다음의 서류를 제출해야 합니다(자동차등록령 제

22조제1항 및 자동차등록규칙 제29조제1항).

1) 자동차변경등록신청서(자동차등록규칙 별지 제11호서식)

2) 변경등록 신청 사유(변경 명세)를 증명하는 서류(사업용 자동차는 여객자동차 운수사업법 또는 화물자동차 운수사업법에 따른 사업계획의 변경을 증명하는 서류 포함)

3) 자동차 등록번호판(등록번호가 변경되는 경우만 해당)

4) 대리인이 신청하는 경우에는 위임장 및 위임한 자의 신분을 확인할 수 있는 신분증명서 사본(법인인 경우 법인인감증명서. 다만, 해당 법인이 제출한 사용인감계를 등록관청이 대조·확인할 수 있는 경우에는 제출하지 않을 수 있음)

3. 신고해야 할 부동산 매매

3-1. 외국인의 부동산 매매

3-1-1. 외국인의 개념

"외국인 등"이란 다음의 개인·법인 또는 단체를 말합니다(부동산 거래신고 등에 관한 법률 제2조제4호).

1) 대한민국의 국적을 보유하고 있지 않은 개인

2) 외국의 법령에 따라 설립된 법인 또는 단체

3) 사원 또는 구성원의 1/2 이상이 대한민국의 국적을 보유하지 않은 개인인 법인 또는 단체

4) 업무를 집행하는 사원이나 이사 등 임원의 1/2 이상이 대한민국의 국적을 보유하지 않은 개인인 법인 또는 단체

5) 대한민국의 국적을 보유하지 않은 개인이나 외국의 법령에 따라 설립된 법인 또는 단체가 자본금의 1/2 이상이나 의결권의 1/2 이상을 가지고 있는 법인 또는 단체

6) 외국정부

7) 대통령령으로 정하는 국제기구

3-1-2. 부동산등 취득의 신고

외국인 등이 대한민국 안의 부동산 등을 취득하는 계약(부동산 거래신고 등에 관한 법률 제3조제1항 각 호에 따른 계약은 제외)을 체결한 경우에는 계약체결일로부터 60일 이내에, 외국인 등이 상속·경매, 그 밖에 부동산 거래신고 등에 관한 법률 시행령 제5조제2항에 따른 계약 외의 원인으로 대한민국 안의 부동산등을 취득한 때에는 부동산등을 취득한 날부터 6개월 이내에 아래의 서류를 갖추어 신고관청에 신고해야 합니다(부동산 거래신고 등에 관한 법률 제8조제1항, 제2항, 동법 시행령 제5조제1항 및 동법 시행규칙 제7조제1항제1호).

1) 외국인 부동산등 취득 신고서

2) 증여의 경우 증여계약서

3) 상속의 경우 상속인임을 증명할 수 있는 서류

4) 경매의 경우 경락결정서

5) 환매권 행사의 경우 환매임을 증명할 수 있는 서류

6) 법원 확정판결인 경우 확정판결문

7) 법인 합병의 경우 합병사실을 증명할 수 있는 서류

3-1-3. 부동산등 계속 보유 신고

대한민국 안의 부동산등을 가지고 있는 대한민국 국민이나 대한민국의 법령에 따라 설립된 법인 또는 단체가 외국인등으로 변경된 경우 그 외국인등이 해당 부동산등을 계속보유하려는 경우에는 외국인등으로 변경된 날부터 6개월 이내에 아래의 서류를 갖추어 신고관청에 신고해야 합니다(부동산 거래신고 등에 관한 법률 제8조제3항, 동법 시행령」제5조제1항 및 동법 시행규칙 제7조제1항제2호).

1) 외국인 부동산등 계속보유 신고서

2) 대한민국국민이나 대한민국의 법령에 따라 설립된 법인 또는 단체가 외국인등으로 변경되었음을 증명할 수 있는 서류

3-1-4. 과태료

① 토지취득 신고를 하지 않거나 거짓으로 신고한 경우 300만원 이하의 과태료가 부과됩니다(부동산 거래신고 등에 관한 법률 제28조제4항).

② 취득신고를 히지 않거나 거짓으로 신고한 자 또는 토지의 계속보유 신고를 하지 않거나 거짓으로 신고한 경우 100만원 이하의 과태료가 부과됩니다(부동산 거래신고 등에 관한 법률 제28조제5항).

3-2. 외국인 등의 토지취득 허가

① 외국인등이 취득하려는 토지가 다음의 어느 하나에 해당하는 구역·지역 등에 있으면 토지를 취득하는 계약(이하 "토지취득계약"이라 함)을 체결하기 전에 신고관청으로부터 토지취득의 허가를 받아야 합니다. 다만,「부동산 거래신고 등에 관한 법률」제11조에 따라 토지거래계약에 관한 허가를 받은 경우에는 그렇지 않습니다(부동산 거래신고 등에 관한 법률 제9조).

1) 군사기지 및 군사시설 보호법에 따른 군사기지 및 군사시설 보호구역, 그 밖에 국방목적을 위하여 외국인등의 토지취득을 특별히 제한할 필요가 있는 지역

2) 문화재보호법에 따른 지정문화재와 이를 위한 보호물 또는 보호구역

3) 자연환경보전법에 따른 생태·경관보전지역

4) 야생생물 보호 및 관리에 관한 법률에 따른 야생생물 특별보호구역

② 토지취득의 허가를 받으려는 외국인등은 신청서에 아래의 서류를 첨부하여 신고관청에 제출해야 합니다(부동산 거래신고 등에 관한 법률 시행령 제6조제1항 및 동법 시행규칙 제1항제3호).

1) 외국인 토지 취득 허가신청서

2) 토지 거래계약 당사자 간의 합의서

4. 학교법인의 부동산 매도

4-1. 학교법인의 개념

"학교법인"이란 사립학교만을 설치·경영함을 목적으로 「사립학교법」에 따라 설립되는 법인을 말합니다(사립학교법 제2조제2호).

4-2. 학교법인의 부동산 매도 신고

① 학교법인이 그 부동산을 매도할 때에는 다음의 경우 관할청에 신고해야 합니다(사립학교법 제28조제1항 및 동법 시행령 제11조제5항).

1) 대학설립·운영 규정 및 사이버대학 설립·운영 규정에 따라 수익용기본재산을 확보한 대학, 산업대학 또는 사이버대학을 경영하는 학교법인이 수익증대를 목적으로 다른 수익용기본재산으로 대체취득하기 위해 수익용기본재산을 매도하는 경우

2) 공익사업을 위한 토지 등의 취득 및 보상에 관한 법률의 규정에 따라 협의 또는 수용으로 부동산을 처분하는 경우(손실보상금을 해당 재산의 용도와 동일하게 사용하는 경우에 한함)

3) 위에 해당하지 않는 경우로서 부동산의 매도가액이 5천만원 미만(대학 또는 산업대학을 경영하는 학교법인의 경우는 3억원 미만)인 경우

② 관할청은 다음과 같습니다(사립학교법 제4조).

관할청	관할청의 지도·감독을 받는 기관
해당 주소지를 관할하는 특별시·광역시·특별자치시·도 및 특별자치도 교육감	1. 사립의 초등학교·중학교·고등학교·고등기술학교·공민학교·고등공민학교·특수학교·유치원 및 이들에 준하는 각종학교 2. 1.의 사립학교를 설치·경영하는 학교법인 또는 사립학교경영자
교육부장관	1. 사립의 대학·산업대학·사이버대학·전문대학·기술대학 및 이들에 준하는 각종학교 2. 1.의 사립학교를 설치·경영하는 학교법인 3. 1.의 사립학교와 그 밖의 사립학교를 설치·경영하는 학교법인

③ 학교법인의 부동산 매도 신고를 할 경우 다음의 서류를 제출해야 합니다(사립학교법 시행령 제11조제1항).

1) 기본재산매도·증여 또는 교환에 관한 허가신청서 또는 신고서

2) 처분재산명세서

3) 감정평가업자의 감정평가서(교환의 경우에는 쌍방 재산)

4) 이사회회의록사본

5) 교환재산 또는 처분대금의 처리에 관한 사항을 기재한 서류

6) 예외적으로 처분할 수 없는 재산의 범위에서 제외된 재산이 있는 경우 그 내용을 증명할 수 있는 서류(사립학교법 시행령 제12조제2항)

4-3. 위반 시 처벌

학교법인의 이사장 또는 사립학교경영자(법인의 경우에는 그 대표자 또는 이사)가 학교법인의 부동산을 매도하고 신고하지 않은 경우 2년 이하의 징역 또는 2천만원 이하의 벌금에 처해집니다(사립학교법 제73조제2호).

제3절 각종 세금 납부하기

제1관 매도인이 부담하는 세금

1. 양도소득세

1-1. 양도소득세의 개념

"양도소득세"란 자산에 대한 등기 또는 등록에 관계없이 매도, 교환, 법인에 대한 현물출자 등으로 그 자산이 유상으로 사실상 이전(이하 "양도"라 함)하여 발생하는 소득에 대해 부과되는 세금을 말합니다(소득세법 제4조제1항제3호 및 제88조제1항).

1-2. 양도소득세의 산정

양도소득세는 양도소득과세표준에 양도소득세율을 곱하여 산정합니다(소득세법 제93조제1호).

양도소득세 = ①양도소득 과세표준 × ②양도소득세율 ↓ [③양도소득금액 ④양도소득 기본공제(연간 250만원)] ↓ (⑤양도차익⑥장기보유특별공제액) ↓ ↓ [양도가액 (취득가액 + 그 밖의 필요경비)] (양도차익 × 장기보유특별공제율)

① 양도소득 과세표준: 양도소득금액에서 양도소득 기본공제를 한 금액(소득세법 제92조제2항)

② 양도소득세율: 소득세법 제104조에 따른 세율

③ 양도소득금액 : 양도차익에서 장기보유특별공제액을 공제한 금액(소득세법 제95조제1항)

④ 양도소득 기본공제 : 양도소득이 있는 거주자에 대해 양도소득별로 해당 과세기간의 양도소득금액에서 각각 연 250만원을 공제(소득세법 제103조제1항)

⑤ 양도차익 : 해당 자산의 양도 당시의 양도자와 양수자간에 실지거래가격에서 취

득에 소요된 실지취득가액과 그 밖의 필요경비를 합한 금액을 공제한 금액(소득세법 제100조 및 동법 시행령 제166조)

⑥ 장기보유 특별공제액: 보유기간이 3년 이상인 것 및 부동산을 취득할 수 있는 권리 중 조합원 입주권(조합원으로부터 취득한 것 제외)에 대해 그 자산의 양도차익(조합원 입주권을 양도하는 경우에는 관리처분계획 인가 전 토지분 또는 건물분의 양도차익으로 한정)에 보유기간별 공제율을 곱하여 계산한 금액(소득세법 제95조제2항)

1-3. 양도소득 과세표준의 예정신고 및 납부

① 양도소득 과세표준의 예정신고

매도인이 부동산을 양도한 경우 그 양도일이 속하는 달의 말일부터 2개월 이내[토지거래계약에 관한 허가구역에 있는 토지를 양도할 때 토지거래계약허가를 받기 전에 대금을 청산한 경우에는 그 허가일(토지거래계약허가를 받기 전에 허가구역의 지정이 해제된 경우에는 그 해제일을 말함)이 속하는 달의 말일부터 2개월 이내]에 양도소득과세표준을 납세지 관할 세무서장에게 신고해야 합니다(소득세법 제105조제1항제1호).

1) 양도소득과세표준예정신고 및 납부계산서

2) 환지예정지증명원·잠정등급확인원 및 관리처분내용을 확인할 수 있는 서류 등

3) 해당 자산의 매도 및 매입에 관한 계약서 사본

4) 자본적 지출액·양도비 등의 명세서

5) 감가상각비명세서

② 양도소득 과세표준의 예정신고납부

매도인이 예정신고납부를 할 경우 다음에 의해 산출된 세액을 양도소득 과세표준예정신고서에 양도소득 과세표준예정신고 및 납부계산서를 첨부하여 납세지 관할세무서, 한국은행 또는 체신관서에 예정신고납부를 해야 합니다(소득세법 제106조제1항, 제107조제1항 및 동법 시행령 제170조).

예정신고 산출세액 = [(양도차익 장기보유 특별공제 및 양도소득 기본공제) × 양도소득세율]-「조세특례제한법」이나 그 밖의 법률에 따른 감면세액

1-4. 양도소득 과세표준의 확정신고 및 납부

① 양도소득 과세표준의 확정신고

해당 과세기간의 양도소득금액이 있는 거주자는 그 양도소득 과세표준을 그 과세기간의 다음 연도 5월 1일부터 5월 31일까지[제105조제1항제1호 단서에 해당하는 경우 토지거래계약에 관한 허가일(토지거래계약허가를 받기 전에 허가구역의 지정이 해제된 경우에는 그 해제일을 말함)이 속하는 과세기간의 다음 연도 5월 1일부터 5월 31일까지] 납세지 관할 세무서장에게 신고해야 합니다(소득세법 제110조제1항, 동법 시행령 제173조제1항 및 제2항).

1) 양도소득 과세표준확정신고 및 납부계산서

2) 소득세법 시행령 제169조에 따른 환지예정지증명원·잠정등급확인원 및 관리처분내용을 확인할 수 있는 서류 등

3) 소득세법 시행령 제169조에 따른 해당 자산의 매도 및 매입에 관한 계약서 사본

4) 자본적 지출액·양도비 등의 명세서

5) 감가상각비명세서

6) 소득세법 시행령 제177조에 양도소득세 납세고지서 사본(예정신고를 하지 않은 경우 양도소득금액 계산명세서 첨부)

7) 소득세법 제101조에 따라 양도소득세를 내야 하는 거주자의 행위 또는 계산이 조세 부담을 부당하게 감소시킨 것으로 인정되어 그 거주자의 행위 또는 계산과 관계없이 소득금액을 계산하는 경우 필요경비불산입 명세서

② 양도소득 과세표준의 확정신고납부

매도인은 해당 과세기간의 과세표준에 대한 양도소득 산출세액에서 감면세액과 세액공제액을 공제한 금액을 확정신고 기한까지 납세지 관할세무서, 한국은행 또는 체신관서에 확정신고납부를 해야 합니다(소득세법 제111조제1항 및 동법 시행령 제174조제1항).

1-5. 가산세

① 부동산을 양도한 매도인이 법정신고기한까지 예정신고 및 중간신고를 포함하여 양도소득 과세표준 신고를 하지 않은 경우 그 신고로 납부하여야 할 세액(국세

기본법 및 세법에 따른 가산세와 세법에 따라 가산하여 납부해야 할 이자 상당 가산액이 있는 경우 그 금액은 제외하며, 이하 "무신고납부세액"이라 함)의 20%가 가산세로 부과됩니다(국세기본법 제47조의2제1항제2호).

② 부동산을 양도한 매도인이 부정행위로 법정신고기한까지 양도소득 과세표준 신고를 하지 않는 경우 무신고납부세액의 40%가 가산세로 부과됩니다(국세기본법 제47조의2제1항제1호).

③ 양도소득세를 납부해야 할 매도인이 양도소득세 납부기한까지 납부(중간예납·예정신고납부·중간신고납부를 포함함)를 하지 않거나 납부해야 할 세액보다 적게 납부하거나 환급받아야 할 세액보다 많이 환급받은 경우에는 다음의 금액을 합한 금액을 가산세로 합니다(국세기본법 제47조의4제1항 및 동법 시행령 제27조의4).

- 납부하지 않은 세액 또는 과소납부분 세액(세법에 따라 가산하여 납부해야 할 이자 상당 가산액이 있는 경우에는 그 금액을 더함) × 납부기한의 다음 날부터 자진납부일 또는 납세고지일까지의 기간 × 3/10000
- 초과환급받은 세액(세법에 따라 가산하여 납부해야 할 이자 상당 가산액이 있는 경우에는 그 금액을 더함) × 환급받은 날의 다음 날부터 자진납부일 또는 납세고지일까지의 기간 × 3/10000

1-6. 양도소득세의 비과세

1-6-1. 1세대 1주택의 비과세

① 다음의 1세대 1주택 등의 양도로 인해 발생하는 소득에 대해서는 양도소득세가 부과되지 않습니다(소득세법 제89조제1항제3호 및 동법 시행령 제154조제1항 본문).

1) 거주자 및 그 배우자가 그들과 동일한 주소 또는 거소에서 생계를 같이 하는 가족과 함께 구성하는 1세대일 것

2) 양도일 현재 국내에 1주택을 보유하고 있는 경우일 것

3) 해당 주택의 보유기간이 2년 이상인 것[취득 당시에 주택법 제63조의2제1항제1호에 따른 조정대상지역에 있는 주택의 경우에는 해당 주택의 보유기간이 2년(비거주자가 해당 주택을 3년 이상 계속 보유하고 그 주택에서 거주한 상태로 거주자로 전환된 경우에는 해당 주택에 대한 거주기간 및 보유기간이 3년) 이상이고 그 보유기간 중 거주기간이 2년 이상인 것]

② 다음의 경우에는 1세대 1주택으로 봅니다(소득세법 시행령 제155조).

1세대 1주택 인정조건	1세대 1주택 인정시기
1주택을 소유한 1세대가 그 주택(이하 '종전의 주택'이라 함)을 양도하기 전에 다른 주택(이하 '신규 주택'이라 함)을 취득(자기가 건설해 취득하는 경우 포함함)함으로써 일시적으로 2주택이 된 경우	종전의 주택을 취득한 날부터 1년 이상이 지난 후 신규 주택을 취득하고 그 신규 주택을 취득한 날부터 3년[종전의 주택이 조정대상지역에 있는 상태에서 조정대상지역에 있는 신규 주택을 취득{조정대상지역의 공고가 있은 날 이전에 신규 주택(신규 주택을 취득할 수 있는 권리를 포함)을 취득하거나 신규 주택을 취득하기 위하여 매매계약을 체결하고 계약금을 지급한 사실이 증빙서류에 의하여 확인되는 경우는 제외}하는 경우 2년]
1주택을 보유하고 1세대를 구성하는 자가 1주택을 보유하고 있는 60세 이상의 직계존속(배우자의 직계존속을 포함하며, 직계존속 중 어느 한 사람이 60세 미만인 경우를 포함함. 이하 같음)을 동거봉양하기 위하여 세대를 합침으로써 1세대가 2주택을 보유하게 된 경우	합친 날부터 5년 이내에 먼저 양도하는 주택
- 1주택을 보유하는 자가 1주택을 보유하는 자와 혼인함으로써 1세대가 2주택을 보유하게 된 경우 - 1주택을 보유하고 있는 60세 이상의 직계존속을 동거봉양하는 무주택자가 1주택을 보유하는 자와 혼인함으로써 1세대가 2주택을 보유하게 된 경우	각각 혼인한 날부터 5년 이내에 먼저 양도하는 주택
1세대가 지정문화재 및 등록문화재주택과 그 밖의 주택(이하 "일반주택"이라 함)을 국내에 각각 1개씩 소유하는 경우	일반주택을 양도하는 경우
- 1세대가 다음의 주택으로서수도권정비계획법 제2조제1호에 따른 수도권(이하 "수도권"이라 함) 밖의 지역 중 읍지역(도시지역 안의 지역을 제외함) 또는 면지역에 소재하는 주택(이하 "농어촌주택"이라 함)과 일반주택을 국내에 각각 1개씩 소유하는 경우 - 상속받은 주택(피상속인이 취득 후 5년 이상 거주한 사실이 있는 경우에 한함) - 이농인(어업에서 떠난 자를 포함함)이 취득	일반주택을 양도하는 경우

일 후 5년 이상 거주한 사실이 있는 이농주택 - 영농 또는 영어의 목적으로 취득한 귀농주택(주택을 취득한 날부터 5년 이내에 일반주택을 양도하는 경우에 한정하여 적용됨)	
1세대가 취학, 근무상의 형편, 질병의 요양, 그 밖에 부득이한 사유(이하 "부득이한 사유"라 함)로 취득한 수도권 밖에 소재하는 주택과 일반주택을 국내에 각각 1개씩 소유하는 경우	부득이한 사유가 해소된 날부터 3년 이내에 일반주택을 양도하는 경우
1세대가 장기임대주택과 그 밖의 1주택을 국내에 소유하는 경우[해당 거주주택이 「민간임대주택에 관한 특별법」 제5조에 따라 민간임대주택으로 등록한 사실이 있고 그 보유기간 중에 양도한 다른 거주주택(양도한 다른 거주주택이 둘 이상인 경우에는 가장 나중에 양도한 거주주택을 말함. 이하 "직전거주주택"이라 함)이 있는 거주주택(이하 "직전거주주택보유주택"이라 함)인 경우에는 직전거주주택의 양도일 후의 기간분]	다음의 요건을 모두 충족하는 해당 1주택(이하 "거주주택"이라 함)을 양도하는 경우 · 거주주택: 거주기간(직전거주주택보유주택의 경우에는 사업자 등록 및 「민간임대주택에 관한 특별법」 제5조에 따른 임대사업자로 등록한 날 이후의 거주기간을 말함)이 2년 이상일 것 · 장기임대주택: 양도일 현재 사업자 등록을 하고, 장기임대주택을 「민간임대주택에 관한 특별법」 제5조에 따라 민간임대주택으로 등록하여 임대하고 있을 것

③ 다만, 1세대가 양도일 현재에 다음의 1. 부터 5. 까지의 어느 하나에 해당하는 경우에는 보유기간 및 거주기간의 제한을 받지 않으며, 제6. 및 7. 에 해당하는 경우에는 거주기간의 제한을 받지 않으므로 양도소득세가 부과되지 않습니다(소득세법 시행령 제154조제1항 단서).

1) 민간건설임대주택 또는 공공건설임대주택을 취득해 양도하는 경우로서 해당 건설임대주택의 임차일부터 해당 주택의 양도일까지의 기간 중 세대전원이 거주(취학, 근무상의 형편, 질병의 요양, 그 밖에 부득이한 사유로 세대의 구성원 중 일부가 거주하지 못하는 경우 포함)한 기간이 5년 이상인 경우

2) 주택 및 그 부수토지(사업인정 고시일 전에 취득한 주택 및 그 부수토지에 한함)의 전부 또는 일부가 공익사업을 위해 협의매수·수용 및 그 밖의 법률에 따라 수용되는 경우(이 경우 그 양도일 또는 수용일로부터 2년 이내에 양도하는 그 잔존 주택 및 그 부수토지 포함)

3) 세대전원이 해외이주를 이유로 출국하는 경우(출국일 현재 1주택을 보유하고 있고 출국일부터 2년 이내에 양도하는 경우에 한함)

4) 세대전원이 취학 또는 근무상의 형편으로 1년 이상 계속해 국외에 거주하기 위해 출국하는 경우(출국일 현재 1주택을 보유하고 있고 출국일부터 2년 이내에 양도하는 경우에 한함)

5) 1년 이상 거주한 주택을 취학, 근무상의 형편, 질병의 요양 그 밖에 부득이한 사유로 양도하는 경우

6) 거주자가 해당 주택을 임대하기 위하여 소득세법 제168조제1항에 따른 등록과 민간임대주택에 관한 특별법 제5조에 따른 임대사업자등록을 한 경우(민간임대주택에 관한 특별법 제43조를 위반하여 임대의무기간 중에 해당 주택을 양도하는 경우는 제외함)

7) 거주자가 조정대상지역의 공고가 있은 날 이전에 매매계약을 체결하고 계약금을 지급한 사실이 증빙서류에 의하여 확인되는 경우로서 해당 거주자 속한 1세대가 계약금 지급일 현재 주택을 보유하지 않는 경우

④ 1세대가 1주택을 양도하기 전에 다른 주택을 대체취득하거나 상속, 동거봉양, 혼인 등으로 2주택 이상을 보유하는 경우로서 주택양도로 인해 발생하는 소득에 대해서는 양도소득세가 부과되지 않습니다(소득세법 제89조제1항제3호).

1-6-2. 양도소득세의 비과세 예외

미등기양도 부동산에 대해서는 양도소득세율이 70%로 일반적인 양도소득세의 세율보다 높게 적용되며 양도소득에 대한 비과세에 관한 규정이 적용되지 않습니다(소득세법 제91조제1항 및 제104조제1항제10호).

1-7. 양도소득세의 감면

1-7-1. 자경농지에 대한 감면

① 농지소재지에 거주하는 거주자가 8년 이상 직접 경작한 토지로서 농업소득세의 과세대상이 되는 토지 중 일정한 토지의 양도로 발생하는 소득에 대해서는 양도소득세가 면제됩니다(조세특례제한법 제69조제1항 본문).

② "농지소재지에 거주하는 거주자"란 8년 이상 다음 지역에 거주하면서 경작한 사람으로서 농지 양도일 현재 국내에 주소를 두거나 183일 이상의 거소를 둔 개인(비거주자가 된 날부터 2년 이내인 사람 포함)을 말합니다(조세특례제한법 시행령 제66조제1항).

1) 농지가 소재하는 시(특별자치시와 제주특별자치도 행정시 포함)·군·구(자치구인 구) 안의 지역

2) 농지가 소재하는 시·군·구 안의 지역과 연접한 시·군·구 안의 지역

3) 해당 농지로부터 직선거리 30㎞ 이내의 지역

③ "직접 경작"이란 다음 중 어느 하나에 해당하는 것을 말합니다(조세특례제한법 시행령 제66조제13항).

1) 거주자가 그 소유농지에서 농작물의 경작 또는 다년생식물의 재배에 상시 종사하는 것

2) 거주자가 그 소유농지에서 농작업의 2분의 1 이상을 자기의 노동력으로 경작 또는 재배하는 것

1-7-2. 축사용지에 대한 감면

① 축산에 사용하는 축사와 이에 딸린 토지(이하 "축사용지"라 함) 소재지에 거주하는 거주자가 8년 이상 직접 축산에 사용한 축사용지(1명당 1,650㎡ 한도)를 폐업을 위해 2017년 12월 31일까지 양도함에 따라 발생하는 소득에 대해서는 양도소득세가 면제됩니다(조세특례제한법 제69조의2제1항 본문).

② "거주자"는 8년 이상 다음 지역(축산 개시 당시에는 그 지역에 해당하였으나 행정구역의 개편 등으로 이에 해당하지 않게 된 지역 포함)에 거주한 사람으로서 축사용지 양도일 현재 국내에 주소를 두거나 183일 이상의 거소를 둔 개인(비거주자가 된 날부터 2년 이내인 사람 포함)을 말합니다(조세특례제한법 시행

령 제66조의2제1항).

1) 축사용지가 소재하는 시(특별자치시와 제주특별자치도 행정시)시·군·구(자치구인 구) 안의 지역

2) 축사용지가 소재하는 시·군·구 안의 지역과 연접한 시·군·구 안의 지역

3) 해당 축사용지로부터 직선거리 30㎞ 이내의 지역

③ "직접 축산"이란 다음에 해당하는 것을 말합니다(조세특례제한법 시행령제66조의2제2항).

1) 거주자가 그 소유 축사용지에서 가축의 사육에 상시 종사하는 것

2) 거주자가 그 소유 축사용지에서 축산작업의 2분의 1 이상을 자기의 노동력으로 수행하는 것

④ "폐업"이란 축산을 사실상 중단하는 것으로서 해당 축사용지 소재지의 시장·군수·구청장으로부터 축산기간 및 폐업 확인서에 폐업임을 확인받은 경우를 말합니다(조세특례제한법 시행령 제66조의2제8항).

1-8. 양도소득세의 중과세

비사업용 토지는 양도소득세율이 16~50%로 일반적인 양도소득세의 세율보다 높게 적용됩니다(소득세법 제104조제1항제8호).

1-9. 신축주택 등 취득자에 대한 양도소득세의 과세특례

① 거주자 또는 비거주자가 일정한 신축주택, 미분양주택 또는 1세대 1주택자의 주택으로서 취득가액이 6억원 이하이거나 주택의 연면적(공동주택의 경우에는 전용면적)이 85㎡ 이하인 주택을 2013년 4월 1일부터 2013년 12월 31일까지 취득(2013년 12월 31일까지 매매계약을 체결하고 계약금을 지급한 경우 포함)한 경우 다음과 같은 계산에 따라 양도소득세액가 감면됩니다(조세특례제한법 제99조의2제1항 본문).

1) 해당 주택을 취득일부터 5년 이내에 양도하는 경우 : 양도소득세 과세대 상소득금액 신축주택을 취득한 날부터 양도일까지 발생한 양도소득금액

2) 취득일부터 5년이 지난 후에 양도하는 경우 : 양도소득세 과세대상소득 금액 해당 주택의 취득일부터 5년간 발생한 양도소득금액

② 이 경우 공제하는 금액이 과세대상소득금액을 초과하는 경우 그 초과금액은 없는 것으로 합니다(조세특례제한법 제99조의2제1항 단서).

③ “신축주택, 미분양주택”이란 다음의 주택(이하 '신축주택 등'이라 함)을 말합니다(조세특례제한법 시행령 제99조의2제1항).

1) 주택을 공급하는 사업주체(이하 '사업주체'라 함)가 입주자모집공고에 따른 입주자의 계약일이 지난 주택단지에서 2013년 3월 31일까지 분양계약이 체결되지 않아 2013년 4월 1일 이후 선착순의 방법으로 공급하는 주택

2) 사업계획승인(건축허가 포함)을 받아 해당 사업계획과 사업주체가 공급하는 주택(입주자모집공고에 따른 입주자의 계약일이 2013년 4월 1일 이후 도래하는 주택으로 한정함)

3) 주택건설사업자(30호 미만의 주택을 공급하는 자를 말하며, 1.와 2.에 해당하는 사업주체 제외)가 공급하는 주택

4) 주택도시보증공사가 매입하여 공급하는 주택

5) 주택의 시공자가 해당 주택의 공사대금으로 받아 공급하는 주택

6) 기업구조조정부동산투자회사 등이 취득하여 공급하는 주택

7) 신탁업자가 취득한 주택으로서 해당 신탁업자가 공급하는 주택

8) 자기가 건설한 주택으로서 2013년 4월 1일부터 2013년 12월 31일까지의 기간(이하 '과세특례 취득기간'이라 함) 중에 사용승인 또는 사용검사(임시사용승인 포함)를 받은 주택(다음의 주택 제외)

- 도시 및 주거환경정비법에 따른 재개발사업, 재건축사업 또는 「빈집 및 소규모주택 정비에 관한 특례법」에 따른 소규모주택정비사업을 시행하는 정비사업조합의 조합원이 해당 관리처분계획(소규모주택정비사업의 경우에는 사업시행계획을 말함)에 따라 취득하는 주택
- 거주하거나 보유하는 중에 소실·붕괴·노후 등으로 인하여 멸실되어 재건축한 주택

9) 오피스텔 중 건축허가를 받아 분양사업자가 공급(분양 광고에 따른 입주예정일이 지나고 2013년 3월 31일까지 분양계약이 체결되지 않아 수의계약으로 공급하는 경우 포함)하거나 건축물의 사용승인을 받아 공급하는 오피스텔(4.부터 8.까지의 방법으로 공급 등을 하는 오피스텔 포함)

④ 다음의 신축주택 등은 제외합니다(조세특례제한법 시행령 제99조의2제2항).

1) 사업주체와 양수자 간에 실제로 거래한 가액이 6억원을 초과하고 연면적(공동주택 및 오피스텔의 경우에는 전용면적)이 85㎡를 초과하는 신축주택 등(이 경우 양수자가 부담하는 취득세 및 그 밖의 부대비용 불포함)

2) 2013년 3월 31일 이전에 사업주체 등과 체결한 매매계약이 과세특례 취득기간 중에 해제된 신축주택 등

3) 2.에 따른 매매계약을 해제한 계약자가 과세특례 취득기간 중에 계약을 체결하여 취득한 신축주택 및 해당 계약자의 배우자[계약자 또는 그 배우자의 직계존비속(배우자 포함) 및 형제자매 포함]가 과세특례 취득기간 중에 원래 매매계약을 체결하였던 사업주체등과 계약을 체결하여 취득한 신축주택 등

4) 위의 9.에 따른 오피스텔을 취득한 사람이 다음에 해당하지 않게 된 경우의 해당 오피스텔

- 취득일부터 60일이 지난 날부터 양도일까지 해당 오피스텔의 주소지에 취득자 또는 임차인의 주민등록이 되어 있는 경우(이 경우 기존 임차인의 퇴거일부터 취득자 또는 다음 임차인의 주민등록을 이전하는 날까지의 기간으로서 6개월 이내의 기간은 기존 임차인의 주민등록이 되어 있는 것으로 봄)
- 공공주택사업자 또는 임대사업자(취득 후 임대사업자로 등록한 경우 포함)가 취득한 경우로서 취득일부터 60일 이내에 임대용 주택으로 등록한 경우

⑤ "1세대 1주택자의 주택"이란 다음의 주택[주택에 부수되는 토지로서 건물이 정착된 면적에 지역별로 정하는 배율(도시지역 안의 토지 : 5배, 도시지역 밖의 토지 : 10배)을 곱하여 산정한 면적 이내의 토지를 포함하며, 이하 '감면대상기존주택'이라 함]을 말합니다(조세특례제한법 시행령 제99조의2제3항 전단 및 제4항).

1) 2013년 4월 1일 현재 「주민등록법」상 1세대(부부가 각각 세대를 구성하고 있는 경우에는 이를 1세대라 함)가 매매계약일 현재 국내에 1주택(주택을 소유하지 않고 2013년 4월 1일 현재 주민등록이 되어 있는 오피스텔을 소유하고 있는 경우에는 그 1오피스텔을 1주택으로 봄)을 보유하고 있는 경우로서 해당 주택의 취득 등기일부터 매매계약일까지의 기간이 2년 이상인 주택

2) 국내에 1주택을 보유한 1세대가 그 주택(이하 '종전의 주택'이라 함)을 양도

하기 전에 다른 주택을 취득함으로써 일시적으로 2주택이 된 경우(1.에 따라 1주택으로 보는 오피스텔을 소유하고 있는 사람이 다른 주택을 취득하는 경우 포함)로서, 종전의 주택의 취득 등기일부터 1년 이상이 지난 후 다른 주택을 취득하고 그 다른 주택을 취득한 날(등기일)부터 3년 이내에 매매계약을 체결하고 양도하는 종전의 주택. 다만, 취득 등기일부터 매매계약일까지의 기간이 2년 이상인 종전의 주택으로 한정.

⑥ 다음의 감면대상기존주택은 제외합니다(조세특례제한법 시행령 제99조의2제5항).

1) 감면대상기존주택 양도자와 양수자 간에 실제로 거래한 가액이 6억원을 초과하고 연면적(공동주택 및 오피스텔의 경우에는 전용면적)이 85㎡를 초과하는 감면대상기존주택(이 경우 양수자가 부담하는 취득세 및 그 밖의 부대비용 불포함)

2) 2013년 3월 31일 이전에 체결한 매매계약을 과세특례 취득기간 중에 해제한 매매계약자 또는 그 배우자[매매계약자 또는 그 배우자의 직계존비속(그 배우자 포함) 및 형제자매 포함]가 과세특례 취득기간 중에 계약을 체결하여 취득한 원래 매매계약을 체결하였던 감면대상기존주택

3) 감면대상기존주택 중 오피스텔을 취득하는 자가 취득 후 4.에 해당하지 않게 된 경우의 해당 오피스텔

⑦ "「조세특례제한법 시행령」으로 정하는 자"란 다음과 같습니다(조세특례제한법 시행령 제99조의2제6항).

1) "신축주택 등"에 해당하는 주택 : 주택을 공급하는 사업주체, 주택건설사업자, 주택도시보증공사, 주택의 시공자, 기업구조조정부동산투자회사 등, 신탁업자, 주택을 건설한 자 및 분양사업자 또는 건축주

2) '1세대 1주택자의 주택"에 해당하는 주택 : 감면대상기존주택 양도자

⑧ 해당 주택의 취득일부터 5년간 발생한 양도소득금액은 양도소득금액 또는 양도차익 중 다음 산식에 따라 계산한 금액을 말합니다(조세특례제한법제99조의2제5항, 동법 시행령 제99조의2제7항 및 제40조제1항).

{양도소득 금액×(취득일부터 5년이 되는 날의 기준시가-취득당시의 기준시가)/(양도당시의 기준시가-취득당시의 기준시가)}

⑨ 양도소득세의 과세특례를 적용받으려는 경우 해당 주택의 양도소득 과세표준예정신고 또는 과세표준확정신고와 함께 신축주택 등 또는 감면대상기존주택임을 확인하는 날인을 받아 교부받은 매매계약서 사본을 납세지 관할세무서장에게 제출해야 합니다(조세특례제한법 제99조의2제4항 및 동법 시행령 제99조의2제8항).

⑩ 감면대상기존주택 양도자는 2014년 3월 31일까지 2부의 매매계약서에 시장·군수·구청장으로부터 감면대상 기존주택 임을 확인하는 날인을 받아 그 중 1부를 해당 매매계약자에게 교부해야 합니다(조세특례제한법 시행령 제99조의2제12항).

⑪ '신축주택 등 취득자에 대한 양도소득세의 과세특례'는 2013년 5월 10일 공포·시행된 「조세특례제한법」이 시행 후 최초로 양도하는 분부터 적용합니다.

[서식 예] 양도소득세 부과처분 취소청구의 소(주택용지 양도)

소　　　장

원　고　○　○　○(주민등록번호)
　　　　○○시 ○○구 ○○길 ○○ (우편번호 ○○○ - ○○○)
피　고　△△세무서장
　　　　○○시 ○○구 ○○길 ○○ (우편번호 ○○○ - ○○○)

양도소득세부과처분취소 청구의 소

청 구 취 지

1. 피고가 원고에 대하여 한 양도소득세 금 ○○○원의 부과처분은 이를 취소한다.
2. 소송비용은 피고의 부담으로 한다.

라는 판결을 구합니다.

청 구 원 인

1. 피고는 20○○. ○. ○. 원고에 대하여 양도소득세 금○○○원을 부과처분 하였으므로, 즉 원고가 소외 ○○주택조합에 국민주택용지를 양도하므로 인하여 발생한 양도소득에 대하여 금○○○원의 양도소득세를 부과한 것입니다.
2. 그러나 국가 지방자치단체 대한주택공사 토지개발공사 등에게 주택법 제9조 제1항의 등록의무가 면제되는 것은 등록은 하지 않아도 등록업자와 동일한 지위를 갖게하려는 취지로 볼 수 있는데 주택조합도 동일하게 등록의무가 면제될 뿐만 아니라 주택법 제10조 제2항은 주택조합은 등록업자와 공동사업주체로 보고 있으므로 주택조합도 주택법 제9조 제1항의 주택건설등록업자와 동일한 지위를 가지므로 주택조합이 주택건설등록업자가 아니라는 이유로 국민주택의 건설용지를 양도하므로서 발생한 양도소득을 조세감면규제법이 정하는 양도소득세 면제대상이 아니라는 판단하에 부과된 이 사건 토지에 대한 과세처분은 흠결이 있어 위법하므로 취소되어야 할 것입니다.

첨 부 서 류

1. 소장부본 1통
1. 납부서 1통

20○○년 ○월 ○일

원 고 ○ ○ ○ (서명 또는 날인)

○ ○ 행 정 법 원 귀 중

■ 참 고 ■

관할법원	※ 아래(1)참조	제소기간	※ 아래(2) 참조
청 구 인	피처분자	피청구인	행정처분을 한 행정청
제출부수	소장 1부 및 상대방수 만큼의 부본 제출	관련법규	행정소송법 제9조~제34조
불복방법 및 기 간	- 항소(행정소송법 제8조, 민사소송법 제390조) - 판결이 송달된 날로부터 2주일내(행정소송법 제8조, 민사소송법 제396조)		

※ (1) 관할법원(행정소송법 제9조)

1. 취소소송의 제1심 관할법원은 피고의 소재지를 관할하는 행정법원임. 다만, 중앙행정기관 또는 그 장이 피고인 경우의 관할법원은 대법원 소재지의 행정법원임
2. 토지의 수용 기타 부동산 또는 특정의 장소에 관계되는 처분 등에 대한 취소소송은 그 부동산 또는 장소의 소재지를 관할하는 행정법원에 이를 제기할 수 있음

※ (2) 제소기간(행정소송법 제20조)

1. 취소소송은 처분 등이 있음을 안 날로부터 90일 이내에 제기하여야 함. 다만, 다른 법률에 당해 처분에 대한 행정심판의 재결을 거치지 아니하면 취소소송을 제기할 수 없다는 규정이 있는 때와 그밖에 행정심판청구를 할 수 있는 경우 또는 행정청이 행정심판청구를 할 수 있다고 잘못 알린 경우에 행정심판 청구가 있는 때의 기간은 재결서의 정본을 송달 받은 날로부터 기산함.
2. 취소소송은 처분 등이 있은 날로부터 1년(제1항 단서의 경우는 재결이 있은 날로부터 1년)을 경과하면 이를 제기하지 못함. 다만, 정당한 사유가 있는 때에는 그러하지 아니함.

[서식 예] 양도소득세 부과처분 취소청구의 소(아파트 양도)

소　　　장

원　고　○　○　○(주민등록번호)
　　　　○○시 ○○구 ○○길 ○○ (우편번호 ○○○ - ○○○)
피　고　△△세무서장
　　　　○○시 ○○구 ○○길 ○○ (우편번호 ○○○ - ○○○)

양도소득세 등 부과처분 취소청구의 소

청 구 취 지

1. 피고가 원고에게 20○○. ○. ○. 자로 한 20○○년도 6기 수시분 양도소득세 ○○○원과 교육세 ○○○원의 부과처분을 취소한다.
2. 소송비용은 피고의 부담으로 한다.

라는 재판을 구합니다.

청 구 원 인

1. ○○시 ○○구 ○○길 ○○ 아파트를 계약금 ○○○원을 지급하고, 채권 ○○○원을 매입하여 분양받았다가 이 권리를 20○○. ○. ○.에 소외 김□□에게 ○○○만원에 양도하였습니다.
2. 따라서 원고가 위 아파트를 분양 받음에 있어서 소요된 비용은 계약금과 채권액을 합친 ○○○원이고 양도가액 ○○○원에서 이를 공제하면 양도차액은 ○○○원이므로, 이 양도차액을 기준으로 하여 양도소득세와 교육세를 부과하여야 합니다.
3. 그런데 피고는 원고에 대하여 20○○. ○. ○.에 양도소득세를 ○○○원, 교육세로 ○○○원 합계 ○○○원을 부과하였으니 이는 부당하므로 취소되어야 합니다.
4. 원고는 위 부과처분고지서를 20○○. ○. ○.에 수령한 후 20○○. ○. ○.에 위와 같은 사유로 국세청장에게 심사청구를 하였으나, 20○○. ○. ○.에 기각되었으므로 원고는 20○○. ○. ○.에 국세심판소에 위 같은 사유로 심판청구를 하였으나, 20○○. ○. ○.에 기각되었으므로 본소를 제기합니다.

첨 부 서 류

1. 소장부본 1통
1. 납부서 1통

20○○년 ○월 ○일

원 고 ○ ○ ○ (서명 또는 날인)

○ ○ 행 정 법 원 귀중

[서식 예] 양도소득세 부과처분 무효확인 청구의 소

소 장

원 고 ○ ○ ○(주민등록번호)
○○시 ○○구 ○○길 ○○ (우편번호 ○○○ - ○○○)
피 고 △△세무서장
○○시 ○○구 ○○길 ○○ (우편번호 ○○○ - ○○○)

양도소득세부과처분무효확인 청구의 소

청 구 취 지

1. 피고가 20○○. ○. ○. 원고에 대하여 한 양도소득세 금 ○○○원의 부과처분은 무효임을 확인한다.
2. 소송비용은 피고의 부담으로 한다.

라는 판결을 구합니다.

청 구 원 인

1. 처분의 경위

가. 원고의 전 남편이던 소외 강□□는 ○○가정법원에 원고와의 이혼소송이 계속되어 있던 20○○. ○.경 △△세무서에 '원고가 타인명의를 빌려 별지목록 기재 부동산을 분양 받아 이를 전매하여 양도소득세를 탈세하고는 전매차익 8억원을 가지고 가출하였다'는 내용의 진정을 한 후, △△세무서에 출석하여 같은 내용의 진술을 하였습니다(갑제1호증 : 조사복명서).

나. 이에 △△세무서는 위 소외인을 불러 위 진정내용을 조사하였고, 피고는 20○○. ○. ○. 별지목록 기재 각 부동산에 관하여 실질적인 양도인을 원고로 인정하여 원고에 대하여 금 ○○○원의 양도소득세를 결정.고지하였습니다(갑제2호증의 1:양도소득세 결정결의서, 갑제2호증의 2:양도소득금액 결정내역서).

2. 이 사건 청구의 경위

가. 원고는 19○○. ○. ○.경 소외 강□□와 결혼하여 두 자녀를 두고 생활하던 중, 20○○. ○.경 위 소외인의 상습적인 폭행을 견디지 못하고 두

자녀를 데리고 가출하여 ○○도 ○○시 ○○길 ○○에 월세방을 얻어 생활하고 있었습니다. 원고는 위 가출 직후인 20○○. ○. ○. 서울가정법원에 위 소외인을 상대로 이혼 및 재산분할 등 청구의 소송을 제기하여 20○○. ○. ○. 일부승소 판결을 받았으나 위 소외인이 이에 항소하여 결국 20○○. ○. ○. 서울고등법원에서 일부 승소판결을 받고 위 판결이 확정되었습니다(갑제3호증의 1, 2:각 판결문).

나. 그 후 원고는 20○○. ○. 말경 원고 소유로 되어있던 ○○시 ○○구 ○○길 ○○ ☆☆아파트 3층 303호의 등기부등본을 확인하게 되었는데 확인결과 △△세무서가 20○○. ○. ○. 위 부동산에 압류등기를 한 사실을 처음 알게 되었습니다. 이에 원고는 △△세무소에 압류경위를 문의하였는바, △△세무소의 설명은 위 소외인이 '원고가 타인명의를 빌려 별지목록 기재 부동산을 분양 받아 이를 전매하여 양도소득세를 탈세하고는 전매차익 8억원을 가지고 가출하였다'는 내용의 진정을 하여 이를 근거로 이 사건 양도소득세 부과처분을 하였다는 것이었습니다.

3. 양도소득세 부과처분의 무효

가. 납세의무자가 아닌 자에 대한 과세처분

(1) 피고는 원고가 별지목록 기재 부동산의 양도자라고 하여 이 사건 양도소득세 부과처분을 하였습니다. 그러나 원고는 별지목록 기재 부동산을 취득했던 사실도 또한 그 양도과정에 관여한 바도 전혀 없습니다. 심지어 그 존재조차도 이 사건 양도소득세 부과처분을 계기로 알게 된 것입니다(갑4호증의 1, 2:각 등기부등본).

(2) 위 소외인은 원고와 이혼소송 계속 중, 원고에게 악감정을 품고 △△세무서에 위와 같은 내용의 허위진정을 하였던 것인데 △△세무서는 원고를 불러 원고의 전매사실을 문의하여 봄이 없이 만연이 위 소외인의 진정내용만으로 원고에게 이 사건 양도소득세 부과처분을 하였던 것입니다. 또한 위 진정내용에 대한 조사과정에서 △△세무서는 위 소외인의 진술과 별지목록 기재 부동산의 양수인들의 진술이 일치하지 아니하여 위 진정내용이 신빙성이 없다고 조사하였음에도 불구하고 귀속연도를 19○○.경으로 하여 추정세액으로 금 ○○○원을 부과하는 이 사건 양도소득세 부과처분을 하였습니다(갑제1호증:조사복명서, 갑제5호증:사실내용확인요구).

(3) 결국, 이 사건 양도소득세 부과처분은 납세의무자가 아닌 자에 대한 처분으로 그 하자가 중대하고도 명백하여 당연무효의 처분입니다.

나. 송달의 부적법성

(1) 피고는 20○○. ○. ○. 이 사건 양도소득세 납세고지서를 ○○시 ○○

구 ○길동 ○○ ☆☆아파트 303호로 송달하였습니다. 그러나 위 송달당시, 원고는 위 장소에 거주하지도 않았으며 위 장소가 원고의 주민등록지도 아니었습니다.

(2) 원고는 20○○. ○.경까지 ○○시 ○○구 ○○길 ○○에 거주하며 주민등록을 두고 있었습니다. 그러던 중 원고는 20○○. ○.경 위 주소지를 가출하게 되었고 이 후 ○○도 ○○시 ○○길 ○○소재 월세방에서 생활하고 있었습니다. 당시 원고는 이혼소송 등 신변문제로 주민등록 전출신고를 하지 않고 있었는데, 위 소외인의 신고로 원고의 위 주소지 주민등록이 20○○. ○. ○. 직권말소되었습니다(갑제6호증:주민등록초본).

(3) 그런데 위 소외인은 자신 혼자 ○○시 ○○구 ○○길 ○○ ☆☆아파트 3동 303호로 이사한 후 전입신고를 하였는데, △△세무서는 위 동아아파트 3동 303호로 이 사건 양도소득세 납세고지서를 송달하였고 위 소외인이 이를 수령한 것입니다. 따라서 원고는 위 양도소득세 납세고지서를 송달받지 못하여 위 세금부과사실을 전혀 알 수 없었습니다(갑제7호증:사실증명).

(4) 결국 이 사건 양도소득세 부과처분은 부적법한 송달에 의한 것으로서 그 하자가 중대하고 명백하여 당연무효의 처분입니다.

4. 확인의 이익

가. 원고는 20○○. ○. ○. 수원지방법원에 위 소외인 소유인 ○○시 ○○구 ○○길 ○○ ★★아파트 105-1052 부동산에 대하여 처분금지가처분을 하여 둔 상태입니다. 원고는 위 소외인에 대한 확정판결에 기해 위자료 금○○○원, 재산분할 금○○○원, 양육비 금○○○원 등을 지급 받고자 위 가처분을 하였고, 20○○. ○. ○. 강제경매절차가 개시되었습니다(20○○타경○○○○5). 위 경매절차에 따라 위 소외인 소유의 위 부동산은 ○○○원에 낙찰 되었고, 위 금원에서 임차보증금 ○○○원 등을 공제한 잔액이 원고에게 배당될 것으로 보입니다. 그런데 피고는 이 사건 양도소득세 부과처분에 기해 원고의 위 가처분채권을 압류하여 배당받으려 하고 있습니다(갑제8호증:경위서, 갑제9호증:등기부등본). 현재 위 경매절차에 따라 원고는 금 ○○○원을 배당받았으나 위 법원은 위 △△세무서의 압류에 따라 이를 공탁해 둔 상태입니다(갑제10호증:배당표).

나. 결국 원고는 위 당연무효의 양도소득세 부과처분의 외관에 따라 그 재산이 현실적으로 집행될 위험성이 계속하여 상존하고 있으므로, 원고는 위 양도소득세 부과처분의 무효 확인을 구할 이익이 있다고 할 것입니다.

5. 결 론

결국, 피고가 20○○. ○. ○. 원고에 대하여 한 이 사건 양도소득세 부과처분은 당연 무효이므로 원고는 이의 확인을 구하고자 이 사건 청구에 이르게 된 것입니다.

입 증 방 법

1. 갑제1호증	조사복명서
1. 갑제2호증의 1	양도소득세 결정결의서
1. 갑제2호증의 2	양도소득금액 결정내역서
1. 갑제3호증의 1, 2	각 판결문
1. 갑4호증의 1, 2	각 등기사항증명서
1. 갑제5호증	사실내용확인요구
1. 갑제6호증	주민등록초본
1. 갑제7호증	사실증명
1. 갑제8호증	경위서
1. 갑제9호증	등기사항증명서
1. 갑제10호증	배당표

첨 부 서 류

1. 위 입증방법	각 1통
1. 소장부본	1통
1. 납부서	1통

20○○년 ○월 ○일

원 고 ○ ○ ○ (서명 또는 날인)

○ ○ 행 정 법 원 귀중

[별 지]

부동산의 표시

1. ○○시 ○○구 ○○동 ○○ ◎◎아파트 ○○-○○호(42평형)
2. ○○도 ○○시○○동○○◎◎아파트 ○○-○○호(48평형). 끝.

■ 양도소득세를 경정처분한 경우 불복절차 행사기간은 언제부터 기산하나요?

Q. 甲은 2005년 11월 8일 종로세무서로부터 양도소득세 2억 원의 부과처분을 받은 후 이에 불복하여 심사청구를 거쳐 심판청구를 하였는데, 국세심판원은 2006년 3월 30일 위 처분 중 일부가 위법하다면서 감액하여 그 과세표준과 세액을 경정결정 하였습니다. 이에 종로세무서는 위 국세심판원의 심판결정에 따라 2006년 4월 25일 당초처분인 2억 원의 양도소득세부과처분을 1억원으로 감액경정 결정하여 甲에게 통지하였습니다. 그러나 甲은 위 경정처분 또한 위법하다면서 이에 불복절차를 밟으려 하는데, 이 경우 어떤 처분을 기준으로 하여야 하는지요?

A. 행정청이 일정한 처분을 한 뒤에 그 처분을 감축(감액) 또는 확장(증액)하는 경우가 있습니다. 이는 과세처분 등 각종 부담금부과처분의 경우에 자주 볼 수 있으나 그 외 징계처분이나 영업정지처분 등 제재처분에서도 찾아 볼 수 있습니다.

이러한 경우 처음의 처분을 당초처분, 뒤의 처분을 경정처분이라 하는데, 어느 것을 전심절차나 행정소송의 대상으로 하여야 하는지 문제됩니다.

판례는 확장(증액)경정처분과 감축(감액)경정처분을 나누어 달리 취급하고 있는데, 확장경정처분을 한 경우 확장경정처분은 종전의 처분이 후의 확장경정처분에 흡수되므로 후의 경정처분만이 전심절차나 행정소송의 대상이 되며(대법원 1992. 8. 14. 선고 91누13229 판결, 2000. 9. 8. 선고 98두16149 판결, 2000. 9. 22. 선고 98두18510 판결), 감축경정처분은 당초처분의 일부취소에 해당하므로 일부 취소된 당초처분을 대상으로 그 전심절차나 제소기간 준수여부를 정하여야 한다고 하였습니다(대법원 2009. 5. 8. 선고 2006두16403 판결).

위 사안은 감축(감액)경정처분의 경우로 당초처분의 일부의 효력을 취소하는 처분이기 때문에 감축경정처분으로 감액되고 남은 당초의 처분이 전심절차나 행정소송의 대상이 됩니다. 즉, 위 사안에서 종로세무서가 2005년 11월 8일 甲에 대해서 한 2억 원의 양도소득세부과처분이 일부 취소되어 1억 원으로 감축된 것이므로 2005년 11월 8일을 기준으로 전심절차(심사청구 및 심판청구)나 행정소송의 기간준수 여부를 판단하여야 합니다.

따라서 위 사안의 경우 2005년 11월 8일을 기준으로 90일 이내에 처분청

(종로세무서)에 심사청구를 하고, 이에 불복할 경우 심사결정서 송달일 이후 90일 이내에 국세심판원에 심판청구를 하고, 이 심판결정에 불복이 있는 경우 심판결정의 재결서 송달일 이후 90일 이내에 행정소송을 제기하여야 합니다. 만약, 甲이 감축(감액)경정처분을 새로운 처분으로 보고 전심절차나 제소기간을 정하게 되면 이는 부적법한 것이 되어 각하되는 것을 면하지 못할 것입니다.

참고로 수차의 경정처분이 있는 경우도 위의 이론이 그대로 적용됩니다. 예를 들면 2005년 5월 1일자로 800만원의 당초 과세처분을 하였다가, 2005년 6월 15일자로 1,000만원으로 증액하는 처분을 하고, 다시 같은 해 7월 20일자로 900만원으로 감액하는 과세처분을 하였을 경우 전심절차나 행정소송의 대상이 되는 것은 6월 15일자의 처분이나 그 대상인 과세처분의 내용은 900만원으로 감액된 것입니다. 즉, 6월 15일자 1,000만원의 과세처분이 전심절차나 행정소송의 대상이 되는 것입니다(대법원 1996.7.30. 선고 95누6328 판결, 1998. 5. 26. 선고 98두3211 판결).

한편 「국세기본법」 제22조의2은 당초처분과 경정처분의 관계에 대하여 규정하고 있는데, 그 제1항은 “세법에 따라 당초 확정된 세액을 증가시키는 경정(更正)은 당초 확정된 세액에 관한 이 법 또는 세법에서 규정하는 권리·의무관계에 영향을 미치지 아니한다.” 제2항은 “세법에 따라 당초 확정된 세액을 감소시키는 경정은 그 경정으로 감소되는 세액 외의 세액에 관한 이 법 또는 세법에서 규정하는 권리·의무관계에 영향을 미치지 아니한다.” 라고 규정하고 있습니다.

위 제2항의 내용은 감액경정처분에 대한 기존의 대법원판결의 입장을 재확인한 것에 불과하므로 사안의 경우 위 규정에 따르더라도 여전히 2005년 11월 8일의 당초처분을 기준으로 전심절차나 행정소송의 기간준수 여부를 판단하여야 합니다. 다만, 증액경정처분에 관한 위 제1항의 해석에 대해서는 견해의 대립이 있는데 아직 이에 대한 대법원 판례는 없는 것으로 보입니다.

■ **부동산매매계약이 매수인의 채무불이행을 이유로 해제된 경우 양도소득세 부과대상이 되는 '자산의 양도'에 해당하는지요?**

Q. 저는 1년 전에 소유하고 있던 부동산을 甲에게 매도하였습니다. 부동산 매매계약을 체결할 때 甲이 사정을 하여 甲이 중도금을 납입할 때에 소유권이전등기를 미리 경료해 주었습니다. 그런데 甲이 잔금지급기일이 2개월이 넘도록 잔대금을 지급하지 않아 저는 매매계약을 해제하였습니다. 그런데 세무서에서 저에게 양도소득세를 내라는 처분을 하였습니다. 이러한 과세처분이 적법한 처분인가요?

A. 소득세법 제88조 제1항에서는 양도의 개념에 관하여 "자산에 대한 등기 또는 등록과 관계없이 매도, 교환, 법인에 대한 현물출자 등으로 인하여 그 자산이 유상으로 사실상 이전되는 것"을 말한다고 규정하고 있습니다.

판례는 "매수인이 잔대금지급채무를 이행하지 아니하여 매도인이 매매계약을 해제하였다면, 위 매매계약의 효력은 소급하여 상실되었다고 할 것이므로 매도인에게 양도로 인한 소득이 있었음을 전제로 한 양도소득세부과처분은 위법하다"고 보아 "건물에 대한 매매계약의 해제 전에 부가가치세부과처분이 이루어졌다 하더라도 해제의 소급효로 인하여 매매계약의 효력이 소급하여 상실되는 이상 부가가치세의 부과 대상이 되는 건물의 공급은 처음부터 없었던 셈이 되므로, 위 부가가치세부과처분은 위법하다"고 판시한 바 있습니다(대법원 2002. 9. 27. 선고 2001두5989 판결 참조).

그렇다면, 과세관청의 귀하에 대한 처분은 부적법한 것으로 보입니다.

■ **부동산 매도인이 대금청산 전에 사망한 경우, 매도인의 양도소득세 납부의무가 성립하여 상속인에게 승계되는지요?**

Q. 갑은 1982. 12. 20. 을 주식회사에 그 소유하는 토지를 5억 원에 매도하는 계약을 체결하였습니다. 그러나 갑은 1983. 4. 23. 매매대금 중 2억 원만을 지급받은 상태에서 사망을 하였고, 이후 갑의 아들인 병이 갑의 위 토지를 상속받아 상속등기를 한 후 을 회사로부터 나머지 매매대금을 지급받은 후 위 토지에 대한 소유권이전등기를 을 회사에 마쳐주었습니다. 이에 대하여 관할 세무서는 갑이 을 회사에 위 토지를 양도한 것으로 보고, 갑이 납부하여야 할 양도소득세를 상속인이 병이 승계하였다고 판단하여 병에게 양도소득세를 부과할 수 있는가요?

A. 소득세법 제4조 제1항 제3호, 제27조 , 같은 법 시행령 제53조는 자산의 양도시기에 관하여 대금을 청산하기 전에 소유권이전등기를 하는 경우 등 예외적인 경우를 제외하고는 당해 자산의 대금을 청산한 날을 양도시기로 보도록 규정하고 있으므로, 매매계약을 체결하였다 하더라도 대금을 모두 지급받지 아니하였다면 소득세법이 규정한 양도가 있었던 것으로 볼 수 없고, 따라서 양도소득세를 부과할 수 있는 과세요건이 충족되었다고 할 수 없으므로, 부동산 매도인이 대금 중 일부만을 지급받고 나머지 대금이 청산되기 전에 사망한 경우, 그 상속인이 상속받은 부동산 지분을 양도한 것으로 보아 그의 양도소득에 대하여 양도소득세 등을 부과함은 별론으로 하고, 피상속인인 매도인이 양도한 것으로 보아 그에게 양도소득세 납부의무가 성립되었음을 전제로 하여 국세기본법 제24조에 기하여 그 상속인에게 그 납세의무를 승계시켜 양도소득세를 부과한 처분은 위법하다는 것이 판례의 태도인바(서울고등법원 1991. 5. 8. 선고 90구17714 판결, 대법원 1993. 3. 23. 선고 91누4980 판결), 위 사안에서 갑은 사망할 당시 매매대금 중 일부만을 지급받아 대금이 청산되지 않았으므로 갑에게는 양도소득세가 발생한 것으로 볼 수 없기 때문에 세무서는 갑에게 양도소득세가 발생하였음을 전제로 그의 상속인인 병에게 양도소득세를 부과할 수 없습니다.

■ **중도금 지급 지연을 이유로 지급받은 위약금이 양도가액에 포함되는지요?**

Q. 저는 최근에 가지고 있던 부동산을 甲에게 매도하였습니다. 매매대금은 1억 5천만원으로 하고, 계약금 1,500만원, 중도금 6천만원, 잔대금 7,500만원으로 정하였고, 특약사항으로 매수인 甲이 중도금 및 잔금 지급 기일을 어기면 위약금으로 1천만원을 지급하기로 약정하였습니다. 그런데 甲이 중도금 지급 기일을 어겨 저는 위약금으로 1천만원을 더 받게 되었습니다. 얼마 후 세무서로부터 양도소득세를 부과받았는데, 과세관청에서는 양도가액을 1억 5천만원이 아니라 1억 6천만원으로 산정하여 저에게 양도소득세를 부과하였습니다. 1천만원 부분에 대하여는 단지 위약금으로 받은 것인데, 이 부분까지 양도가액으로 보아 양도소득세를 부과하는 것이 적법한 처분인가요?

A. 소득세법 제21조 제1항 제10호 각목에서 계약의 위약 또는 해약으로 인하여 받는 소득으로서 위약금, 배상금, 부당이득 반환 시 지급받는 이자의 경우에는 기타소득에 해당한다고 규정하고 있습니다.
한편 중도금 지급 지연을 이유로 지급받은 위약금이 양도가액에 포함되는지 여부에 관하여 대법원은 "자산의 양도대가를 지급함에 있어 양수인이 그 지급기일을 어긴 데 대하여 지급하는 위약금 또는 배상금은 그것이 양도와 관련하여 발생하는 소득이기는 하지만 양도대금 그 자체가 아님은 분명하고 또 그것이 자산의 이전과 대가적인 관계에 있다고 볼 수도 없다 할 것이며 더욱이 소득세법상 이를 양도가액에 포함시키는 명문규정을 두지 아니하고 오히려 (구) 소득세법 제25조 제1항 제9호가 '계약의 위약 또는 해약으로 인하여 받는 위약금과 배상금'을 양도소득과 합산과세하지 아니하는 기타소득의 범주에 넣고 있는 것이므로 특별한 사정이 없는 한 위 위약금은 이 사건 양도가액에 당연히 포함될 수는 없다"고 판시하고 있습니다(대법원 1993. 4. 27. 선고 92누9357 판결 참조).
그러므로 위약금으로 받은 1천만원을 추가하여 양도가액으로 산정하여 양도소득세를 부과하는 처분은 위법한처분에 해당하는 것으로 보입니다.

■ **경매로 부동산소유권을 이전한 경우 양도소득세가 부과되는지요?**

Q. 저는 친구 甲의 채무에 대한 담보로 제 소유 부동산에 근저당권을 설정해 주었습니다. 그런데 甲이 채무를 변제하지 않아 위 부동산이 경매되면서 매각대금은 모두 채권자들에게 배당되었을 경우에도 양도소득세가 부과되는지요?

A. 양도소득세의 과세대상이 되는 '자산양도'란 자산에 대한 등기 또는 등록에 관계없이 매도, 교환, 법인에 대한 현물출자 등으로 인하여 그 자산이 유상으로 사실상 이전되는 것을 말합니다(소득세법 제88조 제1항). 그런데 부동산 경매 시 물상보증인 소유의 부동산소유권이 이전된 경우 양도소득의 귀속자 및 주채무자의 무자력으로 인한 구상권행사의 사실상 불능이 양도소득의 귀속에 영향을 미치는지, 또한 매각된 토지의 소득세법상 양도시기가 문제됩니다.

이에 관하여 판례는 "근저당실행을 위한 임의경매에 있어서 경락인은 담보권의 내용을 실현하는 환가행위로 인하여 목적부동산의 소유권을 승계취득 하는 것이므로, 비록 임의경매의 기초가 된 근저당설정등기가 제3자의 채무에 대한 물상보증으로 이루어졌다 하더라도 경매목적물의 양도인은 물상보증인이고 경락대금도 경매목적물의 소유자인 물상보증인의 양도소득으로 귀속되는 것이고, 물상보증인의 채무자에 대한 구상권은 납부된 경락대금이 채무자가 부담하고 있는 피담보채무의 변제에 충당됨에 따라 그 대위변제의 효과로서 발생하는 것이지 경매의 대가적 성질에 따른 것은 아니기 때문에 채무자의 무자력으로 인하여 구상권의 행사가 사실상 불가능하게 되었다고 하더라도 그러한 사정은 양도소득을 가리는 데는 아무런 영향이 없다."라고 하였습니다(대법원 1991. 5. 28. 선고 91누360 판결, 2000. 7. 6. 선고 2000두1508 판결).

그리고 담보권실행을 위한 경매에 있어서 매수인이 매각대금을 완납한 때에 원래의 소유자는 그 소유권을 잃고 매수인이 소유권을 취득하는 것이므로, 담보권실행경매절차를 통하여 매각된 토지의 소득세법상 양도시기는 매각대금완납일이 될 것입니다(대법원 1997. 7. 8. 선고 96누15770 판결, 1999. 10. 26. 선고 98두2669 판결).

따라서 귀하의 위 부동산이 경매절차에서 매각으로 인하여 소유권이 이전되었고, 귀하에게 돌아갈 매각대금잔액이 전혀 없다거나, 甲의 무자력으로 귀하의 구상권 행사가 불가능하다고 하여도 그러한 사유만으로는 양도소득세가 비과세되는 것은 아니며, 자산의 양도시기는 매각대금완납일이라 할 것입니다.

■ **명의수탁자가 신탁자의 승낙없이 양도한 때 양도소득세는 누가 부담하여야 하는지요?**

Q. 저희 문중은 문중원인 甲에게 임야의 등기명의를 신탁해두었습니다. 그런데 甲과 통정한 甲의 허위채권자인 乙이 위 임야에 대한 강제경매를 신청하여 매각되었습니다. 이 경우 양도소득세는 누가 부담하여야 하는지요?

A. 국세기본법 제14조 제1항은 “과세의 대상이 되는 소득, 수익, 재산, 행위 또는 거래의 귀속이 명의일 뿐이고 사실상 귀속되는 자가 따로 있는 때에는 사실상 귀속되는 자를 납세의무자로 하여 세법을 적용한다.”라고 규정하여 실질과세의 원칙을 정하고 있습니다.

그런데 명의신탁된 재산을 수탁자가 신탁자의 위임이나 승낙 없이 임의로 양도하고 양도소득이 신탁자에게 환원되지 아니한 경우, 양도소득세의 납세의무자는 누구인지에 관하여 판례는 “명의신탁된 재산의 법형식적인 소유명의는 수탁자에게 있으나, 실질적인 소유권은 신탁자에게 있으므로, 신탁자가 자신의 의사에 의해 신탁재산을 양도하는 경우에는 그가 양도소득을 사실상 지배, 관리, 처분할 수 있는 지위에 있어 양도소득세의 납세의무자가 된다고 하겠지만, 수탁자가 신탁자의 위임이나 승낙 없이 임의로 명의신탁 재산을 양도하였다면 그 양도주체는 수탁자이지 신탁자가 아니고, 양도소득이 신탁자에게 환원되지 않는 한, 신탁자가 양도소득을 사실상 지배, 관리, 처분할 수 있는 지위에 있지도 아니하므로 ‘사실상 소득을 얻은 자’로서 양도소득세의 납세의무자가 된다고 할 수 없고, 수탁자가 임의로 허위채무부담을 통한 강제경매의 방법으로 명의신탁재산을 처분하자 신탁자가 채권가압류, 손해배상청구소송 및 강제집행 등 강제적인 방법을 통하여 그 경락대금의 일부를 불법행위로 인한 손해배상으로 수령한 경우, 양도소득이 신탁자에게 환원된 것으로 볼 수 없다.”라고 하였습니다(대법원 1999. 11. 26. 선고 98두7084 판결).

또한, 최근에 판례는 “명의수탁자가 명의신탁자의 위임이나 승낙 없이 임의로 처분한 명의신탁재산으로부터 얻은 양도소득을 명의신탁자에게 환원하였다고 하기 위하여는, 명의수탁자가 양도대가를 수령하는 즉시 전액을 자발적으로 명의신탁자에게 이전하는 등 사실상 위임사무를 처리한 것과 같이 명의신탁자가 양도소득을 실질적으로 지배, 관리, 처분할 수 있는 지위에 있어 명의신탁자를 양도의 주체로 볼 수 있는 경우라야 하고, 특별한 사정이 없는 한 단지 명의신탁자가 명의수탁자에 대한 소송을 통해 상당한 시간이 경과한 후에 양도대가 상당액을 회수하였다고 하여 양도소득의 환원이 있다고 할 수는 없다."라고 하였습니다(대법원 2014. 9. 4. 선고 2012두10710 판결).

따라서 위 사안에 있어서도 양도소득이 신탁자인 귀하 문중에게 환원되지 않는 한, 양도소득세의 납부의무자는 甲이 될 것이며, 비록 명의신탁자인 귀하 문중이 甲·乙을 상대로 불법행위로 인한 손해배상을 청구하거나 그 배상을 받거나, 양도소득 상당액을 소송을 통하여 상당한 기간이 경과한 후에 회수하였다면 그 경우 명의신탁부동산양도에 따른 양도소득이 신탁자인 귀하 문중이 양도소득을 사실상 지배, 관리 처분할 수 있는 지위에 있다고 볼 수는 없어 양도소득세의 납부의무자는 여전히 甲이라고 볼 수 있습니다.

■ 양도소득세부과처분의 심사청구를 하였을 경우 이에 대한 심사청구는 적법한 것인가요?

Q. 甲은 이혼한 전남편이 집에 찾아오는 것을 피하기 위하여 2007년경부터 고향선배 주소지에 주민등록을 옮겨 놓았고, 위 주소지는 그 선배가 경영하는 목욕탕 건물이 위치한 토지에 연접하여 있어서 평소에 위 주소지에 배달되는 우편물은 모두 위 목욕탕의 계산대로 배달이 되어 계산대에 근무하는 선배 또는 그의 며느리나 목욕탕의 여종업원이 이를 수령하여 왔으며 甲은 가끔씩 들려서 이를 수취하여 간 사실이 있습니다. 乙세무서는 양도소득세 과세표준 확정신고서에 나온 위 주소지로 甲에 대한 양도소득세 납부고지서를 위 주소지로 발송하였고, 2015. 4. 17. 목욕탕 종업원이 받아두었다가 2015. 6. 24. 甲에게 전해주었는데 甲은 뒤늦게 2015. 8. 11.에 이르러서야 양도소득세부과처분의 심사청구를 구하였습니다. 甲의 양도소득세부과처분에 대한 심사청구는 적법한 것인가요?

A. 국세기본법 제61조 제1항은, 심사청구는 당해 처분이 있을 것을 안 날(처분의 통지를 받은 때는 그 받은 날)로부터 90일내에 하여야 한다고 규정하고 있습니다.
이 사안의 경우 甲이 이혼한 전남편이 집에 찾아오는 것을 피하기 위하여 고향선배 주소지에 주민등록을 옮겨 놓았고, 위 주소지는 그 선배가 경영하는 목욕탕 건물이 위치한 토지에 연접하여 있어서 평소에 위 주소지에 배달되는 우편물은 모두 위 목욕탕의 계산대로 배달이 되어 계산대에 근무하는 선배 또는 그의 며느리나 목욕탕의 여종업원이 이를 수령하여 왔고 甲에게 배달되는 우편물도 마찬가지로 위 목욕탕의 계산대로 배달되면 계산대 옆에 따로 마련된 우편물 수취함에 넣어 두었다가 甲이 가끔씩 들려서 이를 수취하여 가도록 하였다면, 甲은 자신에게 발송되는 우편물의 수령권한을 위 주민등록지에 거주하면서 그와 연접한 곳에서 위 목욕탕을 경영하는 고향선배와 그 가족들 및 위 목욕탕의 계산대에서 근무하는 종업원에게 위임하였다고 볼 수 있습니다(대법원 1997. 9. 12. 선고 97누3934 판결).
결국 甲으로부터 우편물의 수령권한을 위임받은 위 종업원이 위 납세의무자에 대한 양도소득세 납부고지서를 수령한 때에 동 납부고지서가 납세의무자에게 적법하게 송달된 것으로 보아야 하므로 2015. 4. 17. 적법한 송달이 있었던 것이고, 그로부터 90일이 경과한 뒤인 2015. 8. 11.에 이르러서야 이 사건 부과처분에 대한 심사청구를 제기한 것은 부적법하다고 할 것입니다.

■ 1세대 1주택 소유자의 주택을 양도한 경우, 양도소득세가 면제되는지요?

Q. 저는 1세대 1주택의 소유자인데 제 주택을 처분하고자 합니다. 어떠한 경우에 양도소득세가 면제되는지요?

A. 양도소득세의 비과세를 규정하고 있는 「소득세법」 제89조 제1항 제3호에서 "대통령령으로 정하는 1세대 1주택"이란 거주자 및 그 배우자가 그들과 동일한 주소 또는 거소에서 생계를 같이 하는 가족과 함께 구성하는 1세대(이하 "1세대"라 한다)가 양도일 현재 국내에 1주택을 보유하고 있는 경우로서 해당 주택의 보유기간이 2년 이상인 것을 말합니다(같은 법 시행령 제154조 제1항).
이 경우 주택에 부수되는 토지로서 건물이 정착된 면적에 지역별로 대통령령이 정하는 배율을 곱하여 산정한 면적이내의 토지의 양도로 인하여 발생하는 소득도 함께 양도소득세 비과세 대상이 됩니다. 주택에 딸린 토지가 도시지역 안에 있으면 주택 정착면적(수평투영면적)의 5배까지, 도시지역 밖에 있으면 10배까지 양도소득세가 과세되지 않는 1세대 1주택의 범위로 보게 됩니다(같은 법 시행령 제154조 제7항). 그리고 세대의 판정은 주민등록표에 따름을 원칙으로 하되 주민등록이 사실과 다른 경우에는 그 실질내용에 따릅니다.
그러나 다음과 같은 경우에는 보유기간이나 거주기간의 제한을 받지 아니합니다(같은 법 시행령 제154조 1항 단서).

1. 「민간임대주택에 관한 특별법」 제2조제2호에 따른 민간건설임대주택 또는 「공공주택 특별법」 제2조제1호의2에 따른 공공건설임대주택을 취득하여 양도하는 경우로서 해당 건설임대주택의 임차일부터 해당 주택의 양도일까지의 기간 중 세대전원이 거주(기획재정부령으로 정하는 취학, 근무상의 형편, 질병의 요양, 그 밖에 부득이한 사유로 세대의 구성원 중 일부가 거주하지 못하는 경우를 포함한다)한 기간이 5년이상인 경우

2. 다음 각 목의 어느 하나에 해당하는 경우. 이 경우 가목에 있어서는 그 양도일 또는 수용일부터 5년 이내에 양도하는 그 잔존주택 및 그 부수토지를 포함하는 것으로 한다.

가. 주택 및 그 부수토지(사업인정 고시일 전에 취득한 주택 및 그 부수토지에 한한다)의 전부 또는 일부가 「공익사업을 위한 토지 등의 취득 및 보상에 관한 법률」에 의한 협의매수·수용 및 그 밖의 법률에 의하여 수용되는 경우

나. 「해외이주법」에 따른 해외이주로 세대전원이 출국하는 경우. 다만, 출국일 현재 1주택을 보유하고 있는 경우로서 출국일부터 2년 이내에 양도하는 경우에 한한다.다. 1년 이상 계속하여 국외거주를 필요로 하는 취학 또는 근무상의 형편으로 세대전원이 출국하는 경우. 다만, 출국일 현재 1주택을 보유하고 있는 경우로서 출국일부터 2년 이내에 양도하는 경우에 한한다.

3. 1년이상 거주한 주택을 기획재정부령으로 정하는 취학, 근무상의 형편, 질병의 요양, 그 밖에 부득이한 사유로 양도하는 경우

한편, 다음과 같은 경우에는 특례로서 1세대 1주택으로 보아 양도소득세 비과세 대상에 포함시키고 있습니다.

1) 국내에 1주택을 소유한 1세대가 그 주택(이하 이 항에서 "종전의 주택"이라 한다)을 양도하기 전에 다른 주택을 취득(자기가 건설하여 취득한 경우를 포함한다)함으로써 일시적으로 2주택이 된 경우 종전의 주택을 취득한 날부터 1년 이상이 지난 후 다른 주택을 취득하고 그 다른 주택을 취득한 날부터 3년 이내에 종전의 주택을 양도하는 경우

2) 상속받은 주택과 그 밖의 주택(이하 이 항에서 "일반주택"이라 한다)을 국내에 각각 1개씩 소유하고 있는 1세대가 일반주택을 양도하는 경우

3) 공동상속주택(상속으로 여러 사람이 공동으로 소유하는 1주택을 말하며, 피상속인이 상속개시 당시 2 이상의 주택을 소유한 경우에는 같은 법 시행령 제155조 제2항 각호의 순위에 따른 1주택을 말한다)외의 다른 주택을 양도하는 때에는 당해 공동상속주택은 당해 거주자의 주택으로 보지 아니함. (다만, 상속지분이 가장 큰 상속인의 경우는 예외)

4) 1주택을 보유하고 1세대를 구성하는 자가 1주택을 보유하고 있는 60세 이상의 직계존속(배우자의 직계존속을 포함한다)을 동거봉양하기 위하여 세대를 합침으로써 1세대가 2주택을 보유하게 되는 경우 합친 날부터 5년 이내에 먼저 양도하는 주택

5) 1주택을 보유하는 자가 1주택을 보유하는 자와 혼인함으로써 1세대가 2주택을 보유하게 되는 경우 그 혼인한 날부터 5년 이내에 먼저 양도하는 주택

6) 「문화재보호법」제2조 제2항의 규정에 의한 지정문화재 및 같은 법 제53조

제1항에 따른 등록문화재인 주택과 그밖의 주택을 국내에 각각 1개씩 소유하고 있는 1세대가 일반주택을 양도하는 경우

7) 다음 각 호의 어느 하나에 해당하는 주택으로서 「수도권정비계획법」제2조제1호에 따른 수도권(이하 이 조에서 "수도권"이라 한다) 밖의 지역중 읍지역(도시지역안의 지역을 제외한다) 또는 면지역에 소재하는 주택(이하 이 조에서 "농어촌주택"이라 한다)과 그 밖의 주택(이하 이 항 및 제11항부터 제13항까지에서 "일반주택"이라 한다)을 국내에 각각 1개씩 소유하고 있는 1세대가 일반주택을 양도하는 경우

① 상속받은 주택(피상속인이 취득후 5년이상 거주한 사실이 있는 경우에 한한다)

② 이농인(어업에서 떠난 자를 포함한다)이 취득일후 5년이상 거주한 사실이 있는 이농주택

③ 영농 또는 영어의 목적으로 취득한 귀농주택

8) 기획재정부령으로 정하는 취학, 근무상의 형편, 질병의 요양, 그 밖에 부득이한 사유로 취득한 수도권 밖에 소재하는 주택과 그 밖의 주택(이하 이 항에서 "일반주택"이라 한다)을 국내에 각각 1개씩 소유하고 있는 1세대가 일반주택을 양도하는 경우

9) 귀농으로 인하여 세대전원이 농어촌주택으로 이사하는 경우에는 귀농후 최초로 양도하는 1개의 일반주택

10) 제154조제1항을 적용할 때 「건축법 시행령」 별표 1 제1호다목에 해당하는 다가구주택은 한 가구가 독립하여 거주할 수 있도록 구획된 부분을 각각 하나의 주택으로 본다. 다만, 해당 다가구주택을 구획된 부분별로 양도하지 아니하고 하나의 매매단위로 하여 양도하는 경우에는 그 전체를 하나의 주택으로 본다.

12) 장기임대주택과 그 밖의 1주택을 국내에 소유하고 있는 1세대가 거주주택을 양도하는 경우. 그러나 다음의 경우에는 1세대 1주택이라도 양도소득세가 과세됩니다.

첫째, 1세대 1주택이라도 등기 이전을 하지 않고 파는 이른바 '미등기전매'의 경우에는 양도소득세가 부과됩니다.

그리고 이때는 양도차익의 70%(소득세법 제104조 제1항 제10호)에 해당되

는 가장 무거운 세금을 내게 됩니다. 다만 「건축법」에 의한 허가를 받지 않아 등기를 할 수 없는 무허가 건물은 미등기 전매의 경우로 보지 않으므로 그것이 1세대 1주택에 해당되면 세금을 물지 않게 됩니다.
둘째, 「소득세법」제89조 제1항 제3호에서는 고가주택에 관하여 1세대 1주택이라도 양도소득세 비과세를 인정하지 않습니다. 같은 법 시행령 제156조는 "'가액이 대통령령이 정하는 기준을 초과하는 고가주택'이라 함은 주택 및 이에 부수되는 토지의 양도 당시의 실지거래가액의 합계액(1주택의 일부를 양도하는 경우에는 실지거래가액 합계액에 양도하는 부분의 면적이 전체주택면적에서 차지하는 비율을 나누어 계산한 금액을 말한다)이 9억원을 초과하는 것을 한다."라고 하고 있습니다.

■ 명의신탁부동산을 양도한 경우, 누가 양도소득세의 납세의무를 지게 되는지요?

Q. 甲문중은 문중원인 저에게 문중소유 임야의 등기명의를 신탁해두었습니다. 그런데 최근 甲문중에서 문중원의 결의를 거친 후 위 임야를 乙에게 양도하였습니다. 그러나 甲문중에서는 위 임야의 양도소득세에 관하여는 처리해 줄 기미가 보이지 않는데 이 경우 누가 양도소득세의 납세의무를 지게 되는지요?

A. 국세기본법 제14조 제1항은 "과세의 대상이 되는 소득·수익·재산·행위 또는 거래의 귀속이 명의일 뿐이고 사실상 귀속되는 자가 따로 있는 때에는 사실상 귀속되는 자를 납세의무자로 하여 세법을 적용한다."라고 규정하여 실질과세의 원칙을 정하고 있습니다.

그리고 명의신탁 부동산을 양도한 경우 양도소득세의 납세의무자는 누가 되는지에 관하여 판례는 "부동산을 제3자에게 명의신탁한 경우 명의신탁자가 부동산을 양도하여 그 양도로 인한 소득이 명의신탁자에게 귀속되었다면, 국세기본법 제14조 제1항 등에서 규정하고 있는 실질과세의 원칙상 당해 양도소득세의 납세의무자는 양도의 주체인 명의신탁자이지 명의수탁자가 그 납세의무자가 되는 것은 아니고, 명의신탁된 부동산의 양도로 인한 자산양도차익 예정신고·납부를 해야 하는 자는 양도의 주체인 명의신탁자라고 할 것이므로, 명의수탁자의 명의로 신고·납부한 것은 납세의무자의 적법한 신고·납부로 볼 수 없다."라고 하여 명의수탁자명의의 신고부분에 대한 예정신고납부세액공제를 배제하고 신고·납부불성실가산세를 부과한 처분을 적법하다고 판단한 경우가 있습니다(대법원 1993. 9. 24. 선고 93누517 판결, 1997. 10. 10. 선고 96누6387 판결, 대법원 2003. 12. 12. 선고 2003다30616 판결).

따라서 위 사안에서도 위 임야의 양도로 인한 양도소득세는 명의신탁자인 甲문중이 부담하여야 할 것으로 보이므로 귀하는 甲문중에 대하여 예정신고를 하도록 권유해보고, 만약 귀하에게 양도소득세가 부과될 경우에는 귀하는 명의수탁자임을 소명할 자료를 제출하여 다투어야 할 것으로 보입니다.

■ **부동산에 대한 매각대금은 채권자가 전부 가져가 매각대금으로 얻은 이득은 하나도 없는데, 양도소득세 부과처분은 적법한가요?**

Q. 저의 배우자 甲은 3년 전 사망하였습니다. 甲은 재산으로 땅이 한 필 있었으나, 그 부동산을 담보로 甲의 채무가 너무 많아 감당할 수 없어서, 상속인인 저와 저의 자녀 乙은 당시 법원에 한정승인 신고를 하여 한정승인 심판을 받았습니다.

그런데 얼마 전 세무서에서 저와 乙에게 세금을 부과하라는 처분을 받았습니다. 이유를 알고 보니, 甲이 소유하고 있던 부동산의 근저당권자 丙이 그 부동산에 대하여 상속인인 저와 乙을 대위하여 상속등기를 하고 법원에서 부동산 임의경매 개시결정을 받은 뒤 부동산 경매절차에서 매수인 丁에게 경락이 되었는데, 과세관청에서는 丁에게 경락이 된 것이 부동산의 양도에 해당한다고 보아 저와 乙에게 양도소득세를 부과한 것이었습니다. 이 부동산에 대한 매각대금은 甲의 채권자가 전부 가져가 제가 매각대금으로 얻은 이득은 하나도 없는데, 저와 乙이 양도소득세 부과 처분을 받은 것이 적법한가요?

A. 소득세법 제4조 제1항 제3호에서 양도소득을 "자산의 양도로 발생하는 소득"이라고 규정하고 있으며, 같은 법 제88조 제1항에서는 "양도"의 정의에 관하여 "자산에 대한 등기 또는 등록과 관계없이 매도, 교환, 법인에 대한 현물출자 등으로 인하여 그 자산이 유상으로 사실상 이전되는 것을 말한다"고 규정하고 있는데, 이 사안에서는 저당권 실행을 위한 부동산 임의경매가 소득세법 제4조 제1항 제3호 , 제88조 제1항 의 양도소득세 과세대상인 '자산의 양도'에 해당하는지 여부와 부동산의 소유자가 한정승인을 한 상속인이라도 양도소득의 귀속자로 보아야 하는지 여부가 문제됩니다.

대법원은 "저당권의 실행을 위한 부동산의 임의경매는 담보권의 내용을 실현하여 현금화하기 위한 행위로서 소득세법 제4조 제1항 제3호, 제88조 제1항의 양도소득세 과세대상인 '자산의 양도'에 해당하고, 이 경우 양도소득인 매각대금은 부동산의 소유자에게 귀속되며, 그 소유자가 한정승인을 한 상속인이라도 그 역시 상속이 개시된 때로부터 피상속인의 재산에 관한 권리의무를 포괄적으로 승계하여 해당 부동산의 소유자가 된다는 점에서는 단순승인을 한 상속인과 다르지 않으므로 위 양도소득의 귀속자로 보아야 함은 마찬가지이다."고 보아, 한정승인을 한 상속인들이 피상속인으로부터 상속받은 부동산에 관하여 상속개시 전에 설정된 근저당권 실행을 위하여 임의경매절차가 진행되어 그 매각대금이 모두 상속채권자들에게 배당되는 바람에 전혀 배당을 받지 못하였다고 하더라도, 매각된 부동산의 양도인은 상속인들이고, 그 매각대금이 상속채권자들에게 교부되어 상속채무가 변제됨으로써 상속인들은 상속으로 인하여 부담하게 된 상속채무의 소멸이라는 경제적 효과를 얻었으므로, 위 임의경매에 대한 부동산의 매각에 대하여 상속인들에게 양도소득세를 부과한 이 사건 처분이 실질과세의 원칙에 위배되어 위법하다고 볼 수 없다고 판시한 바 있습니다(대법원 2012. 9. 13. 선고 2010두13630 판결 참조).

그렇다면, 비록 귀하와 귀하의 자녀께서 경매의 매각대금으로 얻은 이익이 하나도 없다고 하더라도 소득세법상 '양도'가 인정되므로 양도소득세 부과 처분은 적법한 것으로 보입니다.

(관련판례)

납세의무자가 부동산 양도에 따른 소득에 관한 양도소득세를 자진납부한 데 대하여 과세관청이 양도소득세를 부과·고지하였다가 그 양도가 부동산매매업에 해당한다는 이유로 양도소득세부과처분을 취소하고 종합소득세부과처분을 한 경우, 위 양도소득세 자진납부세액은 납부 후 그 부과처분의 취소결정으로 인한 국세환급금에 해당하는바, 그 환급청구권은 당초의 양도소득세부과처분의 취소에 의하여 확정되며 그에 따라 국세환급가산금도 구 국세기본법(1994. 12. 22. 법률 제4810호로 개정되기 전의 것) 제52조 및 같은법시행령 제30조 제2항 소정의 기산일 및 이율에 따라 당연히 확정되는 것이고, 국세환급금 및 국세환급가산금은 민사소송에 의하여 그 반환을 구할 수 있음은 별론으로 하고 그 환급청구권이 발생하였음을 이유로 들어 그 후의 과세처분이 위법하다고 하거나 그 취소를 구할 수는 없으며, 한편 국세환급금 및 국세환급가산금의 충당은 같은 법 제51조 제2항 및 같은법시행령 제31조 등에 그 요건과 절차, 방법 등이 따로 정하여져 있고 충당행위가 있을 때 장래에 향하여 국세환급금채무와 조세채권이 대등액에서 소멸될 뿐이므로, 과세관청이 종합소득세의 총결정세액에서 납세의무자의 양도소득세 자진납부세액을 기납부세액으로 공제하여 나머지 세액을 징수고지하였다 하더라도 이를 가리켜 국세환급금을 같은 법 제51조 제2항에 따라 납세고지에 의하여 납부하는 국세 등에 충당한 것이라고 할 수 없고, 이때 양도소득세 자진납부세액에 관한 국세환급가산금 상당의 금액을 종합소득세의 총결정세액에서 기납부세액으로 공제하여 그 나머지 세액을 징수하여야 하는 것도 아니다(대법원 1999. 10. 22. 선고 98두5194 판결).

■ 부동산을 양도한 것은 명의신탁을 해지한 것으로 유상양도한 것이 아닌 경우, 이 처분을 소송으로 취소할 수 있나요?

Q. 저는 2010. 12. 1. 제 소유의 부동산을 甲에게 이전하고, 2010. 12. 5. 세무서에 위 부동산 양도신고를 하였더니, 산출된 양도소득금액에서 자진납부할 경우 공제될 예정신고 납부세액 1,000만원을 뺀 나머지 금액 6,000만원이 실제 납부할 양도소득금액으로 산출되었습니다.
그런데 사실 이 부동산을 양도한 것은 명의신탁의 해지를 원인으로 한 것이어서 저는 양도소득세를 납부하지 않았고, 그러자 세무서에서는 2011. 6. 1.에 위 예정신고 납부세액 공제를 적용하지 않고 산출한 7,000만원을 납부하라는 납세고지서를 발부하였습니다. 이 부동산을 양도한 것은 명의신탁을 해지한 것으로 유상양도한 것이 아닙니다. 이 처분을 소송으로 취소할 수 있나요?

A. 이 사안은 세무관청에서 귀하에게 납세고지서를 발부한 행위가 취소소송의 대상이 되는 과세처분으로 볼 수 있는지가 문제됩니다. 양도소득세는 신고납세제도를 취하고 있으므로, 납세의무자가 그 과세표준과 세액을 신고하는 때에 세액이 확정되는 것이고 납세의무자는 신고와 함께 세액을 납부할 의무가 발생합니다.
판례는 신고납세방식의 경우 "납세의무자가 과세표준과 세액의 신고납세의무자가 과세표준과 세액의 신고만 하고 세액을 납부하지 않아 과세관청이 위 신고한 사항에 대하여 아무런 경정 없이 신고된 내용과 동일하게 이를 납부하도록 고지한 것은 확정된 조세의 징수를 위한 징수처분일 뿐, 취소소송의 대상이 되는 과세처분으로 볼 수는 없다"고 판시한 바 있습니다(대법원 2004. 9. 3. 선고 2003두8180 판결 참조). 그렇다면 세무서의 귀하에 대한 처분은 징수처분일 뿐 과세처분이라 볼 수 없어, 종전 신고내용의 착오가 있음을 전제로 국세기본법 제45조의2 규정에 의한 경정청구를 할 수 있음은 별론으로 하고, 세무서의 2011. 6. 1.자 납세고지가 부과처분에 해당함을 전제로 그 취소를 구할 수는 없을 것으로 보입니다.

■ 재산분할로 부동산소유권 이전 시 양도소득세 부과되는지요?

Q. 저는 甲과의 혼인생활을 파기하여 이혼하려고 합니다. 재산분할에 관하여는 甲과 합의하여, 다른 부동산은 甲이 가지고 甲의 명의로 1년 전에 분양받은 아파트를 제 명의로 소유권이전을 받으려고 하는바, 이 경우에도 양도소득세가 부과되는지요?

A. 양도소득세에 있어서의 양도란 자산에 대한 등기 또는 등록에 관계없이 양도, 교환, 법인에 대한 현물출자 등으로 인하여 그 자산이 유상으로 사실상 이전되는 것을 말합니다(소득세법 제88조 제1항).

그런데 이혼을 할 경우 재산분할의 방편으로 이루어진 자산 이전이 양도소득세 과세대상인 유상양도에 해당하는지에 관하여 판례는 "민법 제839조의2에 규정된 재산분할제도는 혼인 중에 부부 쌍방의 협력으로 이룩한 실질적인 공동재산을 청산·분배하는 것을 주된 목적으로 하는 것인바, 이와 같이 협의이혼시에 실질적인 부부공동재산을 청산하기 위하여 이루어지는 재산분할은 그 법적 성격, 분할대상 및 범위 등에 비추어 볼 때 실질적으로는 공유물분할에 해당하는 것이라고 봄이 상당하므로, 재산분할의 방편으로 행하여진 자산의 이전에 대하여는 공유물분할에 관한 법리가 준용되어야 할 것이므로, 이혼시 재산분할의 일환으로 부부 각자의 소유명의로 되어 있던 각 부동산을 상대방에게 서로 이전하였다고 하여도 특별한 사정이 없는 한, 공유물분할에 관한 법리에 따라 그와 같은 부동산의 이전이 유상양도에 해당한다고 볼 수 없고, 또한 재산분할이 이루어짐으로써 분여자의 재산분할의무가 소멸하는 경제적 이익이 발생한다고 하여도, 이러한 경제적 이익은 분할재산의 양도와 대가적 관계에 있는 자산의 출연으로 인한 것이라 할 수 없으므로, 재산분할에 의한 자산의 이전이 양도소득세 과세대상이 되는 유상양도에 포함되지 않는다."라고 하였습니다(대법원 1998. 2. 13. 선고 96누14401 판결).

따라서 이혼을 할 경우 재산분할의 방편으로 이루어진 자산 이전은 양도소득세 과세대상인 유상양도에 해당하지 않습니다. 그러나 이혼을 할 경우에도 위자료 또는 자녀양육비에 대한 대가로 자산이 이전된 경우에는 양도소득세 과세대상이 되는 유상양도에 포함됩니다(대법원 1996. 11. 22. 선고 96누11440 판결, 2003. 11. 14. 선고 2002두6422 판결).

참고로 이혼 시 위자료 부분과 재산분할 부분이 특정되지 아니한 채 자산이 이전된 경우, 양도소득세의 과세대상이 되는 위자료 부분의 입증책임에 관하여 판례는 "과세처분의 위법을 이유로 그 취소를 구하는 행정소송에서 과세요건의 존재에 대한 입증책임이 처분청에 있는 것과 마찬가지로, 협의이혼 또는 재판상 화해나 조정에 의한 이혼을 하면서 위자료와 재산분할, 자녀양육비 등의 각각의 액수를 구체적으로 정하지 아니한 채 자산을 이전한 경우 그 자산 중 양도소득세의 과세대상이 되는 유상양도에 해당하는 위자료 및 자녀양육비의 입증책임도 원칙적으로는 처분청에 있고, 다만 이 때 처분청이 위자료나 자녀양육비의 액수까지 구체적으로 주장·입증할 필요는 없고, 단지 그 액수를 정할 수 있는 자료를 법원에 제출하는 것으로 충분하며, 이에 대하여 법원은 이와 같은 자료를 토대로 혼인기간, 파탄의 원인 및 당사자의 귀책사유, 재산정도 및 직업, 당해 양도자산의 가액 등 여러 사정을 참작하여 직권으로 위자료나 자녀양육비의 액수를 정하여야 한다."라고 하였습니다(대법원 2002. 6. 14. 선고 2001두4573 판결).

■ **법률상 부부의 일방이 제3자와 내연관계를 맺어 부부가 별거하고 있는 경우, 양도소득세 면세요건인 '1세대 1주택'의 '1세대' 에 해당하는지요?**

Q. 저는 두 아이를 키우고 있는 엄마입니다. 저는 두 아이와 제 소유의 주택에서 살았는데, 아이들이 자라면서 넓은 공간이 필요하여 살던 집을 팔고 이사를 가게 되었습니다. 이 때문에 세무서에서 양도소득세를 내라는 고지를 받았습니다. 그런데, 제가 알기로 1세대 1주택의 경우에는 양도소득세가 면제된다고 알고 있고, 저희 남편은 저와 이혼만 하지 않았지 다른 여자와 바람을 피워 아예 그 여자와 같이 살고 있어 저와 별거 중인데, 세무서에서는 1세대 2주택에 해당한다는 이유로 양도소득세 부과 처분을 하였나 봅니다. 이러한 경우에도 양도소득세 부과처분이 적법한 것인가요?

A. 소득세법 89조 제1항 제3호 가목에서 대통령령으로 정하는 1세대 1주택에 해당하는 주택과 이에 딸린 주택부수토지의 양도로 발생하는 소득에 대하여는 양도소득세를 과세하지 않는다고 규정하고 있습니다. 그런데 위와 같이 혼인을 하였으나, 법률상 부부의 일방이 제3자와 내연관계를 맺어 부부가 별거하고 있는 경우, 법률상 부부의 일방과 상대방이 1세대를 구성하는지 여부가 문제됩니다.

대법원은 "거주자는 원칙적으로 그 배우자와 함께 1세대를 구성하는 것으로 하면서 가족이 거주자와 1세대를 구성하기 위하여서는 거주자 또는 그 배우자와 동일한 주소 또는 거소에서 생계를 같이할 것을 요구하는 것과는 달리 거주자의 배우자가 거주자와 1세대를 구성하는 데에는 배우자라는 것 외에 아무런 제한을 두지 아니하고 있고, 배우자가 사망하거나 이혼한 경우 등 예외적인 경우에만 배우자 없이도 세대를 구성할 수 있도록 하고 있으므로 세법 규정의 엄격해석의 원칙상 거주자의 배우자는 그 배우자라는 사실만으로 거주자와 1세대를 구성한다고 새길 수밖에 없다."고 보아 거주자의 배우자가 거주자와 사실상 동거하고 생계를 같이하는 경우에만 거주자와 동일한 세대를 구성한다고 볼 수 없다고 판시한 바 있습니다(대법원 1998. 05. 29. 선고 97누19465 판결 참조).

그러므로 귀하는 법률상의 배우자와 1세대를 구성하게 되므로, 법률상 배우자가 주택을 소유하고 있다면 양도소득세 비과세 대상인 1세대 1주택에 해당하지 아니하여 과세관청의 양도소득세 부과처분은 적법한 것으로 보입니다.

■ 무효인 매매계약의 이행으로 매매대금 등을 수수하여 그대로 보유하고 있는 경우, 양도소득세과세 대상이 되는지요?

Q. 저는 2005. 4. 18.경 甲과 사이에 토지거래허가구역 내에 위치한 甲 소유 토지에 관하여 대금 20억8천8십만원 중 계약금 2억원은 계약 당일, 잔금 18억8천8십만원은 2005. 5. 15. 각 지급하되, 매수인을 '乙(저의 딸) 외 7인'으로 하는 내용의 매매계약(이하 '이 사건 매매계약'이라 한다)을 체결하였습니다. 그 후 저는 丙과의 사이에 아래와 같이 매매대금 27억4천1백만원에 위 토지에 관한 전매계약을 체결하고, 최종매수인 丙과 甲을 직접 당사자로 하는 토지거래허가를 받아 아래와 같이 위 토지에 관하여 최종매수인 丙 명의의 소유권 이전등기를 마쳐주었습니다. 그런데 세무서는 2009. 1. 10. 제가 위 토지를 丙 에게 전매한 것이 자산이 사실상 유상으로 이전된 양도로서 양도소득세 과세대상에 해당한다는 이유로 저에게 양도차익 6억6천2십만원에 해당하는 2005년도 귀속 양도소득세 686,832,460원을 부과하는 처분을 하였습니다. 저는 위 양도소득세 부과처분의 취소를 구할 수 있는지요?

A. 국토계획법이 정한 토지거래허가구역 내 토지를 매도하고 대금을 수수하였으면서도 토지거래허가를 배제하거나 잠탈할 목적으로 매매가 아닌 증여가 이루어진 것처럼 가장하여 매수인 앞으로 증여를 원인으로 한 이전등기까지 마친 경우 또는 토지거래허가구역 내 토지를 매수하였으나 그에 따른 토지거래허가를 받지 않고 이전등기를 마치지도 않은 채 토지를 제3자에게 전매하여 매매대금을 수수하고서도 최초 매도인이 제3자에게 직접 매도한 것처럼 매매계약서를 작성하고 그에 따른 토지거래허가를 받아 이전등기까지 마친 경우, 이전등기가 말소되지 않은 채 남아 있고 매도인 또는 중간 매도인이 수수한 매매대금도 매수인 또는 제3자에게 반환하지 않은 채 그대로 보유하고 있는 때에는 예외적으로 매도인 등에게 자산의 양도로 인한 소득이 있다고 보아 양도소득세 과세대상이 된다고 보는 것이 타당하다는 것이 대법원의 견해입니다(대법원 2011. 7. 21. 선고 2010두23644 전원합의체 판결 참조).

위 판례에서 매매 등 계약이 처음부터 국토의 계획 및 이용에 관한 법률(이하 '국토계획법'이라 한다)에서 정한 토지거래허가를 배제하거나 잠탈할 목적으로 이루어진 경우와 같이, 위법 내지 탈법적인 것이어서 무효임에도 당사자 사이에서는 매매 등 계약이 유효한 것으로 취급되어 매도인 등이 매매 등 계약의 이행으로 매매대금 등을 수수하여 그대로 보유하고 있는 경우에는 종국적으로 경제적 이익이 매도인 등에게 귀속되고, 그럼에도 매매 등 계약이 법률상 무효라는 이유로 매도인 등이 그로 말미암아 얻은 양도차익에 대하여 양도소득세를 과세할 수 없다고 보는 것은 매도인 등으로 하여금 과세 없는 양도차익을 향유하게 하는 결과로 되어 조세정의와 형평에 심히 어긋난다고 판시하고 있는바, 이러한 견해에 의한다면, 귀하께서 양도차익 등을 그대로 보유하고 있어 종국적으로 그 경제적 이익이 귀하에게 귀속된다고 보이므로 양도소득세 부과가 가능하다고 할 것이고, 따라서 취소를 구하기 어려울 것으로 보입니다.

(관련판례)

부동산매매업자에 대한 종합소득세의 계산을 양도소득세 과세방식에 의하는 경우에는, 토지 등의 매입·제작·건설에 소요되는 차입금에 대한 지급이자 또는 이와 유사한 성질의 지출금은 이른바 건설자금이자로서 구 소득세법(1994. 12. 22. 법률 제4803호로 전문 개정되기 전의 것) 제92조 제1항, 제45조, 제48조 제9호에 의하여 양도소득금액의 계산에 있어 필요경비에 산입하지 아니하되, 구 소득세법시행령(1994. 12. 31. 대통령령 제14467호로 전문 개정되기 전의 것) 제141조 제1항 제2호, 제98조 제1항, 제2항에 의하여 토지매입의 경우에는 그 대금을 완불한 날까지, 건물의 제작·건설의 경우에는 건설이 준공된 날까지 이를 자본적 지출로 하여 그 원본에 산입되어 매매차익의 계산에 있어 양도가액에서 공제된다고 할 것이나, 부동산매매업자에 대한 종합소득세액의 계산을 종합소득세 과세방식에 의하는 경우에는 부동산매매업자의 판매용 토지와 건물은 사업용 고정자산에 해당하지 아니하여 구 소득세법 제48조 제9호, 같은법시행령 제98조 제1항 소정의 건설자금이자의 계산대상에서 제외되므로, 그 토지 등의 매입·건설에 소요되는 차입금에 대한 지급이자 등이 토지대금의 완납일 또는 건물의 준공일 이후에 그 발생사실이 확정되었다고 하더라도 이는 필요경비로서 매매가액에서 공제되어야 한다(대법원 2003. 4. 25. 선고 2000두10724 판결).

■ **강제경매절차의 기초가 된 경매부동산에 관한 채무자 명의의 등기가 원인무효인 경우, 양도소득세를 과세할 수 있는지요?**

Q. 제 소유 임야에 대하여 강제경매절차가 개시되어 2008. 10.8.대금 122,100,000원에 甲에게 매각되고 그 명의로 소유권이전등기까지 마쳐졌습니다. 이에 ○○세무서는 강제경매절차를 통하여 매각대금 상당의 이익이 귀속되었다고 보아 저에게 양도소득세를 부과하였습니다. 그런데 위 토지의 이전 소유자인 乙의 소유권이전등기가 구 국유재산법에 반하여 무효라점이 밝혀졌습니다. 위 양도소득세부과처분에 대하여 다툴 수 있을까요?

A. 소득세법 제88조에서는 거주자의 소득의 하나인 동법 제4조 제1항 제3호의 양도소득에 관하여, "양도"란 자산에 대한 등기 또는 등록과 관계없이 매도, 교환, 법인에 대한 현물출자 등으로 인하여 그 자산이 유상으로 사실상 이전되는 것을 말한다고 규정하고 있습니다.

양도소득세는 자산의 양도로 인한 소득에 대하여 과세되는 것인데, 외관상 자산이 강제경매절차에 의하여 양도된 것처럼 보이더라도, 강제경매절차의 기초가 된 경매부동산에 관한 채무자 명의의 등기가 원인무효인 때에는, 매수인은 경매부동산의 소유권을 취득할 수 없고 강제경매절차를 통하여 채무자에게 돌아간 이익이 있으면 원칙적으로 원상회복으로 반환의 대상이 될 수 있을 뿐이므로, 이 경우 특별한 사정이 없는 한 채무자에게 매각대금상당의 양도소득이 귀속되었다고 보아 양도소득세를 과세할 수는 없다고 할 것입니다.

따라서 위 양도소득세부과처분이 위법함을 다툴 수 있을 것으로 보입니다(대법원 2016. 8. 18. 선고 2014두10981 판결 참조)

■ **부동산매매계약이 매수인의 채무불이행을 이유로 해제된 경우 양도소득세 부과대상이 되는 '자산의 양도'에 해당하는지요?**

Q. 저는 1년 전에 소유하고 있던 부동산을 甲에게 매도하였습니다. 부동산 매매계약을 체결할 때 甲이 사정을 하여 甲이 중도금을 납입할 때에 소유권이전등기를 미리 경료해 주었습니다. 그런데 甲이 잔금지급기일이 2개월이 넘도록 잔대금을 지급하지 않아 저는 매매계약을 해제하였습니다. 그런데 세무서에서 저에게 양도소득세를 내라는 처분을 하였습니다. 이러한 과세처분이 적법한 처분인가요?

A. 소득세법 제88조 제1항에서는 양도의 개념에 관하여 "자산에 대한 등기 또는 등록과 관계없이 매도, 교환, 법인에 대한 현물출자 등으로 인하여 그 자산이 유상으로 사실상 이전되는 것"을 말한다고 규정하고 있습니다.
판례는 "매수인이 잔대금지급채무를 이행하지 아니하여 매도인이 매매계약을 해제하였다면, 위 매매계약의 효력은 소급하여 상실되었다고 할 것이므로 매도인에게 양도로 인한 소득이 있었음을 전제로 한 양도소득세부과처분은 위법하다"고 보아 "건물에 대한 매매계약의 해제 전에 부가가치세부과처분이 이루어졌다 하더라도 해제의 소급효로 인하여 매매계약의 효력이 소급하여 상실되는 이상 부가가치세의 부과 대상이 되는 건물의 공급은 처음부터 없었던 셈이 되므로, 위 부가가치세부과처분은 위법하다"고 판시한 바 있습니다(대법원 2002.9.27. 선고 2001두5989 판결 참조).
그렇다면, 과세관청의 귀하에 대한 처분은 부적법한 것으로 보입니다.

■ **혼인으로 1세대 2주택이 된 비거주자의 주택 양도 시 양도소득세의 비과세대상이 되는지요?**

Q. 甲은 1주택을 보유한 비거주자로서 혼인 전에는 「소득세법 시행령」(2009. 2. 4. 대통령령 제21301호로 개정·시행되기 전의 것) 제154조제1항제2호나목 또는 다목을 적용받을 수 있었는데 1주택을 보유하는 자와 혼인함으로써 1세대 2주택이 된 상황에서 비거주자인 상태로 비거주자 본인 소유의 1주택을 그 혼인한 날부터 2년 이내에 양도하는 경우 같은 법 시행령 제155조제5항을 적용하여 양도소득세를 비과세할 수 있는지요?

A. 1주택을 보유한 비거주자가 1주택을 보유하는 자와 혼인함으로써 1세대 2주택이 된 상황에서 비거주자인 상태로 비거주자 본인 소유의 1주택을 그 혼인한 날부터 2년 이내에 양도하는 경우 「소득세법 시행령」(2009. 2. 4. 대통령령 제21301호로 개정·시행되기 전의 것) 제155조제5항을 적용하여 양도소득세를 비과세할 수는 없습니다.

「소득세법」의 법체계는 과세단위인 개인을 거주자와 비거주자로 나누고 있고, 거주자에 대한 납세의무와 비거주자에 대한 납세의무를 구분하고 있으며, 「소득세법」(2008. 12. 26. 법률 제9270호로 일부 개정되어 2009. 1. 1. 시행되기 전의 것을 말하며, 이하 "구 소득세법"이라 함) 제121조제2항에서는 건물 등의 양도로 인하여 발생하는 국내원천소득이 있는 비거주자에 대해서는 거주자와 동일한 방법으로 과세하도록 규정하고 있는데, 여기서 양도소득세의 "과세"란 그 취지상 특별한 사정이 없는 한 양도가액, 양도소득금액, 양도소득 과세표준, 세액 등을 계산하여 양도소득세를 부과한다는 의미로 이해하여야 할 것이어서 "1세대"라는 용어를 사용하고 있다고 하여 비거주자의 적용을 배제하는 것은 아니라고 할 것입니다.

그러나, 구 소득세법 제89조제1항제3호와 「소득세법 시행령」(2009. 2. 4. 대통령령 제21301호로 일부 개정되어 2009. 2. 4. 시행되기 전의 것을 말하며, 이하 "구 소득세법 시행령"이라 함) 제154조는 비과세되는 양도소득에 관한 규정이고 비과세는 기본적으로 양도소득에 대한 과세의 문제가 아니라는 점에서 이는 거주자에 한정하여 적용하여야 할 필요성이 있다고 할 것(서울행정법원 2010. 9. 9. 선고 2010구단5472 판례, 서울행정법원 2009. 4. 9. 2008구단14695 판례, 서울고등법원 2009. 11. 3. 2009누10576 판례 참조)입니다.

또한, 구 소득세법 제89조제1항제3호는 거주자의 양도소득에 대한 납세의무에 관한 장에 규정되어 있고, 양도소득세 비과세의 대상이 되는 1세대 1주택의 정의와 범위를 대통령령으로 정하도록 포괄적으로 위임하고 있는데, 구 소득세법 시행령 제154조제1항에서는 1세대의 범위에 관하여 거주자가 구성하는 세대로 규정하고 있고, 비거주자에 대한 1세대 1주택의 양도소득에 대하여 양도소득세를 과세할지 여부는 조세정책상의 문제라고 할 것이므로, 같은 항 제2호나목 및 다목과 같이 거주자의 지위에서 비거주자의 지위로 변경되는 경우로서 양도소득세 비과세 적용요건의 확장이 있다고 볼 수 있는 특별한 규정이 없는 한 1세대 1주택으로서 양도소득세 비과세의 대상이 되기 위해서는 주택의 양도 당시 납세의무자인 그 주택의 소유자가 거주자이어야 할 것(서울행정법원 2010. 6. 10. 선고 2010구단88 판례, 서울고등법원 2006. 8. 17. 선고 2005누23260 판례 참조)입니다.

그런데, 이 사안의 경우 1주택을 보유한 비거주자가 비록 혼인 전에는 구 소득세법 시행령 제154조제1항제2호나목 또는 다목을 적용받을 수 있었다고 하더라도, 같은 규정에 따라 본인 소유의 1주택에 대한 양도일을 기준으로 할 때에는 이미 혼인한 상태이므로, 혼인관계에 있는 부부를 포함한 세대전원이 출국한 경우로서 출국일 현재 1주택을 보유하고 있다는 요건과 출국 일부터 2년 이내에 양도하는 요건을 모두 충족하는 경우가 아닌 이상 1세대 1주택의 양도소득세 비과세에 대한 확장된 적용요건인 구 소득세법 시행령 제154조제1항제2호나목 또는 다목의 요건을 충족하는 비거주자라고 할 수 없습니다.

그리고 이와 같이 해당 요건을 충족하지 못한 상태에서 보유하고 있던 1주택을 양도하는 비거주자는 해당 주택의 양도 당시 소유자가 거주자일 것을 전제로 하는 1세대 1주택에 대한 양도소득세 비과세 규정을 적용받을 수는 없다고 할 것입니다.

위와 같은 사항을 종합하여 보면, 구 소득세법 시행령 제155조제5항은 구 소득세법 제89조제1항제3호에 따라 1세대 1주택의 양도소득세 비과세에 관하여 필요한 사항을 정한 규정으로서 구 소득세법 제89조제1항제3호 및 구 소득세법 시행령 제154조제1항의 적용을 전제로 하는 규정인바, 구 소득세법 시행령 제154조제1항제2호나목 또는 다목의 요건을 충족하지 못한 상태에서 보유하고 있던 1주택을 양도하는 비거주자는 주택의 양도 당시 그 소유자가 거주자일 것을 전제로 하는 1세대 1주택에 대한 양도소득세 비과세 규정인 구 소득세법 제89조제1항제3호 및 구 소득세법 시행령 제154조제1항을 적용받을 수 없다고 할 것이므로, 해당 비거주자에게 구 소득세법 시행령 제155조제5항 또한 적용된다고 볼 수 없다고 할 것입니다.

따라서, 1주택을 보유한 비거주자가 1주택을 보유하는 자와 혼인함으로써 1세대 2주택이 된 상황에서 비거주자인 상태로 비거주자 본인 소유의 1주택을 그 혼인한 날부터 2년 이내에 양도하는 경우 구 소득세법 시행령 제155조제5항을 적용하여 양도소득세를 비과세할 수는 없습니다.

■ 공익사업용 토지 등에 대한 양도소득세 감면을 받을 수 있는지요?

Q. 甲은 국립공원 내 토지를 소유하고 있다가 이를 국가에 매도하였습니다. 당시 「자연공원법」 제19조에 따른 공원사업 시행계획의 결정·고시 없이 담당 공무원과 협의 하에 매도한 경우 해당 甲은 「조세특례제한법」 제77조에 따른 공익사업용 토지 등에 대한 양도소득세 감면을 받을 수 있는지요?

A. 「자연공원법」 제76조에 따라 공원관리청이 국립공원을 보존·관리하기 위하여 국립공원 내에 있는 토지를 같은 법 제19조에 따른 공원사업 시행계획의 결정·고시 없이 그 소유자와 협의하여 매수한 경우 해당 소유자(매도인)는 「조세특례제한법」 제77조에 따른 공익사업용 토지 등에 대한 양도소득세 감면을 받을 수 없다고 할 것입니다.

「조세특례제한법」 제77조제1항 각 호 외의 부분에서는 "해당 토지등이 속한 사업지역에 대한 사업인정고시일(사업인정고시일 전에 양도되는 경우에는 그 양도일)부터 소급하여 2년 이전에 취득한 토지등을 2012년 12월 31일 이전에 양도함으로써 발생하는 소득"에 대하여 양도소득세의 일부를 감면한다고 하고 있는바, 공익사업법 제2조제7호에 따르면, "사업인정"은 "공익사업을 토지 등을 수용하거나 사용할 사업으로 결정하는 것"으로 정의되어 있고, 같은 법 제20조에서는 사업시행자가 토지 등을 수용하거나 사용하려면 국토해양부장관의 사업인정을 받도록 하고, 같은 법 제25조에서는 사업인정 고시가 된 후에는 사업에 지장을 줄 우려가 있는 토지의 형질변경을 하지 못하고 건축물의 건축·대수선 등을 하려면 허가를 받아야 하는 등 해당 토지 등의 보전의무가 발생할 뿐만 아니라, 사업인정을 받은 사업시행자는 같은 법 제26조에 따라 토지조서 및 물건조서의 작성, 보상계획의 공고·통지 및 열람, 보상액의 산정과 토지소유자 및 관계인과의 협의 절차를 거치되, 이러한 협의가 성립되지 않거나 협의를 할 수 없으면 같은 법 제28조에 따라 토지수용위원회에 재결을 신청할 수 있게 되어 결국 같은 법 제34조·제40조·제43조·제45조에 따라 토지수용위원회가 재결한 바에 따라 보상금 지급과 토지 또는 물건의 인도 등이 이루어져 수용의 개시일에 토지나 물건에 대한 소유권 등의 권리가 취득·소멸 및 제한되게 됩니다.

이와 관련하여 대법원 1995. 12. 5. 선고 95누4889 판결에서도 사업인정은 건설부장관이 공익사업의 시행자에게 그 후 일정한 절차를 거칠 것을 조건으로 하여 일정한 내용의 수용권을 설정해 주는 행정처분의 성격을 띠는 것으로서, 그 사업인정을 받음으로써 수용할 목적물의 범위가 확정되고 수용권자로 하여금 목적물에 대한 현재 및 장래의 권리자에게 대항할 수 있는 일종의 공법상의 권리로서의 효력을 발생시키는 것 이어서 공익사업의 시행자는 사업인정의 효력이 발생하는 사업인정의 고시가 있은 날 이후에는 위 수용권을 바탕으로 먼저 피수용자와 협의를 하여 수용할 목적물을 취득하고 협의가 성립되지 아니하거나 협의를 할 수 없을 때에는 재결에 의하여 수용할 목적물을 취득하게 되는 것으로 보고 있습니다.

또한, 조세법률주의의 원칙상 과세요건이나 비과세요건 또는 조세감면요건을 막론하고 조세법규의 해석은 특별한 사정이 없는 한 법문대로 해석할 것이고 합리적 이유 없이 확장해석하거나 유추해석하는 것은 허용되지 아니하며, 특히 감면요건 규정 가운데에 명백히 특혜규정이라고 볼 수 있는 것은 엄격하게 해석하는 것이 조세공평의 원칙에도 부합하는바(대법원 2003. 1. 24. 선고 2002두9537 판결), 「조세특례제한법」 제77조제1항의 취지는 공익사업의 원활한 수행 지원 및 공익사업용으로 수용되는 부득이한 점을 감안한 세부담 완화 차원에서 공익사업용 토지 등에 대하여 양도소득세를 감면하여 과세의 공평을 기하고 조세정책을 효율적으로 수행하기 위한 것으로, 「자연공원법」 제19조·제22조에 따라 사업인정 및 사업인정의 고시로 보는 공원사업 시행계획이 없었고, 같은 법 제76조는 자연공원을 보전·관리하기 위하여 필요한 경우 자연공원에 있는 토지와 그에 정착된 물건을 그 소유자와 협의하여 매수할 수 있게 한 것으로 토지의 수용이 직접 전제된 것은 아니라 할 것이므로, 이 조에 따라 공원관리청과 해당 소유자가 그 의사에 따라 협의하여 매매하는 경우까지 「조세특례제한법」 제77조제1항에 따른 양도소득세 감면 대상으로 볼 수는 없다고 할 것입니다(조세심판원 2010. 3. 11. 선고 2009서3489판결, 서울행정법원 2010. 9. 10. 선고 2010구단11200 판결, 서울고등법원 2011. 4. 14. 선고 2010누34592 판결 참조).

따라서, 「자연공원법」 제76조에 따라 공원관리청이 국립공원을 보존·관리하기 위하여 국립공원 내에 있는 토지를 같은 법 제19조에 따른 공원사업 시행계획의 결정·고시 없이 그 소유자와 협의하여 매수한 경우 해당 소유자(매도인)는 「조세특례제한법」 제77조에 따른 공익사업용 토지 등에 대한 양도소득세 감면을 받을 수 없다고 할 것입니다.

■ **부동산 양도행위에 대하여 양도소득세 이외에 부가가치세를 부과하는 것은 중복과세에 해당하는 것 아닌가요?**

Q. 甲은 부동산매매업을 영위하는 자입니다. 甲은 얼마 전 자신 소유의 부동산을 乙에게 매도하였는데, 양도소득세 부과처분과는 별도로 부가가치세 부과처분까지 받았습니다. 甲의 부동산 양도행위에 대하여 양도소득세 이외에 부가가치세를 부과하는 것은 중복과세에 해당하는 것 아닌가요?

A. 대법원은 "부동산의 거래행위가 부가가치세의 과세요건인 부동산매매업에 해당하는지 여부는 그 거래행위가 수익을 목적으로 하고, 그 규모, 횟수, 태양 등에 비추어 사업활동으로 볼 수 있는 정도의 계속성과 반복성이 있는지 여부 등을 고려하여 사회통념에 비추어 가려져야 할 것이고, 그 판단을 함에 있어서는 단지 당해 양도의 목적으로 된 부동산에 대한 것뿐만 아니라, 양도인이 보유하는 부동산 전반에 걸쳐 당해 양도가 행하여진 시기의 전후를 통한 모든 사정을 참작하여야 할 것이며, 건물 양도행위가 부가가치세의 과세대상인 부동산매매업을 영위한 경우에 해당하는 이상 그 양도로 인한 소득에 대한 소득세와는 별도로 부가가치세를 납부할 의무가 있으므로, 피고가 원고의 이 사건 건물 양도행위에 대하여 당초 양도소득세 및 방위세 부과처분을 하였다 하더라도 이 사건 부가가치세 부과처분이 중복과세로 위법하다고 할 수는 없다(대법원 1997. 4. 25. 선고 96누18557 판결)."라고 판시하고 있습니다.

따라서 甲의 부동산 양도행위가 부동산매매업에 따른 거래행위라면, 부동산 거래에 따른 양도소득세 이외에 부가가치세가 함께 부과되어도 중복과세에는 해당하지 않는다고 할 것입니다.

■ **양도소득세 부과처분에 대해서 취소소송을 제기할 수 있는가요?**

Q. 저는 2000년경 甲으로부터 아파트를 실제로는 2억원에 매수하였는데, 매도인의 요구에 의해서 매매대금을 1억원으로 하는 다운계약서를 작성하였습니다. 이후 2013년경 위 아파트를 다시 乙에게 금 3억원에 매도하였습니다. 그런데 세무서에서는 저의 양도차익을 2억원으로 보고 이에 대한 양도세부과처분을 하였습니다. 저는 이에 양도세부과처분 다투고자 합니다. 행정소송법 제18조 제1항에 의하면 "취소소송은 법령의 규정에 의하여 당해 처분에 대한 행정심판을 제기할 수 있는 경우에도 이를 거치지 아니하고 제기할 수 있다'고 되어 있는데, 저는 바로 위와 같은 양도소득세 부과처분에 대해서 양도소득세 부과처분취소소송을 제기할 수 있는가요?

A. 국세기본법 제 56조 ②항에 의하면, 제55조에 규정된 위법한 처분에 대한 행정소송은「행정소송법」제18조제1항 본문, 제2항 및 제3항에도 불구하고 이 법에 따른 심사청구 또는 심판청구와 그에 대한 결정을 거치지 아니하면 제기할 수 없다고 되어 있습니다.
따라서 해당처분이 있음을 안날로부터 90일 이내(이의신청을 거친 경우 이의신청에 대한 결정 통지를 받은 날부터 90일 이내)에 심사청구 혹은 심판청구를 할 수 있고, 심사청구 또는 심판청구에 대한 결정의 통지를 받은 날부터 90일 이내에 위 양도소득세 부과처분취소를 구하는 소를 제기하여야 할 것입니다.

■ **상속을 포기한 자도 국세 등 납세의무를 승계하는 자로 보아 상속받은 재산에 대하여 양도소득세를 부담해야 하는지요?**

Q. 갑은 양도소득세를 체납한 채 2010. 6. 12. 사망하였고, 갑의 처인을은 2010. 6. 22. 보험수익자로서 갑의 사망으로 보험금 3억 원을 수령하고 2010. 8. 31. 그 중 갑이 보험계약자로서 부담한 보험료에 상당하는 2억 1,900만 원(이하 '이 사건 보험금'이라 합니다)에 대한 상속세를 신고하였습니다. 한편 을은 2010. 7. 7. 상속포기 신고를 하여 2010. 7. 15. 그 신고수리의 심판을 받았습니다. 이에 대하여 관할 세무서는 이 사건 보험금이 상속세 및 증여세법 제8조에 따른 상속재산이고, 국세기본법 제24조 제1항에 의하여 그 한도에서 갑의 양도소득세 납세의무가 을을 비롯한 상속인들에게 승계되는 것으로 보아 2010. 12. 9. 을에게 2008년 귀속 양도소득세 2억 1,900만 원을 부과할 수 있나요?

A. 국세기본법 제24조 제1항은 "상속이 개시된 때에 그 상속인(수유자를 포함한다) 또는 민법 제1053조 에 규정된 상속재산관리인은 피상속인에게 부과되거나 그 피상속인이 납부할 국세·가산금과 체납처분비를 상속으로 받은 재산의 한도에서 납부할 의무를 진다."라고 규정하고 있습니다.
위 사안에 대하여 법원은 '① 원래 상속을 포기한 자는 상속포기의 소급효에 의하여 상속개시 당시부터 상속인이 아니었던 것과 같은 지위에 놓이게 되는 점(민법 제1042조), 상속세 및 증여세법(이하 '상증세법'이라 합니다) 제3조 제1항은 상속세에 관하여는 상속포기자도 상속인에 포함되도록 규정하고 있으나 이는 사전증여를 받은 자가 상속을 포기함으로써 상속세 납세의무를 면하는 것을 방지하기 위한 것으로서, ② 국세기본법 제24조 제1항에 의한 납세의무 승계자와 상증세법 제3조 제1항에 의한 상속세 납세의무자의 범위가 서로 일치하여야 할 이유는 없는 점, ③ 조세법률주의의 원칙상 과세요건은 법률로써 명확하게 규정하여야 하고 조세법규의 해석에 있어서도 특별한 사정이 없는 한 법문대로 해석하여야 하며 합리적 이유 없이 확장해석하거나 유추해석하는 것은 허용되지 않는 점 등을 근거로, 적법하게 상속을 포기한자는 국세기본법 제24조 제1항이 피상속인의 국세 등 납세의무를 승계하는 자로 규정하고 있는 '상속인'에는 포함되지 않는다고 보아야 한다.
또한 상증세법 제8조 제1항은 피상속인의 사망으로 인하여 지급받는 생명보험 또는 손해보험의 보험금으로서 피상속인이 보험계약자가 된 보험계약에 의하여 지급받는 보험금이 실질적으로 상속이나 유증 등에 의하여 재산을 취득한 것과 동일하다고 보아 상속세 과세대상으로 규정하고 있으나, 상증세법 제8조가 규정하는 보험금의 경우 보험수익자가 가지는 보험금지급청구권은 본래 상속재산이아니라 상속인의 고유재산이므로, 상증세법 제8조 가 규정하는 보험금 역시 국세기본법 제24조 제1항이 말하는 '상속으로 받은 재산'에는 포함되지 않는다고 보아야 한다(대법원 2013. 5. 23. 선고 2013두1041 판결).'고 판시하였습니다.

위 판례의 법리에 따르면 을은 상속을 포기하였을 뿐만 아니라 보험금은 상속재산에 해당하지 않기 때문에 세무서는 을에게 양도소득세부과처분을 할 수 없습니다.

■ 양도소득세의 과세누락이 상당기간 지속된 경우 비과세관행이 성립된 것인지요?

Q. 저는 주택을 매매하기 이전에 관할 세무서의 상담직원에게 양도소득세가 부과되는지에 관하여 상담한 결과 양도소득세과세대상이 아니라는 말을 듣고 주택을 매도하였습니다. 그런데 양도소득세가 5년이 다되어 가도록 과세되지 않다가 양도소득세가 부과되었습니다. 이 경우 비과세관행이 적용되어 과세를 면할 수는 없는지요?

A. 국세기본법」제18조 제3항은 "세법의 해석이나 국세행정의 관행이 일반적으로 납세자에게 받아들여진 후에는 그 해석이나 관행에 의한 행위 또는 계산은 정당한 것으로 보며, 새로운 해석이나 관행에 의하여 소급하여 과세되지 아니한다."라고 규정하고 있습니다.

그런데 조세법률관계에서 신의성실의 원칙과 비과세관행의 적용요건에 관하여 판례는 "일반적으로 조세법률관계에서 과세관청의 행위에 대하여 신의성실의 원칙이 적용되기 위하여는 과세관청이 납세자에게 신뢰의 대상이 되는 공적인 견해표명을 하여야 하고, 또한 국세기본법 제18조 제3항에서 말하는 비과세관행이 성립하려면 상당한 기간에 걸쳐 과세를 하지 아니한 객관적 사실이 존재할 뿐만 아니라, 과세관청 자신이 그 사항에 관하여 과세할 수 있음을 알면서도 어떤 특별한 사정 때문에 과세하지 않는다는 의사가 있어야 하며, 위와 같은 공적 견해나 의사는 명시적 또는 묵시적으로 표시되어야 하지만, 묵시적 표시가 있다고 하기 위하여는 단순한 과세누락과는 달리 과세관청이 상당기간 비과세 상태에 대하여 과세하지 않겠다는 의사표시를 한 것으로 볼 수 있는 사정이 있어야 하고, 이 경우 특히 과세관청의 의사표시가 일반론적인 견해표명에 불과한 경우에는 위 원칙의 적용을 부정하여야 한다."라고 하였습니다(대법원 2001. 4. 24. 선고 99두5412 판결, 2001. 4. 24. 선고 2000두5203 판결, 2002. 11. 8. 선고 2001두4849 판결 2009. 12. 24. 선고 2008두15350 판결).

그리고 비과세관행의 적용요건에 관하여 "비과세관행은 과세관청의 공적 견해의 표시 또는 국세행정의 관행이 특정한 납세자가 아닌 불특정한 일반의 납세자에게 이의 없이 받아들여지고 납세자가 이를 신뢰하는 것이 무리가 아니라고 인정될 정도에 이른 경우에 적용되는 것"이라고 하였습니다(대법원 1993. 5. 25. 선고 91누9893 판결).

또한, "주택매매에 앞서 과세관청의 민원상담직원으로부터 아무런 세금도 부과되지 아니할 것이라는 말을 들은 바 있고, 매매 후 과세관청이 양도소득세를 비과세처리 하였으나 약 5년 후 과세처분을 하였다 하더라도 국세기본법 제15조나 제18조 제3항에 위배된다고 할 수 없다."라고 하였습니다(대법원 1993. 2. 23. 선고 92누12919 판결).
따라서 위 사안에 있어서도 귀하가 비과세관행을 들어 양도소득세의 비과세를 주장하기는 어려울 것으로 보입니다.

(관련판례)

양도소득세 납세의무자가 토지를 금 196,602,000원에 양도하였다고 주장하면서 그 증빙서류로 제출한 부동산매매계약서의 진정성립을 인정할 증거가 없고, 그 토지의 양도 당시의 기준시가가 금 338,520,000원인 데 반하여 납세의무자가 주장하는 실지양도가액은 기준시가의 58% 정도에 불과할 뿐 아니라 기준시가는 통상적으로 실지거래가액보다 낮음에도 기준시가의 60%에도 미치지 못하는 가격으로 양도할 만한 특별한 사정이 있었다고 볼 수 없는 점 등에 비추어, 위 계약서의 기재만으로는 실지양도가액을 확인할 수 없다(대법원 1997. 6. 27. 선고 96누5810 판결).

■ 양도소득세부과 제척기간 8년이나 지나서 과세처분한 것도 효력이 있나요?

Q. 甲은 乙에게 토지 등을 양도한 후 2002. 11. 6. 양도소득세 신고를 하였고, 乙이 다시 제3자에게 이를 양도한 후 양도소득세 신고를 한 사실이 있습니다. 과세관청은 2011. 6. 3. 甲이 신고한 실지양도가액과 乙이 신고한 실지취득가액이 다르다며 실지양도가액을 부인하고 甲에게 양도소득세 부과처분을 하였습니다. 부과제척기간으로부터 8년이나 지나서 과세처분한 것도 효력이 있나요?

A. 구 국세기본법(2010. 1. 1.법률 제9911호로 개정되기 전의 것)제26조의2제1항은 '납세자가 사기 기타 부정한 행위로써 국세를 포탈하거나 환급·공제받는 경우'(제1호)나 '납세자가 법정신고기한 내에 과세표준신고서를 제출하지 아니한 경우'(제2호)등을 제외하고는 원칙적으로 국세부과의 제척기간을 해당 국세를 부과할 수 있는 날부터 5년간으로 규정하고 있습니다(제3호). 그리고 구 국세기본법 시행령(2002. 12. 30.대통령령 제17830호로 개정되기 전의 것)제12조의3 제1항 제1호, 구 소득세법(2009.12.31.법률 제9897호로 개정되기 전의 것)제110조 제1항 에 의하면, 양도소득세의 경우 해당 연도의 양도소득금액에 대한 과세표준과 세액의 확정신고기한은 다음 연도 5월 31일이므로, 그 부과제척기간은 다음 연도 6월 1일부터 기산됩니다.

대법원은 국세부과의 제척기간이 도과된 후에 이루어진 과세처분은 무효라고 판시하고 있는 바(대법원 1999.6.22.선고 99두3140판결, 대법원 2009.5.28.선고 2007두24364판결), 이 사안의 경우에도 이 사건 처분은 그 부과제척기간의 기산일인 2003. 6. 1.부터 5년이 경과한 2011. 6. 3.에 이루어졌고, 甲이 신고한 이 사건 토지의 실지양도가액이 사실에 부합하는 것임을 알 수 있으며, 특별히 부과제척기간을 연장할 만한 사유도 없습니다.

따라서 甲의 이 사건 토지 양도에 관한 양도소득세의 부과제척기간은 5년으로 보아야 하므로, 이 사건 처분은 국세부과의 제척기간이 도과된 후에 이루어진 과세처분으로서 무효라고 보아야 할 것입니다.

■ **과세관청을 믿고 이의신청을 취하하였는데, 느닷없이 양도소득세를 내라고 합니다. 이 처분이 적법한 처분인가요?**

Q. 저의 남편은 1999년에 사망하여 남편이 소유하고 있던 논을 상속받았는데, 위 논에 대하여 토지구획정리사업이 시행되어 위 논을 甲토지로 환지받았습니다. 그 후 저는 2003년경 A라는 사람에게 토지를 양도한 다음 과세관청에 양도소득세 예정신고를 하였다가, 8년 이상 자경한 농지에 대하여는 양도소득세 감면을 받는다는 말을 듣고 甲토지에 관한 양도소득세 감면을 신청하였습니다.

이에 과세관청은 저의 남편이 자경하였다는 사실에 대한 증빙이 부족하다는 이유로 위 감면신청을 받아들이지 아니하고 저에게 양도소득세 전액을 부과하는 처분을 하였습니다. 저는 양도소득세 부과처분에 불복하여 이의신청을 하자, 과세관청은 저의 남편이 甲토지를 8년 이상 자경한 것으로 인정하여 위 양도소득세 부과처분을 직권 취소하였고, 저는 이의신청을 취하하였습니다.

그런데 3년이 지난 뒤 과세관청은 甲토지가 양도소득세 감면 대상 토지에 해당하지 않는다는 이유로 저에게 종전과 동일한 내용으로 양도소득세를 납부하라는 처분을 내렸습니다. 저는 과세관청을 믿고 이의신청을 취하하였는데, 느닷없이 양도소득세를 내라고 하니 당황스럽습니다. 이 양도소득세 부과처분이 적법한 처분인가요?

A. 유사한 사안에 관련하여 대법원은 “과세처분에 관한 불복절차과정에서 과세관청이 그 불복사유가 옳다고 인정하고 이에 따라 필요한 처분을 하였을 경우에는, 불복제도와 이에 따른 시정방법을 인정하고 있는 구 국세기본법(2007. 12. 31. 법률 제8830호로 개정되기 전의 것) 제55조 제1항, 제3항 등 규정들의 취지에 비추어 동일 사항에 관하여 특별한 사유 없이 이를 번복하고 다시 종전의 처분을 되풀이할 수는 없는 것이므로, 과세처분에 관한 이의신청 절차에서 과세관청이 이의신청 사유가 옳다고 인정하여 과세처분을 직권으로 취소한 이상 그 후 특별한 사유 없이 이를 번복하고 종전 처분을 되풀이하는 것은 허용되지 않는다”고 보아, “사건의 대상이 된 토지가 대규모 개발사업지역에 속하는지 여부에 관한 사항은 종전 처분을 직권으로 취소할 당시 판단의 대상이 되었던 사유이므로, 과세관청이 특별한 사유 없이 종전 처분을 직권으로 취소한 것을 번복하고 다시 종전과 동일한 내용으로 한 위 과세처분

은 위법하다"고 판시한 바 있습니다(대법원 2010.9.30.선고 2009두1020 판결 참조).

그렇다면 과세관청이 종전과 동일한 내용으로 내린 처분은 위법한 처분에 해당하는 것으로 보입니다.

2. 지방소득세

2-1. 지방소득세의 개념

"지방소득세"란 지방자치단체의 소득분(소득세분 및 법인세분)에 대해 부과되는 세금을 말합니다(지방세법 제85조 참조).

2-2. 지방소득세 납세의무자

소득분은 지방자치단체에서 소득세 및 법인세의 납세의무가 있는 자는 지방소득세를 납부해야 합니다(지방세법 제86조제1항).

2-3. 지방소득세액

① 거주자의 양도소득에 대한 개인지방소득세는 해당 과세기간의 양도소득과세표준에 다음의 표준세율을 적용하여 계산한 금액을 그 세액으로 합니다. 이 경우 하나의 자산이 다음에 따른 세율 중 둘 이상에 해당할 때에는 해당 세율을 적용하여 계산한 양도소득에 대한 개인지방소득세 산출세액 중 큰 것을 그 세액으로 합니다(지방세법 제86조제1항, 제92조제1항 및 제103조의3제1항).

② "양도소득에 대한 개인지방소득세 과세표준"은 소득세법 제92조에 따라 계산한 금액(조세특례제한법 및 다른 법률에 따라 과세표준 산정에 관련한 조세감면 또는 중과세 등의 조세특례가 적용되는 경우에는 이에 따라 계산한 금액)으로 합니다(지방세법 제103조제2항).

구분	개인지방소득세의 표준세율	
보유기간 1년 미만	양도소득에 대한 개인지방소득세 과세표준의 5%	
보유기간 1년 이상 2년 미만	양도소득에 대한 개인지방소득세 과세표준의 4%	
보유기간 2년 이상	1천200만원 이하	과세표준의 0.6%
	1천200만원 초과 4천600만원 이하	7만2천원+(1천200만원을 초과하는 금액의 1.5%)
	4천600만원 초과 8천800만원 이하	58만2천원+(4천600만원을 초과하는 금액의 2.4%)
	8천800만원 초과 1억5천만원 이하	159만원+(8천800만원을 초과하는 금액의 3.5%)
	1억5천만원 초과 3억원 이하	376만원+(1억5천만원을 초과하는 금액의 3.8%)
비사업용 토지	1천200만원 이하	과세표준의 1.6%
	1천200만원 초과 4천600만원 이하	19만2천원+(1천200만원을 초과하는 금액의 2.5%)
	4천600만원 초과 8천800만원 이하	104만2천원+(4천600만원을 초과하는 금액의 3.4%)
	8천800만원 초과 1억5천만원 이하	247만원+(8천800만원을 초과하는 금액의 4.5%)
	1억5천만원 초과 3억원 이하	526만원+(1억5천만원을 초과하는 금액의 4.8%)
	3억원 초과 5억원 이하	1,246만원(3억원을 초과하는 금액의 5%)
	5억원 초과	2,246만원+(5억원을 초과하는 금액의 5.2%)
미등기 양도	양도소득에 대한 개인지방소득세 과세표준의 7%	

2-4. 지방소득세 과세표준과 세액의 신고 및 납부

2-4-1. 지방소득세 과세표준과 세액의 예정신고 및 납부

① 거주자가 양도소득과세표준 예정신고를 하는 경우에는 해당 신고기한까지 양도소득에 대한 개인지방소득세 과세표준과 세액을 납세지 관할 지방자치단체의 장에게 신고해야 합니다(지방세법 제103조의5제1항).

② 거주자가 예정신고를 할 때에는 양도소득에 대한 개인지방소득세 예정신고 산출세액에서 지방세특례제한법이나 조례에 따른 감면세액과 수시부과세액을 공제한 세액을 납세지 관할 지방자치단체의 장에게 납부해야 합니다(지방세법 제103조의5제3항).

2-4-2. 지방소득세 과세표준과 세액의 확정신고 및 납부

거주자가 양도소득과세표준 확정신고를 하는 경우에는 해당 신고기한까지 양도소득에 대한 개인지방소득세 과세표준과 세액을 납세지 관할 지방자치단체의 장에게 확정신고·납부해야 합니다(지방세법 제103조의7제1항).

3. 농어촌특별세

3-1. 농어촌특별세의 개념

"농어촌특별세"란 농어업의 경쟁력강화와 농어촌산업기반시설의 확충 및 농어촌지역 개발사업을 위하여 필요한 재원을 확보하기 위해 부과되는 세금을 말합니다(농어촌특별세법 제1조).

3-2. 농어촌특별세 납세의무자

조세특례제한법에 따라 양도소득세의 감면받은 자는 농어촌특별세를 납부해야 합니다(농어촌특별세법 제3조제1호).

3-3. 농어촌특별세액

농어촌특별세액은 과세표준에 세율을 곱한 금액으로 매도인은「조세특례제한법」에 따라 감면을 받는 양도소득세의 감면세액의 20%를 농어촌특별세로 납부해야 합니다(농어촌특별세법 제2조제2항 및 제5조제1항제1호).

3-4. 농어촌특별세의 신고 및 납부

매도인은 감면받은 양도소득세를 신고·납부하는 때에 농어촌특별세를 함께 신고·납부해야 합니다(농어촌특별세법 제7조제1항).

제2관 매수인이 부담하는 세금

1. 취득세

1-1. 취득세의 개념

“취득세”란 부동산의 취득에 대해 해당 부동산 소재지의 특별시·광역시·도에서 그 취득자에게 부과하는 지방세를 말합니다(지방세기본법 제8조 및 지방세법 제3조, 제7조제1항, 제8조제1항제1호).

1-2. 취득세의 산정

취득세는 과세표준(부동산의 취득 당시의 가액)에 취득세의 표준세율을 곱하여 산정합니다(지방세법 제10조제1항 및 제11조제1항).

1-3. 취득세의 과세표준

① 취득세의 과세표준은 취득 당시의 가액으로 하는데 이는 취득자가 신고한 가액으로 합니다(지방세법 제10조제1항 본문 및 제2항 본문).

② 취득자의 신고 또는 신고가액의 표시가 없거나 그 신고가액이 다음의 시가표준액보다 적을 때에는 그 시가표준액으로 합니다(지방세법 제4조, 제10조제2항 단서 및 동법 시행령 제2조, 제3조, 제4조).

부동산의 종류	시가표준액
토지 및 주택	1.「지방세기본법」에 따른 세목별 납세의무의 성립시기 당시에 공시된 개별공시지가, 개별주택가격 또는 공동주택가격 2. 개별공시지가 또는 개별주택가격이 공시되지 않은 경우 : 시장·군수 또는 구청장이 국토교통부장관이 제공한 토지가격비준표 또는 주택가격비준표를 사용하여 산정한 가액 3. 공동주택가격이 공시되지 않은 경우 : 지역별·단지별·면적별·층별 특성 및 거래가격 등을 고려하여 행정안전부장관이 정하는 기준을 시장·군수 또는 구청장이 산정한 가액
주택을 제외한 건축물 (새로 건축하여 건축	1. 거래가격, 수입가격, 신축·건조·제조가격 등을 고려하여 정한 기준가격에 종류, 구조, 용도, 경과연수 등 과세대상별 특성을 고려해 다음의 기준에 따라 지방자치단체의 장이 결정한 가액

당시 개별주택가격 또는 공동주택가격이 공시되지 않은 주택으로서 토지부분을 제외한 건축물 포함함)	- 건축물 : 건물의 구조별·용도별·위치별 지수, 건물의 경과연수별 잔존가치율 및 건물의 규모·형태·특수한 부대설비 등의 유무 및 그 밖의 여건에 따른 가감산율(加減算率)을 적용하여 산정·고시한 건물신축가격기준액 - 토지에 정착하거나 지하 또는 다른 구조물에 설치하는 시설 : 종류별 신축가격 등을 고려해 정한 기준가격에 시설의 용도·구조 및 규모 등을 고려한 가액을 산출한 후, 그 가액에 다시 시설의 경과연수별 잔존가치율을 적용함 - 건축물에 딸린 시설물 : 종류별 제조가격(또는 수입가격), 거래가격 및 설치가격 등을 고려해 정한 기준가격에 시설물의 용도·형태·성능 및 규모 등을 고려한 가액을 산출한 후, 그 가액에 다시 시설물의 경과연수별 잔존가치율을 적용함

1-4. 취득세의 표준세율

① 취득세의 표준세율은 취득원인에 따라 다음과 같이 다릅니다(지방세법 제11조 제1항).

취득의 원인	취득세의 표준세율
무상취득(상속으로 인한 취득은 제외함)	3.5% 지방세법 시행령 제22조에 따른 비영리 사업자인 경우: 2.8%
원시취득	2.8%
그 밖의 원인으로 인한 취득	농지: 3% 농지 외: 4% 예외: * 6억 이하 주택 : 1% * 6억 초과 9억 이하 주택 : 2% * 9억 초과 주택 : 3%

② 다음의 고급주택을 취득하는 경우에는 취득세율은 위의 표준세율에 1000분의 80[중과기준세율(1000분의 20) x 100분의 400]을 합한 세율을 적용합니다(지방세법 제13조제1항, 제5항 및 지방세법 시행령 제28조제4항).

1) 1구의 건축물의 연면적(주차장면적 제외)이 331㎡를 초과하는 것으로서 그

건축물의 가액이 9천만원을 초과하는 주거용 건축물과 그 부속토지(취득 당시의 시가표준액이 6억원을 초과하는 경우만 해당)

2) 1구의 건축물의 대지면적이 662㎡를 초과하는 것으로서 그 건축물의 가액이 9천만원을 초과하는 주거용 건축물과 그 부속토지(취득 당시의 시가표준액이 6억원을 초과하는 경우만 해당)

3) 1구의 건축물에 엘리베이터(적재하중 200kg 이하의 소형엘리베이터 제외)가 설치된 주거용 건축물과 그 부속토지(공동주택과 그 부속토지 제외)[취득 당시의 시가표준액이 6억원을 초과하는 경우만 해당]

4) 1구의 건축물에 에스컬레이터 또는 67㎡ 이상의 수영장 중 1개 이상의 시설이 설치된 주거용 건축물과 그 부속토지(공동주택과 그 부속토지 제외)

5) 1구의 공동주택(여러 가구가 한 건축물에 거주할 수 있도록 건축된 다가구용 주택 포함, 이 경우 한 가구가 독립하여 거주할 수 있도록 구획된 부분을 각각 1구의 건축물로 봄)의 건축물 연면적(공용면적 제외)이 245㎡(복층형은 274㎡로 하되, 한 층의 면적이 245㎡를 초과하는 것 제외)를 초과하는 공동주택과 그 부속토지(취득 당시의 시가표준액이 6억원을 초과하는 경우만 해당)

1-5. 취득세의 신고 및 납부

취득세 과세물건을 취득한 자는 부동산을 취득한 날(토지거래계약에 관한 허가구역에 있는 토지를 취득하는 경우로서 토지거래계약에 관한 허가를 받기 전에 거래대금을 완납한 경우에는 그 허가일이나 허가구역의 지정 해제일 또는 축소일)부터 60일 이내에 취득세 신고서에 취득물건·취득일자 및 용도 등을 적어 납세지를 관할하는 시장·군수 또는 자치구의 구청장에게 신고·납부하거나 < 지방세 위텍스(www.wetax.go.kr) > 를 통해 신고·납부해야 합니다(지방세법 제20조제1항, 동법 시행령 제33조제1항 및 동법 시행규칙 별지 제3호 서식).

1-6. 가산세

취득세 납세의무자가 취득세 신고 또는 납부의무를 하지 않은 경우 다음의 가산세를 부담해야 합니다(지방세법 제21조제1항, 지방세기본법 제53조제1항, 제54조제1항, 제55조제1항 참조).

무신고가산세	납세의무자가 법정신고기한까지 과세표준 신고를 하지 않은 경우 그 신고로 납부하여야 할 세액에 대한 가산세 부과
과소신고가산세	납세의무자가 법정신고기한까지 과세표준 신고를 한 경우로서 신고하여야 할 납부세액보다 납부세액을 적게 신고하거나 지방소득세 과세표준 신고를 하면서 환급받을 세액을 신고하여야 할 금액보다 많이 신고한 경우에는 과소신고한 납부세액과 초과환급신고한 환급세액을 합한 금액에 대한 가산세 부과
납부불성실가산세	납세의무자가 지방세관계법에 따른 납부기한까지 지방세를 납부하지 아니하거나 납부하여야 할 세액보다 적게 납부한 경우 또는 환급받아야 할 세액보다 많이 환급받은 경우에는 지방세기본법 제55조제1항 각 호에 따라 산출한 금액에 대한 가산세 부과

1-7. 취득세의 감면

① 유상거래를 원인으로 다음에 해당하게 된 경우에는 주택 취득 가액에 따라 4%의 세율(지방세법 제11조제1항제7호나목)을 적용하여 산출한 취득세를 다음과 같이 경감하며, 9억원 이하의 주택을 아래의 일시적 2주택 사유로 취득세를 경감받고 정당한 사유 없이 그 취득일부터 3년 이내에 1주택으로 되지 않으면 경감된 취득세를 다음에 따라 추징합니다(지방세특례제한법 제40조의2제1항, 제2항 및 동법 시행령 제17조의2).

1) 1주택이 되는 경우

2) 이사, 근무지의 이동, 본인이나 가족의 취학, 질병의 요양, 그 밖의 사유로 인하여 다른 주택을 취득하였으나 종전의 주택을 처분하지 못하여 일시적 2주택이 되는 경우

취득시기	주택 취득 가액	취득세 경감률	추징금
2013. 1. 1. ~ 2013. 6. 30.	9억원 이하	취득세의 75%	경감된 취득세의 3분의 1
	9억원 초과 12억원 이하	취득세의 50%	
	12억원 초과	취득세의 25%	
2013. 7. 1. ~ 2013. 12. 31.	9억원 이하	취득세의 50%	경감된 취득세

② 2013. 1. 1. ~ 2013. 6. 30.까지 9억원 이하의 주택 취득 후 일시적 2주택이

되어 취득세를 경감받은 후 정당한 이유 없이 그 취득일로부터 3년 이내에 1주택이 되지 않은 경우에는 경감된 취득세의 3분의 1 이 추징됩니다(지방세특례제한법 제40조의2제1항 단서).

③ 2013. 7. 1. ~ 2013. 12. 31.까지 9억원 이하의 주택 취득 후 일시적 2주택이 되어 취득세를 경감받은 후 정당한 이유 없이 그 취득일로부터 3년 이내에 1주택이 되지 않은 경우에는 경감된 취득세가 추징됩니다(지방세특례제한법 제40조의2제2항 단서).

[서식 예] 취득세 부과처분 취소청구의 소

소 장

원 고 ○○주식회사
○○시 ○○구 ○○길 ○○
대표이사 ○ ○ ○

피 고 △△시 △△구청장
○○시 ○○구 ○○길 ○○

취득세부과처분 취소청구의 소

청 구 취 지

1. 피고가 20○○. ○. ○. 원고에 대하여 한 20○○년 ○월 취득세 ○○○원의 부과처분을 취소한다.
2. 소송비용은 피고가 부담한다.

라는 판결을 구합니다.

청 구 원 인

1. 원고의 지위
원고는 ○○제조업과 이에 관련된 부대사업을 영위할 목적으로 19○○. ○. ○. 설립하였고, 자본금이 ○○○원에 불과한 소규모 중소기업체로서 주로 제품은 수출을 하고 있는 법인체입니다.
2. 조세부과처분의 위법사유
가. 피고는 구 지방세법 제112조의 3에 대한 해석으로 법인이 토지를 취득한 후 5년 이내에 해당토지를 매각하였을 때에는 무조건 비업무용 부동산을 매각한 것으로서 중과세의 대상이 된다고 풀이하고 있으나, 법인이 위 토지를 5년 이내에 매각하였더라도 업무용부동산으로 사용하다가 매각한 경우 비업무용부동산이 된 것을 전제로 한 위 법조는 적용될 여지가 없음이 법문자체에 의하여 명백합니다.(대법원 1982.7.13.선고80누149판결 참조)
그러므로 원고가 이 사건 토지를 업무용으로 사용하다가 매각하였으므로 뒤에서 보는바와 같이 피고의 이 사건 과세처분은 위법하다 할 것입니다.

나. 법인의 비업무용토지에 대한 취득세 중과의 취지는 법인의 부동산투기를 억제하고 법인의 건실한 운영을 도모하는데 목적이 있고 아울러 법인이 그 고유의 목적에 사용할 수 있는데도 불구하고 다른 이익을 위하여 그 토지를 방치하는 경우를 제재하기 위한 것이므로 (대법원 1987.10.13 선고 87누688판결) 설령 피고가 구 지방세법 제112조의 3에 대하여 해석하는 바와 같이 5년 이내의 매각이 비업무용토지에 해당한다고 하더라도 원고의 경우는 토지, 건물을 취득하여 공장으로 사용할 목적이었고, 그 공장이 원고에게는 유일한 부동산인 점, 그 부동산소재지가 절대녹지지역으로 원래 매매가 잘 이루어지지 않는 다는 점 등을 미루어 보면 원고가 투기를 하기 위하여 취득하거나 그것을 기대한 것이 아님이 명백하다 할 것입니다.

그러므로 원고가 위 부동산을 취득하였다가 매각한 것은 부득이한 사유에 의한 것이므로 이를 중과한다는 것은 입법취지에 어긋나는 위법이 있고,

다. 원고가 위 토지를 취득한 후 아래에서 보는 바와 같이 2년 3개월만에 매각하지 않으면 안될 사유가 있었습니다.

① 원고가 위 토지를 취득하게 된 목적은 임차공장에서 자기 소유공장으로 이전하기 위한 것일 뿐 투기의 목적이 없었고,

② 공장이 아닌 건물과 그 부수토지를 취득후 공장으로 용도를 변경하기 위하여 건축물을 개조하는 작업을 하였고 기존의 임차공장을 소유주에게 반환하기로 약속하여 임차공장 소유주가 원고의 임차공장을 타인에게 임대하기로 계약까지 하였으나 피고가 원고의 공장설치계획을 불허함으로써 원고는 할 수 없이 기존임차공장을 다시 사용할 수밖에 없어 소유주의 다른 사람과의 임대차계약을 해약하게 함으로 인하여 원고가 위약금조로 일금 ○○원을 지불하였고,

③ 원고가 위 취득 부동산을 피고의 공장설치계획의 불허통보와 인근주민의 공장설치반대의 진정에 의하여 공장이전계획이 실패하자 즉시 이를 매각코져 하였으나, 절대녹지지역으로 매각조차도 어렵게 됨으로 위 부동산을 방치할 수 없이 원고의 공원기숙사, 창고 및 개발실로 사용하였고 소외 박○○을 상주시켜 취득부동산을 관리하도록 하다가 매수를 원하는 자가 있어 이를 매각하기에 이르렀습니다.

결국 원고가 위 부동산을 업무용부동산으로 취득하였다가 5년 이내에 매각할 수밖에 없는 정당한 사유가 있었으므로 이러한 경우 취득세를 중과함은 위법하므로 이 사건 부과처분은 취소되어야 할 것입니다.

입 증 방 법

1. 갑제1호증	위약금영수증
1. 갑제2호증	공장설치불허가통지
1. 갑제3호증	공장임대차계약해지합의서
1. 갑제4호증의 1	지방세이의신청 결정통지
2	심사청구기각결정
1. 갑제5호증의 1	지방세 심사청구 결정통지
2	심판청구 기각결정

첨 부 서 류

1. 위 입증방법	각 1통
1. 소장부본	1통
1. 납부서	1통

20○○년 ○월 ○일

원 고 ○ ○ ○ (인)

○ ○ 행 정 법 원 귀중

■ 참 고 ■

※ 관할법원(행정소송법 제9조)

1. 취소소송의 제1심 관할법원은 피고의 소재지를 관할하는 행정법원임. 다만, 중앙행정기관 또는 그 장이 피고인 경우의 관할법원은 대법원 소재지의 행정법원임

2. 토지의 수용 기타 부동산 또는 특정의 장소에 관계되는 처분 등에 대한 취소소송은 그 부동산 또는 장소의 소재지를 관할하는 행정법원에 이를 제기할 수 있음

※ 제소기간(행정소송법 제20조)

1. 취소소송은 처분 등이 있음을 안 날로부터 90일 이내에 제기하여야 함. 다만, 다른 법률에 당해 처분에 대한 행정심판의 재결을 거치지 아니하면 취소소송을 제기할 수 없다는 규정이 있는 때와 그밖에 행정심판청구를 할 수 있는 경우 또는 행정청이 행정심판청구를 할 수 있다고 잘못 알린 경우에 행정심판 청구가 있는 때의 기간은 재결서의 정본을 송달 받은 날로부터 기산함.

2. 취소소송은 처분 등이 있은 날로부터 1년(제1항 단서의 경우는 재결이 있은 날로부터 1년)을 경과하면 이를 제기하지 못함. 다만, 정당한 사유가 있는 때에는 그러하지 아니함.

[서식 예] 취득세 부과처분 취소청구의 소(수시분)

소 장

원 고 ○ ○ ○(주민등록번호)
○○시 ○○구 ○○길 ○○
피 고 △ △ 시장
○○시 ○○구 ○○길 ○○

취득세부과처분 취소청구의 소

청 구 취 지

1. 피고가 20○○. ○. ○. 원고에 대하여 한 20○○년도 ○월 수시분 취득세 ○○○원 과세처분을 취소한다.
2. 소송비용은 피고가 부담한다.

라는 판결을 구합니다.

청 구 원 인

1. 피고는 원고에게 ○○시 ○○구 ○○동 ○○소재 건축물의 신축에 대하여 20○○년도 ○월 수시분 취득세 금○○○원을 납부할 것을 통지하고, 원고는 피고의 이건 과세처분에 대하여 이의신청을 하였으나 기각 당하였고 행정심판청구를 하였으나 역시 기각 당한바 있습니다.
2. 그러나 피고가 원고에게 부과한 취득세는 원고가 1년 전에 홍수로 멸실 된 건축물을 신축한 경우에 해당하여, 지방세법 제108조에 의하여 천재 등으로 인한 대체취득에 대한 비과세 규정에 해당하여 취득세를 부과할 수 없음이 명백함에도 불구하고 피고는 이 건 위법한 부과처분을 하였으므로 그 취소를 구하기 위하여 이 청구에 이른 것입니다.

첨 부 서 류

1. 등기사항증명서 1통
1. 건축물관리대장 1통

1. 소장부본　　　　　　　　　　1통
1. 납 부 서　　　　　　　　　　1통

20○○년　○월　○일
원　고　○ ○ ○ (서명 또는 날인)

○ ○ 행 정 법 원 귀중

[서식 예] 취득세, 등록면허세, 교육세 부과처분 취소청구의 소

소　　　장

원　고　○　○　○(주민등록번호)
　　　　　○○시 ○○구 ○○길 ○○

피　고　△△시장
　　　　　○○시 ○○구 ○○길 ○○

취득세등 부과처분 취소청구의 소

청 구 취 지

1. 피고가 20○○. ○. ○. 원고에 대하여 부과한 취득세 10,000,000원, 등록면허세 15,000,000원, 교육세 3,000,000원의 부과처분을 각 취소한다.
2. 소송비용은 피고가 부담한다.

라는 판결을 구합니다.

청 구 원 인

1. 이 사건 부과처분의 경위

원고는 20○○. ○. ○. ○○시 ○○동 ○○ 대지 626㎡중 530㎡, 건물 4,376㎡중 2,500㎡(이하 이 사건 부동산이라 한다)를 법원으로부터 경락받아 취득하였던 바, 피고는 이 사건 부동산의 취득을 원인으로 하여 취득세 금1,000만원, 등록면허세 금1,500만원, 교육세 금300만원의 각 부과처분을 받았습니다. 원고는 이 사건 부동산을 벤처기업 집적시설로 임대할 목적으로 법원으로부터 경락을 받았던 바, 20○○. ○. ○. 경락허가결정을 받고 항고하던 중인 20○○. ○. ○.경부터 ○○도의 해당공무원에게 경락허가결정을 가지고 가서 벤처기업집적시설지정신청을 하였습니다.

그러나 위 해당공무원은 위와 같은 사건을 취급한 적이 없다고 하면서 이곳 저곳 확인을 하더니 경락대금을 납입한 후에 경락대금완납증명서를 첨부하여 지정신청을 하라고 하면서 지정신청서를 접수받지 않아 원고는 경락대금완납증명을 받은 후인 같은 해 8. 3.에야 지정신청서를 접수할 수

있었습니다.

이에 피고는 원고가 구지방세법 제276조 제4항에 의하여 취득세, 등록면허세, 교육세를 감면 처리하여 부과하지 않았으나 원고가 이 사건 부동산에 대한 소유권을 취득한 후에 벤처기업집적시설지정을 받았으므로 위 법에 의한 면제대상이 아니라는 이유로 20○○. ○. ○. 원고에 대하여 이 사건 취득세, 등록면허세, 교육세의 부과처분을 하였습니다.

2. 전심절차

이에 원고는 같은 해 5. 6. 이 사건 취득세등 부과처분에 대하여 ○○남도지사에게 이의신청을 하였으나 ○○도지사는 같은 해 6. 5. 이의신청을 기각하였으며, 원고가 같은 해 9. 7. 조세심판원장에게 심사청구를 하였으나 같은 해 11. 6. 기각한다는 결정을 받았습니다.

(원고는 위 결정통지를 같은 해 11. 8. 송달받았음)

3. 피고처분의 위법성

가. 원고는 해당공무원의 사무착오로 지정신청을 늦게 접수할 수밖에 없었습니다. 원고는 이 사건 부동산을 취득하기전(즉 경락대금을 완납하기 전)에 이미 ○○도청의 해당 공무원에게 벤처기업집적시설승인신청을 하려 하였으나 해당공무원이 경락대금완납증명서를 첨부하여야만 접수를 받을 수 있다고 하면서 접수를 거부하는 바람에 사전에 승인신청을 할 수 없었습니다.

나. 구지방세법 제276조 제4항의 규정에서 벤처기업육성에 관한 특별조치법에 의하여 정하는 벤처기업집적시설의 사업시행자가 벤처기업집적시설을 개발조성하여 "분양 또는 임대할 목적으로" 취득한 부동산에 대하여 취득세, 등록세를 면제한다 고 규정하고 있으므로 부동산을 취득한 후 지정받은 경우에는 면제대상에 해당하지 않는다는 이유로 원고의 청구를 기각하였습니다 .

그러나 위 법에 규정한 "분양 또는 임대할 목적으로"의 문구를 집적시설지정승인을 부동산 취득일 전에 받아야만 한다고 축소해석할 근거가 없고 설령, 그러한 근거가 있다고 하더라도 지정을 목적부동산의 취득전. 후에 받은 사실만으로 취득세 등을 면제받거나 면제받지 못하게 차별하여 적용하는 것은 실질과세의 원칙이나 형평과세의 원칙에도 반하여 무효라 하겠습니다.

따라서 원고가 이 사건 부동산을 취득한 후에 집적시설승인을 받았기 때문에 취득세 등을 면제할 수 없다고 한 피고의 주장은 위법하다 할 것입니다.

4. 결론

그렇다면 피고가 20○○. ○. ○. 원고에 대하여 한 이 사건 취득세등 부과처분은 각 취소되어야 마땅하다 할 것이므로 원고는 청구취지와 같은 판결을 구하기 위하여 본 소 청구를 제기합니다.

입 증 방 법

1. 갑제1호증	결정통지 및 결정서
1. 갑제2호증	심사청구 결정통지 및 결정서

첨 부 서 류

1. 위 입증방법	각 1통
1. 소장부본	1통
1. 납부서	1통

20○○년 ○월 ○일

원 고 ○ ○ ○ (서명 또는 날인)

○ ○ 행 정 법 원 귀 중

2. 인지세

2-1. 인지세의 개념

"인지세"란 국내에서 부동산 소유권 이전과 관련하여 계약서 그 밖에 이를 증명하는 증서를 작성하는 경우 납부해야 하는 세금을 말합니다(「인지세법」 제1조).

2-2. 인지세액

① 부동산 소유권 이전에 관한 증서의 기재금액별(이전의 대가액. 이전과 관련된 비용 불포함) 인지세액은 다음과 같습니다

기재금액	세액
1천만원 초과~3천만원 이하	2만원
3천만원 초과~5천만원 이하	4만원
5천만원 초과~1억원 이하	7만원
1억원 초과~10억원 이하	15만원
10억원 초과	35만원

② 기재금액이 1억원 이하인 주택의 소유권 이전에 관한 증서에 대해서는 인지세가 부과되지 않습니다(인지세법 제6조제5호).

2-3. 인지세의 납부

① 인지세는 부동산 소유권 이전에 관한 증서에 종이문서용 전자수입인지를 붙여 납부합니다(인지세법 제8조제1항 본문).

② 인지세액에 해당하는 금액을 납부하고 부동산 소유권 이전에 관한 증서에 인지세를 납부한 사실을 표시함으로써 종이문서용 전자수입인지를 붙이는 것을 대신할 수 있습니다(인지세법 제8조제1항 단서).

3. 농어촌특별세

3-1. 농어촌특별세의 개념

“농어촌특별세”란 농어업의 경쟁력강화와 농어촌산업기반시설의 확충 및 농어촌지역 개발사업을 위해 필요한 재원을 확보하고자 부과되는 세금을 말합니다(농어촌특별세법 제1조).

3-2. 농어촌특별세 납세의무자

지방세법, 지방세특례제한법에 따라 취득세를 감면받은 자는 농어촌특별세를 납부해야 합니다(농어촌특별세법 제3조제1호).

3-3. 농어촌특별세액

① 농어촌특별세액은 과세표준에 세율을 곱한 금액으로 매수인이 납부해야 할 농어촌특별세의 과세표준과 세율은 다음과 같습니다(농어촌특별세법 제5조제1항제1호 및 제6호).

과세표준	세율
조세특례제한법·관세법·지방세법 또는 지방세특례제한법에 따라 감면받는 취득세액의 감면세액	20%
지방세법 제11조의 표준세율을 2%로 적용하여 조세특례제한법·지방세법 및 지방세특례제한법에 따라 산출한 취득세액	10%

② 전용면적이 85㎡ 이하인 주택의 매수인에게는 농어촌특별세가 부과되지 않습니다(농어촌특별세법 제4조제11호 및 동법 시행령 제4조제4항).

3-4. 농어촌특별세의 신고 및 납부

매수인은 감면받은 취득세 또는 취득세를 신고·납부하는 때에 농어촌특별세를 함께 신고·납부해야 합니다(농어촌특별세법 제7조제1항 및 제4항).

4. 지방교육세

4-1. 지방교육세의 개념

"지방교육세"란 지방교육의 질적 향상에 필요한 지방교육재정의 확충에 드는 재원을 확보하기 위해 부과되는 세금을 말합니다(지방세법 제149조).

4-2. 지방교육세 납세의무자

부동산 취득에 대한 취득세의 납세의무자는 지방교육세를 납부해야 합니다(지방세법 제150조제1호).

4-3. 지방교육세액

지방교육세는 과세표준에 세율을 곱한 금액으로 매수인이 납부해야 할 지방교육세는 다음과 같습니다(지방세법 제151조제1항제1호 나목 및 제11조제1항제8호).

취득세 감면 여부	지방교육세 산정
취득세를 감면하지 않은 경우	[취득세의 과세표준 × (취득세의 세율 - 20/1000)] × 20/100 ① 취득 당시의 가액이 6억원 이하인 주택을 취득하는 경우 (취득세의 과세표준 × 10/1000 × 50/100) × 20/100 ② 취득 당시의 가액이 6억원 초과 9억원 이하의 주택을 취득하는 경우 (취득세의 과세표준 × 20/1000 × 50/100) × 20/100 ③ 취득 당시의 가액이 9억원 초과인 주택을 취득하는 경우 (취득세의 과세표준 × 30/1000 × 50/100) × 20/100
취득세를 감면한 경우	1. 지방세감면법령에서 취득세의 감면율을 정하는 경우 : 위의 계산방법으로 산출한 지방교육세액을 해당 취득세 감면율로 감면하고 남은 금액 2. 지방세감면법령에서 「지방세법」과 다른 취득세율을 정하는 경우 : 위의 계산방법으로 산출한 지방교육세

4-4. 지방교육세의 신고 및 납부

매수인은 취득세를 신고·납부하는 때에 지방교육세를 함께 신고·납부해야 합니다(지방세법 제152조제1항).

4-5. 가산세

① 지방교육세 납세의무자가 납부의무를 다하지 않은 경우에는 다음의 방법으로 산정한 가산세를 부담해야 합니다(지방세법 제153조제2항, 지방세기본법 제55조 및 동법 시행령 제33조).

② 지방교육세액 또는 그 부족세액 + 가산세(납부하지 않은 세액 또는 과소납부분 세액 × 납부기한의 다음 날부터 자진납부일 또는 납세고지일까지의 기간 × 3/10,000)

③ 이 경우 가산세는 납부하지 않은 세액 또는 과소납부분(납부해야 할 금액에 미달하는 금액) 세액의 75%에 해당하는 금액을 한도로 합니다(지방세기본법 제55조).

제6장

부동산 매매계약은 해제할 수 없나요?

제6장 부동산 매매계약은 해제할 수 없나요?

1. 매매계약의 해제

1-1. 법정해제

1-1-1. 법정해제의 발생요건

① 이행지체

- 매매계약의 한쪽 당사자가 채무를 이행하지 않은 경우 상대방은 상당한 기간을 정해 그 이행을 최고(催告, 상대편에게 일정한 행위를 하도록 통지하는 것)하고 그 기간 내에도 이행을 하지 않을 경우에는 계약을 해제할 수 있습니다(민법 제544조 본문).
- 매매계약의 성질 또는 당사자의 의사표시에 따라 일정한 시일 또는 일정한 기간 내에 이행하지 않으면 계약의 목적을 달성할 수 없을 경우에 당사자가 그 시기동안 이행을 하지 않는 경우에는 상대방은 최고를 하지 않고 계약을 해제할 수 있습니다(민법 제545조).

② 이행불능

채무자의 책임 있는 사유로 이행이 불능하게 된 때에는 채권자는 계약을 해제할 수 있습니다(민법 제546조).

1-1-2. 법정해제의 효과

① 원상회복의무

- 일방 당사자가 매매계약을 해제한 때에는 각 당사자는 그 상대방에 대하여 원상회복의 의무가 있는데, 원상회복 시 반환할 금전에는 그 받은 날부터 이자를 가해야 합니다(민법 제548조).
- 매도인으로부터 매매 목적물의 소유권을 이전받은 매수인이 매도인의 계약해제 이전에 제3자에게 목적물을 처분하여 계약해제에 따른 원물반환이 불가능하게 된 경우에 매수인은 원상회복의무로서 가액을 반환하여야 하며, 이때에 반환할 금액은 특별한 사정이 없는 한 그 처분 당시의 목적물의 대가 또는 그 시가 상당액과 처분으로 얻은 이익에 대하여 그 이득일부터의 법정이자를 가산한 금액

입니다(대법원 2013. 12. 12. 선고, 2013 다14675 판결 참조).

② 동시이행의 항변권

매매계약의 일방 당사자는 상대방이 원상회복을 할 때까지 자기의 원상회복을 거절할 수 있습니다(민법 제549조).

③ 손해배상청구

일방 당사자가 매매계약을 해제하는 경우 상대방은 손해배상을 청구할 수 있습니다(민법 제551조).

1-2. 약정해제

1-2-1. 약정해제의 발생요건

① 당사자들이 매매계약을 하면서 그 일방 또는 쌍방은 이를 해제할 수 있는 것을 약정할 수 있습니다.

② 매도인이 위약 시에는 계약금의 배액을 배상하고 매수인이 위약 시에는 지급한 계약금을 매도인이 취득하고 계약은 자동적으로 해제된다는 조항은 위약 당사자가 상대방에 대하여 계약금을 포기하거나 그 배액을 배상하여 계약을 해제할 수 있다는 해제권 유보조항인데, 이러한 약정이 있다고 해서 최고나 통지 없이 해제할 수 있다는 특약이라고 볼 수 없습니다(대법원 1982. 4. 27. 선고 80다851 판결).

1-2-2. 약정해제의 효과

① 당사자들이 매매계약을 하면서 해제 시 그 효과에 대해 약정할 수 있습니다.

② 약정해제권에 따라 약정할 때에는 법정해제와는 달리 손해배상청구권이 발생하지 않습니다(대법원 1983. 1. 18. 선고 81다89 판결).

■ 최고에 터잡아 계약이 해제되었음을 주장할 수가 있는지요?

Q. 매수인 甲과 매도인 乙은 부동산매매계약을 체결하면서, 계약금 2,000만 원은 9. 1.에, 중도금 3,000만 원은 10. 1.에, 잔금 6억원은 12. 1.에 각 지급하기로 약정하였습니다. 甲이 乙에게 10. 1. 중도금 3,000만원을 지급하려 하자, 매도인 乙은 위 수령을 거절하고, 지금은 돈이 급하지 않으니 잔금 중 2억 원과 함께 중도금 3,000만 원, 총 합계 2억 3,000만 원을 10. 15.에 지급해달라고 했습니다. 이후에 甲이 10. 15. 乙에게 중도금 잔액 및 잔금의 일부라 하여 액면 6,000만 원인 당좌수표를 제공하자, 乙은 이를 거절하고 11. 1., 11. 15. 2회에 걸쳐 甲에게 2억 3,000만 원을 지급하라는 최고를 하였습니다. 乙은 위 최고에 터잡아 계약이 해제되었음을 주장할 수가 있는지요?

A. 최고는 채권자가 채무자에 대하여 채무의 이행을 촉구하는 것을 뜻하며, 민법 제387조 제2항의 '이행의 청구'와 같은 의미로 이해됩니다. 최고를 함에 있어서는 채권자가 적시한 채무에 대하여 채무자가 계약의 내용으로서 인식할 수 있는 동일성이 존재하여야 합니다.

채권자의 이행최고가 본래 이행하여야 할 채무액을 초과하는 '과다최고'의 경우에는 채무의 동일성이 인정되는 한, 본래 급부하여야 할 수량과의 차이가 비교적 적거나 채권자가 급부의 수량을 잘못 알고 과다한 최고를 한 것으로서 과다하게 최고한 진의가 본래의 급부를 청구하는 취지라면 본래 급부의 범위 내에서 최고의 효력이 인정됩니다. 다만, 과도한 정도가 현저하고 채권자가 청구한 금액을 제공하지 않으면 그것을 수령하지 않을 것이라는 의사가 분명한 경우에는 그 최고는 부적법하고, 이러한 최고에 터잡은 계약해제는 그 효력이 없다고 할 것입니다(대판 1994. 5. 10. 선고 93다47615 판결 참조).

위 사안의 경우, 乙의 최고는 지급기일이 도래하지 아니한 잔금 2억원을 포함한 과다최고로서 그 정도가 현저할 뿐만 아니라, 甲의 이행의 제공에도 불구하고 이를 수령하지 아니한 전후 사정에 비추어 甲이 이미 변제기가 도래한 3,000만원의 이행제공을 하였다고 하여도 매도인 乙이 이를 수령하지 아니하였을 것으로 보여지는 이 사건에 있어 그 최고는 전체로서 부적법하다고 아니할 수 없고, 甲이 본래 급부하여야 할 중도금 3,000만원에 대한 최고로서도 효력이 없다고 보아야 할 것입니다. 따라서 乙의 위 최고는 부적법하고, 이러한 최고에 터잡은 계약해제는 그 효력이 없다고 볼 수 있습니다.

(관련판례)

계약이 해제된 경우에 각 당사자는 민법 제548조에 따라 상대방에 대하여 원상회복의 의무를 지며, 원상회복의무로서 반환할 금전에는 그 받은 날부터 이자를 가산하여 지급하여야 한다. 이와 같이 계약해제의 효과로서 원상회복의무를 규정한 민법 제548조는 부당이득에 관한 특별 규정의 성격을 가진 것이므로, 그 이익 반환의 범위는 이익의 현존 여부나 선의, 악의에 불문하고 특단의 사유가 없는 한 받은 이익의 전부이다. 따라서 매도인으로부터 매매 목적물의 소유권을 이전받은 매수인이 매도인의 계약해제 이전에 제3자에게 목적물을 처분하여 계약해제에 따른 원물반환이 불가능하게 된 경우에 매수인은 원상회복의무로서 가액을 반환하여야 하며, 이때에 반환할 금액은 특별한 사정이 없는 한 그 처분 당시의 목적물의 대가 또는 그 시가 상당액과 처분으로 얻은 이익에 대하여 그 이득일부터의 법정이자를 가산한 금액이다(대법원 2013.12.12, 선고, 2013다14675, 판결).

■ **아무런 이의 없이 위 공탁금을 수령한 경우, 매매계약은 묵시적 합의해제가 되는지요?**

Q. 매수인 甲과 매도인 乙은 부동산매매계약을 체결했습니다. 그런데 乙이 잔금기일만 남겨두고, 위 매매계약을 해제하고 싶어 甲으로부터 이미 지급받은 계약금과 중도금을 공탁하고, 甲에게 계약해제의 의사표시를 하였습니다. 이후 甲은 乙에게 아무런 이의 없이 위 공탁금을 수령한 경우, 위 매매계약은 묵시적 합의해제가 되는지요?

A. 계약의 합의해제 또는 해제계약이라 함은 해제권의 유무를 불문하고 계약당사자 쌍방이 합의에 의하여 기존의 계약의 효력을 소멸시켜 당초부터 계약이 체결되지 않았던 것과 같은 상태로 복귀시킬 것을 내용으로 하는 새로운 계약으로서, 계약이 합의해제되기 위하여는 일반적으로 계약이 성립하는 경우와 마찬가지로 계약의 청약과 승낙이라는 서로 대립하는 의사표시가 합치될 것을 그 요건으로 하는바, 이와 같은 합의가 성립하기 위하여는 쌍방당사자의 표시행위에 나타난 의사의 내용이 객관적으로 일치하여야 되는 것입니다.

묵시적 합의해제는 원칙적으로 당사자의 법률행위 해석의 문제인 바, 판례는 당사자 쌍방이 계약을 이행하지 않고 장기간 방치한 것만으로는 묵시적 합의해제를 인정하지 않고 당사자 쌍방의 계약을 실현하지 아니할 의사가 일치되는지 여부를 기준으로 합니다(대판 1998. 8. 21. 선고 98다17602 판결 참조). 이때, 당사자의 의사는 계약체결 후의 제반사정을 고려해서 구체적으로 판단합니다(대판 1993. 7. 27. 선고 93다19030 판결 참조).

그러므로 위 사안에서 乙이 이미 지급받은 계약금과 중도금을 공탁하였는데 甲이 아무런 이의 없이 이를 수령한 경우, 당사자 사이의 매매계약은 묵시적으로 합의해제되었다고 볼 수 있을 것입니다(대판 1979. 10. 10. 선고 79다1457판결 참조).

(관련판례)

계약서 제8조의 "을이 공사를 시공 중이라고 할지라도 공사에 대한 자재는 건축통례상 저질자재를 사용하였거나 무단히 3일 이상 중단하거나 준공할 가망이 없다고 갑이 인정하거나 본 계약 각 조항 중 어느 1조항이라도 위반하였거나 공정표와 차질이 생겼을 경우에는 갑은 공사 중단을 명할 수 있으며 이 경우 을은 갑이 취하는 여하한 조치에도 이의 없이 차에 순응할 의무를 진다." 라는 규정은 원·피고 사이에 본건 도급계약을 체결함에 있어 합의에 의하여 수급인에게 계약조항상의 부수적 의무위반이 있는 등의 경우에 도급인인 원고에게 해제권을 부여하고 그 자의 단독의 의사표시에 의하여 본건 도급계약을 해제할 수 있도록 하는 약정으로서 이른바 약정해제권 유보에 관한 규정이다(대법원 1983. 1. 18. 선고 81다89 판결).

■ 명도일보다 먼저 건물을 인도해주지 않는다는 사유로 건물 매매계약을 해제할 수 있는지요?

Q. 건물 매도인 乙은 매수인 甲에게 인테리어 공사를 위해 명도일보다 먼저 건물을 인도해주기로 약정하였는데도 불구하고, 이를 이행하지 않고 있습니다. 매수인 甲은 매도인 乙이 명도일보다 먼저 건물을 인도해주지 않는다는 사유로 건물 매매계약을 해제할 수 있는지요?

A. 유사한 사안을 다룬 하급심 판결에서 재판부는 "민법 제544조에 의하여 채무불이행을 이유로 계약을 해제하려면, 당해 채무가 계약의 목적 달성에 있어 필요불가결하고 이를 이행하지 아니하면 계약의 목적이 달성되지 아니하여 채권자가 그 계약을 체결하지 아니하였을 것이라고 여겨질 정도의 주된 채무이어야 하고 그렇지 아니한 부수적 채무를 불이행한 데에 지나지 아니한 경우에는 계약을 해제할 수 없다. 또한 계약상의 의무 가운데 주된 채무와 부수적 채무를 구별함에 있어서는 급부의 독립된 가치와는 관계없이 계약을 체결할 때 표명되었거나 그 당시 상황으로 보아 분명하게 객관적으로 나타난 당사자의 합리적 의사에 의하여 결정하되, 계약의 내용·목적·불이행의 결과 등의 여러 사정을 고려하여야 한다(대법원 1997. 4. 7.자 97마575 결정, 2001. 11. 13 선고 2001다20394, 2001다20400 판결 등 참조)."고 판시한 다음 "원고와 피고가 당초 약정된 인도일인 '2011. 11. 15.'보다 빠른 '2011. 10. 18.'까지 피고가 시설물철거를 완료하고 이를 인도하기로 약정하였다고 하더라도 이는 특약사항과 같이 '잔금일 이전에 임차인의 임대물 수선에 협조한다'는 의미로서 그러한 피고의 의무는 이 사건 임대차계약에 따른 부수적인 의무라고 봄이 상당하다. 피고가 위와 같은 부수적의무의 이행을 지체함으로써 임대차계약의 목적을 달성할 수 없다거나 피고가 이를 위반할 경우 이 사건 임대차계약을 해제할 수 있다고 약정하였음을 인정할 증거가 없는 이상, 이와 다른 전제에서 나온 원고의 주장은 받아들일 수 없다."고 판시하였습니다(울산지방법원 2013. 12. 11. 선고 2013나2627판결).

이에 따르면, 甲과 乙 사이에 명도일보다 먼저 부동산을 인도해주기로 하는 약정은, 부동산 매매계약의 부수적의무에 불과하다고 할 것이어서, 甲은 乙이 명도일보다 먼저 부동산을 인도하지 않는다는 이유만으로 위 매매계약을 해제할 수는 없을 것으로 보입니다.

(관련판례)

매도인이 위약 시에는 계약금의 배액을 배상하고 매수인이 위약 시에는 지급한 계약금을 매도인이 취득하고 계약은 자동적으로 해제된다는 조항은 위약 당사자가 상대방에 대하여 계약금을 포기하거나 그 배액을 배상하여 계약을 해제할 수 있다는 해제권 유보조항이라 할 것이고 최고나 통지 없이 해제할 수 있다는 특약이라고 볼 수 없다(대법원 1982. 4. 27. 선고 80다851 판결).

2. 부동산 매매계약의 위반

2-1. 부동산의 흠결

2-1-1. 매도인의 담보책임 개요

① 매도인의 담보책임의 개념

"매도인의 담보책임"이란 매매계약의 이행이 완료되어 매수인에게 소유권이 이전된 경우라도, 매매의 목적인 권리나 물건에 흠결(欠缺)이 있는 때에 매도인이 매수인에 대해 부담하는 책임을 말합니다.

② 담보책임과 동시이행

매수인이 매도인에 대해서 담보책임을 묻는 경우 매수인 측에서도 목적물을 반환하는 등의 채무를 부담하는데, 공평의 원칙에 따라 이를 동시에 이행해야 합니다(민법 제583조 및 제536조).

③ 담보책임면제의 특약

매도인과 매수인이 민법에 따른 매도인의 담보책임을 면하는 특약을 한 경우에도 매도인이 부동산의 흠결을 알고 매수인에게 알리지 않았거나 제3자에게 권리를 설정 또는 양도하였다면 매도인은 여전히 담보책임을 지게 됩니다(민법 제584조).

2-2. 소유권에 흠결이 있는 경우

2-2-1. 소유권의 전부가 다른 사람에게 속한 경우

① 매매의 목적이 된 소유권이 타인에게 속한 경우에는 매도인은 그 권리를 취득하여 매수인에게 이전해야 합니다(민법 제569조).

② 매수인이 매매계약 당시 소유권이 매도인에게 속하지 않음을 모른 경우

- 매도인이 소유권을 취득하여 매수인에게 이전할 수 없는 때에는 매수인은 계약을 해제할 수 있으며 손해배상을 청구할 수 있습니다(민법 제570조).
- 매도인이 계약 당시에 소유권이 자기에게 속하지 않음을 알지 못한 경우에 그 소유권을 취득하여 매수인에게 이전할 수 없는 때에는 매도인은 손해를 배상하고 계약을 해제할 수 있습니다(민법 제571조제1항).

③ 매수인이 매매계약 당시 소유권이 매도인에게 속하지 않음을 안 경우

- 매도인이 소유권을 취득하여 매수인에게 이전할 수 없는 때에는 매수인은 계

약을 해제할 수 있으나 손해배상을 청구하지 못합니다(민법 제570조).

- 매도인이 계약 당시에 소유권이 자기에게 속하지 않음을 알지 못한 경우에 매도인은 매수인에 대해 그 권리를 이전할 수 없음을 통지하고 계약을 해제할 수 있습니다(민법 제571조제2항).

2-2-2. 소유권의 일부가 다른 사람에게 속한 경우

① 매수인이 매매계약 당시 소유권의 일부가 매도인에게 속하지 않음을 모른 경우

- 매매의 목적이 된 소유권의 일부가 타인에게 속함으로 인하여 매도인이 소유권을 취득하여 매수인에게 이전할 수 없는 때에는 매수인은 그 부분의 비율로 대금의 감액과 손해배상을 청구할 수 있습니다(민법 제572조제1항 및 제3항).
- 잔존한 부분 만이라면 매수인이 이를 매수하지 않았을 때에는 계약전부를 해제할 수 있으며 손해배상도 청구할 수 있습니다(민법 제572조제2항 및 제3항).
- 매수인의 감액청구, 계약해제 또는 손해배상의 권리는 사실을 안 날부터 1년 이내에 행사해야 합니다(민법 제573조).

② 매수인이 매매계약 당시 소유권의 일부가 매도인에게 속하지 않음을 안 경우

- 매매의 목적이 된 소유권의 일부가 타인에게 속함으로 인하여 매도인이 소유권을 취득하여 매수인에게 이전할 수 없는 때에는 매수인은 그 부분의 비율로 대금의 감액을 청구할 수 있습니다(민법 제572조제1항).
- 매수인의 감액청구 권리는 계약한 날부터 1년 이내에 행사해야 합니다(민법 제573조).

2-2-3. 당사자가 수량을 지정해서 매매한 경우

① 매수인이 매매계약 당시 수량을 지정한 매매의 목적물이 부족하게 된 것과 매매목적물의 일부가 계약 당시에 이미 멸실된 것을 모른 경우

- 수량을 지정한 매매의 목적물이 부족하게 된 경우와 매매목적물의 일부가 계약 당시에 이미 멸실된 경우에 매수인은 그 부분의 비율로 대금의 감액을 청구할 수 있습니다(민법 제574조).
- 잔존한 부분 만이라면 매수인이 이를 매수하지 않았을 때에는 계약전부를 해제할 수 있으며 손해배상도 청구할 수 있습니다(민법 제574조).

- 매수인의 감액청구, 계약해제 또는 손해배상의 권리는 사실을 안 날부터 1년 이내에 행사해야 합니다(민법 제574조).

② 매수인이 매매계약 당시 수량을 지정한 매매의 목적물이 부족하게 된 것과 매매목적물의 일부가 계약 당시에 이미 멸실된 것을 안 경우

- 수량을 지정한 매매의 목적물이 부족하게 된 경우와 매매목적물의 일부가 계약 당시에 이미 멸실된 경우라 하더라도 대금의 감액 청구할 수 없으며 계약을 해제할 수 없고 손해배상도 청구할 수 없습니다(민법 제575조제1항 및 제2항).

2-2-4. 부동산의 소유권이 부동산을 사용 · 수익할 다른 권리에 의해 제한되는 경우

① 매수인이 매매계약 당시 목적 부동산이 사용·수익할 다른 권리에 의해 제한되는 것을 모른 경우

- 매매의 목적 부동산이 지상권, 지역권, 전세권 또는 유치권의 목적이 된 경우 또는 그 부동산을 위해 존재할 지역권이 없거나 그 부동산에 등기된 임대차계약이 있는 경우에 매수인이 이로 인하여 계약의 목적을 달성할 수 없는 경우에 한해 계약을 해제할 수 있습니다(민법 제575조제1항 및 제2항).
- 매매의 목적 부동산이 지상권, 지역권, 전세권 또는 유치권의 목적이거나 또는 그 부동산을 위해 존재할 지역권이 없거나 그 부동산에 등기된 임대차계약이 있다 하더라도 매수인이 이로 인하여 계약의 목적을 달성할 수 있는 경우에는 손해배상만을 청구할 수 있습니다(민법 제575조제1항 및 제2항).
- 매수인의 계약해제 또는 손해배상청구권은 매수인이 그 사실을 안 날부터 1년 이내에 행사해야 합니다(민법 제575조제3항).

② 매수인이 매매계약 당시 목적 부동산이 사용·수익할 다른 권리에 의해 제한되는 것을 안 경우

- 매매의 목적 부동산이 지상권, 지역권, 전세권 또는 유치권의 목적이 된 경우 또는 그 부동산을 위해 존재할 지역권이 없거나 그 부동산에 등기된 임대차계약이 있는 경우라 하더라도 계약을 해제할 수 없고 손해배상도 청구할 수 없습니다(민법 제575조제1항 및 제2항).

2-2-5. 저당권 · 전세권의 행사로 소유권을 잃게 되는 경우

① 매매의 목적이 된 부동산에 설정된 저당권 또는 전세권의 행사로 인하여 매수인이 그 소유권을 취득할 수 없거나 취득한 소유권을 잃게 되는 때에는 매수인은 계약을 해제할 수 있습니다(민법 제576조제1항).

② 가등기의 목적이 된 부동산의 매수인이 그 뒤 가등기에 기한 본등기가 경료됨으로써 소유권을 상실하게 된 경우에도 매도인은 동일한 책임을 집니다(대법원 1992. 10. 27. 선고 92다21784 판결).

③ 매매의 목적이 된 부동산에 설정된 저당권 또는 전세권의 행사로 인하여 매수인이 그 소유권을 취득할 수 없거나 취득한 소유권을 잃게 되는 때에는 매수인의 재산을 출연하여 그 소유권을 보존한 때에 매도인에 대해 그 상환을 청구할 수 있습니다(민법 제576조제2항).

④ 매수인이 손해를 받은 때에는 그 배상을 청구할 수 있습니다(민법 제576조제3항).

2-3. 부동산에 흠결이 있는 경우

2-3-1. 부동산에 흠결이 있는 경우

① 매수인이 매매계약 당시 목적 부동산에 흠결이 있음을 모른 경우

- 매매의 목적 부동산에 흠결이 있는 경우 매수인이 이로 인하여 계약의 목적을 달성할 수 없는 경우에 한해 계약을 해제할 수 있습니다(민법 제580조제1항 및 제575조제1항 전단).
- 매매의 목적 부동산에 흠결이 있다 하더라도 매수인이 이로 인하여 계약의 목적을 달성할 수 있는 경우에는 손해배상만을 청구할 수 있습니다(민법 제580조제1항 및 제575조제1항 후단).
- 매수인의 계약해제 또는 손해배상청구권은 매수인이 그 사실을 안 날부터 6개월 이내에 행사해야 합니다(민법 제582조).

② 매수인이 매매계약 당시 목적 부동산에 흠결이 있음을 알았거나 과실로 알지 못한 경우

- 매매의 목적 부동산에 흠결이 있는 경우라 하더라도 계약을 해제할 수 없고 손해배상도 청구할 수 없습니다(민법 제580조제1항, 제575조제1항 및 제2항).

2-3-2. 부동산을 종류로 지정한 경우 특정된 부동산에 흠결이 있는 경우

① 매수인이 매매계약 당시 종류를 지정한 부동산에 흠결이 있음을 모른 경우

- 매매계약 당시 종류를 지정한 부동산에 흠결이 있는 경우 매수인이 이로 인하여 계약의 목적을 달성할 수 없는 경우에 한해 계약을 해제할 수 있습니다(민법 제581조제1항).
- 매매계약 당시 종류를 지정한 부동산에 흠결이 있다 하더라도 매수인이 이로 인하여 계약의 목적을 달성할 수 있는 경우에는 손해배상만을 청구 할 수 있습니다(민법 제581조제1항 및 제2항).
- 매수인의 계약해제 또는 손해배상청구권은 매수인이 그 사실을 안 날부터 6개월 이내에 행사해야 합니다(민법 제582조).
- 매수인은 계약의 해제 또는 손해배상의 청구를 하지 않고 흠 없는 부동산을 청구할 수 있습니다(민법 제581조제2항).

② 매수인이 매매계약 당시 종류를 지정한 부동산에 흠결이 있음을 알았거나 과실로 알지 못한 경우

- 매매계약 당시 종류를 지정한 부동산에 흠결이 있는 경우라 하더라도 계약을 해제할 수 없고 손해배상도 청구할 수 없습니다(민법 제581조제1항, 제580조제1항 및 제575조제1항).

■ 집을 매입하였는데 이사 후 비가 샌다는 사실을 알았을 경우 매도인으로부터 배상을 받을 수 있을까요?

Q. 집을 매입하였는데 이사 후 비가 샌다는 사실을 알았습니다. 집을 살 당시에 꼼꼼히 살폈으나 누수 여부에 대해서는 알 수 없었고, 비가 오자 비로소 이러한 하자를 알게 되었습니다. 누수 현상이 상당히 심각한데, 매도인으로부터 배상을 받을 수 있을까요?

A. 매수인이 매매계약 당시 목적 부동산에 흠결이 있음을 몰랐다 하더라도 이로 인하여 계약의 목적을 달성할 수 있는 경우에는 손해배상만을 청구할 수 있으며 이로 인하여 계약의 목적을 달성할 수 없는 경우에 한해 계약을 해제할 수 있습니다. 매수인의 계약해제 또는 손해배상청구권은 매수인이 그 사실을 안 날부터 6개월 이내에 행사해야 합니다.

◇ 부동산의 흠결에 따른 매도인의 담보책임

매수인이 매매계약 당시 목적 부동산에 흠결이 있음을 알았거나 과실로 알지 못한 경우에는 매매의 목적 부동산에 흠결이 있는 경우라 하더라도 계약을 해제할 수 없고 손해배상도 청구할 수 없습니다.

(관련판례)

가등기의 목적이 된 부동산을 매수한 사람이 그 뒤 가등기에 기한 본등기가 경료됨으로써 그 부동산의 소유권을 상실하게 된 때에는 매매의 목적 부동산에 설정된 저당권 또는 전세권의 행사로 인하여 매수인이 취득한 소유권을 상실한 경우와 유사하므로, 이와 같은 경우 민법 제576조의 규정이 준용된다고 보아 같은 조 소정의 담보책임을 진다고 보는 것이 상당하고 민법 제570조에 의한 담보책임을 진다고 할 수 없다(대법원 1992. 10. 27. 선고 92다21784 판결).

■ **중도금까지 받은 부동산 매도인이 이중매매를 한 경우, 어떤 구제방법을 취할 수 있는지요?**

Q. 저는 甲으로부터 건물과 대지를 8,500만원에 매수하기로 하는 매매계약을 체결하고 계약금과 중도금을 지급하였습니다. 그 후 잔금지급일에 잔금을 지급하러 갔더니 甲은 저에게 팔기로 한 건물과 대지를 더 비싼 값으로 乙에게 매도하였다면서 잔금수령을 거절하고 제가 이미 지급한 계약금과 중도금만 반환하겠다고 합니다. 저는 어떤 구제방법을 취할 수 있는지요?

A. 위 사안의 경우 부동산소유권등기명의가 아직 甲명의로 되어 있느냐, 아니면 이미 乙앞으로 이전되어 있느냐에 따라 권리구제방법이 다르게 됩니다.

먼저 부동산소유권등기명의가 아직 甲으로 되어 있는 경우에 관하여 살펴보면, 계약이 일단 성립한 후에는 당사자일방이 이를 마음대로 해제할 수 없는 것이 원칙이고(대법원 2008. 3. 13. 선고 2007다73611 판결),

계약의 해제, 해지에 관하여 민법에서 계약 또는 법률의 규정에 의하여 당사자의 일방이나 쌍방이 해지 또는 해제의 권리가 있는 때에는 그 해지 또는 해제는 상대방에 대한 의사표시로 한다고 규정하고 있으므로(민법 제543조 제1항), 계약을 해제할 수 있는 것은 당사자가 해제권을 가지는 경우에 한정됩니다. 다만, 민법 제565조 제1항에서 매매의 당사자일방이 계약당시에 금전 기타 물건을 계약금, 보증금 등의 명목으로 상대방에게 교부한 때에는 당사자 사이에 다른 약정이 없는 한 당사자일방이 이행에 착수할 때까지 교부자는 이를 포기하고 수령자는 그 배액을 상환하여 매매계약을 해제할 수 있다고 해약금에 관하여 규정하여 계약금만 주고받은 단계에서는 당사자 누구라도 계약금을 포기 또는 계약금배액을 상환하면 계약을 해제할 수 있으나, 이 경우에도 당사자일방이 이미 이행에 착수한 경우(위 사안과 같이 중도금을 지급한 경우도 이에 포함됨)에는 그 상대방은 일방적으로 계약을 해제할 수 없습니다.

그러므로 귀하로서는 甲이 수령을 거부하는 매매잔대금을 우선 변제공탁 한 후 관할법원에 소명자료를 갖추어 부동산처분금지가처분신청을 하고, 아울러 소유권이전등기절차 이행청구소송을 제기하여 승소판결이 확정되면 이를 토대로 귀하명의로 소유권이전등기를 하는 방법으로 권리를 실현할 수 있습니다.

그리고 부동산소유권등기명의가 乙앞으로 이전되어 있는 경우에는 특별한 사정이 없는 한, 귀하는 위 부동산에 대한 소유권을 취득할 수 없게 되었다 할 것이고, 이는 甲의 책임 있는 사유로 이행이 불능하게 된 때에 해당되므로 귀하는 계약을 해제할 수 있고(민법 제546조), 계약이 해제되면 귀하와 甲은 서로 원상회복의무를 지게 되는데(민법 제548조 제1항), 이 경우 甲은 귀하에게 계약금과 중도금에 이를 받은 날로부터의 이자를 가산하여 반환하여야 합니다(민법 제548조 제2항). 여기서 이자반환의 법적성질에 관한 판례를 보면, 민법 제548조 제2항은 계약해제로 인한 원상회복의무이행으로 반환하는 금전에는 그 받은 날로부터 이자를 가산하여야 한다고 하고 있는데, 그 이자의 반환은 원상회복의무의 범위에 속하는 것으로 일종의 부당이득반환의 성질을 가지는 것이지 반환의무의 이행지체로 인한 손해배상은 아니라고 할 것이고, 소송촉진 등에 관한 특례법 제3조 제1항은 금전채무의 전부 또는 일부의 이행을 명하는 판결을 선고할 경우에 있어서 금전채무불이행으로 인한 손해배상액산정의 기준이 되는 법정이율에 관한 특별규정이므로, 위 이자에는 소송촉진 등에 관한 특례법 제3조 제1항에 의한 이율을 적용할 수 없다고 하였고, 다만, 계약해제로 인한 원상회복의무이행으로 금전반환을 청구하는 소송이 제기된 경우 채무자는 그 소장을 송달받은 다음날부터 반환의무의 이행지체로 인한 지체책임을 지게 되므로 그와 같이 원상회복의무이행으로 금전반환을 명하는 판결을 선고할 경우에는 금전채무불이행으로 인한 손해배상액 산정의 기준이 되는 법정이율에 관한 특별규정인 소송촉진 등에 관한 특례법 제3조 제1항에 의한 이율을 적용하여야 한다고 하였습니다(대법원 2003. 7. 22. 선고 2001다76298 판결).

그리고 귀하는 甲에 대하여 계약의 해제로 인하여 입은 손해의 배상을 청구할 수 있음은 물론입니다(민법 제551조).

참고로 귀하로부터 중도금까지 지급받은 甲이 乙에게 재차 목적물을 매도하여 乙명의의 소유권이전등기까지 경료하게 한 행위는 형사적으로 배임죄를 구성할 수 있을 것으로 보입니다(대법원 1988. 12. 13. 선고 88도750 판결, 2008. 7. 10. 선고 2008도3766 판결).

■ 부동산 매도인이 계약금을 받고 이중매도한 경우, 배임죄로 고소할 수 있을는지요?

Q. 저는 2016년 11월 22일 甲으로부터 대구 수성구 소재 부동산을 매수하는 계약을 체결하고, 甲에게 계약금을 지불하였습니다. 그런데 2016년 12월 1일 중도금을 지급하기 직전 위 건물의 부동산 등기사항전부증명서를 발급받아 보았는데, 2016년 11월 23일자 매매계약을 원인으로 乙 명의의 소유권이전등기가 2016년 11월 28일 경료된 사실을 발견하였습니다. 甲에게 문의하자 甲은 돈이 급히 필요하여 이중매도하게 되었다고 말하였습니다. 甲을 배임죄로 고소할 수 있을는지요?

A. 형법 제355조 제2항은 "타인의 사무를 처리하는 자가 그 임무에 위배하는 행위로써 재산상의 이익을 취득하거나 제삼자로 하여금 이를 취득하게 하여 본인에게 손해를 가한 때에도 전항(횡령죄)의 형(5년 이하의 징역 또는 1천500만원 이하의 벌금)과 같다"고 규정하는바, 이러한 범죄를 배임죄라 합니다. 부동산 이중매도를 한 매도인에게 배임죄가 성립하는지 여부에 대한 판단은 매도인이 계약금만 수령한 상태에서 이중매도를 했는지 또는 중도금까지 수령한 뒤 이중매도를 했는지에 따라 달라집니다.

민법 제565조 제1항은 "매매의 당사자 일방이 계약당시에 금전 기타 물건을 계약금, 보증금등의 명목으로 상대방에게 교부한 때에는 당사자간에 다른 약정이 없는 한 당사자의 일방이 이행에 착수할 때까지 교부자는 이를 포기하고 수령자는 그 배액을 상환하여 매매계약을 해제할 수 있다"고 규정하고 있으므로, 매도인이 계약금만 수령한 경우 매도인은 계약금의 배액을 상환하고 매매계약을 해제할 수 있습니다. 그렇다면 이 경우 매도인은 단순한 채무자일 뿐, 배임죄의 '타인의 사무를 처리하는 자'에 해당한다고 보기 어렵습니다.

반면, 매도인이 중도금까지 수령한 경우 매도인은 계약을 일방적으로 해제할 수 없습니다. 그렇다면 매도인은 중도금을 수령한 때부터 매수인 명의로 소유권이전등기를 경료하는 데 협력할 의무가 생김으로써 배임죄의 '타인의 사무를 처리하는 자'의 지위를 갖게 됩니다.

판례 또한 "매도인이 매수인에게 부동산을 매도하고 계약금만을 수수한 상태에서 매수인이 잔대금의 지급을 거절한 이상 매도인으로서는 이행을 최고할 필요없이 매매계약을 해제할 수 있는 지위에 있었으므로 위 매도인을 타인의 사무를 처리하는 자라고 볼 수 없다"고 하여 계약금만 수령한 경우 배임죄가 성립하지 않는다고 판단하였고(대법원 1984. 5. 15. 선고 84도315 판결), "부동산매도인이 매수인으로부터 계약금과 중도금까지 수령한 이상 특단의 약정이 없다면 잔금수령과 동시에 매수인 명의로의 소유권이전등기에 협력할 임무가 있으므로 이를 다시 제3자에게 처분함으로써 제1차 매수인에게 잔대금수령과 상환으로 소유권이전등기절차를 이행하는 것이 불가능하게 되었다면 배임죄의 책임을 면할 수 없다"고 하여 중도금을 수령한 경우 배임죄가 성립한다고 판단하였습니다(대법원 1988. 12. 13. 선고 88도750 판결).
결국, 甲은 계약금만 수령한 상태에서 이중매도하였으므로, 甲에게 배임죄가 성립하기는 어려워 보입니다.

■ **부동산 이중매매의 경우, 최초매수자는 부동산소유권을 취득할 수 있는지요?**

Q. 甲은 그 소유임야를 乙에게 매도하고 중도금까지 지급받았으나 이 사실을 잘 알고 있는 이웃주민 丙이 甲에게 등기명의가 남아 있음을 이용하여 자기에게 이중매도 할 것을 적극 권유하면서 만일 문제가 생기면 자기가 책임지겠다고 하여 甲은 결국 丙앞으로 소유권이전등기를 해주었습니다. 이 경우 乙은 어떠한 방법으로 구제받을 수 있는지요?

A. '부동산 이중매매'란 동일한 부동산에 관하여 매도인이 2인의 매수인과 별도의 매매계약을 체결하는 행위를 말하고, 민법은 법률행위로 인한 부동산의 물권변동에 관하여 원칙적으로 등기를 요하는 성립요건주의를 취하고 있기 때문에(민법 제186조), 매도인이 자신의 부동산을 일단 제1매수인에게 매도하였더라도 그 소유권이전등기가 되기 전에 이를 다시 제2매수인에게 이전하고, 제2매수인이 자신의 명의로 등기함으로써 제2매수인은 제1매수인의 존재와 관계없이 소유권을 취득할 수 있게 됩니다.

그런데 민법 제103조에서 '선량한 풍속 기타 사회질서'에 위반한 사항을 내용으로 하는 법률행위는 무효로 한다고 규정하고 있으므로, 이중매매의 제2의 매매가 위 규정에 의한 반사회적 법률행위가 될 경우에는 무효가 될 것인데, 이중매매를 반사회적 법률행위로서 무효라고 하기 위한 요건 및 판단기준에 관하여 판례를 보면, 제2매수인이 매도인의 배임행위를 아는 것만으로는 부족하고, 나아가 배임행위를 유인, 교사하거나 이에 협력하는 등 적극 가담하는 것이 필요하고, 이 경우 제2매수행위의 상당성과 특수성 및 제2매도계약의 성립과정, 경위, 매도인과 제2매수인의 관계 등을 고려하여 판단하여야 한다고 하였습니다(대법원 2008. 2. 28. 선고 2007다77101 판결).

다만, 부동산의 이중매매가 반사회적 법률행위로서 무효라 하더라도 등기하지 않은 제1매수인은 아직 소유자는 아니므로, 직접 제2매수인에게 그 명의의 소유권이전등기말소를 청구할 수 없고, 매도인을 대위해서만 그러한 청구를 할 수 있으며(대법원 1983. 4. 26. 선고 83다카57 판결, 수원지방법원 2001. 1. 19. 선고 99나17767 판결), 제2매수인으로부터 제3자에게 소유권이 이전된 경우 전득자(轉得者)는 무권리자로부터 소유권을 취득한 것이 되므로, 전득자명의의 등기는 부동산취득시효의 요건을 갖추지 못하는 한 선의·악의를 불문하고 원인무효로서 말소되어야 할 것입니다(대법원 2008. 3. 27.

선고 2007다82875 판결).

따라서 위 사안에서 甲과 丙의 이중매매가 반사회질서행위로서 무효가 될 경우 甲과 丙이 상호 원상회복의무를 지게 될 것이므로, 乙이 甲의 丙에 대한 원상회복청구권을 대위행사하여 丙을 상대로는 소유권이전등기말소청구를 하면서, 甲을 상대로는 소유권이전등기청구소송을 제기하여 위 부동산의 소유권을 취득하여야 할 것입니다. 이 경우에는 丙으로부터 소유권을 이전받은 선의의 전득자의 등기도 역시 무효가 됩니다.

참고로 甲과 丙간의 매매계약이 유효한 경우라도 乙은 甲을 상대로 채무불이행책임을 물어 매매계약을 해제하여 원상회복 및 손해배상을 청구할 수 있고, 이와는 별도로 이중매매한 甲에 대하여는 배임죄의 형사책임을 물을 수도 있을 것입니다.

부록 : 관련법령

- 부동산 거래신고 등에 관한 법률
- 부동산 거래신고 등에 관한 법률 행령

부동산 거래신고 등에 관한 법률

[시행 2018. 2. 9] [법률 제14569호, 2017. 2. 8, 타법개정]

제1장 총칙

제1조(목적) 이 법은 부동산 거래 등의 신고 및 허가에 관한 사항을 정하여 건전하고 투명한 부동산 거래질서를 확립하고 국민경제에 이바지함을 목적으로 한다.

제2조(정의) 이 법에서 사용하는 용어의 뜻은 다음과 같다.

1. "부동산"이란 토지 또는 건축물을 말한다.
2. "부동산등"이란 부동산 또는 부동산을 취득할 수 있는 권리를 말한다.
3. "거래당사자"란 부동산등의 매수인과 매도인을 말하며, 제4호에 따른 외국인등을 포함한다.
4. "외국인등"이란 다음 각 목의 어느 하나에 해당하는 개인·법인 또는 단체를 말한다.
   가. 대한민국의 국적을 보유하고 있지 아니한 개인
   나. 외국의 법령에 따라 설립된 법인 또는 단체
   다. 사원 또는 구성원의 2분의 1 이상이 가목에 해당하는 자인 법인 또는 단체
   라. 업무를 집행하는 사원이나 이사 등 임원의 2분의 1 이상이 가목에 해당하는 자인 법인 또는 단체
   마. 가목에 해당하는 사람이나 나목에 해당하는 법인 또는 단체가 자본금의 2분의 1 이상이나 의결권의 2분의 1 이상을 가지고 있는 법인 또는 단체
   바. 외국 정부
   사. 대통령령으로 정하는 국제기구

제2장 부동산 거래의 신고

제3조(부동산 거래의 신고) ① 거래당사자는 다음 각 호의 어느 하나에 해당하는 계약을 체결한 경우 그 실제 거래가격 등 대통령령으로 정하는 사항을 거래계약의 체결일부터 60일 이내에 그 권리의 대상인 부동산등(권리에 관한 계약의 경우에는 그 권리의 대상인 부동산을 말한다)의 소재지를 관할하는 시장(구가 설치되지 아니한 시의 시장 및 특별자치시장과 특별자치도 행정시의 시장을 말한다)·군수 또는 구청장(이하 "신고관청"이라 한다)에게 공동으로 신고하여야 한다. 다만, 거래당사자 중 일방이 국가, 지방자치단체, 대통령령으로 정하는 자의 경우(이하 "국가등"이라 한다)에는 국가등이 신고를 하여야 한다. <개정 2017. 2. 8.>

1. 부동산의 매매계약

2. 「택지개발촉진법」, 「주택법」 등 대통령령으로 정하는 법률에 따른 부동산에 대한 공급계약
3. 다음 각 목의 어느 하나에 해당하는 지위의 매매계약
   가. 제2호에 따른 계약을 통하여 부동산을 공급받는 자로 선정된 지위
   나. 「도시 및 주거환경정비법」 제74조에 따른 관리처분계획의 인가 및 「빈집 및 소규모주택 정비에 관한 특례법」 제29조에 따른 사업시행계획인가로 취득한 입주자로 선정된 지위

② 제1항에도 불구하고 거래당사자 중 일방이 신고를 거부하는 경우에는 국토교통부령으로 정하는 바에 따라 단독으로 신고할 수 있다.

③ 「공인중개사법」 제2조제4호에 따른 개업공인중개사(이하 "개업공인중개사"라 한다)가 같은 법 제26조제1항에 따라 거래계약서를 작성·교부한 경우에는 제1항에도 불구하고 해당 개업공인중개사가 같은 항에 따른 신고를 하여야 한다. 이 경우 공동으로 중개를 한 경우에는 해당 개업공인중개사가 공동으로 신고하여야 한다.

④ 제1항부터 제3항까지에 따라 신고를 받은 신고관청은 그 신고 내용을 확인한 후 신고인에게 신고필증을 지체 없이 발급하여야 한다.

⑤ 부동산등의 매수인은 신고인이 제4항에 따른 신고필증을 발급받은 때에 「부동산등기 특별조치법」 제3조제1항에 따른 검인을 받은 것으로 본다.

⑥ 제1항부터 제5항까지에 따른 신고의 절차와 그 밖에 필요한 사항은 국토교통부령으로 정한다.

제4조(금지행위) 누구든지 제3조에 따른 신고에 관하여 다음 각 호의 어느 하나에 해당하는 행위를 하여서는 아니 된다.

1. 개업공인중개사에게 제3조에 따른 신고를 하지 아니하게 하거나 거짓으로 신고하도록 요구하는 행위
2. 제3조에 따른 신고 의무자가 아닌 자가 거짓으로 같은 조에 따른 신고를 하는 행위
3. 거짓으로 제3조에 따른 신고를 하는 행위를 조장하거나 방조하는 행위

제5조(신고 내용의 검증) ① 국토교통부장관은 제3조에 따라 신고받은 내용, 「부동산 가격공시 및 감정평가에 관한 법률」에 따라 공시된 토지 및 주택의 가액, 그 밖의 부동산 가격정보를 활용하여 부동산거래가격 검증체계를 구축·운영하여야 한다.

② 신고관청은 제3조에 따른 신고를 받은 경우 제1항에 따른 부동산거래가격 검증체계를 활용하여 그 적정성을 검증하여야 한다.

③ 신고관청은 제2항에 따른 검증 결과를 해당 부동산의 소재지를 관할하는 세무관서의 장에게 통보하여야 하며, 통보받은 세무관서의 장은 해당 신고 내용을 국세 또는 지방세 부과를 위한 과세자료로 활용할 수 있다.

④ 제1항부터 제3항까지에 따른 검증의 절차, 검증체계의 구축·운영, 그 밖에 필요한 세부 사항은 국토교통부장관이 정한다.

제6조(신고 내용의 조사 등) ① 신고관청은 제5조에 따른 검증 등의 결과 제3조에 따라 신고 받은 내용이 누락되어 있거나 정확하지 아니하다고 판단하는 경우에는 국토교통부령으로 정하는 바에 따라 신고인에게 신고 내용을 보완하게 하거나 신고한 내용의 사실 여부를 확인하기 위하여 소속 공무원으로 하여금 거래당사자 또는 개업공인중개사에게 거래계약서, 거래대금 지급을 증명할 수 있는 자료 등 관련 자료의 제출을 요구하는 등 필요한 조치를 취할 수 있다.

② 제1항에 따라 신고 내용을 조사한 경우 신고관청은 조사 결과를 특별시장, 광역시장, 특별자치시장, 도지사, 특별자치도지사(이하 "시·도지사"라 한다)에게 보고하여야 하며, 시·도지사는 이를 국토교통부령으로 정하는 바에 따라 국토교통부장관에게 보고하여야 한다.

제3장 외국인등의 부동산 취득 등에 관한 특례

제7조(상호주의) 국토교통부장관은 대한민국국민, 대한민국의 법령에 따라 설립된 법인 또는 단체나 대한민국정부에 대하여 자국(自國) 안의 토지의 취득 또는 양도를 금지하거나 제한하는 국가의 개인·법인·단체 또는 정부에 대하여 대통령령으로 정하는 바에 따라 대한민국 안의 토지의 취득 또는 양도를 금지하거나 제한할 수 있다. 다만, 헌법과 법률에 따라 체결된 조약의 이행에 필요한 경우에는 그러하지 아니하다.

제8조(외국인등의 부동산 취득·보유 신고) ① 외국인등이 대한민국 안의 부동산등을 취득하는 계약(제3조제1항 각 호에 따른 계약은 제외한다)을 체결하였을 때에는 계약체결일부터 60일 이내에 대통령령으로 정하는 바에 따라 신고관청에 신고하여야 한다.

② 외국인등이 상속·경매, 그 밖에 대통령령으로 정하는 계약 외의 원인으로 대한민국 안의 부동산등을 취득한 때에는 부동산등을 취득한 날부터 6개월 이내에 대통령령으로 정하는 바에 따라 신고관청에 신고하여야 한다.

③ 대한민국 안의 부동산등을 가지고 있는 대한민국국민이나 대한민국의 법령에 따라 설립된 법인 또는 단체가 외국인등으로 변경된 경우 그 외국인등이 해당 부동산등을 계속보유하려는 경우에는 외국인등으로 변경된 날부터 6개월 이내에 대통령령으로 정하는 바에 따라 신고관청에 신고하여야 한다.

제9조(외국인등의 토지거래 허가) ① 제3조 및 제8조에도 불구하고 외국인등이 취득하려는 토지가 다음 각 호의 어느 하나에 해당하는 구역·지역 등에 있으면 토지를

취득하는 계약(이하 "토지취득계약"이라 한다)을 체결하기 전에 대통령령으로 정하는 바에 따라 신고관청으로부터 토지취득의 허가를 받아야 한다. 다만, 제11조에 따라 토지거래계약에 관한 허가를 받은 경우에는 그러하지 아니하다.

1. 「군사기지 및 군사시설 보호법」 제2조제6호에 따른 군사기지 및 군사시설 보호구역, 그 밖에 국방목적을 위하여 외국인등의 토지취득을 특별히 제한할 필요가 있는 지역으로서 대통령령으로 정하는 지역
2. 「문화재보호법」 제2조제2항에 따른 지정문화재와 이를 위한 보호물 또는 보호구역
3. 「자연환경보전법」 제2조제12호에 따른 생태·경관보전지역
4. 「야생생물 보호 및 관리에 관한 법률」 제27조에 따른 야생생물 특별보호구역

② 신고관청은 관계 행정기관의 장과 협의를 거쳐 외국인등이 제1항 각 호의 어느 하나에 해당하는 구역·지역 등의 토지를 취득하는 것이 해당 구역·지역 등의 지정목적 달성에 지장을 주지 아니한다고 인정하는 경우에는 제1항에 따른 허가를 하여야 한다.

③ 제1항을 위반하여 체결한 토지취득계약은 그 효력이 발생하지 아니한다.

제4장 토지거래허가구역 등

제10조(토지거래허가구역의 지정) ① 국토교통부장관 또는 시·도지사는 국토의 이용 및 관리에 관한 계획의 원활한 수립과 집행, 합리적인 토지 이용 등을 위하여 토지의 투기적인 거래가 성행하거나 지가(地價)가 급격히 상승하는 지역과 그러한 우려가 있는 지역으로서 대통령령으로 정하는 지역에 대해서는 다음 각 호의 구분에 따라 5년 이내의 기간을 정하여 제11조제1항에 따른 토지거래계약에 관한 허가구역(이하 "허가구역"이라 한다)으로 지정할 수 있다.

1. 허가구역이 둘 이상의 시·도의 관할 구역에 걸쳐 있는 경우: 국토교통부장관이 지정
2. 허가구역이 동일한 시·도 안의 일부지역인 경우: 시·도지사가 지정. 다만, 국가가 시행하는 개발사업 등에 따라 투기적인 거래가 성행하거나 지가가 급격히 상승하는 지역과 그러한 우려가 있는 지역 등 대통령령으로 정하는 경우에는 국토교통부장관이 지정할 수 있다.

② 국토교통부장관 또는 시·도지사는 제1항에 따라 허가구역을 지정하려면 「국토의 계획 및 이용에 관한 법률」 제106조에 따른 중앙도시계획위원회(이하 "중앙도시계획위원회"라 한다) 또는 같은 법 제113조제1항에 따른 시·도도시계획위원회(이하 "시·도도시계획위원회"라 한다)의 심의를 거쳐야 한다. 다만, 지정기간이 끝나는 허가구역을 계속하여 다시 허가구역으로 지정하려면 중앙도시계획위원회 또는 시·도도시계획위원회의 심의 전에 미리 시·도지사(국토교통부장관이 허가구역을 지정하는

경우만 해당한다) 및 시장·군수 또는 구청장의 의견을 들어야 한다.

③ 국토교통부장관 또는 시·도지사는 제1항에 따라 허가구역으로 지정한 때에는 지체 없이 대통령령으로 정하는 사항을 공고하고, 그 공고 내용을 국토교통부장관은 시·도지사를 거쳐 시장·군수 또는 구청장에게 통지하고, 시·도지사는 국토교통부장관, 시장·군수 또는 구청장에게 통지하여야 한다.

④ 제3항에 따라 통지를 받은 시장·군수 또는 구청장은 지체 없이 그 공고 내용을 그 허가구역을 관할하는 등기소의 장에게 통지하여야 하며, 지체 없이 그 사실을 7일 이상 공고하고, 그 공고 내용을 15일간 일반이 열람할 수 있도록 하여야 한다.

⑤ 허가구역의 지정은 제3항에 따라 허가구역의 지정을 공고한 날부터 5일 후에 그 효력이 발생한다.

⑥ 국토교통부장관 또는 시·도지사는 허가구역의 지정 사유가 없어졌다고 인정되거나 관계 시·도지사, 시장·군수 또는 구청장으로부터 받은 허가구역의 지정 해제 또는 축소 요청이 이유 있다고 인정되면 지체 없이 허가구역의 지정을 해제하거나 지정된 허가구역의 일부를 축소하여야 한다.

⑦ 제6항에 따른 해제 또는 축소의 경우에는 제2항 본문, 제3항 및 제4항을 준용한다.

제11조(허가구역 내 토지거래에 대한 허가) ① 허가구역에 있는 토지에 관한 소유권·지상권(소유권·지상권의 취득을 목적으로 하는 권리를 포함한다)을 이전하거나 설정(대가를 받고 이전하거나 설정하는 경우만 해당한다)하는 계약(예약을 포함한다. 이하 "토지거래계약"이라 한다)을 체결하려는 당사자는 공동으로 대통령령으로 정하는 바에 따라 시장·군수 또는 구청장의 허가를 받아야 한다. 허가받은 사항을 변경하려는 경우에도 또한 같다.

② 경제 및 지가의 동향과 거래단위면적 등을 종합적으로 고려하여 대통령령으로 정하는 용도별 면적 이하의 토지에 대한 토지거래계약에 관하여는 제1항에 따른 허가가 필요하지 아니하다.

③ 제1항에 따른 허가를 받으려는 자는 그 허가신청서에 계약내용과 그 토지의 이용계획, 취득자금 조달계획 등을 적어 시장·군수 또는 구청장에게 제출하여야 한다. 이 경우 토지이용계획, 취득자금 조달계획 등에 포함되어야 할 사항은 국토교통부령으로 정한다. 다만, 시장·군수 또는 구청장에게 제출한 취득자금 조달계획이 변경된 경우에는 취득토지에 대한 등기일까지 시장·군수 또는 구청장에게 그 변경 사항을 제출할 수 있다.

④ 시장·군수 또는 구청장은 제3항에 따른 허가신청서를 받으면 「민원 처리에 관한 법률」에 따른 처리기간에 허가 또는 불허가의 처분을 하고, 그 신청인에게 허가증을 발급하거나 불허가처분 사유를 서면으로 알려야 한다. 다만, 제15조에 따라 선매협의(先買協議) 절차가 진행 중인 경우에는 위의 기간 내에 그 사실을 신청인에

게 알려야 한다.

⑤ 제4항에 따른 기간에 허가증의 발급 또는 불허가처분 사유의 통지가 없거나 선매협의 사실의 통지가 없는 경우에는 그 기간이 끝난 날의 다음날에 제1항에 따른 허가가 있는 것으로 본다. 이 경우 시장·군수 또는 구청장은 지체 없이 신청인에게 허가증을 발급하여야 한다.

⑥ 제1항에 따른 허가를 받지 아니하고 체결한 토지거래계약은 그 효력이 발생하지 아니한다.

⑦ 제2항에 따른 토지의 면적 산정방법에 관하여 필요한 사항은 대통령령으로 정한다.

제12조(허가기준) 시장·군수 또는 구청장은 제11조에 따른 허가신청이 다음 각 호의 어느 하나에 해당하는 경우를 제외하고는 허가하여야 한다.

1. 토지거래계약을 체결하려는 자의 토지이용목적이 다음 각 목의 어느 하나에 해당되지 아니하는 경우
   가. 자기의 거주용 주택용지로 이용하려는 경우
   나. 허가구역을 포함한 지역의 주민을 위한 복지시설 또는 편익시설로서 관할 시장·군수 또는 구청장이 확인한 시설의 설치에 이용하려는 경우
   다. 허가구역에 거주하는 농업인·임업인·어업인 또는 대통령령으로 정하는 자가 그 허가구역에서 농업·축산업·임업 또는 어업을 경영하기 위하여 필요한 경우
   라. 「공익사업을 위한 토지 등의 취득 및 보상에 관한 법률」이나 그 밖의 법률에 따라 토지를 수용하거나 사용할 수 있는 사업을 시행하는 자가 그 사업을 시행하기 위하여 필요한 경우
   마. 허가구역을 포함한 지역의 건전한 발전을 위하여 필요하고 관계 법률에 따라 지정된 지역·지구·구역 등의 지정목적에 적합하다고 인정되는 사업을 시행하는 자나 시행하려는 자가 그 사업에 이용하려는 경우
   바. 허가구역의 지정 당시 그 구역이 속한 특별시·광역시·특별자치시·시(「제주특별자치도 설치 및 국제자유도시 조성을 위한 특별법」 제10조제2항에 따른 행정시를 포함한다. 이하 이 조에서 같다)·군 또는 인접한 특별시·광역시·특별자치시·시·군에서 사업을 시행하고 있는 자가 그 사업에 이용하려는 경우나 그 자의 사업과 밀접한 관련이 있는 사업을 하는 자가 그 사업에 이용하려는 경우
   사. 허가구역이 속한 특별시·광역시·특별자치시·시 또는 군에 거주하고 있는 자의 일상생활과 통상적인 경제활동에 필요한 것 등으로서 대통령령으로 정하는 용도에 이용하려는 경우
2. 토지거래계약을 체결하려는 자의 토지이용목적이 다음 각 목의 어느 하나에 해당되는 경우
   가. 「국토의 계획 및 이용에 관한 법률」 제2조제2호에 따른 도시·군계획이나 그

밖에 토지의 이용 및 관리에 관한 계획에 맞지 아니한 경우

나. 생태계의 보전과 주민의 건전한 생활환경 보호에 중대한 위해(危害)를 끼칠 우려가 있는 경우

3. 그 면적이 그 토지의 이용목적에 적합하지 아니하다고 인정되는 경우

제13조(이의신청) ① 제11조에 따른 처분에 이의가 있는 자는 그 처분을 받은 날부터 1개월 이내에 시장·군수 또는 구청장에게 이의를 신청할 수 있다.

② 제1항에 따른 이의신청을 받은 시장·군수 또는 구청장은 「국토의 계획 및 이용에 관한 법률」 제113조제2항에 따른 시·군·구도시계획위원회의 심의를 거쳐 그 결과를 이의신청인에게 알려야 한다.

제14조(국가 등의 토지거래계약에 관한 특례 등) ① 제11조제1항을 적용할 때에 그 당사자의 한쪽 또는 양쪽이 국가, 지방자치단체, 「한국토지주택공사법」에 따른 한국토지주택공사(이하 "한국토지주택공사"라 한다), 그 밖에 대통령령으로 정하는 공공기관 또는 공공단체인 경우에는 그 기관의 장이 시장·군수 또는 구청장과 협의할 수 있고, 그 협의가 성립된 때에는 그 토지거래계약에 관한 허가를 받은 것으로 본다.

② 다음 각 호의 경우에는 제11조를 적용하지 아니한다.

1. 「공익사업을 위한 토지 등의 취득 및 보상에 관한 법률」에 따른 토지의 수용
2. 「민사집행법」에 따른 경매
3. 그 밖에 대통령령으로 정하는 경우

제15조(선매) ① 시장·군수 또는 구청장은 제11조제1항에 따른 토지거래계약에 관한 허가신청이 있는 경우 다음 각 호의 어느 하나에 해당하는 토지에 대하여 국가, 지방자치단체, 한국토지주택공사, 그 밖에 대통령령으로 정하는 공공기관 또는 공공단체가 그 매수를 원하는 경우에는 이들 중에서 해당 토지를 매수할 자[이하 "선매자(先買者)"라 한다]를 지정하여 그 토지를 협의 매수하게 할 수 있다.

1. 공익사업용 토지
2. 제11조제1항에 따른 토지거래계약허가를 받아 취득한 토지를 그 이용목적대로 이용하고 있지 아니한 토지

② 시장·군수 또는 구청장은 제1항 각 호의 어느 하나에 해당하는 토지에 대하여 토지거래계약 허가신청이 있는 경우에는 그 신청이 있는 날부터 1개월 이내에 선매자를 지정하여 토지 소유자에게 알려야 하며, 선매자는 지정 통지를 받은 날부터 1개월 이내에 그 토지 소유자와 대통령령으로 정하는 바에 따라 선매협의를 끝내야 한다.

③ 선매자가 제1항과 제2항에 따라 토지를 매수할 때의 가격은 「부동산 가격공시 및 감정평가에 관한 법률」에 따라 감정평가업자가 감정평가한 감정가격을 기준으로 하되, 토지거래계약 허가신청서에 적힌 가격이 감정가격보다 낮은 경우에는 허가신

청서에 적힌 가격으로 할 수 있다.

④ 시장·군수 또는 구청장은 제2항에 따른 선매협의가 이루어지지 아니한 경우에는 지체 없이 허가 또는 불허가의 여부를 결정하여 통보하여야 한다.

제16조(불허가처분 토지에 관한 매수 청구) ① 제11조제1항에 따른 허가신청에 대하여 불허가처분을 받은 자는 그 통지를 받은 날부터 1개월 이내에 시장·군수 또는 구청장에게 해당 토지에 관한 권리의 매수를 청구할 수 있다.

② 제1항에 따른 매수 청구를 받은 시장·군수 또는 구청장은 국가, 지방자치단체, 한국토지주택공사, 그 밖에 대통령령으로 정하는 공공기관 또는 공공단체 중에서 매수할 자를 지정하여, 매수할 자로 하여금 예산의 범위에서 공시지가를 기준으로 하여 해당 토지를 매수하게 하여야 한다. 다만, 토지거래계약 허가신청서에 적힌 가격이 공시지가보다 낮은 경우에는 허가신청서에 적힌 가격으로 매수할 수 있다.

제17조(토지 이용에 관한 의무 등) ① 제11조에 따라 토지거래계약을 허가받은 자는 대통령령으로 정하는 사유가 있는 경우 외에는 5년의 범위에서 대통령령으로 정하는 기간에 그 토지를 허가받은 목적대로 이용하여야 한다.

② 시장·군수 또는 구청장은 토지거래계약을 허가받은 자가 허가받은 목적대로 이용하고 있는지를 국토교통부령으로 정하는 바에 따라 조사하여야 한다.

③ 삭제 <2016. 12. 2.>

④ 삭제 <2016. 12. 2.>

제18조(이행강제금) ① 시장·군수 또는 구청장은 제17조제1항에 따른 토지의 이용 의무를 이행하지 아니한 자에 대하여는 상당한 기간을 정하여 토지의 이용 의무를 이행하도록 명할 수 있다. 다만, 대통령령으로 정하는 사유가 있는 경우에는 이용 의무의 이행을 명하지 아니할 수 있다.

② 시장·군수 또는 구청장은 제1항에 따른 이행명령이 정하여진 기간에 이행되지 아니한 경우에는 토지 취득가액의 100분의 10의 범위에서 대통령령으로 정하는 금액의 이행강제금을 부과한다.

③ 시장·군수 또는 구청장은 최초의 이행명령이 있었던 날을 기준으로 1년에 한 번씩 그 이행명령이 이행될 때까지 반복하여 제2항에 따른 이행강제금을 부과·징수할 수 있다.

④ 시장·군수 또는 구청장은 제17조제1항에 따른 이용 의무기간이 지난 후에는 이행강제금을 부과할 수 없다.

⑤ 시장·군수 또는 구청장은 제1항에 따른 이행명령을 받은 자가 그 명령을 이행하는 경우에는 새로운 이행강제금의 부과를 즉시 중지하되, 명령을 이행하기 전에 이미 부과된 이행강제금은 징수하여야 한다.

⑥ 제2항에 따른 이행강제금의 부과처분에 불복하는 자는 시장·군수 또는 구청장에

게 이의를 제기할 수 있다.

⑦ 제2항 및 제3항에 따라 이행강제금 부과처분을 받은 자가 이행강제금을 납부기한까지 납부하지 아니한 경우에는 국세 체납처분의 예 또는 「지방세외수입금의 징수 등에 관한 법률」에 따라 징수한다.

⑧ 이행강제금의 부과, 납부, 징수 및 이의제기 방법 등에 필요한 사항은 대통령령으로 정한다.

제19조(지가 동향의 조사) 국토교통부장관이나 시·도지사는 토지거래허가 제도를 실시하거나 그 밖에 토지정책을 수행하기 위한 자료를 수집하기 위하여 대통령령으로 정하는 바에 따라 지가의 동향과 토지거래의 상황을 조사하여야 하며, 관계 행정기관이나 그 밖의 필요한 기관에 이에 필요한 자료를 제출하도록 요청할 수 있다. 이 경우 자료 제출을 요청받은 기관은 특별한 사유가 없으면 요청에 따라야 한다.

제20조(다른 법률에 따른 인가·허가 등의 의제) ① 농지에 대하여 제11조에 따라 토지거래계약 허가를 받은 경우에는 「농지법」 제8조에 따른 농지취득자격증명을 받은 것으로 본다. 이 경우 시장·군수 또는 구청장은 「농업·농촌 및 식품산업 기본법」 제3조제5호에 따른 농촌(「국토의 계획 및 이용에 관한 법률」에 따른 도시지역의 경우에는 같은 법에 따른 녹지지역만 해당한다)의 농지에 대하여 토지거래계약을 허가하는 경우에는 농지취득자격증명의 발급 요건에 적합한지를 확인하여야 하며, 허가한 내용을 농림축산식품부장관에게 통보하여야 한다.

② 제11조제4항 및 제5항에 따라 허가증을 발급받은 경우에는 「부동산등기 특별조치법」 제3조에 따른 검인을 받은 것으로 본다.

제21조(제재처분 등) 국토교통부장관, 시·도지사, 시장·군수 또는 구청장은 다음 각 호의 어느 하나에 해당하는 자에게 제11조에 따른 허가 취소 또는 그 밖에 필요한 처분을 하거나 조치를 명할 수 있다.

1. 제11조에 따른 토지거래계약에 관한 허가 또는 변경허가를 받지 아니하고 토지거래계약 또는 그 변경계약을 체결한 자
2. 제11조에 따른 토지거래계약에 관한 허가를 받은 자가 그 토지를 허가받은 목적대로 이용하지 아니한 자
3. 부정한 방법으로 제11조에 따른 토지거래계약에 관한 허가를 받은 자

제22조(권리·의무의 승계 등) ① 제10조부터 제20조까지에 따라 토지의 소유권자, 지상권자 등에게 발생되거나 부과된 권리·의무는 그 토지 또는 건축물에 관한 소유권이나 그 밖의 권리의 변동과 동시에 그 승계인에게 이전한다.

② 이 법 또는 이 법에 따른 명령에 의한 처분, 그 절차 및 그 밖의 행위는 그 행위와 관련된 토지 또는 건축물에 대하여 소유권이나 그 밖의 권리를 가진 자의 승

계인에 대하여 효력을 가진다.

제23조(청문) 국토교통부장관, 시·도지사, 시장·군수 또는 구청장은 제21조에 따라 토지거래계약 허가의 취소 처분을 하려면 청문을 하여야 한다.

제5장 부동산 정보 관리

제24조(부동산정책 관련 자료 등 종합관리) ① 국토교통부장관 또는 시장·군수·구청장은 적절한 부동산정책의 수립 및 시행을 위하여 부동산 거래상황, 외국인 부동산 취득현황, 부동산 가격 동향 등 이 법에 규정된 사항에 관한 정보를 종합적으로 관리하고, 이를 관련 기관·단체 등에 제공할 수 있다.

② 국토교통부장관 또는 시장·군수·구청장은 제1항에 따른 정보의 관리를 위하여 관계 행정기관이나 그 밖에 필요한 기관에 필요한 자료를 요청할 수 있다. 이 경우 관계 행정기관 등은 특별한 사유가 없으면 요청에 따라야 한다.

③ 제1항 및 제2항에 따른 정보의 관리·제공 및 자료요청은 「개인정보 보호법」에 따라야 한다.

제25조(부동산정보체계의 구축·운영) 국토교통부장관은 효율적인 정보의 관리 및 국민편의 증진을 위하여 대통령령으로 정하는 바에 따라 부동산거래의 계약·신고·허가·관리 등의 업무와 관련된 정보체계를 구축·운영할 수 있다.

제5장의2 보칙 <신설 2016. 12. 2.>

제25조의2(신고포상금의 지급) ① 시장·군수 또는 구청장은 다음 각 호의 어느 하나에 해당하는 자를 관계 행정기관이나 수사기관에 신고하거나 고발한 자에게 예산의 범위에서 포상금을 지급할 수 있다.

1. 제3조제1항부터 제3항까지 또는 제4조제2호를 위반하여 부동산등의 실제 거래가격을 거짓으로 신고한 자
2. 제11조제1항에 따른 허가 또는 변경허가를 받지 아니하고 토지거래계약을 체결한 자 또는 거짓이나 그 밖의 부정한 방법으로 토지거래계약허가를 받은 자
3. 토지거래계약허가를 받아 취득한 토지에 대하여 제17조제1항을 위반하여 허가받은 목적대로 이용하지 아니한 자

② 제1항에 따른 포상금의 지급에 드는 비용은 시·군이나 구의 재원으로 충당한다.

③ 제1항에 따른 포상금 지급의 대상·기준·방법 및 절차 등에 관한 구체적인 사항은 대통령령으로 정한다.

[본조신설 2016. 12. 2.]

제25조의3(권한 등의 위임 및 위탁) ① 이 법에 따른 국토교통부장관의 권한은 그 일부를 대통령령으로 정하는 바에 따라 시·도지사, 시장·군수 또는 구청장에게 위임할 수 있다.

② 국토교통부장관은 제5조의 부동산거래가격 검증체계 구축·운영 및 제25조의 부동산정보체계의 구축·운영 업무를 대통령령으로 정하는 바에 따라 부동산시장 관련 전문성이 있는 공공기관에 위탁할 수 있다.

[본조신설 2016. 12. 2.]

제6장 벌칙

제26조(벌칙) ① 제9조제1항에 따른 허가를 받지 아니하고 토지취득계약을 체결하거나 부정한 방법으로 허가를 받아 토지취득계약을 체결한 외국인등은 2년 이하의 징역 또는 2천만원 이하의 벌금에 처한다.

② 제11조제1항에 따른 허가 또는 변경허가를 받지 아니하고 토지거래계약을 체결하거나, 속임수나 그 밖의 부정한 방법으로 토지거래계약 허가를 받은 자는 2년 이하의 징역 또는 계약 체결 당시의 개별공시지가에 따른 해당 토지가격의 100분의 30에 해당하는 금액 이하의 벌금에 처한다.

③ 제21조에 따른 허가 취소, 처분 또는 조치명령을 위반한 자는 1년 이하의 징역 또는 1천만원 이하의 벌금에 처한다.

제27조(양벌규정) 법인의 대표자나 법인 또는 개인의 대리인, 사용인, 그 밖의 종업원이 그 법인 또는 개인의 업무에 관하여 제26조의 위반행위를 하면 그 행위자를 벌하는 외에 그 법인 또는 개인에게도 해당 조문의 벌금형을 과(科)한다. 다만, 법인 또는 개인이 그 위반행위를 방지하기 위하여 해당 업무에 관하여 상당한 주의와 감독을 게을리하지 아니한 경우에는 그러하지 아니하다.

제28조(과태료) ① 제6조를 위반하여 거래대금 지급을 증명할 수 있는 자료를 제출하지 아니하거나 거짓으로 제출한 자 또는 그 밖의 필요한 조치를 이행하지 아니한 자에게는 3천만원 이하의 과태료를 부과한다.

② 다음 각 호의 어느 하나에 해당하는 자에게는 500만원 이하의 과태료를 부과한다.

1. 제3조제1항, 제2항 또는 제3항을 위반하여 같은 항에 따른 신고를 하지 아니한 자(공동신고를 거부한 자를 포함한다)
2. 제4조제1호를 위반하여 개업공인중개사에게 제3조에 따른 신고를 하지 아니하게 하거나 거짓으로 신고하도록 요구한 자
3. 제4조제3호를 위반하여 거짓으로 제3조에 따른 신고를 하는 행위를 조장하거나 방조한 자

4. 제6조를 위반하여 거래대금 지급을 증명할 수 있는 자료 외의 자료를 제출하지 아니하거나 거짓으로 제출한 자

③ 제3조제1항·제2항·제3항 또는 제4조제2호를 위반하여 그 신고를 거짓으로 한 자에게는 해당 부동산등의 취득가액의 100분의 5 이하에 상당하는 금액의 과태료를 부과한다.

④ 제8조제1항에 따른 신고를 하지 아니하거나 거짓으로 신고한 자에게는 300만원 이하의 과태료를 부과한다.

⑤ 다음 각 호의 어느 하나에 해당하는 자에게는 100만원 이하의 과태료를 부과한다.

1. 제8조제2항에 따른 취득의 신고를 하지 아니하거나 거짓으로 신고한 자
2. 제8조제3항에 따른 토지의 계속보유 신고를 하지 아니하거나 거짓으로 신고한 자

⑥ 제1항부터 제5항까지에 따른 과태료는 대통령령으로 정하는 바에 따라 신고관청이 부과·징수한다. 이 경우 개업공인중개사에게 과태료를 부과한 신고관청은 부과일부터 10일 이내에 해당 개업공인중개사의 중개사무소(법인의 경우에는 주된 중개사무소를 말한다)를 관할하는 시장·군수 또는 구청장에 과태료 부과 사실을 통보하여야 한다.

제29조(자진 신고자에 대한 감면 등) 신고관청은 제28조제2항제1호부터 제3호까지 및 제3항부터 제5항까지의 어느 하나에 따른 위반사실을 자진 신고한 자에 대하여 대통령령으로 정하는 바에 따라 같은 규정에 따른 과태료를 감경 또는 면제할 수 있다.

부칙 <제14569호, 2017. 2. 8.> (빈집 및 소규모주택 정비에 관한 특례법)

제1조(시행일) 이 법은 공포 후 1년이 경과한 날부터 시행한다.

제2조부터 **제9조**까지 생략

부동산 거래신고 등에 관한 법률 시행령

[시행 2019. 4. 2] [대통령령 제29677호, 2019. 4. 2, 타법개정]

제1장 총칙

제1조(목적) 이 영은 「부동산 거래신고 등에 관한 법률」에서 위임된 사항과 그 시행에 필요한 사항을 규정함을 목적으로 한다.

제2조(외국인등에 해당하는 국제기구) 「부동산 거래신고 등에 관한 법률」(이하 "법"이라 한다) 제2조제4호사목에서 "대통령령으로 정하는 국제기구"란 다음 각 호의 어느 하나에 해당하는 기구를 말한다.

1. 국제연합과 그 산하기구·전문기구
2. 정부간 기구
3. 준정부간 기구
4. 비정부간 국제기구

제2장 부동산 거래의 신고

제3조(부동산 거래의 신고) ① 법 제3조제1항 각 호 외의 부분 본문에서 "그 실제 거래가격 등 대통령령으로 정하는 사항"이란 다음 각 호의 사항을 말한다. 다만, 제5호의2 및 제5호의3은 「주택법」 제63조에 따라 지정된 투기과열지구에 소재하는 주택(「주택법」 제2조제1호의 주택을 말한다. 이하 이 조에서 같다)으로서 실제 거래가격이 3억원 이상인 주택의 거래계약을 체결한 경우(거래당사자 중 매수인이 법 제3조제1항 단서에 따른 국가등인 경우는 제외한다)에만 적용한다. <개정 2017. 9. 26.>

1. 거래당사자의 인적사항
2. 계약 체결일, 중도금 지급일 및 잔금 지급일
3. 거래대상 부동산등(부동산을 취득할 수 있는 권리에 관한 계약의 경우에는 그 권리의 대상인 부동산을 말한다)의 소재지·지번·지목 및 면적
4. 거래대상 부동산등의 종류(부동산을 취득할 수 있는 권리에 관한 계약의 경우에는 그 권리의 종류를 말한다)
5. 실제 거래가격

5의2. 거래대상 주택의 취득에 필요한 자금의 조달계획

5의3. 거래대상 주택에 매수자 본인이 입주할지 여부와 입주 예정 시기

6. 계약의 조건이나 기한이 있는 경우에는 그 조건 또는 기한

7. 「공인중개사법」 제2조제4호에 따른 개업공인중개사(이하 "개업공인중개사"라 한다)가 거래계약서를 작성·교부한 경우에는 다음 각 목의 사항

가. 개업공인중개사의 인적사항

나. 개업공인중개사가 「공인중개사법」 제9조에 따라 개설등록한 중개사무소의 상호·전화번호 및 소재지

② 법 제3조제1항 각 호 외의 부분 단서에서 "대통령령으로 정하는 자"란 다음 각 호의 기관을 말한다.

1. 「공공기관의 운영에 관한 법률」에 따른 공공기관

2. 「지방공기업법」에 따른 지방직영기업·지방공사 또는 지방공단

③ 법 제3조제1항제2호에서 "「택지개발촉진법」, 「주택법」 등 대통령령으로 정하는 법률"이란 다음 각 호의 법률을 말한다. <개정 2018. 2. 9.>

1. 「건축물의 분양에 관한 법률」

2. 「공공주택 특별법」

3. 「도시개발법」

4. 「도시 및 주거환경정비법」

4의2. 「빈집 및 소규모주택 정비에 관한 특례법」

5. 「산업입지 및 개발에 관한 법률」

6. 「주택법」

7. 「택지개발촉진법」

④ 법 제3조제1항에 따른 신고관청(이하 "신고관청"이라 한다)은 같은 조에 따라 외국인등이 부동산등의 취득을 신고한 내용을 매 분기 종료일부터 1개월 이내에 특별시장·광역시장·도지사 또는 특별자치도지사에게 제출(「전자서명법」 제2조제1호에 따른 전자문서에 의한 제출을 포함한다)하여야 한다. 다만, 특별자치시장은 직접 국토교통부장관에게 제출하여야 한다.

⑤ 제4항 본문에 따라 신고내용을 제출받은 특별시장·광역시장·도지사 또는 특별자치도지사는 제출받은 날부터 1개월 이내에 그 내용을 국토교통부장관에게 제출하여야 한다.

제4조(부동산거래가격 검증체계의 구축·운영) 국토교통부장관은 법 제5조제1항에 따른 부동산거래가격 검증체계(이하 "검증체계"라 한다)의 구축·운영을 위하여 다음 각 호의 사항에 관한 자료를 제출할 것을 신고관청에 요구할 수 있다.

1. 법 제5조제2항에 따른 신고가격의 적정성 검증결과

2. 법 제6조에 따른 신고내용의 조사결과

3. 그 밖에 검증체계의 구축·운영을 위하여 필요한 사항

제3장 외국인등의 부동산 취득 등에 관한 특례

제5조(외국인등의 부동산 취득 신고 등) ① 법 제8조에 따라 부동산등의 취득 또는 계속보유에 관한 신고를 하려는 외국인등은 신고서에 국토교통부령으로 정하는 서류를 첨부하여 신고관청에 제출하여야 한다.

② 법 제8조제2항에서 "대통령령으로 정하는 계약 외의 원인"이란 다음 각 호의 어느 하나에 해당하는 사유를 말한다.

1. 「공익사업을 위한 토지 등의 취득 및 보상에 관한 법률」 및 그 밖의 법률에 따른 환매권의 행사
2. 법원의 확정판결
3. 법인의 합병

③ 신고관청은 법 제8조에 따른 신고내용을 매 분기 종료일부터 1개월 이내에 특별시장·광역시장·도지사 또는 특별자치도지사에게 제출(「전자서명법」 제2조제1호에 따른 전자문서에 의한 제출을 포함한다)하여야 한다. 다만, 특별자치시장은 직접 국토교통부장관에게 제출하여야 한다.

④ 제3항 본문에 따라 신고내용을 제출받은 특별시장·광역시장·도지사 또는 특별자치도지사는 제출받은 날부터 1개월 이내에 그 내용을 국토교통부장관에게 제출하여야 한다.

제6조(외국인등의 토지거래 허가) ① 법 제9조제1항에 따라 토지취득의 허가를 받으려는 외국인등은 신청서에 국토교통부령으로 정하는 서류를 첨부하여 신고관청에 제출하여야 한다.

② 법 제9조제1항제1호에서 "대통령령으로 정하는 지역"이란 국방목적상 필요한 섬 지역으로서 국토교통부장관이 국방부장관 등 관계 중앙행정기관의 장과 협의하여 고시하는 지역을 말한다.

③ 제1항에 따른 신청서를 받은 신고관청은 신청서를 받은 날부터 15일 이내에 허가 또는 불허가 처분을 하여야 한다.

④ 신고관청은 법 제9조에 따른 허가내용을 매 분기 종료일부터 1개월 이내에 특별시장·광역시장·도지사 또는 특별자치도지사에게 제출(「전자서명법」 제2조제1호에 따른 전자문서에 의한 제출을 포함한다)하여야 한다. 다만, 특별자치시장은 직접 국토교통부장관에게 제출하여야 한다.

⑤ 제4항 본문에 따라 허가내용을 제출받은 특별시장·광역시장·도지사 또는 특별자치도지사는 제출받은 날부터 1개월 이내에 그 내용을 국토교통부장관에게 제출하여야 한다.

제4장 토지거래허가구역 등

제7조(허가구역의 지정) ① 법 제10조제1항 각 호 외의 부분에서 "대통령령으로 정하는 지역"이란 다음 각 호의 어느 하나에 해당하는 지역을 말한다.

1. 「국토의 계획 및 이용에 관한 법률」에 따른 광역도시계획, 도시·군기본계획, 도시·군관리계획 등 토지이용계획이 새로 수립되거나 변경되는 지역
2. 법령의 제정·개정 또는 폐지나 그에 따른 고시·공고로 인하여 토지이용에 대한 행위제한이 완화되거나 해제되는 지역
3. 법령에 따른 개발사업이 진행 중이거나 예정되어 있는 지역과 그 인근지역
4. 그 밖에 국토교통부장관 또는 특별시장·광역시장·특별자치시장·도지사·특별자치도지사(이하 "시·도지사"라 한다)가 투기우려가 있다고 인정하는 지역 또는 관계행정기관의 장이 특별히 투기가 성행할 우려가 있다고 인정하여 국토교통부장관 또는 시·도지사에게 요청하는 지역

② 법 제10조제1항제2호 단서에서 "투기적인 거래가 성행하거나 지가가 급격히 상승하는 지역과 그러한 우려가 있는 지역 등 대통령령으로 정하는 경우"란 다음 각 호의 요건을 모두 충족하는 경우를 말한다.

1. 국가 또는 「공공기관의 운영에 관한 법률」에 따른 공공기관이 관련 법령에 따른 개발사업을 시행하는 경우일 것
2. 해당 지역의 지가변동률 등이 인근지역 또는 전국 평균에 비하여 급격히 상승하거나 상승할 우려가 있는 경우일 것

③ 법 제10조제3항에서 "대통령령으로 정하는 사항"이란 다음 각 호의 사항을 말한다.

1. 법 제10조제1항에 따른 토지거래계약에 관한 허가구역(이하 "허가구역"이라 한다)의 지정기간
2. 허가구역 내 토지의 소재지·지번·지목·면적 및 용도지역(「국토의 계획 및 이용에 관한 법률」 제36조에 따른 용도지역을 말한다. 이하 같다)
3. 허가구역에 대한 축척 5만분의 1 또는 2만5천분의 1의 지형도
4. 제9조제1항에 따른 허가 면제 대상 토지면적

제8조(토지거래계약의 허가절차) ① 법 제11조제1항 전단에 따른 토지거래계약(이하 "토지거래계약"이라 한다)의 허가를 받으려는 자는 공동으로 다음 각 호의 사항을 기재한 신청서에 국토교통부령으로 정하는 서류를 첨부하여 허가관청(법 제11조제1항에 따른 허가권자를 말한다. 이하 같다)에 제출하여야 한다.

1. 당사자의 성명 및 주소(법인인 경우에는 법인의 명칭 및 소재지와 대표자의 성명 및 주소)
2. 토지의 지번·지목·면적·이용현황 및 권리설정현황
3. 토지의 정착물인 건축물·공작물 및 입목 등에 관한 사항

4. 이전 또는 설정하려는 권리의 종류
5. 계약예정금액
6. 토지의 이용에 관한 계획
7. 토지를 취득(토지에 관한 소유권·지상권 또는 소유권·지상권의 취득을 목적으로 하는 권리를 이전하거나 설정하는 것을 말한다. 이하 같다)하는 데 필요한 자금조달계획

② 법 제11조제1항 후단에 따른 토지거래계약 변경허가를 받으려는 자는 공동으로 다음 각 호의 사항을 기재한 신청서에 국토교통부령으로 정하는 서류를 첨부하여 허가관청에 제출하여야 한다.

1. 제1항제1호부터 제3호까지의 사항
2. 토지거래계약 허가번호
3. 변경내용
4. 변경사유

③ 제1항 또는 제2항에 따른 신청서를 받은 허가관청은 지체 없이 필요한 조사를 하고 신청서를 받은 날부터 15일 이내에 허가·변경허가 또는 불허가 처분을 하여야 한다.

제9조(토지거래계약허가 면제 대상 토지면적 등) ① 법 제11조제2항에서 "대통령령으로 정하는 용도별 면적"이란 다음 각 호의 구분에 따른 면적을 말한다. 다만, 국토교통부장관 또는 시·도지사가 허가구역을 지정할 당시 해당 지역에서의 거래실태 등을 고려하여 다음 각 호의 면적으로 하는 것이 타당하지 아니하다고 인정하여 해당 기준면적의 10퍼센트 이상 300퍼센트 이하의 범위에서 따로 정하여 공고한 경우에는 그에 따른다.

1. 「국토의 계획 및 이용에 관한 법률」 제36조제1항제1호에 따른 도시지역(이하 "도시지역"이라 한다): 다음 각 목의 세부 용도지역별 구분에 따른 면적
   가. 주거지역: 180제곱미터
   나. 상업지역: 200제곱미터
   다. 공업지역: 660제곱미터
   라. 녹지지역: 100제곱미터
   마. 가목부터 라목까지의 구분에 따른 용도지역의 지정이 없는 구역: 90제곱미터
2. 도시지역 외의 지역: 250제곱미터. 다만, 농지(「농지법」 제2조제1호에 따른 농지를 말한다. 이하 같다)의 경우에는 500제곱미터로 하고, 임야의 경우에는 1천제곱미터로 한다.

② 제1항에 따른 면적을 산정할 때 일단(一團)의 토지이용을 위하여 토지거래계약을 체결한 날부터 1년 이내에 일단의 토지 일부에 대하여 토지거래계약을 체결한

경우에는 그 일단의 토지 전체에 대한 거래로 본다.

③ 허가구역 지정 당시 제1항에 따른 면적을 초과하는 토지가 허가구역 지정 후에 분할(「국토의 계획 및 이용에 관한 법률」에 따른 도시·군계획사업의 시행 등 공공목적으로 인한 분할은 제외한다)로 제1항에 따른 면적 이하가 된 경우 분할된 해당 토지에 대한 분할 후 최초의 토지거래계약은 제1항에 따른 면적을 초과하는 토지거래계약으로 본다. 허가구역 지정 후 해당 토지가 공유지분으로 거래되는 경우에도 또한 같다.

제10조(허가기준) ① 법 제12조제1호다목에서 "대통령령으로 정하는 자"란 다음 각 호의 어느 하나에 해당하는 자를 말한다.

1. 다음 각 목의 어느 하나에 해당하는 사람(이하 "농업인등"이라 한다)으로서 본인이 거주하는 특별시·광역시(광역시의 관할구역에 있는 군은 제외한다)·특별자치시·특별자치도·시 또는 군(광역시의 관할구역에 있는 군을 포함한다)에 소재하는 토지를 취득하려는 사람
   가. 「농업·농촌 및 식품산업 기본법」 제3조제2호에 따른 농업인
   나. 「수산업·어촌 발전 기본법」 제3조제3호에 따른 어업인
   다. 「임업 및 산촌 진흥촉진에 관한 법률」 제2조제2호에 따른 임업인
2. 농업인등으로서 본인이 거주하는 주소지로부터 30킬로미터 이내에 소재하는 토지를 취득하려는 사람
3. 다음 각 목의 어느 하나에 해당하는 농업인등으로서 협의양도하거나 수용된 날부터 3년 이내에 협의양도하거나 수용된 농지를 대체하기 위하여 본인이 거주하는 주소지로부터 80킬로미터 안에 소재하는 농지[행정기관의 장이 관계 법령에서 정하는 바에 따라 구체적인 대상을 정하여 대체농지의 취득을 알선하는 경우를 제외하고는 종전의 토지가액(「부동산 가격공시에 관한 법률」에 따른 개별공시지가를 기준으로 하는 가액을 말한다. 이하 같다) 이하인 농지로 한정한다]를 취득하려는 사람
   가. 「공익사업을 위한 토지 등의 취득 및 보상에 관한 법률」 또는 그 밖의 법령에 따라 공익사업용으로 농지를 협의양도하거나 농지가 수용된 사람(실제 경작자로 한정한다)
   나. 가목에 해당하는 농지를 임차하거나 사용차(使用借)하여 경작하던 사람으로서 「공익사업을 위한 토지 등의 취득 및 보상에 관한 법률」에 따른 농업의 손실에 대한 보상을 받은 사람
4. 제1호부터 제3호까지에 해당하지 아니하는 자로서 그 밖에 거주지·거주기간 등에 관하여 국토교통부령으로 정하는 요건을 갖춘 자

② 법 제12조제1호사목에서 "대통령령으로 정하는 용도에 이용하려는 경우"란 다음

각 호의 어느 하나에 해당하는 경우를 말한다.

1. 「공익사업을 위한 토지 등의 취득 및 보상에 관한 법률」 또는 그 밖의 법령에 따라 농지 외의 토지를 공익사업용으로 협의양도하거나 수용된 사람이 그 협의양도하거나 수용된 날부터 3년 이내에 그 허가구역에서 협의양도하거나 수용된 토지에 대체되는 토지(종전의 토지가액 이하인 토지로 한정한다)를 취득하려는 경우
2. 관계 법령에 따라 개발·이용행위가 제한되거나 금지된 토지로서 국토교통부령으로 정하는 토지에 대하여 현상 보존의 목적으로 토지를 취득하려는 경우
3. 「민간임대주택에 관한 특별법」 제2조제7호에 따른 임대사업자 등 관계 법령에 따라 임대사업을 할 수 있는 자가 임대사업을 위하여 건축물과 그에 딸린 토지를 취득하려는 경우

제11조(국가 등의 토지거래계약에 관한 특례) ① 법 제14조제1항에서 "대통령령으로 정하는 공공기관 또는 공공단체"란 다음 각 호의 기관 또는 단체를 말한다. <개정 2019. 4. 2.>

1. 「한국농수산식품유통공사법」에 따른 한국농수산식품유통공사
2. 「대한석탄공사법」에 따른 대한석탄공사
3. 「한국토지주택공사법」에 따른 한국토지주택공사
4. 「한국관광공사법」에 따른 한국관광공사
5. 「한국농어촌공사 및 농지관리기금법」에 따른 한국농어촌공사
6. 「한국도로공사법」에 따른 한국도로공사
7. 「한국석유공사법」에 따른 한국석유공사
8. 「한국수자원공사법」에 따른 한국수자원공사
9. 「한국전력공사법」에 따른 한국전력공사
10. 「한국철도공사법」에 따른 한국철도공사
11. 「산림조합법」에 따른 산림조합 및 산림조합중앙회
12. 「농업협동조합법」에 따른 농업협동조합·축산업협동조합 및 농업협동조합중앙회
13. 「수산업협동조합법」에 따른 수산업협동조합 및 수산업협동조합중앙회
14. 「중소기업진흥에 관한 법률」에 따른 중소벤처기업진흥공단
15. 「한국은행법」에 따른 한국은행
16. 「지방공기업법」에 따른 지방공사와 지방공단
17. 「공무원연금법」에 따른 공무원연금공단
18. 「인천국제공항공사법」에 따른 인천국제공항공사
19. 「국민연금법」에 따른 국민연금공단
20. 「사립학교교직원 연금법」에 따른 사립학교교직원연금공단
21. 「금융회사부실자산 등의 효율적 처리 및 한국자산관리공사의 설립에 관한 법

률」에 따른 한국자산관리공사(이하 "한국자산관리공사"라 한다)

22. 「항만공사법」에 따른 항만공사

② 「국유재산법」 제2조제10호에 따른 총괄청 또는 같은 조 제11호에 따른 중앙관서의 장등이 같은 법 제9조에 따른 국유재산종합계획에 따라 국유재산을 취득하거나 처분하는 경우로서 법 제12조에 따른 허가기준에 적합하게 취득하거나 처분한 후 허가관청에 그 내용을 통보한 때에는 법 제14조제1항에 따른 협의가 성립된 것으로 본다.

③ 법 제14조제2항제3호에서 "대통령령으로 정하는 경우"란 다음 각 호의 어느 하나에 해당하는 경우를 말한다. <개정 2018. 2. 9., 2018. 2. 27.>

1. 「공익사업을 위한 토지 등의 취득 및 보상에 관한 법률」에 따라 토지를 협의취득·사용하거나 환매하는 경우
2. 「국유재산법」 제9조에 따른 국유재산종합계획에 따라 국유재산을 일반경쟁입찰로 처분하는 경우
3. 「공유재산 및 물품 관리법」 제10조에 따른 공유재산의 관리계획에 따라 공유재산을 일반경쟁입찰로 처분하는 경우
4. 「도시 및 주거환경정비법」 제74조에 따른 관리처분계획 또는 「빈집 및 소규모주택 정비에 관한 특례법」 제29조에 따른 사업시행계획에 따라 분양하거나 보류지 등을 매각하는 경우
5. 「도시개발법」 제26조에 따른 조성토지등의 공급계획에 따라 토지를 공급하는 경우, 같은 법 제35조에 따라 환지 예정지로 지정된 종전 토지를 처분하는 경우, 같은 법 제40조에 따른 환지처분을 하는 경우 또는 같은 법 제44조에 따라 체비지 등을 매각하는 경우
6. 「주택법」 제15조에 따른 사업계획의 승인을 받아 조성한 대지를 공급하는 경우 또는 같은 법 제54조에 따라 주택(부대시설 및 복리시설을 포함하며, 주택과 주택 외의 시설을 동일 건축물로 건축하여 공급하는 경우에는 그 주택 외의 시설을 포함한다)을 공급하는 경우
7. 「택지개발촉진법」 제18조에 따라 택지를 공급하는 경우
8. 「산업입지 및 개발에 관한 법률」 제2조제9호에 따른 산업단지개발사업 또는 같은 조 제12호에 따른 준산업단지를 개발하기 위한 사업으로 조성된 토지를 같은 법 제16조에 따른 사업시행자(같은 법 제38조에 따라 사업시행자로부터 분양에 관한 업무를 위탁받은 산업단지관리공단을 포함한다)가 분양하는 경우
9. 「농어촌정비법」 제25조 또는 제26조에 따른 환지계획에 따라 환지처분을 하는 경우 또는 같은 법 제43조에 따라 농지 등의 교환·분할·합병을 하는 경우
10. 「농어촌정비법」에 따른 사업시행자가 농어촌정비사업을 시행하기 위하여 농지를 매입하는 경우

11. 「상법」 제3편제4장제10절·제11절, 「채무자 회생 및 파산에 관한 법률」의 절차에 따라 법원의 허가를 받아 권리를 이전하거나 설정하는 경우
12. 국세 및 지방세의 체납처분 또는 강제집행을 하는 경우
13. 국가 또는 지방자치단체가 법령에 따라 비상재해시 필요한 응급조치를 위하여 권리를 이전하거나 설정하는 경우
14. 「한국농어촌공사 및 농지관리기금법」에 따라 한국농어촌공사가 농지의 매매·교환 및 분할을 하는 경우
15. 법 제9조에 따라 외국인등이 토지취득의 허가를 받은 경우
16. 한국자산관리공사가 「금융회사부실자산 등의 효율적 처리 및 한국자산관리공사의 설립에 관한 법률」 제4조 또는 제5조에 따라 토지를 취득하거나 경쟁입찰을 거쳐서 매각하는 경우 또는 한국자산관리공사에 매각이 의뢰되어 3회 이상 공매하였으나 유찰된 토지를 매각하는 경우
17. 「국토의 계획 및 이용에 관한 법률」 제47조 또는 「개발제한구역의 지정 및 관리에 관한 특별조치법」 제17조에 따라 매수청구된 토지를 취득하는 경우
18. 「신행정수도 후속대책을 위한 연기·공주지역 행정중심복합도시 건설을 위한 특별법」, 「혁신도시 조성 및 발전에 관한 특별법」 또는 「기업도시개발 특별법」에 따라 조성된 택지 또는 주택을 공급하는 경우
19. 「건축물의 분양에 관한 법률」에 따라 건축물을 분양하는 경우
20. 「산업집적활성화 및 공장설립에 관한 법률」 제28조의4에 따라 지식산업센터를 분양하는 경우
21. 법령에 따라 조세·부담금 등을 토지로 물납하는 경우

제12조(선매) ① 법 제15조제1항 각 호 외의 부분에서 "대통령령으로 정하는 공공기관 또는 공공단체"란 제11조제1항제1호부터 제10호까지의 기관 또는 단체를 말한다.

② 법 제15조제1항에 따라 선매자(先買者)로 지정된 자는 같은 조 제2항에 따른 지정 통지를 받은 날부터 15일 이내에 매수가격 등 선매조건을 기재한 서면을 토지소유자에게 통지하여 선매협의를 하여야 하며, 지정 통지를 받은 날부터 1개월 이내에 국토교통부령으로 정하는 바에 따라 선매협의조서를 허가관청에 제출하여야 한다.

제13조(토지에 관한 매수청구) ① 법 제16조제1항에 따라 토지의 매수청구를 하려는 자는 다음 각 호의 사항을 기재한 청구서를 허가관청에 제출하여야 한다.

1. 토지에 관한 권리의 종류 및 내용
2. 토지의 면적
3. 그 밖에 국토교통부령으로 정하는 사항

② 법 제16조제2항에서 "대통령령으로 정하는 공공기관 또는 공공단체"란 제11조제1항제1호부터 제10호까지의 기관 또는 단체를 말한다.

제14조(토지 이용에 관한 의무 등) ① 법 제17조제1항에서 "대통령령으로 정하는 사유가 있는 경우"란 다음 각 호의 어느 하나에 해당하는 경우를 말한다.

1. 토지를 취득한 후 「국토의 계획 및 이용에 관한 법률」 또는 관계 법령에 따라 용도지역 등 토지의 이용 및 관리에 관한 계획이 변경됨으로써 「국토의 계획 및 이용에 관한 법률」 또는 관계 법령에 따른 행위제한으로 인하여 당초의 목적대로 이용할 수 없게 된 경우
2. 토지를 이용하기 위하여 관계 법령에 따른 허가·인가 등을 신청하였으나 국가 또는 지방자치단체가 국토교통부령으로 정하는 사유로 일정 기간 허가·인가 등을 제한하는 경우로서 그 제한기간 내에 있는 경우
3. 법 제12조에 따른 허가기준에 맞게 당초의 이용목적을 변경하는 경우로서 허가관청의 승인을 받은 경우
4. 다른 법률에 따른 행위허가를 받아 법 제12조에 따른 허가기준에 맞게 당초의 이용목적을 변경하는 경우로서 해당 행위의 허가권자가 이용목적 변경에 관하여 허가관청과 협의를 한 경우
5. 「해외이주법」 제6조에 따라 이주하는 경우
6. 「병역법」 제18조에 따라 복무하는 경우
7. 「자연재해대책법」 제2조제1호에 따른 재해로 인하여 허가받은 목적대로 이행하는 것이 불가능한 경우
8. 공익사업의 시행 등 토지거래계약허가를 받은 자에게 책임 없는 사유로 허가받은 목적대로 이용하는 것이 불가능한 경우
9. 다음 각 목의 건축물을 취득하여 실제로 이용하는 자가 해당 건축물의 일부를 임대하는 경우
   가. 「건축법 시행령」 별표 1 제1호의 단독주택[다중주택 및 공관(公館)은 제외한다]
   나. 「건축법 시행령」 별표 1 제2호의 공동주택(기숙사는 제외한다)
   다. 「건축법 시행령」 별표 1 제3호의 제1종 근린생활시설
   라. 「건축법 시행령」 별표 1 제4호의 제2종 근린생활시설
10. 「산업집적활성화 및 공장설립에 관한 법률」 제2조제1호에 따른 공장을 취득하여 실제로 이용하는 자가 해당 공장의 일부를 임대하는 경우
11. 그 밖에 토지거래계약허가를 받은 자가 불가피한 사유로 허가받은 목적대로 이용하는 것이 불가능하다고 「국토의 계획 및 이용에 관한 법률」 제113조제2항에 따른 시·군·구도시계획위원회에서 인정한 경우

② 법 제17조제1항에서 "대통령령으로 정하는 기간"이란 다음 각 호의 구분에 따른 기간을 말한다.

1. 법 제12조제1호가목부터 다목까지의 목적으로 허가를 받은 경우: 토지 취득일부

터 2년

2. 법 제12조제1호라목부터 바목까지의 목적으로 허가를 받은 경우: 토지 취득일부터 4년. 다만, 분양을 목적으로 허가를 받은 토지로서 개발에 착수한 후 토지 취득일부터 4년 이내에 분양을 완료한 경우에는 분양을 완료한 때에 4년이 지난 것으로 본다.
3. 제10조제2항제1호에 따라 대체토지를 취득하기 위하여 허가를 받은 경우: 토지 취득일부터 2년
4. 제10조제2항제2호에 따라 현상보존의 목적으로 토지를 취득하기 위하여 허가를 받은 경우: 토지 취득일부터 5년
5. 제1호부터 제4호까지의 경우 외의 경우: 토지 취득일부터 5년

제15조 삭제 <2017. 5. 29.>

제16조(이행강제금의 부과) ① 법 제18조제1항 본문에 따른 이행명령은 문서로 하여야 하며, 이행기간은 3개월 이내로 정하여야 한다.

② 법 제18조제1항 단서에서 "대통령령으로 정하는 사유"란 「농지법」 제10조제1항제1호부터 제4호까지 어느 하나를 위반하여 같은 법 제62조에 따른 이행강제금을 부과한 경우를 말한다.

③ 법 제18조제2항에서 "대통령령으로 정하는 금액"이란 다음 각 호의 구분에 따른 금액을 말한다.

1. 토지거래계약허가를 받아 토지를 취득한 자가 당초의 목적대로 이용하지 아니하고 방치한 경우: 토지 취득가액의 100분의 10에 상당하는 금액
2. 토지거래계약허가를 받아 토지를 취득한 자가 직접 이용하지 아니하고 임대한 경우: 토지 취득가액의 100분의 7에 상당하는 금액
3. 토지거래계약허가를 받아 토지를 취득한 자가 제14조제1항제3호에 따른 허가관청의 승인 없이 당초의 이용목적을 변경하여 이용하는 경우: 토지 취득가액의 100분의 5에 상당하는 금액
4. 제1호부터 제3호까지에 해당하지 아니하는 경우: 토지 취득가액의 100분의 7에 상당하는 금액

④ 제3항 각 호에 따른 토지 취득가액은 실제 거래가격으로 한다. 다만, 실제 거래가격이 확인되지 아니하는 경우에는 취득 당시를 기준으로 가장 최근에 발표된 개별공시지가(「부동산 가격공시에 관한 법률」에 따른 개별공시지가를 말한다)를 기준으로 산정한다.

⑤ 허가관청은 법 제18조제2항에 따른 이행강제금을 부과하기 전에 이행기간 내에 이행명령을 이행하지 아니하면 이행강제금을 부과·징수한다는 뜻을 미리 문서로 계고(戒告)하여야 한다.

⑥ 법 제18조제2항에 따른 이행강제금을 부과하는 경우에는 이행강제금의 금액·부과사유·납부기한 및 수납기관, 이의제기방법 및 이의제기기관 등을 명시한 문서로 하여야 한다.

⑦ 제6항에 따른 이행강제금 부과처분을 받은 자는 법 제18조제6항에 따라 이의를 제기하려는 경우에는 부과처분을 고지받은 날부터 30일 이내에 하여야 한다.

제17조(지가동향조사 등) ① 국토교통부장관은 법 제19조에 따라 연 1회 이상 전국의 지가변동률을 조사하여야 한다.

② 국토교통부장관은 필요한 경우에는 「한국감정원법」에 따른 한국감정원의 원장으로 하여금 매월 1회 이상 지가동향, 토지거래상황 및 그 밖에 필요한 자료를 제출하게 할 수 있다. 이 경우 실비의 범위에서 그 소요 비용을 지원하여야 한다.

③ 시·도지사는 관할구역의 지가동향 및 토지거래상황을 국토교통부령으로 정하는 바에 따라 조사하여야 하며, 그 결과 허가구역을 지정·축소하거나 해제할 필요가 있다고 인정하는 경우에는 국토교통부장관에게 그 구역의 지정·축소 또는 해제를 요청할 수 있다.

④ 국토교통부장관은 필요한 경우에는 행정자치부장관에게 「공간정보의 구축 및 관리 등에 관한 법률 」제70조제2항에 따른 자료의 제공을 요청할 수 있다. 이 경우 행정자치부장관은 특별한 사유가 없으면 요청에 따라야 한다.

제5장 부동산 정보 관리 등

제18조(고유식별정보의 처리) 국토교통부장관, 신고관청 및 허가관청은 다음 각 호의 사무를 수행하기 위하여 불가피한 경우 「개인정보 보호법 시행령」 제19조제1호·제2호 또는 제4호에 따른 주민등록번호, 여권번호 또는 외국인등록번호가 포함된 자료를 처리할 수 있다

1. 법 제3조에 따른 부동산 거래신고
2. 법 제5조에 따른 신고내용의 검증
3. 법 제6조에 따른 신고내용의 조사 등
4. 법 제8조에 따른 외국인등의 부동산 취득·보유 신고
5. 법 제9조에 따른 외국인등의 토지거래 허가
6. 법 제11조에 따른 허가구역 내 토지거래에 대한 허가
7. 법 제25조에 따른 부동산정보체계 운영

제19조(부동산정보체계의 구축·운영) ① 국토교통부장관은 법 제25조에 따라 효율적인 정보의 관리 및 국민편의 증진을 위하여 다음 각 호의 정보를 관리할 수 있는 정보체계를 구축·운영할 수 있다.

1. 법 제3조에 따른 부동산거래 신고 정보
2. 검증체계 관련 정보
3. 법 제8조에 따른 외국인등의 부동산 취득·보유 신고 자료 및 관련 정보
4. 토지거래계약의 허가 관련 정보
5. 「부동산등기 특별조치법」 제3조에 따른 검인 관련 정보
6. 부동산 거래계약 등 부동산거래 관련 정보

② 국토교통부장관은 정보체계에 구축되어 있는 정보를 수요자에게 제공할 수 있다. 이 경우 정보체계 운영을 위하여 불가피한 사유가 있거나 개인정보의 보호를 위하여 필요하다고 인정할 때에는 제공하는 정보의 종류와 내용을 제한할 수 있다.

③ 제1항과 제2항에서 규정한 사항 외에 정보체계의 구축·운영 및 이용에 필요한 사항은 국토교통부장관이 정한다.

제5장의2 보칙 <신설 2017. 5. 29.>

제19조의2(포상금 지급대상 및 기준) ① 신고관청 또는 허가관청은 다음 각 호의 어느 하나에 해당하는 경우에는 법 제25조의2제1항에 따른 포상금을 지급하여야 한다.

1. 신고관청이 적발하기 전에 법 제25조의2제1항제1호에 해당하는 자를 신고하고 이를 입증할 수 있는 증거자료를 제출한 경우로서 그 신고사건에 대하여 법 제28조제3항에 따른 과태료가 부과된 경우
2. 허가관청 또는 수사기관이 적발하기 전에 법 제25조의2제1항제2호에 해당하는 자를 신고하거나 고발한 경우로서 그 신고 또는 고발사건에 대한 공소제기 또는 기소유예 결정이 있는 경우
3. 허가관청이 적발하기 전에 법 제25조의2제1항제3호에 해당하는 자를 신고한 경우로서 그 신고사건에 대한 허가관청의 이행명령이 있는 경우

② 제1항에도 불구하고 다음 각 호의 어느 하나에 해당하는 경우에는 포상금을 지급하지 아니할 수 있다.

1. 공무원이 직무와 관련하여 발견한 사실을 신고하거나 고발한 경우
2. 해당 위반행위를 하거나 위반행위에 관여한 자가 신고하거나 고발한 경우
3. 익명이나 가명으로 신고 또는 고발하여 신고인 또는 고발인를 확인할 수 없는 경우

③ 제1항에 따른 포상금은 신고 또는 고발 건별로 다음 각 호의 구분에 따라 지급한다.

1. 법 제25조의2제1항제1호에 따른 포상금의 경우: 법 제28조제3항에 따라 부과되는 과태료의 100분의 20에 해당하는 금액. 이 경우 지급한도액은 1천만원으로 한다.
2. 법 제25조의2제1항제2호 또는 제3호에 따른 포상금의 경우: 50만원. 이 경우 같

은 목적을 위하여 취득한 일단의 토지에 대한 신고 또는 고발은 1건으로 본다.
[본조신설 2017. 5. 29.]

제19조의3(포상금 지급절차) ① 법 제25조의2제1항 각 호의 어느 하나에 해당하는 자를 신고하려는 자는 국토교통부령으로 정하는 신고서 및 증거자료(같은 항 제1호에 해당하는 자를 신고하는 경우만 해당한다)를 신고관청 또는 허가관청에 제출하여야 한다.

② 수사기관은 법 제25조의2제1항제2호에 해당하는 자에 대한 신고 또는 고발 사건을 접수하여 수사를 종료하거나 공소제기 또는 기소유예의 결정을 하였을 때에는 지체 없이 허가관청에 통보하여야 한다.

③ 제1항에 따라 신고서를 제출받거나 제2항에 따라 수사기관의 통보를 받은 신고관청 또는 허가관청은 제19조의2에 따라 포상금 지급 여부를 결정하고 이를 신고인 또는 고발인에게 알려야 한다.

④ 제3항에 따라 포상금 지급 결정을 통보받은 신고인 또는 고발인은 국토교통부령으로 정하는 포상금 지급신청서를 작성하여 신고관청 또는 허가관청에 제출하여야 한다.

⑤ 신고관청 또는 허가관청은 제4항에 따른 신청서가 접수된 날부터 2개월 이내에 포상금을 지급하여야 한다.

⑥ 하나의 사건에 대하여 신고 또는 고발한 사람이 2명 이상인 경우에는 국토교통부령으로 정하는 바에 따라 포상금을 배분하여 지급한다.

⑦ 제1항부터 제6항까지에서 규정한 사항 외에 포상금의 지급절차 및 방법 등에 관하여 필요한 사항은 국토교통부령으로 정한다.
[본조신설 2017. 5. 29.]

제19조의4(업무의 위탁) 국토교통부장관은 법 제25조의3제2항에 따라 다음 각 호의 업무를 「한국감정원법」에 따른 한국감정원에 위탁한다.

1. 법 제5조제1항에 따른 부동산거래가격 검증체계의 구축·운영
2. 법 제25조에 따른 부동산정보체계의 구축·운영

[본조신설 2017. 5. 29.]

제6장 벌칙

제20조(과태료의 부과기준) 법 제28조제1항부터 제5항까지의 규정에 따른 과태료의 부과기준은 별표와 같다.

제21조(자진 신고자에 대한 감경 또는 면제의 기준 등) ① 법 제29조에 따른 과태료의 감경 또는 면제 기준은 다음 각 호와 같다.

1. 법 제6조제1항에 따른 신고관청의 조사(이하 "조사"라 한다)가 시작되기 전에 자진 신고한 자로서 다음 각 목의 요건을 모두 충족한 경우: 과태료 면제
   가. 자진 신고한 위반행위가 법 제28조제2항제2호·제3호 또는 같은 조 제3항부터 제5항까지의 어느 하나에 해당할 것
   나. 신고관청에 단독으로 신고한 최초의 자일 것
   다. 위반사실 입증에 필요한 자료 등을 제공하는 등 조사가 끝날 때까지 성실하게 협조하였을 것
2. 조사가 시작된 후 자진 신고한 자로서 다음 각 목의 요건을 모두 충족한 경우: 과태료의 100분의 50 감경
   가. 제1호가목부터 다목까지에 해당할 것
   나. 신고관청이 허위신고 사실 입증에 필요한 증거를 충분히 확보하지 못한 상태에서 조사에 협조하였을 것

② 제1항에도 불구하고 다음 각 호의 어느 하나에 해당하는 경우에는 과태료를 감경·면제하지 아니한다.

1. 자진 신고하려는 부동산등의 거래계약과 관련하여 「국세기본법」 또는 「지방세법」 등 관련 법령을 위반한 사실 등이 관계기관으로부터 신고관청에 통보된 경우
2. 자진 신고한 날부터 과거 1년 이내에 제1항제1호 및 제2호에 따른 자진 신고를 하여 3회 이상 과태료의 감경 또는 면제를 받은 경우

③ 법 제29조에 따라 자진 신고를 하려는 자는 국토교통부령으로 정하는 신고서 및 위반행위를 입증할 수 있는 서류를 신고관청에 제출하여야 한다.

④ 제1항부터 제3항까지에서 규정한 사항 외에 자진 신고자에 대한 과태료의 감경 또는 면제에 대한 세부운영절차 등은 국토교통부령으로 정한다.

부칙 <제29677호, 2019. 4. 2.> (중소기업진흥에 관한 법률 시행령)

제1조(시행일) 이 영은 공포한 날부터 시행한다.

제2조 생략

■ **편 저 김종석** ■

• 실무법률 연구회 회장(전)

저서 : 계약서 작성방법, 여기 다 있습니다.
소법전
계약서작성 처음부터 끝까지(공저)
이것도 모르면 대부업체 이용하지마세요
민법지식법전
불법행위와 손해배상
생활법률백과

부동산 상식과 매매를 성공적으로 끝낼 수 있는!
부동산 지식·매매 확실히 해결하기 정가 28,000원

2019年 6月 20日 인쇄
2019年 6月 25日 발행
저 자 : 김 종 석
발 행 인 : 김 현 호
발 행 처 : 법문 북스
공 급 처 : 법률미디어

저자와 협의 하에 인지 생략

서울 구로구 경인로 54길4 (우편번호 : 08278)
TEL : 2636-2911-2, FAX : 2636-3012
등록 : 1979년 8월 27일 제5-22호
Home : www.lawb.co.kr

▌ISBN 978-89-7535-743-5 (13360)
▌파본은 교환해 드립니다.
▌이 도서의 국립중앙도서관 출판예정도서목록(CIP)은 서지정보유통지원시스템 홈페이지(http://seoji.nl.go.kr)와 국가자료종합목록 구축시스템(http://kolis-net.nl.go.kr)에서 이용하실 수 있습니다. (CIP제어번호 : CIP2019023673)

복잡하고 규제가 다양한 부동산 매매계약을 체결하면서 부동산을 선정하는 방법, 부동산 중개업체의 선정, 부동산 구입자금 준비에서부터 매매 계약시 부동산 권리 확인, 매매계약서 작성 및 매매대금 준비 등의 유의사항에 대한 자세한 절차를 관련 서식과 함께 상담사례들을 알기 쉽게 풀이하여 체계적으로 정리하였습니다. 이 외에도 매매계약을 체결 후 소유권이전등기, 전입신고 및 자동차 주소지 변경 등 각종 신고와 각종 세금 납부에 대한 절차를 자세하게 수록하였습니다.

13360
9 788975 357435
ISBN 978-89-7535-743-5

28,000원